10509

LE SUBCONSCIENT NORMAL

Couvertures supérieure et inférieure
en couleur

LE

SUBCONSCIENT

NORMAL

NOUVELLES RECHERCHES EXPÉRIMENTALES

PAR

ÉDOUARD ABRAMOWSKI

Chef de Laboratoire à l'Institut psychologique polonais
de Varsovie.

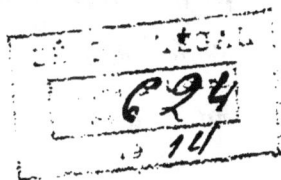

AVEC FIGURES DANS LE TEXTE ET 4 PLANCHES HORS TEXTE

PARIS

LIBRAIRIE FÉLIX ALCAN

108, BOULEVARD SAINT-GERMAIN, 108

1914

A MA FEMME
MADAME ÉMILIE ABRAMOWSKA

C'est à Toi, mon amie, qu'appartient ce travail de longues études, puisque c'est à Toi seule que je dois toutes mes heures d'inspiration et d'énergie mentale. S'il y a dans cet ouvrage quelques idées nouvelles, que j'apporte à la Science, ces idées viennent de Ton esprit et Tu en es le véritable auteur.

TABLE DES MATIÈRES

LE SUBCONSCIENT NORMAL

CHAPITRE PREMIER

L'IMAGE ET LA RECONNAISSANCE

§ 1. — Le problème.

Dans la psychologie de la comparaison et de la reconnaissance, il reste un problème qui, jusqu'à présent, n'a pas été encore résolu expérimentalement, notamment le problème concernant *le rôle que joue la mémoire dans ces processus.* Du point de vue de la théorie psychologique on pourrait croire que c'est là une question pleinement élucidée : la reconnaissance d'une chose qui ne laisse aucun vestige dans la mémoire ne peut exister, pas plus que la comparaison avec quelque chose qui a été tout à fait oublié ; si un tel jugement apparaît il est absolument nécessaire de supposer que dans son apparition a pris également part quelque résidu de la perception antérieure, son image conservée dans la mémoire. La formule généralement admise énonce que « la reconnaissance est la fusion de l'image avec la perception »; une nouvelle impression se distingue d'une impression répétée par cela, que les images des impressions antérieures analogues ne viennent pas se grouper autour et s'assimiler avec elle.

Lehmann tâchait d'appuyer cette thèse de la « fusion des

mages » dans la reconnaissance, par ses expériences sur
la reconnaissance des odeurs : le sujet devait annoncer si
une odeur donnée lui était connue comme appartenant ou
non à une série précédente, et en même temps devait dire
quelles pensées lui venaient. Le résultat obtenu fut tel que,
dans la majorité des cas, la reconnaissance était accompagnée d'images associées avec les perceptions olfactives
antérieures, quoiqu'il y eût 7 p. 100 de reconnaissances
sans images (*Phil. Stud.*, VII, 1892).

Les mêmes expériences furent répétées plus tard par
Gamble et Calkins (*Zeit. f. Phys. u. Psych. d. Sinn.*,
B^d 32. 1903), mais elles ont donné des résultats un peu
différents. Les images accompagnaient ici également les
non-reconnaissances (dans 36,5 p. 100 des cas c'étaient des
images vraies, dans 21,2 p. 100 des images fausses, c'est-
à-dire sans rapport avec l'objet, et seulement dans 43,3 p. 100
des cas, il n'y avait aucune image); par contre, on constatait
23,9 p. 100 reconnaissances avec des images apparues
après le jugement respectif, 3,9 p. 100 avec des images
précédant le jugement et 6,7 pour 100 avec des images
simultanées au jugement, ce qui aurait démontré une certaine indépendance du jugement de la reconnaissance vis-à-
vis des images.

Néanmoins ces expériences ne donnent pas la solution du
problème. L'introspection du sujet étudié ne peut jamais
établir d'une manière rigoureuse si une image est apparue
avant, après, ou avec le jugement de la reconnaissance;
c'est exiger beaucoup trop de l'auto-observation. L'ordre
respectif dans le temps présente en général pour les phénomènes de la mémoire un immense champ d'illusions.
D'autre part, la démonstration de l'existence de reconnaissances sans images et de non-reconnaissances avec images
laisse de côté, sans la résoudre, la contradiction qui existe
entre la théorie et les expériences journalières. C'est un
fait évident que, malgré les exigences de la théorie, *notre
observation intérieure n'affirme pas la nécessité des*

images dans les jugements d'identité ou de différence de perceptions. Ce n'est que dans les comparaisons perturbées par quelque chose, effectuées avec un certain effort, que nous voyons apparaître les images des perceptions antérieures susceptibles d'être observées par l'introspection; ordinairement, la perception d'identité ou de différence se fait simultanément avec l'impression, en un seul acte de pensée, sans évoquer le passé. La fusion du passé avec le moment présent est si complète, que souvent nous ne savons même pas sur quoi nous basons notre jugement d'identité ou de différence; nous savons qu'une chose est différente de l'autre sans savoir en quoi consiste cette différence; ou bien encore nous savons que « c'est la même chose », sans pouvoir nous rappeler comment elle a été perçue auparavant. L'expérience passée ne s'individualise pas, ne se laisse pas évoquer; dans l'impression nous n'avons que le sentiment du « déjà vu » ou du nouveau, un certain cachet affectif, qui nous suffit pleinement pour énoncer le jugement : ce n'est que plus tard, et pas toujours, que surgissent les souvenirs et commence l'activité propre de la reproduction.

L'hypothèse qui m'a servi de ligne directrice dans les recherches expérimentales pour résoudre cette contradiction, se rapporte à la nature de l'image mentale. Lorsque nous disons « image mentale » nous avons principalement en vue cette vision intérieure (ou bien l'audition, la représentation tactile, musculaire, etc.) qui plus ou moins *copie* le passé perçu antérieurement. C'est donc dans ce sens qu'on emploie, en psychologie, le terme « image ». On suppose que le vestige cérébral d'une impression, l'excitation qui a traversé les centres peut revivre. par la voie centrale, dans l'acte d'association et entraîner l'apparition de son corrélatif psychique. c'est-à-dire la reproduction servile d'une impression qui a été. On considère donc les images comme étant les éléments de la mémoire correspondant aux éléments de la perception et on identifie les images avec les souvenirs. Cette manière de voir est favorisée du reste par la nature de notre introspection, puisque les images qui copient les impressions sont les seuls phénomènes de la mémoire que nous puissions observer clairement dans notre for intérieur, déterminer et nommer.

Cependant, dans les faits quotidiens de la mémoire, nous constatons des cas qui ne permettent pas d'identifier l'image et le souvenir. En observant le flux de notre conscience pendant une lecture ou des rêveries, nous pouvons nous convaincre facilement combien relativement insignignifiant est le rôle des images dans le sens strict du mot, c'est-à-dire en tant que copie des perceptions. C'est par moments seulement qu'elles surgissent distinctement dans la série des souvenirs et de préférence lorsque le flux de la conscience s'arrête un moment sur un objet plus intéressant; mais en comparaison de la masse des souvenirs ordinaires, ce ne sont que des éclairs exceptionnels de l'imagination. D'ordinaire les objets du souvenir sont réduits entièrement aux mots seuls, ressuscitent dans les mots, étant totalement dépourvus de copies imitatives des choses. Malgré cela, ils conservent leur valeur de souvenir et sont pour nous de vrais représentants du passé. Comparons, par exemple, le mot « rose » ou bien les débris d'images qui l'accompagnent, sorte de tache vague colorée, aux formes incertaines, avec la perception réelle de cet objet et nous verrons qu'il y a ici un rapport d'identité entre les deux phénomènes tout à fait différents ou bien seulement analogues. La perception ancienne, au lieu de se reproduire totalement et d'une manière exacte sous l'aspect des images qui copie la réalité passée, n'envoie à la conscience que certains *signes* représentatifs, ou bien se réduit même à un cachet émotionnel spécifique des mots qui doivent représenter l'objet des souvenirs. Ce n'est qu'un *symbolisme* psychologique où la valeur essentielle du fait représenté ne se manifeste pas d'une manière explicite, mais reste dissimulée dans la manière dont nous *ressentons* son substitut comme une simple possibilité des images.

Ou bien considérons le processus de la formation graduelle d'une image lorsque, par exemple, nous voulons nous représenter d'une manière exacte et vive une chose qui nous est bien connue. L'image que nous évoquons traverse alors différents stades et oscillations : les détails s'accumulent, l'image se perfectionne et devient plus stable, puis s'affaiblit et devient schématique pour se renforcer et se préciser de nouveau. Mais à ces oscillations et perfectionnements évolutifs ne correspondent pas du tout des oscillations et des perfectionnements parallèles du souvenir. L'objet en question est pour nous, dès le premier moment de l'évocation, parfaitement connu, comme souvenir, même lorsque nous n'avons que quelques débris incertains de son image et nous ne pouvons perfectionner l'image que parce que nous avons la stabilité du souvenir, parce que nous possédons déjà, sous un aspect non représentatif, ce passé que nous voulons reproduire en image.

Nous ne pouvons donc pas identifier l'image avec le souvenir; l'image, ce n'est qu'un détail du souvenir, peut-être aussi son stade évolutif, que le souvenir ne traverse pas toujours et sans lequel il peut très bien, dans notre vie intellectuelle et affective, accomplir son rôle de passé ressuscité. Il en résulte que la partie essentielle du souvenir, c'est son côté non représentatif, par conséquent celui qu'il est difficile d'observer par l'introspection.

Dans les descriptions de l'image mentale que nous donne Philippe[1], comme résultat de son analyse expérimentale, cette *duplicité* du souvenir ressort clairement. Philippe analyse la complexité de l'image par le procédé qui consiste en l'observation de sa dissolution graduelle. On percevait l'objet par le tact, les yeux fermés; puis on le dessinait immédiatement après et ensuite à plusieurs reprises à intervalles de temps croissant de quelques jours à quelques

---

1. PHILIPPE, *l'Image mentale,* Paris, F. Alcan, 1903.

semaines. La comparaison des dessins et l'analyse introspective des sujets ont permis d'en déduire une description
de l'organisation de l'image. On peut distinguer ici deux
parties principales : « le noyau central », comme dit l'auteur, duquel l'image naît et par lequel elle vit, l'essence du
souvenir; et, d'autre part, « les couches additionnelles »,
développées autour de lui par le travail mental, son « vêtement » intellectuel, grâce auquel il peut prendre part dans
l'activité de la pensée. Dans ces couches, nous rencontrons des éléments qui proviennent de l'inférence, plus
logiques que représentatifs, et aussi des éléments imaginatifs, qu'on rassemble de toutes parts pour combler les lacunes de la reproduction. L'image essentielle de la mémoire,
le noyau, constitue à peine une esquisse, un certain ensemble confus, quoique individualisé, un schème coloré par
la réalité, auquel s'associe le sentiment, qui nous aide dans
la recherche des détails.

BUT DE CE TRAVAIL. — C'est cette hypothèse de la *duplicité du souvenir*, que j'ai pris pour point de départ
dans mes recherches expérimentales sur la reconnaissance.
En premier lieu, je voulais voir *si cette duplicité peut être
montrée expérimentalement* et passer du domaine de l'hypothèse dans celui des faits. En second lieu, je voulais
trouver *par lequel de ses deux côtés — représentatif ou
non représentatif — agissait le souvenir dans l'acte de
la reconnaissance ? et quel était l'aspect psychique de
cette seconde face du souvenir ?* La solution de ce problème implique aussi la solution de la contradiction qui
existe jusqu'à présent entre la théorie de la reconnaissance
et les faits observés.

§ 2. — Dispositif expérimental.

Conformément aux questions posées, les expériences se
divisent en deux parties. La première partie se rapporte

à la *formation de l'image*, la seconde partie à la *reconnaissance*.

La FORMATION DE L'IMAGE, de même que sa disparition graduelle, peut dévoiler sa composition et sa structure. Les facteurs de la variation, dont l'expérience peut se servir ici, sont les suivants :

1° *Variation de la perception* de laquelle doit provenir l'image ; elle consiste en deux manières de percevoir : normale et distraite, c'est-à-dire avec attention et sans attention ; en outre, la distraction peut être de deux sortes : *a*) celle qui inhibe non seulement l'intellectualisation de l'impression, mais aussi la perception visuelle elle-même (p. ex., le calcul mental avec des nombres plus élevés, lequel exige le plus souvent une vision mentale des chiffres et par conséquent obscurcit la perception visuelle du test) ; *b*) celle qui inhibe l'intellectualisation sans détourner en même temps l'attention du test visuel (p. ex., l'action de compter les nombreux points noirs sur le dessin du test).

2° *Variation de l'intervalle de temps* qui s'écoule entre la perception et sa reproduction ; cette variation peut être qualificative (l'intervalle étant libre ou bien occupé par le travail mental) et quantitative (l'intervalle étant plus ou moins long) : elle se rapporte à cette période dans laquelle l'image se développe et se conserve dans la mémoire.

3° *Répétition des perceptions* avec les intervalles et comparaison de l'image produite après une seule vision avec l'image produite après une série de visions ; c'est le procédé inverse de celui qui fut employé dans les expériences de Philippe ; dans ces dernières l'image se décompose par le temps ; ici, par contre, elle se fortifie et se développe par la répétition successive de la perception.

Dans les expériences concernant la RECONNAISSANCE étaient introduits les mêmes facteurs de variation, sauf le dernier : 1° Variation de la perception (avec attention ou

distraction) ; 2º variation qualitative et quantitative de
l'intervalle de temps) ; 3º variation de la comparaison : la
seconde perception, donnée à comparer, se fait avec attention ou avec distraction. Ces variations influent directe-
ment sur la naissance, le développement et la conservation
de l'image, et peuvent servir d'instrument expérimental
pour empêcher sa naissance, entraver son développement
et son apparition ultérieure, pour obtenir le minimum ou
le maximum de « l'imagerie » du souvenir.

Comme matériel-test des expériences étaient employés
des dessins spécialement préparés dans ce but. Afin de
pouvoir obtenir une graduation du souvenir, réduire au
minimum ou même entraver complètement ses images, il
fallait que les perceptions visuelles, d'où les images proviennent, soient libres, autant que possible, de l'influence
des mots et des modèles représentatifs, qu'elles soient
aussi peu connues que possible. Si l'objet de perception est
connu et tel qu'il correspond facilement à un terme du langage, alors le vestige qu'il laisse dans la mémoire se complète par les modèles représentatifs tout prêts, ce qui
embrouille le processus observé ; ou bien encore, à la place
de la mémoire de la chose elle-même se substitue la mémoire du mot qui la présente et ce mot peut évoquer lui-
même des images correspondantes, qu'on voulait entraver
dans la perception. Les dessins que j'ai employés comme
tests, imitaient ceux du kaléidoscope. C'étaient des ara-
besques de différentes couleurs et formes, difficiles à retenir
par les mots et à classer. Il y avait trois séries de dessins,
qui différaient entre elles par la complexité et le type de la
composition ; par contre, chaque série se composait de
5 dessins du même type ne différant entre eux que dans les
petits détails des couleurs, dans leurs rapports quantitatifs
réciproques et dans leurs formes. La quatrième série des
tests, employée dans les expériences avec la reconnaissance, se composait de 5 morceaux de papier transparent,
de couleur grise uniforme, lesquels juxtaposés 2, 3, 4 et

5 fois l'un sur l'autre présentaient une série graduelle des *clartés* de la même teinte grise.

On plaçait les dessins (respectivement les morceaux de papier transparent) dans les ouvertures d'un disque mobile, qu'on tournait avec la main. Perpendiculairement au disque était placé un tube de carton, dont l'extrémité plus large servant à regarder couvrait les parties latérales du front de la personne, l'extrémité plus étroite faisant face aux dessins du disque; l'appareil était placé devant la fenêtre; toutes les expériences se faisaient à la lumière du jour. Le sujet, s'étant installé commodément pour voir, fermait les yeux et ne les rouvrait qu'au signal « ouvrir », lorsque le dessin était déjà dans le tube. Lorsque arrivait le moment de l'interruption de la vision il fermait les yeux au signal « fermez », et les ouvrait de nouveau en entendant le signal correspondant. Dans les comparaisons, j'ai changé les dessins en tournant le disque, pendant les intervalles entre les visions; les dessins étant placés d'avance dans les ouvertures du disque, dans un ordre déterminé. De cette manière, le sujet ne pouvait juger du changement du dessin que d'après son impression visuelle du dessin lui-même. Pendant les intervalles, les yeux étaient toujours fermés. Lorsqu'il fallait produire une distraction mentale, je disais les nombres qu'il fallait multiplier, avant l'ouverture des yeux, ou bien, selon l'expérience, au moment où ils se fermaient, c'est-à-dire au commencement de l'intervalle. La durée de la vision et de l'intervalle se mesuraient au moyen d'un chronomètre de poche. Les expériences ont été effectuées avec une seule personne, Mme M..., bachelier ès sciences. La première partie contient 8 expériences; la seconde 136 comparaisons de dessins et de clartés.

§ 3. — **Expériences et résultats**.

PREMIÈRE PARTIE. — FORMATION DE L'IMAGE

Dans ces expériences ont été employés deux dessins que nous appellerons A et B, comme objets à percevoir. Le

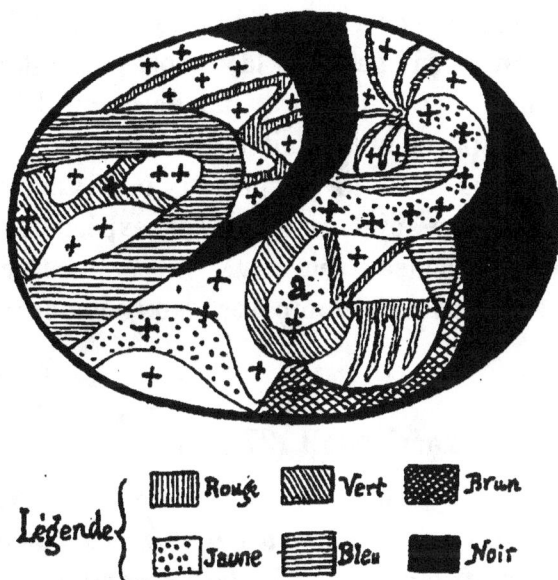

Fig. 1. — Le dessin A. (On a remplacé ici les couleurs de la figure originale par des hachures ou des pointillés, selon la légende ci-dessus.) Le dessin B est analogue : il diffère principalement par le fait que la grande corne centrale est rouge, et que la région marquée par un **a** est blanche.

dessin A se compose de 7 couleurs (bleu, noir, blanc, orangé, rouge, vert, jaune) et de 13 formes. Le dessin B a les mêmes couleurs et formes; les couleurs étaient différemment arrangées. Sur tous les deux il y avait un grand nombre de petites croix noires distribuées un peu partout. Les expériences se succédaient à quelques jours et même à quelques semaines d'intervalle, pendant lesquels on faisait d'autres expériences, avec les dessins de différents types, en raison de quoi on pouvait être sûr que les dessins A et B, malgré la répétition des expériences avec eux, ne pouvaient pas s'implanter dans la mémoire du sujet en tant que souvenir exact, ce que du reste le sujet avouait lui-même en affirmant qu'il ne se rappelait pas le dessin vu et décrit auparavant. Les expériences consistaient en description verbale, accompagnée de reproduction par le dessin, de l'image de la figure perçue dans les différentes conditions. Après la description, je questionnais le sujet sur l'état de son esprit pendant la vision et pendant l'intervalle. Le sujet n'était pas prévenu de ce qu'il aurait à décrire le dessin, parce qu'il était nécessaire que la vision soit ordinaire, sans des efforts spéciaux pour apprendre le dessin par cœur. Le sujet, habitué aux expériences avec des comparaisons, pensait que dans l'expérience en question il s'agissait aussi de comparer deux visions successives.

Expérience I (27 juin).

Vision de 5 secondes, libre, du dessin A ; description du dessin après l'intervalle libre de 5 secondes.

Des 7 couleurs du dessin, 3 seulement sont décrites, celles qui occupent le plus de place (noir, bleu, jaune); les autres n'arrivent pas à l'image de la mémoire. De 13 formes différentes le sujet en a retenu 5 seulement : deux « cornes » qui se croisent, deux « serpents » jaunes et un demi-ovale noir. Au premier moment de la vision il y avait un peu de distraction, ensuite on perçoit et on analyse le dessin attentivement. Pendant l'intervalle, les yeux clos, on tâche de reproduire le dessin par la pensée et on se demande quel sera le second; pas d'image consécutive.

Expérience II (24 juin).

*Vision de 5 secondes du dessin A pendant la multi-
plication 27 × 19 ; description du dessin après 5 secondes
d'intervalle libre.*

Les nombres étaient dits immédiatement avant l'ouverture des yeux. Au moment de la fermeture des yeux le
calcul en était à 540-27.

Dans la description il n'y a qu'une « corne » noire du
milieu, les petites croix, la teinte bleue et d'une manière
incertaine la teinte rouge (« il me semble qu'il y avait du
rouge ») : la localisation et la forme de ces deux couleurs
ne sont pas connues. En fin de compte il n'y a que trois
couleurs et une forme, ce qui veut dire que la distraction
mentale inhibe surtout la mémoire des formes et de leurs
rapports réciproques. La narration du sujet nous fait
savoir, qu'au premier moment, après l'ouverture des yeux,
le sujet ne percevait pas consciemment le dessin ; ce n'est
que plus tard, pendant le calcul, qu'il a aperçu la corne
noire et les petites croix ; la pensée des deux autres couleurs lui est venue une fois la vision terminée, et c'est
alors qu'il les a nommées.

Expérience III (30 juin).

*Dix visions libres de 5 secondes chacune, du dessin A,
avec des intervalles libres de 5 secondes ; description de
la dixième vision.*

Sont décrites toutes les couleurs et toutes les formes,
sauf une forme du côté gauche ; il n'y a que 2 fautes dans
la localisation. On avait toujours l'impression et la conviction que le dessin était le même. On apercevait le plus
de détails nouveaux dans les quelques premières visions.
Pendant les intervalles, le sujet pense au dessin qu'il a
vu ; après l'intervalle, il compare ce qu'il voit de nouveau

avec l'image du précédent. Les images visuelles consécutives n'apparaissent jamais. Dans la description, on se sert
plutôt d'images que de mots. On n'a pas l'impression qu'il
manque quelque chose dans la description.

Expérience IV (15 juin).

*Six visions, de 5 secondes chacune, du dessin A, avec
des intervalles de 5 secondes ; le calcul mental s'effectue
durant tout le temps de l'expérience ; description de la
sixième vision.*

L'opération à effectuer, annoncée immédiatement avant
l'expérience, était : 73 multiplié par 35 et divisé par 7.

La description est la suivante : « une bande noire du côté
gauche (en réalité une telle se trouve seulement au milieu du
dessin et une autre du côté droit), il y avait du bleu, mais
je ne sais pas où c'était ; il y avait aussi des petites croix ;
je sais qu'il y avait encore d'autres couleurs, mais je ne
peux pas dire lesquelles ; composition fantastique du dessin ». Donc il y a seulement 2 couleurs et 2 formes, sans
localisation. Pendant toutes les visions, le dessin est jugé
comme étant le même ; on n'a jamais eu l'impression du
nouveau. A chaque ouverture des yeux on ressentait un
choc désagréable, provenant des impressions visuelles,
qui interrompaient la multiplication et empêchaient la concentration de l'esprit. On a obtenu seulement $70 \times 3 = 210$
et ceci dans les derniers moments, avec beaucoup d'effort
tout le temps précédent on répétait seulement « 73×35 »,
on pensait comment s'y prendre, et à peine avait-on com-
mencé que le calcul était interrompu par un nouveau signal et une nouvelle vision. Le dessin n'était jamais perçu
librement ; on a nommé seulement les petites croix ; (on
n'a pensé aux autres détails que pendant la description).

Expérience V (1ᵉʳ juillet).

Dix visions libres, de 5 secondes chacune, du dessin B, avec des intervalles de 5 secondes, occupés par le calcul mental; description de la dixième vision.

Le multiplicande est connu avant l'expérience; le multiplicateur est dit à chaque fermeture des yeux, au commencement de l'intervalle.

Description : Des 7 couleurs, on a oublié seulement le noir et l'orangé, qui occupent le moins de place dans le dessin; des 12 formes 6 sont reproduites. Il y a 3 fautes de localisation des couleurs, et ce sont les couleurs qui sautent le plus aux yeux. Le sujet sait que la description n'épuise pas tout le contenu, mais qu'il ne manque pas beaucoup. Le dessin est toujours jugé comme étant le même. Les nouveaux détails se sont manifestés seulement dans les premières visions; dans les visions ultérieures, elles se sont consolidées seulement. Dans les premières visions, on a perçu les détails sans les nommer. Tous les intervalles étaient occupés par le calcul; un seul était partiellement libre et alors apparut une image vague du dessin.

Expérience VI (5 juin).

Dix visions, de 5 secondes chacune, du dessin A, pendant lesquelles on compte les petites croix du dessin; intervalles de 5 secondes, libres.

Description de la dixième vision : sur 7 couleurs il en manque une seulement, l'orangé; sur 13 formes, 5 sont reproduites; il y a une erreur de localisation; se rapportant à un détail des plus signifiants (un arc bleu) et une illusion (au lieu d'une corne noire du milieu on décrit quelques serpentins noirs). L'identité du dessin fut reconnue toujours au premier moment de la vision. Dans les intervalles on attendait, en se demandant si le dessin sera changé ou non ; plus tard on ressent de la fatigue à cause de l'uniformité de l'expérience. « En comptant les petites croix, dit le sujet, j'analysais les détails du dessin et je retrouvais toujours quelque chose de nouveau. Le désir d'étudier bien le dessin prévalait et c'est pourquoi le nombre de croix trouvé était presque le même chaque fois. Après chaque intervalle, je découvrais de nouveaux détails, mais cela ne changeait pas mon jugement sur l'identité ; voyant le nouveau détail, j'avais l'impression de l'avoir déjà vu, mais seulement d'une manière moins précise et moins claire. Dans les dernières visions, l'attention était moins concentrée sur le calcul des petites croix ; j'ai pensé davantage au dessin lui-même. La description ne contient pas tout ce qui était. »

Expérience VII (26 juin).

Vision de 2 secondes du dessin B, pendant laquelle on compte les petites croix ; description après 2 secondes d'intervalle libre.

Description : « Des rayons de couleurs différentes qui se concentrent en un point ; quelles étaient ces couleurs, je n'en sais rien ; il me semble qu'il y avait du rouge, mais ce n'est pas certain. Le nombre de croix comptées est 6. Au moment de la perception surgit la pensée que le dessin est autre que dans les expériences précédentes, puis j'ai choisi le point de repère pour compter les croix ».

Expérience VIII (26 juin).

Dix visions, de 2 secondes chacune, du dessin B, pendant lesquelles on compte les petites croix ; les intervalles de 3 secondes sont libres.

Description de la dixième vision : 3 couleurs ne sont pas aperçues : vert, noir, orangé. Sur 13 formes, 6 sont reproduites. Pas d'erreur de localisation ; par contre, il y a l'oubli de la couleur d'une des formes décrites et substitution de la couleur jaune à la place du rouge dans un autre détail. Le sujet a l'impression qu'il y a des détails omis. Le dessin était toujours jugé comme étant le même; il n'y avait jamais d'impression d'un dessin nouveau, quoique arrivaient à la connaissance de nouveaux détails. Ainsi, par exemple : « Durant la première vision, je n'avais qu'une impression agréable générale; ce n'est que dans les suivantes que j'ai aperçu des bandes rouges et bleues et dans les dernières seulement — un réseau gris, une frange de cinq doigts, une ligne jaune en bas. » Dans les intervalles, on tâche de fixer dans la mémoire ce qu'on a vu, à l'aide de mots. Dans la description, on se sert principalement de la mémoire de ces images auxquelles on a pensé pendant les intervalles.

Analyse des expériences.

L'exactitude de la reproduction du dessin varie donc de la façon suivante :

I. Une vision libre de 5 sec. : Reproduction de 3 couleurs et 5 formes.

II. Idem pendant le calcul : 3 couleurs (2 sans localisation et 1 incertaine) et 1 forme.

III. 10 visions libres de 5 sec. : 7 couleurs et 12 formes ; 2 erreurs de localisation.

IV. 6 visions de 5 sec. pendant le calcul : 2 couleurs et 2 formes, sans localisation.

V. 10 visions libres de 5 sec. avec les intervalles occupés : 5 couleurs et 6 formes, 3 erreurs de localisation.

VI. 10 visions de 5 sec. avec le calcul des croix et des intervalles libres : 6 couleurs et 5 formes, 1 erreur de localisation et 1 illusion.

VII. Une vision de 2 sec. avec le calcul des croix, intervalle de 2 sec. libre : 1 couleur incertaine et type général du dessin.

VIII. 10 visions de 2 sec. avec le calcul des croix, et les intervalles libres de 3 sec. : 4 couleurs et 6 formes, 1 oubli de la couleur et 1 substitution.

D'après ces données, nous pouvons connaître quelle est l'influence de différents facteurs sur la formation de l'image de la mémoire, proprement dite, c'est-à-dire de cette copie de la perception qui se manifeste dans la description et la reproduction du dessin.

La comparaison des expériences I et II nous démontre *la part de l'intellect dans la formation de l'image :* lorsque l'attention est absorbée par le calcul, pendant la vision, le nombre des détails perçus du dessin diminue, particulièrement les détails des formes et leur position respective. D'après le témoignage du sujet, tous les détails retenus sont acquis dans les moment de liberté de l'esprit pendant le calcul et pendant l'intervalle après la vision. La comparaison des expériences I et III nous fait voir la *formation graduelle* de l'image : les visions qui suivent, s'additionnant à la première, enrichissent l'image de 4 nouvelles couleurs et de 7 formes. D'après les déclarations du sujet, la perception de nouveaux détails se fait à l'aide de la comparaison de l'image de la vision précédente avec la vision qui suit; c'est un perfectionnement graduel. Comparant les expériences III et IV ainsi que les expériences II et IV, nous voyons que cette formation graduelle de l'image se fait principalement par *l'activité de l'intellect* et non par la sommation simple des impressions, car la série des visions, avec l'attention absorbée par le calcul, donne en fin de compte une image beaucoup plus pauvre que la série des visions libres, et avec le même nombre de détails que l'image résultant d'une seule vision distraite. La comparaison des expériences III et V démontre que l'activité de l'intellect qui développe l'image s'exerce non seulement pendant les visions, mais aussi *pendant les intervalles*, car l'inhibition de cette activité, pendant les intervalles seulement, diminue le nombre des détails et augmente les erreurs. Cette activité intellectuelle pendant les intervalles est la transformation en image du vestige de l'impression, la représentation de l'impression par la concentration de l'attention sur le souvenir et la dénomination des détails. Cette activité se manifeste aussi dans la comparaison de l'expérience V avec la VIe, où nous voyons que la description est presque la même dans les deux cas, ce qui signifie que les intervalles libres de la VIᵉ expérience compensent l'effet de l'inhibition de l'activité intellectuelle pendant les présentations ; il semblerait que le vestige, encore non intellectualisé de l'impression, se transforme partiellement en image pendant les intervalles, sous l'influence de l'attention concentrée dans cette direction. Les autres expériences affirment, d'une façon plus évidente encore, cette dépendance de la formation de l'image de l'activité de l'intellect. La comparaison de la IIᵉ expérience avec la VIIᵉ démontre que l'image est moins développée dans l'expérience VII, c'est-à-dire avec une distraction moins gênante pour l'impression visuelle (calcul des petites croix), mais pour des durées de la vision et de l'intervalle plus courtes ; donc, elle est moins développée, quoique l'impression visuelle soit plus claire, parce que le temps manquait pour son élaboration intellectuelle. En comparant les expériences VII et VIII, nous voyons que le développement graduel de l'image s'effectue *principalement dans les intervalles* entre les visions, car une seule vision de 2 secondes, pendant laquelle on est empêché de penser et de nommer, ne donne la connaissance d'aucun détail, et cependant le résultat d'une série de telles visions est presque le même que le résultat de la série des visions libres avec des intervalles occupés dans l'expérience V.

Le second problème, qui s'éclaircit dans ces expériences, se rapporte au *jugement d'identité*.

1) Dans la série des visions, l'identité du dessin est reconnue toujours, quoique arrivent des détails nouveaux, qui n'étaient pas perçus auparavant. (Nous devons rappe-

ler que le sujet habitué aux expériences avec comparaison de dessins différents, ne savait jamais que le dessin devait rester le même pendant l'expérience, et était plutôt enclin à supposer qu'il serait changé). Le jugement d'identité apparaît dans l'impression du premier moment, aussi bien dans les visions libres que dans les visions distraites par le calcul. (Expériences III à VI, VIII). — 2) Les nouveaux détails sont perçus non pas comme nouveauté de l'impression, mais comme choses que l'on a déjà vues auparavant, moins distinctement seulement ; ce n'est qu'une différenciation dans la pensée d'une même unité de l'impression générale (Exp. VI. — 3) Dans la série des visions distraites par le calcul, le jugement d'identité durait sans varier, quoiqu'on n'ait pu connaître et distinguer que quelques détails, le reste continuant d'être une impression générale (Exp. IV); cette impression générale était donc la base du jugement d'identité. — 4) L'image suivant la vision n'est pas nécessaire pour le jugement d'identité : dans les intervalles libres (Exp. III) la représentation du dessin sert à la comparaison avec la vision suivante; dans les intervalles occupés par le calcul (Exp. IV et V) cette représentation est impossible et cependant le jugement d'identité apparaît avec la même certitude. — 5) Le travail de la pensée qui analyse et dénomme, n'est pas nécessaire pour le jugement d'identité, vu que ce jugement apparaît aussi dans les séries occupées totalement par le calcul (Exp. IV) ; cependant la tendance à dénommer existe toujours et se manifeste lorsque la pensée est libre (par exemple, dans les intervalles de l'expérience VIII).

Dans les expériences ci-dessus on observe encore un troisième phénomène de grande importance pour la théorie du souvenir, notamment la *conscience du manque* (de l'oublié). Elle se manifeste d'une manière singulièrement claire dans ces expériences, où l'impression se fixe par le fait de la répétition dans la série des visions (Exp. V, VI, VIII), ne pouvant être en même temps intellectualisée,

transformée en une synthèse de détails, en image, à cause
de l'inhibition de l'activité de la pensée dans cette direction.
Le sujet sait alors que sa description n'épuise pas tout;
les détails oubliés restent au-dessous du seuil de la conscience, sont proches et pourtant insaisissables pour la
pensée, et si nous prolongeons alors l'effort de la remémoration, ils commencent à agacer par leur présence *anonyme*.
Vraisemblablement ils seraient facilement reconnus et ma-
nifesteraient une résistance aux fausses remémorations.

Nous obtenons donc quelques indices à l'aide desquels
nous pouvons pénétrer plus profondément dans la nature
du souvenir et dans sa structure. Le *souvenir*, en comprenant sous ce terme la *totalité du côté psychologique du
vestige de la mémoire*, se forme par double voie; il se
forme immédiatement, sous l'influence de l'impression
seule, et médiatement sous l'influence de l'activité de l'intellect. Ce qui se produit immédiatement ne se forme pas
par parties, mais surgit d'un seul coup comme totalité et
n'est conditionné que par l'intensité de l'excitation qui
agit; par contre, ce qui se forme graduellement, par parties, ce ne sont que les images, les copies de perceptions,
s'élaborant par l'analyse intellectuelle, à l'aide de mots, à
partir de cette totalité primitive. En outre les images étant
un produit secondaire de l'intellect, n'épuisent presque jamais le souvenir entier; le plus souvent, il en reste une
partie, plus ou moins grande, non différenciée par l'intellect, non traduite en langage de la pensée.

Conformément à son origine, l'ensemble du phénomène
de la mémoire — le souvenir — se compose de deux parties : la partie non différenciée et non représentative, c'est
à-dire *non intellectuelle*, que nous ressentons comme la
conscience du manque dans la reproduction et comme sentiment du déjà connu dans la reconnaissance; elle constitue
la base, le fond général des détails imagés; c'est par elle
que les nouveaux détails, retrouvés dans la série des visions, ne sont pas ressentis comme nouveauté et que, mal-

gré la perception de détails nouveaux, nous ressentons
l'identité du dessin dans toutes les visions successives;
c'est la base des jugements d'identité et l'élément constant
dans le développement graduel des images.

La seconde partie du souvenir qui se développe graduellement sous l'activité de l'intellect, c'est son côté
imagé, *imitateur*, au plus haut degré variable et se trouvant dans un rapport étroit avec l'activité de la pensée.
Nous avons vu au cours des expériences qu'elle diminue
ou augmente corrélativement avec l'inhibition ou bien
avec la liberté de l'attention qui perçoit l'objet. Cette même
variabilité nous est révélée aussi par l'observation introspective des faits quotidiens ; de même, pendant la reproduction des souvenirs comme pendant la lecture, les images
n'accompagnent pas toujours les mots et lorsqu'elles apparaissent, ce ne sont le plus souvent que les copies partielles et très imparfaites, à peine quelques traits symboliques du passé réel, ce qui, du reste, n'empêche pas que
nous revivions réellement le passé; ce n'est qu'exceptionnellement, lorsque le flux ordinaire des pensées est arrêté
par une émotion plus forte ou une concentration de l'imagination sur un objet du souvenir que les images apparaissent vives et claires, presque comme les hallucinations intérieures. Mais toujours, aussi bien dans les hallucinations
de ce genre que dans les images partielles, nous ressentons
quelque chose de plus que l'image elle-même, notamment
leur *symbolisme de souvenirs*, ce cachet émotionnel spécifique, qui donne aux images partielles la valeur d'une
réelle reproduction du passé et qui nous permet de distinguer les images des souvenirs de toutes les autres hallucinations internes, étrangères au passé.

Le rapport réciproque de ces deux parties constitue donc
le rapport entre un fait primitif et son élaboration intellectuelle. Le fait primitif, la matière élaborée par la pensée,
indépendante d'elle et non intellectuelle, est toujours dans
le souvenir; c'est son essence, le « noyau central » de

Philippe. Un point de repère pour la pensée, quel qu'il
soit, un débris de l'image, un mot ou un autre signe symbolique, devient le souvenir vrai et complet s'il se fusionne
avec ce fait primitif. Et inversement, l'image en tant que
produit secondaire de l'élaboration intellectuelle, n'est pas
le phénomène indispensable du souvenir. A la stabilité et
à la continuité du côté non intellectuel, elle oppose sa
variabilité, son incertitude et ses oscillations; à la vérité
immédiate du premier, elle oppose son inexactitude et ses
erreurs. L'image privée de la coexistence du fait primitif de
la mémoire, ne présente aucune valeur du souvenir; elle ne
vit qu'en tant que symbole temporel de cette autre réalité
non intellectuelle.

Quant à l'aspect introspectif de la partie non imagée
(non intellectuelle) du souvenir, on peut le définir approxi-
mativement comme un phénomène *affectif*. Devant notre
pensée, c'est plutôt une conscience négative, c'est-à-dire
qu'elle ne peut être décrite dans les termes représentatifs,
de même que le plaisir et la peine.

Il y a quatre degrés de cette conscience non intellectuelle
du souvenir : 1º Le degré le plus bas, c'est la *conscience
du manque* dans les descriptions; cette conscience est
d'autant plus vive que nous sommes plus habitués à l'impression et que l'effort de la remémoration est plus grand.
C'est un sentiment indéterminé que quelque chose manque,
une connaissance immédiate, non inférée et sans aucune
raison intelligible, qu'il y a une partie oubliée, dont nous
ne pouvons rien dire. — 2º Si nous engageons cette conscience du manque dans les actes de comparaison avec les
choses différentes de l'oublié qu'on cherche, alors nous
verrons que ce n'est pas seulement une conscience du
manque en général, mais qu'elle présente une certaine
résistance, plus ou moins forte, aux suggestions fausses
et ne permet pas de combler par n'importe quoi les lacunes
senties; c'est le second degré de la conscience non intellectuelle du souvenir : le *sentiment générique, spécifique du*

manque. Ici, de même que dans le cas précédent, la connaissance « que ce n'est pas ceci » est immédiate et non raisonnée ; on ne sait pas pourquoi le détail oublié n'est pas
ceci ou cela, mais on possède une certitude intuitive du
sentiment.

3° D'autre part, si au lieu de faire comparer la chose
oubliée avec des choses différentes, nous présentons au
sujet la chose oubliée elle-même, alors (si l'oubli n'est pas
complet) la perception de cette chose sera accompagnée
d'un *sentiment spécifique de reconnaissance*, de la répétition, sentiment qui est tout à fait positif pour notre introspection ; c'est le troisième degré de la conscience non
intellectuelle du souvenir. Ici aussi la connaissance « que
cela a déjà été » est immédiate et non raisonnée ; nous
reconnaissons ordinairement, au premier moment, sans
évoquer le passé.

4° Le dernier degré de la conscience non intellectuelle
du souvenir, le plus fort, et celui qui présente une variation émotionnelle infinie, se manifeste dans le *symbolisme*
des mots et des images, en tant que souvenirs. Dans les
termes eux-mêmes désignant des personnes, des lieux, des
choses ou des événements, alors même qu'ils ne sont
accompagnés d'aucune image, il y a une certaine manière
de ressentir ces mots, un cachet émotionnel pour chaque
mot respectif, qui lui donne la valeur d'un souvenir concret
et le distingue de ceux qui ne sont pas les symboles du
passé vécu. Par nos pensées et associations, nous réagis-
sons tout spécialement à ces mots-souvenirs, quoique dans
la perception même du terme symbolique, outre les éléments visuels et auditivo-moteurs du signe, il n'y ait rien
que cette couleur émotionnelle, insaisissable pour la pensée,
par laquelle le passé parle à nous ; recevant un tel signe,
nous sommes déjà en possession du souvenir, avant même
que surgissent les images et les associations.

La définition du souvenir, qui répondrait le mieux aux
résultats des expériences, serait donc la suivante : le sou-

venir total *c'est un phénomène affectif partiellement intellectualisé en images.*

Nous verrons dans les expériences suivantes quelle est
la valeur de cette notion pour la psychologie de la reconnaissance.

DEUXIÈME PARTIE. — LA RECONNAISSANCE

Dans les expériences avec la reconnaissance le sujet
savait qu'il devait comparer deux dessins, vus dans le

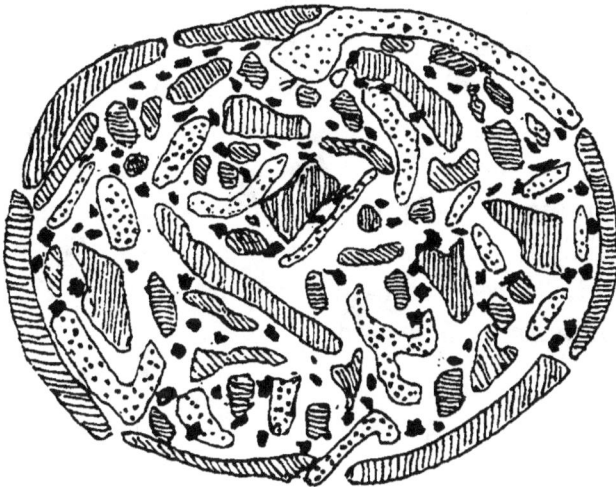

Fig. 2. — L'un des dessins E. (Pour les couleurs, voir la légende de
la fig. 1.) Les autres dessins E, fort analogues comme aspect général, diffèrent de celui-ci par la forme et le nombre des taches colorées. — Dans les dessins D, les taches colorées ont une forme
étoilée.

tube, et qu'il devait immédiatement, après la seconde vision,
déclarer si le second dessin était le même ou différent.
Après quoi, j'interrogeais le sujet sur quoi était basé son
jugement et je lui demandais une description détaillée de
toute l'expérience, comprenant la première vision (*vision I*),
l'intervalle, et la seconde vision (*vision II*), de tout ce qui
avait été perçu, senti ou pensé. Grâce à l'excellente mémoire et à la faculté de s'observer de Mme M..., j'ai obtenu

une description exacte de la comparaison, du côté introspectif, de la remémoration détaillée du calcul qui avait été
fait, des impressions et des pensées, dans leur ordre chro-
nologique.

Le sujet, ayant les yeux fermés, se préparait à voir ; il
les ouvrait en entendant le mot d'ordre, pour chaque vision,
et les fermait pendant l'intervalle. Comme matériel-test de
comparaison était employée une série de clartés (papier
transparent) et une série de dessins E, remplacée dans les
quatre dernières expériences par une série de dessins D.
Vu que, simultanément avec ces expériences, je faisais avec
la même personne d'autres expériences semblables, avec
trois autres séries de dessins kaléidoscopiques, il n'y avait
pas à craindre que les dessins soient appris par cœur. Dans
chaque expérience il y avait 4 comparaisons du même objet
et 4 comparaisons d'objets différents, se succédant dans un
ordre variable, par exemple *a-b*, *c-d*, *a-a*, *b-c*, *b-b*, *c-c*,
d-e, *d-d*. La durée de chaque vision et celle de l'intervalle
étaient toujours de 5 secondes.

A. — *Les deux visions et l'intervalle sont libres.*

Expérience I (24 juin).

8 comparaisons de clarté : Pas d'erreur.

Dans la vision I, il y a effort pour fixer l'image dans la
mémoire. Dans l'intervalle on tâche de se représenter
l'image ; une fois apparait une faible image consécutive.
Dans la vision II, la reconnaissance a lieu parfois au premier
moment de la vision, et parfois un moment plus tard,
après la comparaison des détails. On profite alors de
chaque attribut de l'impression, du changement de la teinte
du papier transparent par suite de sa doublure, etc., du
changement de la clarté, de l'illusion de l'éloignement (le
papier le plus foncé semble toujours être plus près, et le
papier plus clair, plus éloigné), de petits points noirs per-

çus dans le papier, de l'inclinaison du papier dans le champ de la perspective. Le fondement du jugément est toujours juste. On voit donc que l'activité de l'intellect joue ici un grand rôle, aussi bien dans la conservation de l'image que dans la reconnaissance elle-même.

Expérience II (24 juin).

8 comparaisons des dessins : Pas d'erreur.

Dans la vision I, il y a toujours une analyse du dessin et la dénomination de détails. Dans l'intervalle, il y a effort pour se représenter le dessin, parfois aussi analyse de l'image à l'aide de mots ; l'image consécutive n'apparaît jamais ; il y avait quelquefois des pensées étrangères à l'expérience. Dans la vision II, il y a des cas de reconnaissance au premier moment de l'impression ; mais il arrive aussi qu'au premier moment on ait encore de l'incertitude si c'est le même dessin ou un autre, et ce n'est que plus tard que la perception d'un certain détail, comparée avec l'image, décide du jugement. La description donne toujours un fondement juste du jugement de la différence ; on précise les couleurs qui ont changé et le changement dans le caractère général des formes ; une seule fois seulement la description n'est pas exacte (oubli de la teinte jaune). Nous voyons donc que le rôle de l'intellect a ici la même importance que dans l'expérience précédente.

B. — *Les deux visions sont libres ; l'intervalle est occupé par le calcul mental.* (Avant l'expérience j'annonce le multiplicande, au commencement de chaque intervalle, le multiplicateur.)

Expérience III (25 juin).

8 comparaisons de clartés : Une erreur (non-reconnaissance de différence). Dans la vision I, il y a effort pour fixer l'image dans la mémoire. L'intervalle est toujours occupé par une multiplication ; chaque fois que le sujet entend le multiplicateur, il y a un état de perplexité mentale et d'inquiétude : l'image consécutive n'apparait jamais. La vision II, au premier moment, est ordinairement perturbée encore par le calcul précédent ; il y a une tendance à continuer le calcul, la pensée est préoccupée des erreurs commises dans le calcul, ou bien encore on répète automatiquement à voix basse, le nombre obtenu. Le plus souvent la reconnaissance se fait au premier moment de l'impression ; c'est un sentiment d'identité ou de différence tout à fait clair. Il y a cependant trois exceptions dans les comparaisons des clartés différentes : une fois l'impression du premier moment manque de certitude et ce n'est que plus tard qu'on reconnait la différence, en apercevant que le second test est plus sombre et semble plus près ; une seconde fois, on reconnait qu'il est différent d'après un point noir seulement, et c'est dans la description qu'on se rappelle quelle fut la différence dans la clarté et la couleur ; une troisième fois, on juge faussement que le second test est le même, se basant sur les trois points noirs apparents sur le papier ; dans ce cas, le premier moment de la vision II avait été perturbé par la tendance à continuer le calcul et l'attention s'était tournée non pas vers l'impression de la clarté, mais vers les petites taches du papier transparent.

Expérience IV (27 juin).

8 comparaisons de dessins : Une incertitude dans le jugement d'identité.

Dans la vision I, on analyse le dessin et on nomme les détails. Dans l'intervalle la multiplication est le plus souvent accompagnée d'une forte et désagréable émotion ; il y a une perplexité dans l'esprit, une inquiétude, un effort de l'attention, brusque et désagréable au moment où l'on entend prononcer le multiplicateur. Cette émotion et la

préoccupation du calcul se continuent encore après la fin
de l'intervalle et cela obscurcit le premier moment de la
vision II (particulièrement dans les 3 cas) ; en même temps
cela retarde la reconnaissance. L'incertitude du jugement
apparaît dans cette comparaison où, dans le premier moment de la seconde vision, on finissait encore à *haute voix*
le calcul, en regardant le dessin dans un état de « perplexité ». Dans les descriptions de différence, on trouve
seulement 2 fautes. — Nous voyons donc, dans ces deux
expériences, que l'intervalle occupé par le calcul n'empêche
pas la comparaison juste.

C. — *La vision I se fait pendant le calcul, l'intervalle
et la vision II restent libres.* (La multiplication commence
avant l'ouverture des yeux et cesse avec le commencement
de l'intervalle.)

Expérience V (27 juin).

8 comparaisons de clartés : 2 erreurs dans les comparaisons des différents tests. La vision I, malgré le calcul, a toujours des moments lucides, de petites déviations
de l'attention du calcul. Dans l'intervalle, il y a presque
toujours une tendance à prolonger le calcul, à s'occuper
de son résultat ou bien la répétition automatique des nombres. En outre, il y a aussi l'effort pour évoquer l'image
visuelle consécutive, laquelle apparaît quelquefois faiblement, et l'effort de représenter mentalement la perception
précédente. La vision II donne la reconnaissance toujours
au premier moment de la perception ; c'est le sentiment du
nouveau ou du manque de nouveau ; plus tard sont perçus
les attributs, qui servent à justifier le jugement ; la justification est exacte. Les deux comparaisons avec des erreurs (non-reconnaissance du différent) ne diffèrent en rien
des autres dans leur processus ; je n'ai pas pu retrouver

la cause des erreurs. — On voit donc que la comparaison
des clartés peut s'effectuer, malgré l'inhibition intellectuelle de la vision I, c'est-à-dire de la perception-modèle
avec laquelle on compare.

Expérience VI (30 juin).

8 comparaisons des dessins : 1 erreur (non-reconnaissance du différent).

Dans cette expérience, il y a deux cas où la vision I,
pendant les dernières secondes, était libre, le calcul étant
terminé plus tôt ; 5 cas où elle était partiellement consciente, pendant le calcul, sans toutefois pouvoir être analysée et pensée à l'aide du langage ; et un cas de cécité
mentale complète, à cause de l'absorption totale de l'attention par le calcul. Après les visions libres, on se représente
pendant l'intervalle l'ensemble du dessin et on nomme les
couleurs ; pendant la vision II, la reconnaissance d'identité
se fait au premier moment de la perception ; le jugement
est justifié exactement. Après les visions a-intellectuelles,
partiellement conscientes, on se représente pendant l'intervalle le caractère général du dessin, quelquefois aussi on
se rappelle et on nomme certains détails ; la reconnaissance a lieu au premier moment de la vision II, sous
l'aspect du sentiment de nouveauté ou de manque de nouveauté, lequel sentiment est plus tard vérifié intellectuellement ; par exemple : « sentiment de nouveauté, agréable
au premier moment, perception qu'il y a une couleur qui
manque, plus tard la reconnaissance que c'est la couleur
jaune » ; ou bien : « la reconnaissance instantanée que le
dessin est autre », et dans la description, le sujet dit que
c'est l'impression générale seulement qui fut autre, que le
second était plus sombre, les taches de couleurs étaient
plus grandes (description vraie), mais il ne sait pas quelle
était la différence des couleurs (il y manquait du vert) et
suppose seulement qu'il y avait moins de couleurs. Dans

ces deux catégories de comparaisons (avec la vision I libre et la vision I inhibée intellectuellement) les jugements de reconnaissance sont vrais et proviennent du premier moment de l'impression, avant que s'effectue la comparaison intellectuelle avec l'image du dessin précédent. — L'erreur (non-reconnaissance du différent) apparaît dans le cas où l'esprit, pendant la vision, est tellement absorbé par le calcul qu'il ne reste rien du dessin dans la mémoire. Le processus de cette comparaison est le suivant : on ouvre les yeux au moment où le calcul est déjà bien avancé, la première impression est celle d'une nouveauté (par rapport aux dessins de l'expérience précédente) ; il n'y a pas un seul moment où le sujet pense au dessin qu'il regarde ; la multiplication est terminée ; dans l'intervalle, on s'efforce de se représenter le dessin, mais il ne reste qu'une vague impression générale, un vestige dans les yeux seuls, quelque chose comme une image visuelle consécutive, imparfaite ; à la seconde ouverture des yeux : pas d'impression de nouveauté ; au premier moment de la perception, on examine le dessin ; le jugement que c'est le même dessin ne peut être justifié par rien, puisque le sujet n'a aucun souvenir du premier.

Nous voyons donc que l'inhibition de l'activité intellectuelle pendant la première perception, de l'activité qui analyse les détails, n'empêche pas la comparaison, mais que l'absorption totale de l'attention par le calcul rend impossible la reconnaissance d'une différence.

D. — *La vision I et l'intervalle sont occupés par le calcul ; la vision II est libre.* (La multiplication commence pendant que les yeux sont encore fermés, avant la vision I, et cesse à la fin de l'intervalle ; les nombres sont de deux chiffres.

Expérience VII (26 juin).

8 comparaisons des clartés : 2 erreurs (non-reconnaissance, du différent) et 1 incertitude du jugement d'identité. La vision I, dans les 4 comparaisons, est partiellement consciente, aux moments d'un relâchement dans le calcul; dans les 4 autres comparaisons, l'attention est absorbée exclusivement par le calcul. Les intervalles sont toujours occupés par le calcul seul; dans un cas, le calcul est accompagné d'une inquiétude et d'un sentiment pénible. Dans le premier cas (vision I partiellement consciente) la reconnaissance se fait au premier moment de la vision II; c'est le sentiment de nouveauté ou du manque de celle-ci; après quoi on évoque l'image du précédent et on le compare avec la perception; il y a une erreur : la non-reconnaissance du différent. Dans le deuxième cas (vision I avec forte distraction), la reconnaissance se fait de même au premier moment de l'impression, mais il n'y a pas de comparaison avec le précédent, l'image manque; il y a une erreur — la non-reconnaissance du différent — et une impression d'identité, jugée d'une manière indécise : « Il me semble que c'est le même. » Au commencement de la vision II, il y a toujours encore une tendance à penser au calcul, ou bien des distractions sans pensée déterminée.

Voyons maintenant dans quelles conditions se produisent les erreurs. Premier cas d'erreur : vision I partiellement consciente; dans l'intervalle le calcul s'embrouille, il survient un état de trouble, un sentiment de malaise et de fatigue; cet état de trouble dure encore au commencement de la vision II et empêche la perception; ce n'est qu'un peu plus tard qu'on perçoit attentivement, sans trouver quelque chose de nouveau; l'effort pour représenter l'image ne donne aucun résultat; on énonce un faux jugement d'identité. Le retard de la reconnaissance coïncide donc ici avec l'erreur. — Deuxième cas d'erreur : la vision I est occupée totalement par le calcul, l'intervalle aussi; au premier moment de la vision II il y a une distraction, sans pensée déterminée; on perçoit un peu plus tard et on a l'impression de la même couleur et de la même clarté. — Le troisième cas est un jugement vrai, mais incertain : la vision I, de même que l'intervalle, sont occupés exclusivement par le calcul; au premier moment de la vision II, on n'a pas l'impression de nouveauté, mais on n'est pas tout à fait sûr que c'est le même, puisque le souvenir du précédent manque; le sujet est distrait et répète le nombre obtenu. — Nous voyons donc que la comparaison est possible avec la vision I et l'intervalle occupés par le calcul; les erreurs n'apparaissent que dans le cas où la première perception était tout à fait inconsciente, excepté une fois où la cause de l'erreur était peut-être le retard de l'impression.

Expérience VIII (27 juin).

8 comparaisons de dessin : 2 erreurs (dans les comparaisons d'identité : le jugement manque tout à fait) et 1 incertitude du jugement d'identité.

Ici nous avons 5 cas où la vision I était partiellement consciente, aux moments de relâchement dans le calcul; et 3 cas où le sujet, en regardant, ne voyait rien, ayant l'attention entièrement absorbée par le calcul. Les intervalles sont toujours occupés par le calcul seul; une fois il y a du trouble mental, à cause de la difficulté du calcul. Dans la vision II, nous avons 4 cas où le premier moment est occupé par une pensée se rapportant au calcul ou perturbé par l'émotion d'inquiétude provenant de la période d'intervalle, en raison de quoi la reconnaissance est retardée. Dans les 4 autres comparaisons la reconnaissance est l'impression du premier moment, libre de toute perturbation. En comparant ces cas, nous voyons qu'il y a trois comparaisons avec la vision I « aveugle » et en même temps avec le premier moment de la vision II perturbé, et dans toutes les trois la reconnaissance fait défaut; dans deux cas le sujet dit « qu'il ne sait pas » si le dessin est le même ou différent, et une fois il y a incertitude dans son jugement d'identité, incertitude qu'il explique par le manque absolu de souvenir du précédent. D'autre part, toutes les autres comparaisons, où la vision I était partiellement consciente, avec « un éclair de la conscience », comme dit le sujet, ont donné des reconnaissances justes (1 d'identité et 4 de différence), même dans le cas où le premier moment de la vision II était perturbé par l'inquiétude. Cela veut dire que la cécité mentale de la vision I était la cause des non-reconnaissances. Par contre, les perceptions partiellement conscientes, mais inhibées du côté intellectuel, donnent les reconnaissances, quoiqu'il n'y eût pas d'évocation d'image: la justification de ces jugements de reconnaissance est souvent inexacte ou même fait complètement défaut; le jugement vrai ne se base, dans ces cas, que sur l'impression même d'une *nouveauté en général* ou de son manque.

E. — *La vision I est libre; l'intervalle et la vision II sont occupés par le calcul.* (J'annonce le multiplicande avant l'expérience et le multiplicateur au commencement de l'intervalle.)

Expérience IX (30 juin).

8 comparaisons de clarté : 3 erreurs (non-reconnaissances du différent).

Dans cette expérience, la vision I est toujours libre. L'intervalle est partout occupé par le calcul seul; une fois, le calcul est accompagné d'un état de perplexité, parce qu'on a oublié le multiplicande et par suite de l'effort que l'on fait pour commencer le calcul. Le calcul passe sans interruption dans la vision II et le plus souvent (dans 5 comparaisons), ce n'est qu'à la fin de la vision

qu'il y a un moment de perception lucide et la pensée de
la reconnaissance. Ces trois erreurs se rapportent toutes
aux comparaisons des différents: à cela appartient aussi
la comparaison avec l'état de perplexité dans l'intervalle;
en dehors de ce cas, les conditions sont les mêmes pour
les comparaisons vraies et fausses. *Les comparaisons
d'identité sont toujours justes*. — Il en résulte que l'inhibition intellectuelle de la comparaison *empêche seulement la reconnaissance d'une différence*. Comme le second
test est toujours plus sombre, on pourrait conclure que les
jugements faux d'identité proviennent ici d'un assombris-
sement de l'image mentale du premier test, durant l'intervalle occupé, c'est-à-dire durant sa vie latente, car l'image
comme telle n'avait aucune possibilité d'apparaître dans la
conscience. Le second facteur de variation (inhibition intellectuelle de la vision II) empêche le rappel de l'image
du précédent et la comparaison consciente, réduisant la
reconnaissance à l'impression du moment, à un sentiment
momentané de nouveauté ou de son manque; pour reconnaître la différence, ce sentiment de nouveauté doit être
déterminé, s'exprimer dans une perception que « c'est plus
sombre », pour que la comparaison soit juste. C'est ce
sentiment déterminé de nouveauté qui manque ici 3 fois
sur 4 comparaisons. On peut donc dire que, lorsque la
reconnaissance est réduite à l'impression seule du premier
moment, sans la possibilité de faire appel à l'image, laquelle manque pendant tout le processus de la comparaison, il est difficile de reconnaître la différence des clartés,
tandis qu'on peut encore reconnaître leur identité.

Expérience X (30 juin).

8 comparaisons de dessins : Pas d'erreur. La vision I
se fait avec une analyse libre de détails et leur dénomination. L'intervalle est occupé toujours par un travail intense
de la multiplication ; 3 fois il y a un sentiment pénible de

fatigue. Le calcul passe sans interruption dans la vision II et absorbe complètement son commencement. L'impression de la reconnaissance apparaît au moment lucide de la perception, le plus souvent au milieu ou à la fin de la vision II ; une seule fois la vision II reste tout le temps inconsciente et la reconnaissance d'identité se fait seulement après l'expérience terminée, par la comparaison de mémoire des deux images. Le fondement de la reconnaissance est pour la plupart exact ; une seule fois on ne se rappelle pas la différence des couleurs. — Nous voyons donc que lorsque les tests sont plus compliqués, tels les dessins colorés, *où le sentiment de nouveauté peut être indéterminé*, en tant qu'une impression générale de quelque chose d'autre, *la réduction de la reconnaissance à l'impression seule du moment n'empêche pas de reconnaître aussi bien l'identité que la différence.* Les images inhibées dans leur développement, pendant tout le parcours de l'expérience, peuvent cependant se reproduire partiellement plus tard et faire connaître la différence.

Expérience XI.

8 comparaisons des dessins, avec une autre personne, donnent les mêmes résultats, excepté une seule comparaison où la vision II est aveugle, sans aucun moment de conscience, en raison de quoi le sujet ne peut énoncer aucun jugement.

F. — *Les deux visions et l'intervalle sont occupés par le calcul.* (Les nombres sont assez grands pour que la multiplication dure pendant 15 secondes.)

Expérience XII (24 juin).

8 comparaisons des clartés : 2 non-reconnaissances d'identité, 1 de différence et 1 jugement incertain d'identité.

La vision I est toujours occupée par le calcul, de même que
l'intervalle. Dans les comparaisons d'identité, la vision II
est 2 fois partiellement consciente, à quoi correspondent
les reconnaissances justes (une incertaine) : 2 fois elle est
tout à fait inconsciente, absorbée par le calcul, et le sujet
ne peut énoncer aucun jugement : il voit la clarté mais ne
pense pas à elle, et dit qu'il ne sait rien; ou bien encore,
il ne voit pas même la clarté et ce n'est qu'après, pendant
la description, qu'il tâche de se représenter un vestige de
la vision, disant qu'il ne sait pas, mais qu'il y aurait plutôt changement. — Dans les comparaisons des différents,
la vision II une fois est tout à fait inconsciente, à quoi
correspond le jugement : « Il me semble que c'est le même »,
jugement qui n'est pensé que pendant la description, lorsqu'on tâche de se rappeler les deux images; d'autre part,
3 fois elle a des moments lucides, à quoi correspond la reconnaissance de différence. — Nous voyons ici que la
comparaison ne se fait qu'au moment de l'impression; si
cette impression reste inconsciente et que le sujet tâche
de comparer les *deux souvenirs*, la reconnaissance ne réussit pas.

Expérience XIII (25 juin).

8 comparaisons des dessins : Pas d'erreur; 1 jugement
d'identité incertain.

La vision I est toujours absorbée par le calcul, inconsciente; une seule fois il y a eu un moment de perception.
L'intervalle est toujours occupé par le calcul. La vision II
a toujours des moments de perception, pendant lesquels
surgit la reconnaissance (une fois le calcul s'embrouille
et le sujet peut regarder consciemment au dernier moment;
il y a alors incertitude du jugement : « Il me semble que
c'est le même »). — La reconnaissance au moment de l'impression n'est qu'une simple pensée générale que c'est le
même dessin ou bien un autre; ce n'est que pendant la des-

cription qu'on se rappelle certains détails et qu'on peut justifier son jugement par quelques attributs de la différence des teintes ou de la caractéristique générale du dessin. — La reconnaissance des dessins s'effectue donc dans l'impression même, alors que cette impression ne peut pas s'intellectualiser; par contre, les comparaisons intellectuelles avec la conscience de détails ne sont qu'un phénomène secondaire.

G. — *Les deux visions de 5 secondes chacune et l'intervalle de 30 secondes sont libres.*

Expérience XIV (30 juin).

8 comparaison des clartés : 2 non-reconnaissances du différent, 1 non-reconnaissance d'identité.

Dans cette expérience, nous avons seulement une variation quantitative de l'intervalle. Pendant l'intervalle, le sujet ayant les yeux fermés comme toujours, s'efforce, dans toutes les comparaisons, d'évoquer et de retenir l'image visuelle consécutive ; cette image apparaît et disparaît pour apparaître de nouveau, répétant ces oscillations quelquefois. — La reconnaissance se faisait de deux manières : dans 4 comparaisons d'identité, le sujet affirme qu'il a reconnu au premier moment de l'impression, sans évoquer l'image de la figure précédente et avant qu'il ait pu prendre conscience des attributs caractéristiques de la vision; une fois la première impression (de la vision II) est indéterminée et le sujet reste incertain jusqu'à la fin et dit : « Probablement autre, parce qu'il est autrement placé dans la perspective[1] », après quoi il se rappelle que la clarté fut très semblable et change d'opinion. — Dans les

---

1. Pour éviter que les légers déplacements du dessin ne puissent faire deviner au sujet que l'on avait changé la figure, je tournais le disque alors même que la figure présentée restait la même.

4 comparaisons de clartés différentes, au premier moment
de perception (sauf un cas) il n'y a jamais de sentiment
distinct de reconnaissance ; le sujet tâche de baser son
jugement sur des raisons intellectuelles ; il s'efforce de se
rappeler l'image précédente et de la comparer avec la perception ; il en résulte deux fois un jugement juste et une
fois un faux ; la comparaison des clartés différentes, où la
reconnaissance eut lieu au premier moment de la perception, a donné un jugement faux. — Nous avons donc deux
non-reconnaissances de la différence : 1º lorsqu'on compare
dans l'impression seule ; et 2º lorsqu'on compare intellectuellement ; et deux reconnaissances de la différence dans
les comparaisons intellectuelles, c'est-à-dire avec l'aide de
l'image évoquée. L'image mentale de la clarté, fixée dans
la mémoire par un effort spécial de l'attention, pendant
l'intervalle, peut donc subsister jusqu'à 30 secondes.

Expérience XV (1er juillet).

8 comparaisons des dessins, série D : Pas d'erreur.
Dans la vision I, on analyse et on nomme les détails du
dessin. Dans l'intervalle, on se représente l'image d'une
manière intensive et on s'efforce de fixer dans la mémoire
ses détails à l'aide des mots. Dans les 4 comparaisons du
même dessin, la reconnaissance est instantanée, elle se fait
au premier moment de la vision, avant qu'on se rappelle
le dessin précédent. Dans les 4 comparaisons de dessins
différents le sentiment de nouveauté apparaît aussi au premier moment de la vision, et la connaissance à quoi tient
cette nouveauté ne se fait que plus tard ; la description
de la différence est toujours exacte, même dans le cas où
la différence entre les dessins consistait seulement en une
clarté plus sombre du second. — L'image mentale du dessin, fixée pendant l'intervalle, peut donc se conserver exacte
pendant 30 secondes.

H. — *Les deux visions de 5 secondes et l'intervalle de
30 secondes sont occupés par le calcul.* (La multiplication
commence avant l'ouverture des yeux ; le résultat obtenu
doit être divisé par un nombre dit d'avance.)

Expérience XVI (1er juillet).

8 comparaisons des clartés : 2 non-reconnaissances de
différence, 1 non-reconnaissance d'identité, 2 jugements
incertains (d'identité et de différence).

La vision I, dans 4 cas, est tout à fait inconsciente ; dans
dans les autres il y a des moments lucides. L'intervalle est
partout occupé par le calcul ; une fois, le calcul a été accompagné d'un état de perplexité et d'inquiétude ; une autre
fois, le calcul a été terminé avant la fin de l'intervalle, et,
pendant le temps libre restant, le sujet a tâché d'évoquer
l'image. Toutes les comparaisons où la vision I était inconsciente ont donné des erreurs (2 non-reconnaissances et
2 jugements incertains) ; ici appartient aussi la comparaison où, pendant l'intervalle, il y avait de l'inquiétude, qui
s'est prolongée dans la vision II, et la comparaison où le
calcul a été achevé pendant l'intervalle. — Les 4 autres
comparaisons, où la vision I avait des moments de conscience, avec l'intervalle occupé totalement par le calcul,
donnent seulement une erreur (la non-reconnaissance de
différence) ; les reconnaissances se basent sur l'impression.
— Nous voyons donc que l'intervalle de 30 secondes, occupé
par le calcul, permet encore au souvenir de clarté de se
conserver, quoique son intellectualisation en image soit
impossible ; les cas de non-reconnaissance dépendent ici
principalement du défaut de la perception consciente de la
vision I.

Expérience XVII (1er juillet).

8 comparaisons des dessins, série D : 1 non-reconnaissance de la différence, l non-reconnaissance d'identité et l jugement d'identité incertain.

Dans cette expérience nous avons une comparaison dont la vision I est inconsciente, l'intervalle occupé totalement par le calcul, et la vision II parfaitement consciente : la reconnaissance fait défaut. Il y a 4 comparaisons dont la vision I est partiellement consciente et l'intervalle en partie libre, le calcul étant terminé ; les reconnaissances sont ici toujours justes, basées sur l'impression du premier moment et la description pour la plupart exacte. D'autre part, il y a 3 comparaisons dont la vision I est partiellement consciente, l'intervalle occupé totalement par le calcul, et la vision II avec des moments lucides pendant le calcul ; dans ce cas nous avons une non-reconnaissance de différence (qui consiste seulement en un obscurcissement du même dessin) et une incertitude dans les jugements d'identité. Donc, une seule comparaison seulement (sur ces trois), avec l'intervalle totalement occupé par le calcul, donne une reconnaissance juste, basée sur le sentiment de nouveauté, laquelle est plus tard exactement décrite. On peut donc dire que l'intervalle de 30 secondes, occupé par le calcul, n'exclut pas tout à fait la possibilité de la conservation du souvenir du dessin, quoiqu'il rende cette conservation beaucoup plus difficile.

Analyse des expériences.

Les deux premières expériences sont des comparaisons libres. C'est sur l'observation de ces comparaisons libres qu'était basée exclusivement la théorie de la reconnaissance en tant que « fusion de l'image avec l'impression », ou bien en tant que juxtaposition consciente des deux lorsqu'il s'agit de la reconnaissance du nouveau. En vérité, nous voyons ici que l'image — l'image intellectuellement élaborée — joue un rôle prépondérant : l'impression est analysée à l'aide du langage, et, grâce à ce travail, elle se

fixe dans la mémoire comme image ; ensuite, pendant l'intervalle, on l'évoque par un effort de l'attention et on l'analyse encore, en la développant et la rendant plus stable, à
l'aide du travail mental ; au moment de la reconnaissance
cette image apparaît après l'impression, comme le deuxième
membre de l'acte de comparaison.

Les variations expérimentales des comparaisons nous
montrent cependant que toute cette activité de l'image et le
travail intellectuel qui l'accompagne *ne sont qu'un phénomène secondaire*, qui ne conditionne pas la reconnaissance, mais seulement lui tient parfois compagnie et est
en quelque sorte comme un luxe psychique. — Dans les
expériences 3 et 4, c'est l'*intervalle* seul qui est occupé ;
la première impression se fixe dans la mémoire par l'analyse, l'image a donc une naissance intellectuelle et peut
être évoquée lors de la deuxième impression, mais ne peut
pas apparaître entre l'une et l'autre ; elle ne vit dans cet
intervalle de temps qu'à l'état potentiel, sans la possibilité
de se développer. Malgré cette inhibition de l'image, laquelle, comme nous le savons des expériences de la première
partie, influe sur son inexactitude et l'arrête à l'état em-
bryonnaire, les reconnaissances s'effectuent avec justesse,
les jugement sont vrais et sûrs ; une erreur et une incertitude du jugement peuvent être expliquées par la perturbation du premier moment de la vision II.

Dans les expériences 5 et 6, c'est la *première vision* qui
est la seule occupée par le calcul, c'est-à-dire que l'activité mentale qui prend part dans la naissance de l'image,
est inhibée ; l'impression ne peut se fixer dans la mémoire
que comme impression visuelle générale, laquelle ne pouvait être analysée à l'aide du langage, dans ses détails et
attributs ; cette impression générale peut cependant se développer en image pendant l'intervalle, ce qui a lieu réellement ; le vestige purement sensitif de la mémoire, le souvenir général de l'ensemble de l'impression s'intellectualise
et se transforme partiellement en image, laquelle ensuite

sert aux comparaisons. Un tel affaiblissement intellectuel de l'image, dans sa naissance, n'influe pas non plus sur la reconnaissance. Quoiqu'il y ait accroissement des erreurs, leur nombre, comparativement au nombre des comparaisons (3 erreurs sur 16 comparaisons) est relativement trop petit pour pouvoir servir à l'appui du contraire.

Dans les expériences 7 et 8, les deux inhibitions précédentes sont unies ensemble; l'image ne peut ni naître intellectuellement, ni se développer pendant l'intervalle. Durant tout le temps, depuis la première impression, qui ne pouvait être qu'une impression générale et élémentaire par suite de la distraction, jusqu'au premier moment de la seconde vision, il n'y a pas de conditions qui puissent permettre l'apparition de l'image; elle peut cependant apparaître dans la vision II, après l'impression du premier moment, et servir à la reconnaissance. Dans ce cas, les erreurs augmentent (4 erreurs et 2 incertitudes de jugement), mais toutes ces erreurs, sauf une, n'apparaissent que dans les comparaisons dont la vision I fut aveugle, et au premier moment, perturbé de la vision II; par contre, là où la vision I fut partiellement consciente, quoique dépourvue de toute élaboration intellectuelle, réduite à une simple impression d'ensemble, les reconnaissances se sont effectuées d'une manière juste. Donc, les deux inhibitions de l'image n'empêchent pas la reconnaissance.

Dans les expériences 9, 10 et 11, l'image peut naître intellectuellement, mais elle ne peut apparaître ni pendant l'intervalle ni pendant la vision II; elle ne peut apparaître qu'après l'expérience terminée, c'est-à-dire après la reconnaissance, et dans quelques cas elle apparaît réellement lors de la description. Ici, le rôle de l'image est complètement exclu de la reconnaissance, puisque celle-là ne peut se faire que dans les limites de la vision II; malgré cela la reconnaissance a lieu; le nombre d'erreurs, en comparaison avec les expériences 7 et 8, diminue même (il n'y a que 3 erreurs dans les comparaisons des clartés et pas une dans celles des dessins), ce qui provient de la liberté de la vision I.

Enfin, dans les expériences 12 et 13, les reconnaissances sont justes, quoique l'image soit totalement exclue de l'expérience : elle ne peut ni naître intellectuellement, ni se développer pendant l'intervalle, ni apparaître au moment de la reconnaissance même, dans la vision II. Les erreurs (3 non-reconnaissances des clartés) n'apparaissent que là où la vision II n'avait aucun moment lucide, l'attention étant complètement absorbée par le calcul, là donc où le jugement de reconnaissance se basait non pas sur l'impression, mais sur la comparaison de deux souvenirs. Ceci nous montre que la reconnaissance ne s'effectue que dans l'impression même et sans l'aide de l'image; il y avait ici, de même que dans les expériences 9 et 10, une image partielle, mais elle n'apparaissait que pendant la description, c'est-à-dire après que le jugement de la reconnaissance eut été énoncé.

Les expériences de la série G et H avaient pour but de savoir *pendant combien de temps peut se conserver le souvenir d'une vision de courte durée*, souvenir suffisant pour la reconnaissance, imagé (dans les comparaisons libres, expériences 14 et 15) et non imagé (dans les comparaisons occupées par le calcul, expériences 16 et 17). Ne pouvant faire des expériences plus nombreuses de ce genre, je me suis borné à une seule durée de 30 secondes. Comme nous le voyons dans ces quatre expériences, *le souvenir imagé se conserve plus facilement que le non imagé, et le souvenir des dessins, dans les deux cas, s'est conservé plus facilement que le souvenir des clartés.*

Cette différence est le résultat de l'influence des mots, qui consolident la mémoire des images dans les comparaisons libres et qui peuvent être appliqués plus facilement aux dessins qu'aux clartés. Cependant l'intervalle de 30 secondes permet encore de conserver un souvenir non imagé.

Si maintenant nous comparons ces résultats avec les expériences de la Première Partie, lesquelles nous ont montré une corrélation étroite entre la formation de l'image et l'activité intellectuelle, nous devons arriver à cette conclusion que dans les comparaisons avec activité intellectuelle inhibée, c'est le côté du souvenir indépendant de cette activité, le côté non imagé, a-intellectuel, qui peut seul agir. La *reconnaissance sans image* est un fait objectif, qui est démontré non par les déclarations du sujet relatives à l'apparition ou la non-apparition des images à tel ou tel moment, mais par l'impossibilité réelle de l'apparition de l'image, en raison des conditions spéciales de l'expérience.

Voyons maintenant comment se présente la question du côté *introspectif*. D'après les dires *les plus fréquents* du sujet, la reconnaissance dans les comparaisons perturbées par le calcul, se fait au premier moment de la seconde vision; c'est une impression qui a le *minimum* d'une connaissance objective, qui est réduite à un simple *sentiment* de nouveauté ou de son manque; c'est ce sentiment qui décide avant tout; il est la base et le point de départ du jugement de la reconnaissance. Ce n'est que plus tard qu'il s'intellectualise et que survient la connaissance de l'identité ou de la différence, utilisée dans la description; cela a lieu le plus souvent pendant la vision et exceptionnellement (dans 10 cas) après la vision. Mais ce processus secondaire, additionnel, n'est pas indispensable, car il y a des jugements de reconnaissance justes avec impossibilité de décrire la différence, ou bien avec description partielle et inexacte; nous avons 12 cas de ce genre, dont 6 appartiennent aux comparaisons avec vision I occupée. C'est dans ce processus secondaire intellectuel et raisonné de la connaissance qu'apparaît probablement l'image de la vision précédente. Nous disons « probablement », car la connaissance des qualités de la différence et de l'identité est un fait presque universel (il n'y a que 12 exceptions sur

112 comparaisons inhibées intellectuellement), tandis que le nombre des comparaisons inhibées, où le sujet a noté une apparition claire de l'image au moment de la reconnaissance, n'est que de 15; il faut donc supposer que soit l'apparition de l'image, dans cette grande majorité des cas, fut oubliée par le sujet pendant la description, soit qu'elle faisait réellement défaut ou bien apparaissait dans un état tellement incomplet et indistinct, qu'elle ne pouvait devenir l'objet d'une perception interne distincte. Il est possible que le sujet notait les cas d'apparition de l'image, seulement lorsque cette apparition était consciemment évoquée et constituait un acte intellectuel de comparaison entre l'image et l'impression. En tout cas l'image, en tant qu'objet déterminé de l'introspection et en tant que membre distinct de la comparaison, est un phénomène exceptionnel, non seulement au premier moment de la reconnaissance, mais aussi dans tout le processus ultérieur.

En comparant les comparaisons libres, où les images sont fréquentes, avec les comparaisons inhibées, nous voyons que l'intellectualisation de la première impression de la reconnaissance se trouve dans un certain rapport d'antagonisme avec la force et la certitude du « sentiment » lui-même de la reconnaissance : dans les comparaisons libres la première impression de la reconnaissance est souvent incertaine et tardive, comme si elle était affaiblie par l'activité de la pensée, laquelle tâche d'analyser au plus vite l'impression et de la comparer avec le souvenir, détournant l'attention de l'impression présente pour la porter vers le passé; par contre, lors des visions inhibées, le premier moment de l'impression est plus concentré, la reconnaissance se fait instantanément, profitant du premier relâchement de la pensée occupée par le calcul, pour s'introduire dans la conscience.

Tel est le cours introspectif de la comparaison, qui a lieu le plus souvent; mais il y a aussi des exceptions. Si nous analysons ces exceptions, nous voyons que *le retard*

du premier moment conscient de la vision II joue un certain
rôle dans l'apparition des erreurs et des incertitudes du
jugement. Dans la série B des expériences, où l'intervalle
seul est occupé, nous trouvons 1 erreur sur la différence
des clartés et 1 incertitude du jugement d'identité des
dessins, et les deux cas sont accompagnés d'une perturbation plus forte du premier moment de l'impression, perturbation causée par une distraction mentale et émotionnelle. Dans la série C, avec la vision I occupée, nous
avons 2 erreurs de la différence des clartés sans aucun
corrélatif qui soit noté, et 1 erreur de différence des dessins qui correspond seulement à l'inconscience de la
vision I. Dans la série D, avec la vision I et l'intervalle
occupés, il y a 2 erreurs et 1 incertitude des clartés et
2 erreurs et 1 incertitude des dessins, et à tous ces cas
correspond le retard et la perturbation du premier moment
de l'impression, ainsi que l'inconscience de la vision I
(excepté deux cas). Dans la série E, avec l'intervalle et la
vision II occupée, nous n'avons que 3 erreurs de clartés,
dont l'une est sans aucun corrélatif connu, tandis qu'aux
autres correspond le retard de l'impression. Dans la
série F, où la comparaison entière est occupée par le
calcul, il y a 3 erreurs de clartés, auxquelles correspond
l'inconscience de deux visions et le jugement de reconnaissance fait seulement après l'expérience finie, 1 incertitude dans la reconnaissance des clartés, sans corrélatif
connu, et 1 incertitude dans la reconnaissance des dessins,
à laquelle correspond le retard de la reconnaissance et l'inconscience de la vision I. Dans la série G, où il n'y a que la
variation quantitative de l'intervalle, nous avons seulement
3 erreurs de clartés, dont deux correspondent au retard de
la reconnaissance et le troisième n'a aucun corrélatif. Dans
la série H, où, outre la variation quantitative de l'intervalle,
toute la comparaison est occupée par le calcul nous avons
2 erreurs dans les comparaisons de clartés, auxquelles correspond l'inconscience seule de la vision I, 1 erreur sans

aucun corrélatif, 1 incertitude qui correspond à l'inconscience de la vision I et 1 erreur qui correspond à l'inconscience de la vision I et à la perturbation de la première impression (de la vision II); dans les comparaisons des dessins il y a : 1 erreur qui correspond à l'inconscience de la vision I, 1 erreur qui correspond à l'inconscience de la vision II, et 1 incertitude qui correspond au retard de la reconnaissance.

Donc, sur le nombre total de 30 erreurs et incertitudes, 15 correspondent au retard, ou bien au retard et à la perturbation, du premier moment de la reconnaissance. Et si nous ne prenons pas en considération les séries G et H, où s'accentue l'influence sur les erreurs de l'intervalle prolongé, alors nous verrons que sur 19 erreurs et incertitudes il n'y a que 5 cas qui ne correspondent pas au *retard* de la reconnaissance. Les cas de *reconnaissance après la vision* présentent un phénomène de même origine; ils offrent le maximum du retard, un retard tel que la reconnaissance, au lieu de se faire pendant l'impression, se fait dans la *comparaison de deux souvenirs;* une telle comparaison, comme nous le voyons, donne 3 fois un jugement erroné (les expériences F) et une seule fois seulement un jugement juste (exp. E).

Mais, les cas de retard et de perturbation du premier moment de la reconnaissance arrivent souvent aussi dans le cas de comparaison où le jugement est juste : 7 fois dans la série B, par suite de l'intervalle occupé; 8 fois dans la série D, pour cette même raison; 6 fois dans la série E, à cause de l'intervalle et de la vision II occupée. Parfois (4 cas) à ce retard correspond le défaut de la description, l'arrêt de la reconnaissance dans la phase de l'impression même, de l'impression générale seulement du nouveau ou de son manque. La majorité donc des cas notés de retard et de perturbation du premier moment ne correspond pas aux erreurs du jugement. Le problème reste donc sans solution. Nous pouvons seulement supposer qu'il y a deux espèces différentes de retard et de perturbation de l'impression avec reconnaissance, (espèces que l'observation introspective du sujet n'a pas pu distinguer) : le retard, pendant lequel notre pensée est exclusivement occupée par quelque chose d'autre que l'impression, et alors le premier moment de l'impression, quoiqu'il apparaisse plus tard dans la conscience, constitue cependant le moment de la reconnaissance; et une deuxième espèce de retard, pendant lequel notre pensée, quoique distraite par un autre objet, est déjà simultanément dans une possession partielle de l'impression, mais ne peut pas profiter de ce moment pour faire acte de reconnaissance; la reconnaissance est alors en retard et elle s'effectue dans une impression qui a déjà subi une première assimilation et a cessé d'être l'impression pure du premier moment. Ce n'est que cette deuxième espèce de retard qui correspondrait aux erreurs, étant leur cause; par contre, la première catégorie de retard ne dérangerait en rien le parcours normal de la reconnaissance en tant qu'acte de la première impression. Évidemment, ce n'est qu'une solution hypothétique d'une certaine ambiguïté des résultats obtenus, concernant la perturbation du premier moment de l'impression. Cependant, ce qui paraît être certain, c'est l'*impossibilité de la reconnaissance en dehors de l'impression.* Car, toutes les expériences avec la vision II occupée n'ont donné des reconnaissances justes qu'autant que cette vision II avait un moment de perception consciente; par contre, lorsqu'elle était totalement inconsciente la reconnaissance n'a pas eu lieu du tout, ou bien elle a été erronée; il n'y a qu'une seule exception à cette règle : dans la série E, la reconnaissance d'identité du dessin par la comparaison de deux souvenirs, après que la vision II ait été tout à fait inconsciente; mais on ne peut pas être sûr, si ce n'était que la connaissance plus claire d'une perception d'identité qui était déjà présente auparavant.

Comme résultat général des expériences nous avons

donc deux faits indubitables : la *reconnaissance sans image*, fait objectif des expériences, et la *reconnaissance en temps que sentiment de nouveauté ou de son manque*, fait de l'introspection la plus fréquente du sujet. Se basant sur ces deux faits, nous pouvons formuler la **théorie de la reconnaissance** de la manière suivante :

Dans l'acte de la reconnaissance le souvenir se joint à l'impression avant qu'il se développe en image, c'est-à-dire il se joint sous son aspect a-intellectuel, plutôt affectif que représentatif. En se fusionnant avec l'impression il donne à celle-ci une teinte émotionnelle, il l'imprègne d'un sentiment spécifique d'identité ou de nouveauté, lequel, au premier moment de la perception, ne constitue pas encore un objet de la pensée distinct de l'impression, mais forme avec cette dernière une seule et même perception. Ce cachet émotionnel de l'impression est le point de départ et la base du jugement de reconnaissance. Ce n'est que dans la phase suivante qu'il se sépare de l'impression, se développe en image et constitue l'acte intellectuel de la comparaison, composé de deux membres : le souvenir imaginé et la perception externe. — *La reconnaissance est donc la perception d'un objet sous son aspect a-intellectuel ; elle est un phénomène affectif, un sentiment de familiarité, incorporé à l'impression.*

CHAPITRE II

LES ILLUSIONS DE LA MÉMOIRE

LE FAIT ET LES HYPOTHÈSES

Commençons par la description du phénomène de la
« paramnésie », tel qu'il se présente dans la vie. D'après
les diverses enquêtes relatives à cette question, ainsi que
d'après les descriptions d'observations introspectives faites
par les auteurs qui se sont occupés de ce problème, le phénomène de « paramnésie » ne serait en somme qu'un *état
affectif*. L'intellect y jouerait un rôle presque nul; les
images et les jugements de comparaison seraient absents;
au début il n'y aurait aucun acte d'inférence.

Le jugement erroné que quelque chose a déjà existé, que
nous avons déjà vécu le même moment, n'apparaît que
comme phénomène secondaire, se développe à partir de cet
état émotionnel spécifique qui s'est incarné dans l'objet
donné de notre perception. Ce sentiment peut accompagner
divers états d'âme : impressions externes, états cénesthésiques, mouvements, pensées. Il surgit soit simultanément,
avec la perception, soit très peu après. Il ne résulte pas
d'un processus graduel; son apparition est brusque, telle
une révélation, et ordinairement sa durée est courte. Ici,
la pensée s'arrête net; ce n'est le point de départ d'aucune

série associative; à part l'idée de ce que cela a déjà été, nous n'avons que l'intuition d'un passé vague, indéfini, qui nous *inquiète;* et ce sentiment d'inquiétude est d'autant plus puissant que plus sûr nous paraît le jugement de la reconnaissance. Cet état de trouble rappelle un peu ce qui se passe en nous quand nous avons une intuition de réminiscence arrêtée au seuil même de la conscience, qu'on tient « sur le bout de la langue », mais dont le souvenir clair nous échappe, que nous sommes impuissants à désigner d'un nom, à déterminer mentalement. J'ai d'ailleurs pu observer sur moi-même tous ces caractères du phénomène à un degré, assez faible il est vrai, dans les rares cas de paramnésie dont j'ai été témoin en moi-même.

Nous retrouvons les mêmes caractères dans les descriptions émanant de divers auteurs; mais il y en a aussi d'autres. Ainsi, *Bernard Leroy* [1] signale que l'illusion est spontanée, brusque, et en général de courte durée, à peine de quelques secondes; elle est accompagnée d'une sorte de léger état d'abattement et d'inquiétude, de vertige; on perçoit les objets comme non réels, étranges, lointains, nouveaux; on a aussi comme un sentiment du pressentiment d'une chose future.

Dugas [2] cite les paroles d'une personne observée par lui : « Le sentiment de fausse mémoire, dit la personne en question, est toujours très court, et laisse après soi une impression de tristesse qu'on pourrait expliquer par la perception, dans le premier moment de l'illusion, de quelque chose de surnaturel, de troublant. » De plus, c'est toujours un fait non seulement déjà vu, mais *déjà vécu.*

Lalande [3] signale les caractères suivants : 1º La fausse reconnaissance n'est pas une reconnaissance inexacte, car on perçoit tous les détails; 2º elle est accompagnée d'une émotion désagréable, qui peut être une légère inquiétude

1. *L'illusion de fausse reconnaissance.* Paris, F. Alcan, 1898.
2. Sur la fausse mémoire. *Revue Philos.* 1894.
3. Sur les paramnésies. *Revue Philos.* 1893.

comme une véritable panique, durant quelques secondes et même quelque minutes; 3° le pressentiment émotionnel de ce qui doit être est un état qui, d'après le récit d'un des sujets étudiés, rappelle beaucoup notre état mental quand nous sommes sur le point de nous rappeler un nom qui n'a pas encore franchi le seuil de notre conscience.

Dromard et Albis [1] faisant le récit de leur propre paramnésie, confirment également le caractère a-intellectuel de ce sentiment qui paraît nous faire revivre un état passé : « L'illusion est intégrale : je ne reconnais pas simplement les choses; je me retrouve moi-même, avec les mêmes dispositions d'esprit, avec le même état d'âme que dans ce passé imaginaire... En vérité, je *reconnais*, mais mon jugement de reconnaissance a quelque chose de très particulier... Quand je fais une reconnaissance légitime, j'ai l'impression que la réalité présente a son *double*, et je place ce double sans hésitation dans le passé. Ici, au contraire, j'ai l'impression que la réalité présente a son *double*, mais ce double, je n'ai pas plus de raison de le placer dans le passé que dans l'avenir. Il me semble que j'ai déjà vu et entendu toutes les choses que je vois et que j'entends, mais ce sentiment me vient pour ainsi dire *avant* même de les voir et de les entendre...; le double, je ne saurais dire exactement si je dois l'appeler un *souvenir* et non pas aussi bien une *prévision*. »

Passons maintenant à la description des conditions dans lesquelles la paramnésie se manifeste.

Un des auteurs cités (Dromard et Albis) écrit à propos de soi-même :

« Je n'ai jamais observé que sa venue (de l'illusion) fût en coïncidence constante avec une période de surmenage, par exemple, avec une veille prolongée ou un état quelconque de fatigue. Par contre, je deviens le jouet de cette illusion quand, d'une façon toute fortuite, d'ailleurs, et

1. Essai théorique sur l'illusion de la fausse reconnaissance. *Journ. de Psychologie.* 1905.

sans y prendre garde, il m'arrive d'appliquer simultanément mon attention sur un objet extérieur et sur une pensée
intérieure qui ne s'y rapportent pas; quand, par exemple,
j'entends une conversation tout en suivant le cours de mes
idées personnelles, quand je regarde par la fenêtre en
réfléchissant à la solution d'un problème quelconque,
etc., etc... »

C'est donc en quelque sorte un dédoublement de l'attention ou, plus exactement, un détournement intensif de
l'attention des impressions extérieures qui, par suite, sont
reçues par nous dans un état voisin de la « subconscience ».

L'enquête menée par *G. Heymans*[1], relativement à la
paramnésie, a donné les résultats suivants : 1° Les illusions de fausse mémoire ainsi que d' « étrangeté » se
manifestent chez les individus à humeur instable, à capacité de travail irrégulière; ces caractères se manifestent
particulièrement nets dans la période de maturation sexuelle
et, dans cette même période, apparaissent le plus souvent
les illusions de la mémoire; 2° le phénomène est plus fréquent le soir que le jour; 3° il se manifeste le plus souvent
au moment où l'individu est fatigué, embarrassé, ou at-
tristé; souvent, il suit un surmenage, une ivresse, un travail obligatoire et désagréable; c'est-à-dire, il apparaît à
un moment de baisse de l'énergie psychique, quand l'attention est affaiblie.

Arnaud[2], parlant d'une personne observée par lui, at-
teinte de paramnésie chronique tellement forte que s'était
échafaudée chez celle-ci la conviction de revivre' deux
années tout à fait semblables, cet auteur, dis-je, signale
un *affaiblissement de la mémoire* (oubli de ce qui s'était
passé dans la même journée, oubli des noms de personnes
vues journellement, etc.), et une forte *distraction* (le
sujet est absorbé par l'idée de sa maladie, et il est indifférent à tout ce qui se passe autour de lui).

1. *Zeit. f. Psych. u. Phys. der Sien.* Bd. XXXVI.
2. Un cas d'illusion du « déjà-vu », *Annales médico-psychologiques.* 1896.

Coriat [1] expose des observations sur deux malades chez lesquels la paramnésie suit une amnésie périodique, causée elle-même par l'alcoolisme. D'autre part, *Bernard-Leray* considère la fatigue ainsi que la forte excitation mentale comme les conditions les plus fréquentes de l'apparition de la fausse mémoire; il signale également la fréquence de cette illusion chez les enfants, ce que confirment, d'ailleurs, les résultats de l'enquête de Lalande. Il semble donc que les conditions les plus constamment concomitantes de la paramnésie, en tout cas, celles que l'observation a le mieux décelées, sous leurs diverses formes, sont : d'une part, la *fatigue* physiologique du cerveau (surmenage, intoxication, tristesse, dépression consécutive d'excitation), d'autre part, la *distraction* (pensées absorbantes, embarras, dédoublement de l'attention, faible développement de l'attention active chez les enfants).

Les hypothèses au moyen desquelles on s'est efforcé d'expliquer ce fait se laissent grouper en trois catégories. La mieux représentée est l'hypothèse qui recherche la cause de la paramnésie dans le *dualisme* de la perception du même objet. A vrai dire, ce dualisme peut consister seulement en perception sans attention et avec attention, et, pour cette raison, toutes les hypothèses « dualistes », malgré la variété de leurs terminologies, peuvent se ramener à une même explication. *Lalande* s'exprime ainsi :

« Nous n'avons jamais connaissance de toutes les perceptions que nous éprouvons. Supposons que nous arrivions devant un paysage; on en éprouve un bloc d'images que l'esprit ne discerne pas d'abord consciemment. Supposons ensuite à cet instant une distraction de 1/10 de seconde, dont la durée subjective (grâce à l'accélération de la pensée) sera plus grande. Que va-t-il se passer au retour? Vous retrouverez sous vos yeux ce que vous avez un instant abandonné, vous le reconnaîtrez, et vous ne localiserez pas

---

1. La paramnésie réduplicative, *The Journal of nervous and mental diseases*. Vol. XXXI.

la première opération à sa vraie place, d'abord à cause du caractère inconscient des images perçues, mais surtout à cause de la longueur apparente de la distraction, qui jette une contradiction dans le processus mental par lequel nous comptons le temps. »

D'après *Anjel* [1], la paramnésie résulte d'une séparation de la *sensation* et de la *perception* qui en général, constituent un seul et même état de conscience : quand la perception est en retard, quand l'intervalle entre l'impression et la perception est plus grand que de coutume, alors on perçoit ce qu'on a déjà vu d'une autre manière, et voilà pourquoi l'objet semble être répété.

Dugas dit : « Soit un paysage qu'on regarde sans voir : son image flottante traverse l'esprit sans laisser de traces. On ne l'entrevoit que pour l'oublier. Mais il n'y a pas d'oubli absolu... Supposons que l'esprit s'éveille de sa torpeur ; le paysage que tout à l'heure on percevait sans l'apercevoir, maintenant on l'aperçoit en éprouvant la sensation étrange de l'avoir déjà perçu. »

D'après *Pieron*, c'est une perception qui passe lentement de la sphère du subconscient, pour arriver affaiblie dans celle du conscient ; mais si alors se produit un acte d'attention vive, la perception a lieu une seconde fois. *Lemaître* [2] énonce l'hypothèse d'après laquelle l'illusion serait due à une perception du même objet d'abord à l'état de distraction, puis, immédiatement après, avec attention.

Dans la seconde catégorie d'hypothèses, on voit la cause de la paramnésie dans les *associations* de l'objet donné de perception. *Bourdon* (voir *Revue philos.*, 1893 et 1895), *Lapie*, *Le Lorrain* (*Revue philos.*, 1894), *Sander*, *Boirac*, interprètent l'illusion de mémoire en tant que conséquence d'un jugement erroné ; une localité ou un événement nous paraissent reconnus quand, en réalité, ils ne font qu'un peu ressembler à une localité ou à un événement déjà vus ;

1. *Archiv für Psychiatrie, VIII.*
2. *Archives de Psychologie*, Genève, 1903.

on conclut de l'analogie à l'identité, en négligeant les différences (Le Lorrain). Boirac suppose aussi la possibilité du retour d'un état émotionnel, antérieurement éprouvé; la perception actuelle est accompagnée du même état émotionnel qui fut lié à l'ancienne perception. *Bourdon* [1] avance les expériences suivantes à l'appui de l'hypothèse de la ressemblance : il lisait au sujet étudié, d'une voix monotone, avec une vitesse uniforme, des séries de lettres ou de mots. Dans chaque série, une certaine lettre ou un certain mot était répété deux fois. Le sujet note ceux qui lui paraissent avoir été répétés, c'est-à-dire reconnus. Dans cette condition, furent faussement reconnus les mots et les lettres ayant quelque ressemblance, tels que f — v; bruit — bref; etc. Mais, en outre, furent considérés comme répétés des mots qui avaient éveillé une plus grande attention par leur étrangeté; d'autres, le furent enfin sans cause évidente.

La troisième catégorie d'hypothèses cherche à expliquer la paramnésie en tant que phénomène par excellence émotionnel, en tant que *sentiment* de l'activité de l'attention, de l'assimilation de l'impression.

D'après *Kindberg*, la fausse mémoire apparaît dans les états de désagrégation de la synthèse mentale, dans les états d'inattention, alors que nous avons conscience de ce relâchement et de cette inattention; dans ces cas, le sentiment normal d'effort dans l'assimilation s'affaiblit et ce sentiment de facilité, de manque d'effort, d'automatisme; donnen aissance à l'illusion de « déjà vu » *Dromard et Albis* donnent une explication analogue : il arrive que dans les états d'inattention, au lieu de se comporter indifféremment à l'égard de cet état, comme c'est le cas d'ordinaire, nous observions par introspection les progrès de notre automatisme, et par la contemplation de notre propre distraction, nous devenons encore plus distraits. Alors, l'objet donné

---

1. Observations comparatives sur la reconnaissance. *Revue phil.* 1895.

pénètre dans notre subconscience automatiquement, sans effort, et la conscience supérieure perçoit non l'objet lui-même, mais son image ; la perception ne vient pas de l'extérieur, mais de l'intérieur, comme une sorte d'évocation de souvenirs. Au fond ceci revient donc à un *dédoublement* de l'objet perçu en les deux états : d'attention et d'inattention.

LA MÉTHODE ET LES PRINCIPES EXPÉRIMENTAUX

Peut-on étudier expérimentalement le phénomène de la paramnésie ? Peut-on, dans le laboratoire, reproduire à volonté le même phénomène qui se manifeste dans la vie, accidentel et inattendu ? Telle est la première question qui se pose quand on aborde le problème expérimental de la fausse mémoire. Il fallait prévoir d'avance que dans les conditions artificielles, combinées, du laboratoire, on ne pourrait reproduire identiquement le phénomène psychique, cette intense illusion de grande puissance émotionnelle, inquiétante, telle qu'elle se manifeste dans la vie. Jamais le phénomène mental étudié au laboratoire n'est la reproduction exacte de ce que nous donne la vie journalière ; on y trouve quelque chose de conventionnel, un certain abaissement de potentiel. On reçoit les mêmes impressions, on a les mêmes perceptions, les mêmes idées, mais le mode d'assimilation de ces impressions et perceptions, leur teinte émotionnelle, leur rôle en tant que centres d'une nouvelle organisation mentale, bref, toute la réaction de l'individu, est toujours quelque peu différente. Ceci a aussi sa répercussion dans les fonctions de l'attention ; se laisser absorber par quelque chose, se laisser étonner, pénétrer au vif, est très difficile dans les conditions du laboratoire.

Il faut bien tenir compte de tout cela, quand on aborde une étude expérimentale de la paramnésie. Évidemment, nous n'obtiendrons pas ici les mêmes illusions de la mé-

moire que celles qui se manifestent spontanément ; on ne
pourra reproduire l'illusion telle qu'on l'éprouve, avec toute
son individualité, l'illusion qui frappe et trouble ; autre
est la réception des impressions et l'état de l'attention,
autre sera par suite le fait de l'illusion. Par contre, on
pourra obtenir des *jugements* de la fausse reconnaissance,
jugements qui, comme dans les cas de paramnésie, ne sont
basés sur rien de raisonné, mais simplement sur un sentiment spécifique de quelque chose qui fut, et qui n'évoque
aucune image du passé, aucune association. Évidemment,
ce sentiment-là ne nous frappe pas, ne nous inquiète pas,
mais il donne également naissance à un jugement de fausse
reconnaissance. Ce serait une sorte de paramnésie *psy-
chasthénique*, une paramnésie avec abaissement du niveau
de l'énergie vitale des phénomènes, ce qui est d'ailleurs
le cas pour la majorité des faits étudiés au laboratoire.
C'est donc avec cette restriction que nous devons interpréter les expériences.

Dans le système des expériences, je me suis efforcé
d'imiter, autant que possible, les conditions naturelles
dans lesquelles la paramnésie se manifeste le plus souvent ;
par conséquent, de provoquer artificiellement la distraction et la fatigue. D'autre part, j'ai pris en considération
ces fonctions hypothétiques de l'illusion qui ont été avan-
cées par les psychologues qui se sont occupés de la question ; c'est-à-dire, j'ai essayé de déterminer *expérimentalement* l'importance et le rôle qu'ont, dans les illusions de
la mémoire, les facteurs suivants : double réception du
même objet, respectivement dans l'état de distraction et
d'attention ; la ressemblance ; le caractère émotionnel de la
perception ; le sentiment qui accompagne l'activité mentale.

Les expériences se composent de deux parties. Comme
« tests » servaient les mots.

Dans la première partie, on donnait au sujet à lire à
haute voix 50 mots ; chaque mot était inscrit sur une carte

spéciale. Cette série de mots, que nous appellerons *série principale*, se composait de noms propres, de concrets et abstraits, d'adjectifs, de verbes, en nombre égal[1]. Pour la lecture, je plaçais consécutivement devant le sujet les diverses cartes où on lisait chaque mot à voix haute, avec attention, sans hâte ; la carte lue était recouverte de la carte suivante ; en moyenne, cela prenait deux secondes par mot.

La lecture de la série terminée, le sujet écrivait immédiatement tous les mots qu'il avait retenus. C'était la mémoire immédiate de la série principale. Cette mémoire, je l'étudiais par voie introspective, de suite après la lecture, en posant les questions suivantes : 1º comment les mots revenaient dans la mémoire, visuellement ou auditivement ? 2º Quel était l'état de l'attention pendant la lecture ? 3º Quelles étaient les images et les associations que suscitaient les mots ? 4º Arriva-t-il pendant la remémoration que l'image apparaissait avant le mot qui le représentait ? 5º Les mots venaient-ils spontanément ou étaient-ils recherchés avec un certain effort d'attention ? — Par suite, dans la première partie de l'expérience, on créait un certain contenu

---

1. La série principale, la même dans toutes les expériences, fut la suivante :

1. Geste.	14. Nier.	27. Perspicace.	39. Rose [4].
2. Manque.	15. Paphnuce.	28. Glacée.	40. Faire.
3. Uniformité.	16. Genève.	29. Tenailles.	41. Lemberg.
4. Fausseté.	17. Wundt.	30. Tempête.	42. Ancien.
5. Intégrer.	18. Posséder.	31. Clara.	43. Attention.
6. Savoir.	19. Dominique.	32. Sauter.	44. Parée.
7. Exister.	20. Aurore.	33. Excellent.	45. Esperanto.
8. Obstacle.	21. Oiseau.	34. Doute.	46. Bruissante.
9. Sensation.	22. Zawicha [2].	35. Balai.	47. Hélène.
10. Hache.	23. Provenir.	36. Samson.	48. Herbe.
11. Ciseaux.	24. Fréquenter.	37. Pieds nus [3].	49. Fier.
12. Selle.	25. Carré.	38. Expérimenter.	50. Conscience.
13. État d'âme [1].	26. Ombragée.		

1. Un seul mot en polonais : Nastroi.
2. Nom de famille polonais.
3. Un seul mot en polonais (adverbe).
4. Adverbe en polonais.

de l'oublié (mots oubliés) qui, dans les expériences ultérieures, devait servir de base à la reconnaissance et aux
illusions de la mémoire; en même temps, on recueillait les
premières indications relatives au type individuel de
mémoire du sujet étudié.

La deuxième partie de l'expérience avait pour but la
reconnaissance de l'oublié et l'évocation des illusions. Elle
consistait en cinq lectures consécutives de mots inscrits
sur un disque rotatif.

Le disque, actionné par la main, portait 15 cartes avec
inscriptions. Un écran noir cachait complètement le disque;
dans l'écran, était une petite fenêtre où apparaissaient successivement les inscriptions, à des intervalles de temps à
peu près égaux. Le sujet les lisait sans prononcer à haute
voix. Il avait été préalablement averti que parmi ces mots,
il y en avait qui étaient répétés de la série principale,
que d'autres étaient nouveaux et, qu'enfin, il devait reconnaître et noter ceux qui étaient répétés.

Après une rotation complète du disque, il devait inscrire de suite tous les mots dont il se souvenait et souli-
gner ceux qu'il reconnaissait. De plus, on prévint le sujet
que quand à la fenêtre de l'écran apparaîtrait une carte
avec des nombres à multiplier, additionner ou soustraire,
il devait aussitôt les lire à haute voix, faire mentalement le
calcul, et dire à haute voix le résultat, sans pour cela cesser de regarder les mots défilant par la fenêtre, pendant
que son attention était absorbée par l'exercice de calcul.
En moyenne, chaque mot restait deux secondes devant
la fenêtre de l'écran.

Sur le disque du type I l'arrangement des mots était le
suivant :

1. Mot oublié de la série principale.
2. Mot nouveau pouvant intéresser.
3. Mot oublié de la série principale.
4. Mot nouveau intéressant.
5. Carte avec chiffres pour calcul mental.

6. Mot nouveau tout à fait indifférent ⎰ Perçus avec distraction
7. Encore un mot nouveau indifférent ⎱ pendant le calcul mental.
8. Mot n° 6 répété . . . . ⎰ Perçus avec attention,
9. Mot n° 7 répété . . . . ⎱ le calcul fini.
10. Mot oublié de la série principale.
11.   Idem.
12. Mot nouveau, non intéressant.
13.   Idem.
14. Mot nouveau, analogue par sa signification à un mot ancien, de la série principale.
15.   Idem.

La lecture terminée, le sujet inscrivait les mots dont il se souvenait, et il soulignait ceux qui lui semblaient une répétition de la série principale. Puis on procédait immédiatement à l'analyse introspective de la lecture effectuée. Je posais les questions suivantes :

1° Pourquoi tel mot semble répété ?

2° Comment s'effectuaient la multiplication, l'addition ou la soustraction ? Quels mots furent vus pendant le calcul ? Quel était l'état de l'esprit avant et après ? Y avait-il distraction par suite de l'attente des chiffres, et aussi distraction après le calcul ? L'esprit était-il occupé constamment, uniformément par le calcul ou bien par intervalles ? Le calcul s'effectuait-il tranquillement ou bien avec un sentiment d'inquiétude, d'énervement, de trouble ?

3° Quelles images ou associations accompagnaient les mots lus sur le disque ?

Cette analyse terminée, je donnais à reconnaître tous les mots du disque qui avaient été oubliés; le sujet ne savait pas si c'étaient des mots du disque ou bien des mots nouveaux non portés par le disque. Tout en montrant chaque mot (je posais simplement sur la table les cartes avec inscriptions), je demandais si tel mot avait été montré, et quand cela, et s'il évoquait maintenant quelque image ou quelque association.

Ensuite, s'effectuaient de la même manière les autres lectures consécutives sur le disque rotatif, avec analyse et reconnaissance des mots oubliés. Chaque fois, je changeais.

tous les mots sur le disque, laissant néanmoins le même arrangement des mots : oubliés, intéressants, lus doublement (avec distraction et attention) et analogues.

Dans d'autres expériences, c'est-à-dire avec d'autres personnes, je changeais quelque peu le type d'arrangement des mots sur le tableau, à partir du douzième mot. La modification consistait en ce que à la place du douzième mot était une seconde carte, avec chiffres pour calcul, de sorte qu'à chaque lecture complète du disque, il y avait deux calculs à effectuer ; seulement, après ce second calcul, ne venaient pas des mots répétés deux fois, comme la première fois, mais trois mots différents : deux mots nouveaux ordinaires, et un nouveau ayant quelque analogie avec un mot de la série principale. C'étaient donc des mots qui, venant après un travail momentané de forte attention, ou après un moment de trouble, étaient vus avec un certain sentiment de soulagement, et dans l'état de l'esprit de la tension forcée à la liberté de réception passive, de l'état de concentration de la volonté à celui d'automatisme. Nous appellerons type numéro II ce nouvel arrangement.

Dans d'autres séries d'expériences, je me servis d'un troisième mode d'arrangement des mots, consistant en la modification des quatre derniers mots, du douzième au quinzième. Notamment, je mis à la fin deux nouveaux mots indifférents qui se répétaient alternativement. Je voulais de cette manière comparer l'effet de la répétition simple sur les illusions de la mémoire à l'effet de la répétition dans deux états mentaux différents. On expérimenta, avec une même personne toujours avec le même mode d'arrangement qu'on répéta, tout en changeant les mots, dans les cinq lectures consécutives sur le disque rotatif.

Au point de vue du temps, les lectures étaient organisées de la façon suivante : la première lecture sur le disque avait lieu en moyenne vingt minutes après la lecture de la série principale ; les quatre autres se suivaient à vingt minutes d'intervalle. Naturellement, cette durée pouvait être plus courte ou plus longue, selon le temps que prenait l'analyse introspective qui succédait à chaque lecture. L'expérience durait donc environ 2 heures, parfois 2 heures et demie, ensuite de quoi, déjà à la quatrième lecture, se produisait la *fatigue* du sujet, qui se laissait observer jusqu'à la fin de l'expérience. Les intervalles d'une lecture à l'autre étaient principalement occupés par l'analyse introspective des mots remémorés ; le reste du temps (pendant que je mettais de nouvelles cartes sur le disque) le sujet ne faisait rien[1].

Avec ce système de l'expérience, j'eus la possibilité de faire une étude comparative des phénomènes de mémoire suivants : dans la première partie — la mémoire immédiate des mots, lus *librement*, en rapport avec le type individuel du sujet, le mode d'attention, l' « imagerie » des mots, la place qu'ils occupent dans la série et leur caractère mental. Dans la seconde partie, où j'ai obtenu des illusions de la mémoire et la reconnaissance de l'oublié, je pus étudier : 1° La mémoire immédiate des disques, c'est-à-dire des séries de perceptions *troublées* par la distraction et l'émotion ; 2° Les illusions de la mémoire en relation

1. Voici un exemple de trois types d'arrangement des mots sur les disques :

I	II	III
1. Fréquenter	Balai	Obstacle
2. Philosophie	Apache	Dieu
3. Provenir	Selle	État d'âme
4. Mort	Potence	Japon
5. 66 — 7 — etc.	26 × 13	53 + 69
6. Plume	Foin	Couleur
7. Cercle	Poisson	Fruit
8. Plume	Foin	Couleur
9. Cercle	Poisson	Fruit
10. Genève	Esperanto	Uniformité
11. Tempête	Aurore	Pieds nus
12. Rêverie	29 × 7	Palme
13. Ligne	Drap	Chenille
14. Nouveau	Mathieu	Palme
15. Décorative	Noir	Chenille

avec la ressemblance avec l'oublié (mots 14 et 15 du type I) en relation avec l'intérêt éveillé par un mot (mots 2 et 4 de tous les disques) en relation avec le passage de l'esprit de l'état de tension à celui de liberté (mots 14 et 15 du type II); enfin, en relation avec la double perception du même objet, à l'état de distraction et à celui d'attention (mots 8 et 9 de tous les disques); 3° La reconnaissance de l'oublié : en relation avec son ancienneté, en relation avec la distraction et l'émotion au moment de la réception des impressions (l'oublié de la lecture sur le disque), en relation avec le type individuel.

Les expériences furent effectuées avec 18 personnes (13 femmes et 5 hommes), principalement des étudiants de l'Université. Avec chaque sujet, on fit une expérience complète, c'est-à-dire lecture à haute voix des cinquante mots de la série principale, cinq lectures sur disques et cinq reconnaissances d'oublié, toujours à la même heure de la journée (à 4 heures de l'après-midi); pendant l'expérience, la présence d'un tierce personne ne fut jamais admise. Toutes les expériences furent effectuées en langue polonaise.

PREMIÈRE PARTIE

La mémoire immédiate de la série principale de mots lus librement.

EXTENSION DE LA MÉMOIRE

Que se passe-t-il dans l'esprit quand, après la lecture d'une série de mots, nous inscrivons ceux que nous avons retenus?

Si l'attention est également répartie et réagit avec la même liberté sur chaque mot lu, sans s'arrêter sur ceux qui ont précédé, alors, chaque mot antécédent, à la lecture du suivant, passe à l'état d'oubli, d'existence subconsciente. Il arrive qu'un tel mot, grâce a ses images, à son cachet émotionnel ou son analogie acoustique, évoque un des mots précédents, constituant avec lui une association ou une phrase; par cela, les deux mots se renforcent mutuellement, élargissent leur champ de vie psychique, mais à la lecture des mots qui suivent, ils passent également dans le domaine de l'oublié. En fin de compte, après la lecture de la série, il persiste dans l'esprit une certaine *masse d'oublié* fraîchement acquis. La vitalité des éléments de cette masse est très différente : il y a là des mots, qui réapparaîtront spontanément, comme mémoire immédiate; il y en a qui ne réapparaîtront que plus tard, après un certain effort, un travail de recherche; il y en a qui ne reviendront plus à la mémoire, mais qui seront reconnus; enfin une dernière catégorie comprendra ceux qui ne seront ni rappelés ni reconnus. Tout cet « oublié » acquis peut être imaginé comme une masse stratifiée, dont la couche la plus profonde est formée des mots complètement perdus; la seconde, de mots susceptibles de reconnaissance; la troisième des mots rappelés après un certain travail de recherche, et enfin, la quatrième formée de mots surgissant spontanément et immédiatement.

Dans l'extension obtenue pour la mémoire de la série principale j'ai tenu compte des mots de troisième et quatrième couche; l'extension est exprimée en pour cent (table I) comme rapport du nombre de tous les mots réapparus (spontanément et avec effort) au nombre total de cinquante mots lus en série.

Nous verrons, à l'analyse qualitative de la mémoire de la série principale, que les couches de l'oublié ne correspondent pas du tout à l'ordre de succession dans le temps; les mots les premiers lus ne constituent pas nécessairement les couches les plus profondes et, de même, les mots lus en dernier, n'appartiennent pas toujours à la quatrième couche; souvent, l'ordre est totalement renversé : les pre-

miers mots apparaissent à la conscience, les derniers sont
perdus dans l'oubli. Ce sont d'autres facteurs qui déterminent ici la ségrégation : c'est l'état de l'attention pendant
la lecture, le cachet émotionnel de mots, la richesse de
leurs images, les associations qu'ils forment.

Dans l'échelle de mémoire obtenue, la grande majorité des
mots appartient à la quatrième couche. Dans le premier
temps où on les inscrit, les mots affluent tout seuls, sans
effort; ce n'est que vers la fin que le flux s'arrête; alors commence la recherche avec un certain effort d'attention. Certaines personnes retrouvaient encore ainsi un, deux, trois
mots, après une ou plusieurs minutes de recherche; d'autres,
n'obtenaient rien du tout, de sorte que leur mémoire se li-
mitait à la quatrième strate. Souvent, les mots ainsi retrouvés étaient incertains; le sujet n'était pas complètement
convaincu de leur exactitude; ou bien encore, se manifestaient des hallucinations de la mémoire, des mots qui n'avaient
pas existé dans la série.

La psychologie de la mémoire immédiate véritable, du
processus de réapparition spontanée des mots, est difficile
à décrire. C'est un automatisme associatif où il n'est pas
toujours facile de retrouver le facteur associatif, ni d'expliquer l'origine. Il semblerait que le point de départ dût
être un écho auditivo-moteur qui a été conservé, ou bien
encore l'image consécutive du dernier mot de la série, qui
fait réapparaître un autre mot de la série, associé à lui
d'une façon quelconque. Mais les expériences ne confirment pas cette hypothèse.

Au début de l'inscription apparait le plus souvent le
premier mot de la série (geste), mot qui, dans la grande
majorité des cas, ne présente même aucune image, aucune
association. Dans 18 expériences, il apparaît 9 fois et
seulement 4 fois est imagé ou associatif. Parfois, le point
de départ de la reconstitution est le deuxième mot de la
série (« manque », chez deux personnes, sans aucune
image); parfois, c'est le quatrième (« fausseté », chez deux

TABLEAU I

Personnes	Extension de la mémoire	Pour cent des mots avec les images	Intellectualisation de la série	Type d'attention	Pour cent de non-reconnaiss*	Hallucinations	Paramnésies	EFFORT pour le rappel à la mémoire
I	0,42	0,57	2 assoc. conceptuelle 1 auditive	A	0,26	1	0	Pendant tout le temps, effort de concentration, non de recherche.
II	0,42	0,65	—	B	0,30	3	1	La première moitié des mots vient spontanément, la seconde avec un certain effort.
III	0,36	—	1 phrase	A	—	1	0	Les trois derniers mots seuls sont recherchés.
IV	0,34	0,57	4 phrases. 3 assoc. conceptuelle. 2 ass, émotion.	C	0,55	0	1	Tous les mots viennent d'eux-mêmes.
V	0,30	0,14	—	D	0,56	5	0	Tous les mots viennent spontanément, excepté le dernier (hallucination).
VI	0,30	0,27	6 phrases	C	0,06	1	2	Tous les mots viennent spontanément.
VII	0,26	0,47	—	A	0,55	4	0	Idem.
VIII	0,26	0,34	—	D	0,48	2	0	Recherchés seulement deux mots du milieu et le dernier.
IX	0,22	0,05	1 assoc. conceptuelle.	C	0,14	2	4	Recherche visuelle de tous les mots.
X	0,22	0,52	2 phrases. 1 assoc. conc.	C	0,03	1	3	Les deux derniers recherchés auditivement, pour un d'eux hallucination.
XI	0,22	0,26	1 phrase	E	0,37	2	0	Les trois derniers recherchés, incertains, une hallucination.
XII	0,20	0,55	—	C	0,55	2	1	Tous spontanés; la recherche n'a rien donné.
XIII	0,20	0,29	—	C	0,20	1	1	Tous spontanés.
XIV	0,18	0,15	1 assoc. émotionnelle	B	0,26	15	0	Recherchés deux mots vers la fin; un d'eux, hallucination.
XV	0,16	0,55	—	C	0,27	3	2	Tous spontanés; la recherche n'a rien donné.
XVI	0,16	0,36	1 assoc. auditive	B	0,20	6	3	Rech. seulement l'avant-dernier, incertain.
XVII	0,14	0,84	—	C	0,32	0	0	Tous spontanés.
XVIII	0,12	0,44	—	B	0,47	0	1	Rech. les deux derniers; un incertain.

personnes, sans aucune image); parfois, c'est le quarante-
neuvième (« fier », chez deux personnes, sans aucune
image); une fois, ce fut le onzième mot, avec image
(« ciseaux »); une fois, le vingtième mot, sans image
(« aurore »); une fois, le trente et unième avec image
(« Clara »), et une seule fois le dernier mot (« conscience »), sans image. Presque jamais (à l'exception peut-
être d'un seul cas « Clara »), le mot qui ouvre la série des
réapparitions n'est pas celui qui a éveillé un intérêt spécial,
qui a eu dans la série un cachet émotionnel. En comparant
le commencement de la mémoire immédiate de dix-huit
personnes (tableau II) nous voyons que, le plus souvent,
c'est le facteur représentatif, qui met en branle l'automatisme de la reconstitution; ce n'est pas là une association
mnémonique, créée spécialement pour la mémorisation,
mais c'est quelque chose de tout à fait inconscient pour
l'individu. Nous avons six de tels cas. Chez la personne II,
avec le mot « geste » (qui dans la conscience évoquait le
nom « Lange ») se sont associés les instruments de mouvement (ciseaux, tenailles, ayant leurs images propres), et
ce sont elles qui ont inauguré la reconstitution. Chez la
personne IV, « geste », sous l'influence du même facteur
de la représentation motrice, évoque le mot « Clara » qui,
pendant la lecture de la série, a formé la phrase évoquant
une image concrète de mouvement (« Clara saute », etc.),
et, bien que cette phrase ne réapparaisse pas immédiatement, le caractère du mouvement incarné dans le mot
« Clara » fait que ce mot est attiré. Chez la personne IX
nous avons association du mot « geste » avec des instruments du mouvement (la hache, les ciseaux); de même
chez le sujet XVII où, en outre, le troisième mot « fréquenter » présente aussi une certaine représentation de mouvement; ainsi que chez le sujet XVIII où le troisième mot
« Genève » se voit aussi en une image motrice « comme
quelque chose de lointain ».

Dans l'expérience XIX nous avons l'association « geste

Tableau II

Le commencement de la reproduction.

I	Manque (2)	Fausseté (4)	Conscience (50)	Hélène (47)
II	Ciseaux (11)	Tenailles (29)	Geste (1)	Intégrer (5)
III	Fausseté (4)	Conscience (50)	Nier (14)	État d'âme (13)
IV	Geste (1)	Clara (31)	Hélène (47)	Sauter (32)
V	Geste (1)	Uniformité (3)	Dominique (19)	Paphnuce (15)
VI	Geste (1)	Manque (2)	Sensation (9)	Conscience (50)
VII	Fier (49)	Conscience (50)	Hélène (47)	Paphnuce (15)
VIII	Clara (31)	Conscience (50)	Obstacle (8)	Hache (10)
IX	Geste (1)	Hache (10)	Ciseaux (11)	Parée (44)
X	Aurore (20)	Conscience (50)	Hélène (47)	Balai (35)
XI	Fière (49)	Parée (44)	Hélène (47)	Lemberg (41)
XII	Fausseté (4)	Tempête (30)	Savoir (6)	Exister (7)
XIII	Conscience (50)	Oiseau (21)	Attention (43)	Tempête (30)
XIV	Manque (2)	Geste (1)	Conscience (50)	Rose (39)
XV	Geste (1)	Fausseté (4)	Paphnuce (15)	Attention (43)
XVI	Geste (1)	Wundt (17)	Lemberg (41)	Sauter (32)
XVII	Geste (1)	Hache (10)	Fréquenter (24)	Genève (16)
XVIII	Geste (1)	Hache (10)	Genève (16)	Clara (31)
XIX [1]	Geste (1)	Fier (49)	Conscience (50)	Intégrer (5)

Les chiffres près des mots indiquent leurs rangs respectifs dans la série.

— fier », probablement aussi par l'image motrice « d'une stature fière ».

Comme nous l'avons déjà fait remarquer, ces associations n'étaient ni créées intentionnellement par l'individu, ni même conscientes. Une seule fois seulement (sujet XI), nous observons une association consciente, annoncée comme telle par le sujet pendant l'analyse introspective, qui initie la série des mots rappelés. Quant aux associations dans le temps, nous ne les voyons que trois fois commencer la série (sujets VI, VII, XIV). Dans les autres cas, on ne peut déterminer le facteur évocateur. Toutes les associations mnémoniques, conceptuelles et auditives, ainsi que les phrases élaborées pendant la lecture de la série, n'apparaissent dans la série des mots reconstitués qu'au troisième, quatrième, cinquième rang, ou même tout à fait

1. Seconde expérience avec la personne XVI.

à la fin; elles ne constituent donc pas le centre autour
duquel se développe l'automatisme de la reconstitution. Il
arrive même souvent que le nom, qui a donné naissance à
une phrase ou chaînon d'une association conceptuelle, est
séparé de ses conjoints dans la série de remémoration, par
trois, quatre, dix mots indifférents; par conséquent, ces
associations ne revenaient à la mémoire que par la vision
de mots déjà écrits.

D'après ces résultats, on peut accepter que le point
initial de l'automatisme de la mémoire se conserve dans le
mot pour lequel l'attention a été sollicitée de la façon la
plus libre et la plus forte; le plus souvent, c'est le premier
mot de la série qui entre dans la conscience encore vierge
et librement adapté à la nouvelle impression. Cet état se
modifie à mesure que se prolonge la lecture des mots suivants. D'après les aveux des individus observés, l'effort
qu'ils faisaient pour retenir les mots lus au commencement,
troublait la suite de la lecture, et à peu près, vers le
milieu de la série, apparaissait un sentiment de malaise
qu'il y eût tant de mots, le doute qu'on pût retenir quoi
que ce soit, pensées qui produisaient de la distraction et
décourageaient, empêchant une concentration suivie de
l'attention. Il se peut que ce premier moment d'attention
concentrée soit conservé dans une certaine tonalité musculaire de l'organisme, que, sous cette forme, elle surmonte
d'autres tendances motrices plus faibles et profite de la
première concentration de l'attention qui se manifeste
d'ordinaire au début de la transcription des mots, attention non de recherche, mais de défense contre la distraction, pour ouvrir un point de départ à l'individualisation
de toute la masse acquise de l'oublié. En faveur de ce
point de vue, milite le fait que le point initial de l'automatisme reproducteur dépend de l'état de l'attention pendant
la lecture de la série; notamment quand l'attention initiale
était troublée par une émotion (chez les personnes qui se
prêtaient à l'expérience avec une certaine sensibilité, avec

une attente de quelque chose de spécial, avec un état de trouble), le premier mot de la série ne pouvait constituer le point de départ de la reproduction de la série, et ce rôle incombait au quatrième, onzième, vingtième mot pour lequel l'attention acquérait quelque spontanéité, une plus grande faculté d'adaptation. Ce point de départ, comme nous l'avons vu, agit le plus souvent par une image cachée en lui, qui évoque les mots suivants; plus rarement, l'association se fait selon l'ordre temporel. Pour être plus exact encore, nous dirons que ce n'est pas ici l'image accompagnant le mot qui agit, car, en général, il n'y a pas d'image (selon les témoignages des sujets étudiés), mais c'est plutôt l'influence du ton affectif du mot, de sa *valeur symbolique*. L'évocation provient du fond, non de la surface du mot; il agit par son côté imagino-émotif, non pas par son côté sensuel.

L'explication de la *variabilité* de l'échelle des mémoires, représentée sur la table I, et oscillant entre les limites 0.42 et 0.12 des mots retenus, cette explication, dis-je, ne pourrait être cherchée que sur la voie de l'étude de ses facteurs corrélatifs dans les autres caractères spécifiques de la mentalité des personnes étudiées; notamment : dans le type d'attention, dans l' « imagerie » des mots, dans l'intellectualisation des impressions, dans la facilité de reconnaître l'oublié (l'étendue de la deuxième strate), et dans la fréquence des illusions de la mémoire. Tous ces phénomènes appartiennent au même processus de l'entrée en oubli d'une impression, et de l'évocation de celle-ci, dans le procès de la formation d'une certaine masse d'oublié, et dans une différenciation réitérée de celle-ci.

Dans la table I nous mettons en parallèle l'échelle de mémoire immédiate, dans l'ordre d'intensité décroissante, avec les facteurs corrélatifs, ci-dessus nommés, du phénomène de mémoire.

Pour déterminer le *type d'attention*, nous n'avons pu nous contenter de ce que nous donnait l'analyse introspective pour la mémoire de la série principale. L'auto-observation des sujets n'était pas ici suffisante pour cette détermination ; ceci ne nous donnait que des indications sur les moments de plus grande attention ou de distraction, pendant la lecture de la série. Par contre, pour la détermination de ce type, nous trouvons des indications dans la seconde partie des expériences, notamment dans le calcul mental simultané de la lecture des mots du disque. Ici, nous n'avons plus seulement affaire à l'auto-observation des sujets, mais aussi à quelques données objectives : l'attitude du sujet, la facilité à exécuter le calcul, la conservation dans la mémoire des mots simultanément lus ; ce sont là des données, d'après lesquelles on peut, jusqu'à une certaine mesure, établir de quelle façon fonctionne l'attention chez telle personne.

De cette manière nous avons pu distinguer, parmi les personnes étudiées, les quelques types suivants : A) Concentration de l'attention facile, forte, tranquille ; l'individu de ce type fait mentalement une multiplication, tout en regardant les mots qui défilent, et cela sans difficulté, en remplissant la condition convenue d'avance, de ne pas détourner les yeux des inscriptions qui apparaissent à la petite fenêtre ; il n'éprouve ni malaise, ni émotion, avant ou pendant le calcul. B) concentration de l'attention forte accompagnée d'un sentiment d'effort, de malaise et d'inquiétude ; le sujet de ce type effectue la multiplication mentale, bien et vite, dès qu'il aperçoit les chiffres ; il est tellement absorbé par le calcul qu'il ne voit ni ne retient les mots qu'il regarde, mais il éprouve simultanément un sentiment d'inquiétude, de trouble, prenant parfois le caractère d'une douleur physique, « d'un manque de souffle », d'un battement de cœur », etc., etc. C) Concentration de l'attention ayant beaucoup de peine à s'effectuer, accompagnée d'une forte émotion d'un état de trouble qui empêche totalement de remplir les conditions de l'expérience ; le sujet ne regarde pas le tableau, détourne les yeux, la tête, oublie ce qu'il avait à faire, et souvent, bien qu'il ne calcule pas, son état émotionnel l'empêche de voir les mots qu'il regarde ; ce n'est que vers la fin de l'expérience qu'il s'habitue et remplit correctement sa tâche. *D)* Concentration de l'attention faible, ne pouvant se maintenir longtemps dans une même direction et s'adaptant lentement au problème, mais sans émotion ; le sujet de ce type a son attention oscillant entre le calcul et la fixation des mots ; il est distrait, mais calme ; il oublie parfois les conditions de l'expérience et la tâche qu'il a à remplir, mais ce n'est que par distraction. *E)* La concentration de l'attention qui s'adapte de suite aux conditions de l'expérience ; elle est calme et paresseuse ; le calcul s'effectue lentement, correctement, sans apercevoir les mots ; aucune émotion ni aucun effort.

L'examen de la table I nous montre qu'il y a une certaine connexion entre l'échelle de mémoire immédiate et le type d'attention. Notamment, dans la première moitié de l'échelle de mémoire (comprise entre 0.42 et 0.22) le type *A* se rencontre trois fois, le type *B* une fois, le type *C* trois fois, le type *D* deux fois ; par contre, dans la seconde moitié (entre 0.22 et 0.12), les types *A* et *D*, c'est-à-dire les types d'attention sans émotion, ne se rencontrent pas une seule fois ; par contre, le type *B* se rencontre trois fois, le type *C* cinq fois, ce qui signifie que le type émotionnel de l'attention est ici le plus fréquent.

Entre l'imagerie des mots et l'extension de la mémoire on ne peut déceler aucune corrélation. Théoriquement, il semblerait qu'une telle relation dût exister, puisque nous savons de l'expérience journalière, que les mots ayant leurs associations, images, souvenirs concrets, sont plus vivaces, plus durables, plus faciles à évoquer que d'autres. Il en résulterait que les personnes chez lesquelles les images et les associations accompagnent plus souvent les mots, que chez celles-ci, l'extension de la mémoire serait plus grande. Pour m'en assurer, je ne pouvais n'utiliser que le pour cent des images apparaissant avec les mots

retenus de la série principale; en effet, elles auraient pu
également accompagner les mots oubliés; par conséquent,
un tel pourcentage ne représenterait pas la vraie imaginativité du sujet. Pour l'avoir, j'ai tenu compte, dans le calcul,
de presque tous les mots employés pendant l'expérience,
ainsi que de leurs images, c'est-à-dire non seulement des
mots de la série principale, mais de tous ceux retenus après
la lecture des cinq tableaux et de tous ceux oubliés, qui
avaient été ensuite présentés pour être reconnus. Comme
imaginativité des mots j'ai considéré dans ce calcul, aussi
bien les images des choses que le mot représente, que
toutes les associations qu'il a provoquées, et encore les
associations conceptuelles et les phrases qui se formaient
entre mots, pendant la lecture; car, dans de telles associations, et particulièrement dans les phrases, le mot incorporé en elles cesse de constituer une simple perception
visuelle ou auditivo-motrice et a, dans son arrière-plan,
cette image concrète ou cette notion qui a été suscitée par
l'union de deux ou plusieurs mots. Or, comme nous le
voyons à la table I, les résultats du calcul du pourcentage
des mots avec représentations (par rapport au nombre total
des mots), qui exprime pour chaque personne le degré
d'imaginativité des mots, ne confirment pas le moins du
monde l'hypothèse théorique que l'extension de la mémoire
soit proportionnelle à la faculté d'évoquer des images. Nous
voyons même ici un phénomène en quelque sorte contraire;
notamment, la deuxième partie de l'échelle de mémoire (de
moindre extension), comprend cinq personnes dont la faculté imaginative est supérieure à 50 p. 100 ou se rapproche de ce rapport; par contre, la première partie de
l'échelle (de plus grande extension) ne comprend que quatre
personnes de ce type et, par contre, deux personnes avec le
plus petit pourcentage d'images : 0.14 et 0.15, qu'on ne
rencontre pas dans la deuxième partie.

Seule, l'*intellectualisation* des mots, la formation avec
eux de propositions et d'associations conceptuelles, appa-

rait comme facteur corrélatif de l'extension de la mémoire ; en effet, c'est ce qui prédomine fortement dans la première partie de l'échelle de mémoire où nous rencontrons onze propositions et six associations conceptuelles, pendant que dans la seconde partie, nous ne trouvons que trois propositions et une association d'idées. Cependant, nous ne pouvons encore considérer cette particularité de l'intellectualisation comme facteur décisif, quant à l'extension de la mémoire, vu que nous le voyons manquer totalement chez quatre personnes de l'échelle de grande extension.

Une certaine corrélation se manifeste aussi entre l'extension de la mémoire et la *facilité de reconnaissance*, ainsi que les *illusions* de la mémoire. Notamment, la faculté de reconnaissance est quelque peu *plus grande* dans la seconde moitié de l'échelle que dans la première. Dans la première partie, sur huit sujets étudiés dont l'extension de mémoire décroissait de 0.42 à 0.22, nous avons obtenu, pour une somme totale de 214 mots montrés, 83 non reconnus, c'est-à-dire 38 p. 100 ; d'autre part, dans la seconde partie, l'étude de neuf sujets dont l'extension variait de 0.22 à 0.12 nous a donné globalement, sur 246 mots montrés, 74 non reconnus, c'est-à-dire 30 p. 100. Dans la première partie nous rencontrons quatre personnes dont le pourcentage des non reconnus atteint 50 p. 100 ou bien même dépasse ce rapport ; dans la seconde partie, nous n'avons que deux personnes présentant ce rapport. Ce résultat est également inattendu ; en effet, il semblerait que les individus ayant une plus grande extension de la mémoire immédiate devraient également avoir une plus grande facilité de reconnaître les mots oubliés ; or, nous voyons ici le contraire ; ainsi, par exemple, le sujet VI ayant une extension 0.34 ne reconnaît pas 55 p. 100 des mots oubliés, pendant que le sujet XVI, qui n'a retenu que 0.16 mots, n'en présente que 20 p. 100 de non reconnus, etc. Il semble donc que le processus de reproduction immédiate n'est pas le même que celui de la reconnaissance.

Une relation plus nette se laisse observer entre l'extension de la mémoire et le nombre des *illusions* de la mémoire. Dans la première moitié de l'échelle nous trouvons vingt-sept illusions, dont huit paramnésies à la lecture des mots des disques, ainsi que dix-neuf hallucinations dans la mémoire immédiate de la série principale et des cinq disques.

D'autre part, dans la seconde moitié, il y a 41 illusions, dont 11 paramnésies et 30 hallucinations. Les illusions sont donc *plus fréquentes* pour une plus petite extension de la mémoire.

LA QUALITÉ DE LA MÉMOIRE

Quels sont les facteurs qui déterminent le choix des mots qui doivent réapparaître dans la mémoire immédiate ? D'une façon générale, on suppose ici l'intervention de trois facteurs :

1º La façon dont le mot est reçu : la concentration de l'attention ou l'état de distraction pendant la lecture du mot ;

2º La valeur psychique du mot : l'intérêt qu'il excite, les représentations qui l'accompagnent, la force des associations, ou bien encore le manque d'originalité, de représentations, d'associations ;

3º La place que le mot occupe dans la série ; autrement dit, l'influence de l'intervalle de temps rempli par d'autres impressions, qui s'écoule entre la lecture du mot donné et sa réapparition. Ainsi, par exemple, le premier mot de la série sera évoqué après un intervalle de 100 secondes, pendant lequel on aura lu 49 mots ; le dernier, par contre, a la chance de réapparaître immédiatement sans que l'attention ait été sollicitée par la lecture d'autres mots.

Pour élucider ce problème, nous nous servirons d'un *diagramme collectif* de la mémoire immédiate des dix-huit personnes étudiées. L'abscisse représente ici une série de 50 mots, lus à la vitesse de 2 secondes par mot. L'ordonnée représente le nombre des personnes étudiées. La courbe de la mémoire s'élève ou s'abaisse selon le nombre des personnes qui ont retenu un mot donné. L'allure générale de la courbe présente des ondes qui s'élèvent et descendent brusquement, d'une forme pointue, et qui tendent à une certaine régularité : leur nombre est presque le même avant et après le vingt-cinquième mot. A peu près vers le milieu de l'abscisse, entre le vingtième et le vingt-huitième mot, nous constatons une forte dépression générale des courbes, atteignant en deux points le zéro par rapport à l'ordonnée.

Diagramme collectif de la mémoire immédiate de la série principale.

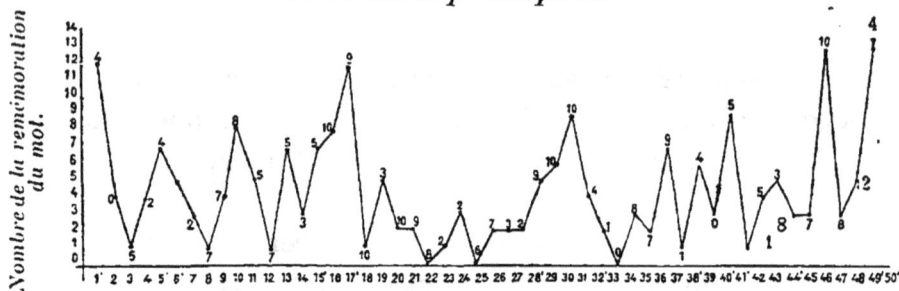

FIG. 3. — Les mots en ordre de la lecture.
(Les chiffres avec astérisque désignent les mots qui n'étaient pas sur le disque).

Les trois facteurs ci-dessus énoncés se retrouvent facilement sur cette courbe de mémoire collective. Ainsi, par exemple, l'ascension du premier mot (geste) doit être attribuée à un état spécial de l'attention concentrée, stimulée, telle qu'elle se présente en général au début de la lecture des mots. Ce facteur renforce la valeur psychique du mot qui, par lui-même, est plutôt indifférent et pauvre en associations ; et simultanément il contrebalance les influences négatives de l'intervalle occupé par d'autres mots, influences qui, par rapport au premier mot de la série, sont les plus fortes. (L'intervalle entre la fixation par le regard et la réapparition, est ici le plus long.) Quand l'attention, au début de la lecture de la série, est distraite, le premier

mot ne réapparaît pas dans la mémoire immédiate, comme
nous le voyons du texte des expériences avec les sujets
VIII et XIII, lesquels ont annoncé à l'analyse introspective un état de distraction, au début de la lecture, causé
par l'attente de ce qui allait venir, par un afflux de pensées
adventices sur l'expérience, etc., etc. Peut-être que ce
même facteur de distraction initiale a agi également chez
d'autres personnes (VII, X, XI, XII) qui n'ont pas retenu
le premier mot, bien qu'elles n'aient pas indiqué cet état
à l'analyse ; cependant, deux d'entre elles (X et XII) présentent le type d'attention émotionnelle, se concentrant avec
un sentiment d'inquiétude, lequel provoque facilement la distraction, par suite de l'effort même qui produit l'attention.

De même, la dépression du niveau de la mémoire dans
la partie centrale de la série s'explique le plus facilement
par la distraction. La majorité des sujets l'indiquent à l'analyse introspective : il y a une tendance générale, au
début de la lecture de la série, à répéter mentalement les
mots précédemment lus pour mieux les fixer dans la mémoire ; cette répétition gêne la réception des mots qui
suivent, et cela d'autant plus qu'il y a déjà plus de mots
en arrière ; simultanément surgissent deux directions d'attention, correspondant au rappel des anciens mots et à
la réception de nouveaux, qui se gênent mutuellement et
provoquent, environ vers le milieu de la série, un pénible
dédoublement de la pensée et du désordre dans la perception. En outre, apparaît un sentiment de découragement,
de paresse de l'attention, d'apathie : « J'ai essayé de concentrer mon attention, dit-on, pensant qu'il y aurait peu
de mots, mais voyant qu'il y en avait tellement, j'y ai
renoncé ; d'autres pensées ont surgi. » Dans la suite, la
distraction s'affaiblit, la répétition par cœur des mots
précédents est abandonnée, comme inutile ; par suite, les
mots pénètrent plus nettement dans la conscience ; le dédoublement de la pensée et l'inquiétude qui l'accompagne
s'affaiblissent, et la courbe remonte.

Le *facteur de l'intervalle* ne se manifeste clairement que pour le dernier mot « conscience », qui atteint le plus haut niveau, malgré son manque de coloris et son faible pouvoir d'association, et malgré des conditions d'attention moins favorables ; car c'est le moment où l'attente de la fin de la série est la plus forte, et à la vue de l'apparition de la dernière carte surgit l'idée que c'est bien la dernière, ce qui obscurcit la réception du mot lui-même. La brièveté de l'intervalle élève aussi probablement dans une certaine mesure, le niveau de la courbe pour les autres mots de la fin ; cette action doit s'ajouter à celle de leur valeur psychique (par exemple, en élevant le quarante-septième mot « Hélène » au-dessus du niveau d'autres mots d'une valeur associative presque la même ; tels, par exemple, le mot quarante et unième « Lemberg », et le trente et unième « Clara ») ; ou bien encore, elle agit contre les facteurs de dépression, par suite de quoi les mots indifférents ou lus distraitement (comme le quarante-neuvième « fier », le quarante-quatrième « parée », le quarante-troisième « attention ») ont un niveau plus élevé qu'ils n'auraient, étant moins près de la fin de la série. L'action inverse du même facteur, c'est-à-dire l'abaissement du niveau de la mémoire par l'accroissement de l'intervalle occupé, se manifeste dans la dépression de la partie médiane de la courbe, en coagissant ici avec la distraction ; on pourrait supposer que la cessation en ce point de la lecture relèverait le niveau des mots entre le vingtième et le vingt-huitième, bien que l'état de l'esprit — dédoublement mental et lassitude — restât le même. (On pourrait facilement élucider ce point par voie expérimentale.)

D'ailleurs, l'influence négative de l'intervalle occupé, presque proportionnelle à sa durée, est une chose sûre. Aussi bien les observations de la vie journalière que les recherches de laboratoire (Bigham, Fienzi, Lewy et autres) le démontrent suffisamment. Particulièrement, dans les séries un peu longues, ce facteur de l'oubli prédomine franchement sur tous les autres, et c'est ce qui explique le mieux pourquoi une série de quelques dizaines de mots, même à haute valeur associative et lus de la même façon, avec une attention tranquille, concentrée, ne se laisse reconstituer complètement, dans la majorité des cas. Chaque mot se perçoit nettement, avec recueillement, avec pénétration du sens, chaque mot évoque ses associations, représentations, états émotionnels, et, malgré cela, chacun ne sera pas apte à réapparaître à la fin de la série ; il sera reconnu, mais il ne se réveillera pas spontanément, et pour cela seulement qu'entre sa lecture et son souvenir s'est écoulé un certain temps, rempli par la lecture d'autres mots. Il se produit ici en quelque sorte une *interférence* des images visuelles ou auditivo-motrices consécutives l'une de l'autre ; certaines s'annihilent complètement l'une l'autre, de même que se paralysent l'un l'autre des mouvements simultanés et différents des deux mains ; dans les deux cas, la répétition, l'accoutumance, transportant la coordination dans le domaine de l'automatisme, écarte les interférences, ce qui prouve que cette interférence se passe dans les faits de conscience, appartient au domaine de représentation [1].

L'étude approfondie du troisième facteur de la mémoire, notamment de la valeur psychique des mots, nous fait pénétrer plus en avant dans le problème. Pour apprécier l'influence de la valeur psychique des mots sur leur rappel à la mémoire, j'ai noté pendant l'analyse introspective tout ce que chaque mot donné pouvait éveiller dans l'esprit du sujet, soit pendant la lecture d'une série et pendant le rappel à la mémoire, soit plus tard pendant l'analyse. C'étaient des représentations symboliques (par exemple « parée »,

---

1. Nous croyons utile de rappeler ici les résultats des expériences de Bigham (*Psych Rev.*, *I*) sur l'influence de l'intervalle, d'après lesquelles, influe le plus fort sur les troubles de mémoire d'un certain sens un intervalle de temps rempli par les impressions du même sens ; la mémoire visuelle s'affaiblit davantage par un intervalle occupé par des faits visuels que, par exemple, par des impressions audives et *vice versa* ; par suite, les représentations les plus semblables se contrarient le plus.

image d'une robe cousue de sequins qui résonnent, sujet I;
« état d'âme », une chambre obscurcie, lumière bleue-grise
entrant par la fenêtre, sujet II); des symboles colorées
par exemple, « conscience », couleur grise, couches
alternativement sombres et claires; « faux », rouge,
sujet I); des images concrètes (par exemple, « selle »,
image d'une selle de dame; « Hélène », figure d'une connaissance); le caractère émotionnel du mot dù à sa signification qui, parfois, accompagne les représentations et,
dans certains cas, apparaît en l'absence de toute représentation, comme ton émotionnel du mot lui-même; l'association évoquée par le mot, une représentation ou un autre
mot, (par exemple, « Genève », on se rappelle une connaissance; Wundt — « Mahrbourg », laboratoire, philosophe);
une pensée éveillée par le mot (par exemple, « attention »,
l'idée que c'est justement ce qui me manque; « sauter »,
la pensée que le mot a quelque analogie avec ce qu'il représente); des phrases ou des associations surgissant entre
les mots lus; dans ce cas-là apparaissent aussi, en général,
des représentations de nature concrète répondant à la
phrase donnée; une façon de ressentir le mot se traduisant
en une image très vague, floue, symbolique ou bien en
une pensée (par exemple, « conscience », le sentiment de
sa propre existence; « fréquenter », espèce de geste; « Genève », quelque chose de lointain); l'intérêt excité par
l'aspect de certaines lettres ou par la façon dont le mot a
été écrit.

Grâce à la façon dont l'expérience était conduite, nous
avons pu connaître la valeur psychique, non seulement des
mots réapparus dans la mémoire, mais également celle de
la grande majorité des mots oubliés, puisque, de ces mots
oubliés on en prenait quatre pour chaque lecture sur le
disque (donc en tout vingt), et que ceux oubliés après la
lecture sur le disque étaient ensuite donnés à reconnaître;
la grande majorité passait donc par l'analyse introspective
et on pouvait être renseigné sur leur valeur individuelle.

Dans le diagramme collectif, nous avons déterminé la valeur physique de chaque mot, par un chiffre indiquant le nombre de personnes chez lesquelles un mot donné s'était signalé par le réveil d'une certaine activité mentale, par l'évocation d'une représentation, d'une association, etc. Par zéro, on a désigné ceux qui furent tout à fait neutres, qui n'ont rien évoqué, passant par les esprits comme des mots compréhensibles, mais privés de tout accompagnement d'états observables de l'imagination, du sentiment ou de la pensée. Par un astérique, nous avons désigné les mots de valeur psychique inconnue, vu qu'ils n'ont pas été soumis à l'analyse.

En considérant le diagramme collectif du point de vue de la valeur psychique des mots, ce qui frappe tout d'abord, c'est le manque de corrélation entre la valeur des mots et le niveau qu'ils occupent. Il est vrai que nous voyons une ascension de l'onde 15-17. (Paphnuce, Genève, Wundt), 29-31 (tenailles, tempête, Clara), et 47 (Hélène), qui correspondent à des mots de grande valeur psychique. Mais, à côté de cela, nous observons beaucoup d'autres mots (comme 8, 12, 20, 21, 22, 25, 26, 36, 45, 46, 48) qui, en dépit de leur relativement grande valeur psychique, se trouvent au plus bas niveau, pendant que des mots beaucoup plus pauvres (5, 6, 7, 11, 13, 19, 24, etc.), correspondent aux branches ascendantes de la courbe[1]. Certaines de ces ascensions et descentes de la courbe, qui ne concordent pas avec la valeur des mots, peuvent s'expliquer par l'influence des deux autres facteurs de la mémoire, notamment, par l'état de l'attention (ascension correspondant au premier mot, et dépression pour les mots du milieu), par l'influence de l'intervalle de temps occupé (ascension relative au dernier mot par suite de l'élimination de ce facteur), ainsi que par l'action combinée de la distraction et

1. Dans les diagrammes individuels de la mémoire immédiate (que nous ne publions pas); à ce fait correspond l'oubli de beaucoup de mots possédant ses images et ses associations d'intérêt.

l'intervalle (dépression pour les mots du milieu). Cependant cette explication ne se laisse pas étendre aux mots ci-dessus mentionnés, où la discordance entre la valeur et le niveau du mot est nettement accentuée; il faut donc chercher une autre cause, un autre facteur de l'oubli, qui pourrait en même temps rendre raison de la forme pointue des ondes, et de leur tendance à la régularité, présentée par le diagramme.

a) Considérons tout d'abord les chutes caractéristiques de la courbe, correspondant à des mots de haute valeur psychique ou tout au moins de même valeur que ceux à niveau élevé. Par exemple la chute 1-2-3; ou bien 5-6-7-8; ou bien 10-11-12, ou bien 47-48. Elles sont en général consécutives de mots ayant excité un certain intérêt; par exemple, « geste » (1) qui a été lu avec le maximum de l'attention en tant que premier mot; « intégrer » (5) par son caractère spécial et par l'erreur de lecture qui l'accompagnait en général (en polonais, le mot « intégrer » ressemble beaucoup au mot « embrasser »); « la hache » (10) qui a souvent évoqué une représentation nette de la hache; « Hélène » (47) qui, dans la majorité des cas, s'associait au souvenir d'une sœur, d'une connaissance. De tels mots, par l'intérêt ou par les associations qu'ils éveillent, stimulent pour un instant, dans une direction donnée, la pensée du lecteur, et cette pensée persiste, évolue, bien qu'on lise les mots suivants; il se manifeste donc un état passager de distraction, provoqué par le contenu même du mot qui vient d'être lu, qui peut se poursuivre pendant la lecture de plusieurs des mots qui suivent, créant à leur égard une sorte de cécité mentale. C'est l'influence perturbatrice de *la qualité du mot antécédent*. On l'aperçoit le plus clairement dans la dépression 47-48, où le mot 48, malgré son riche coloris imaginatif et sa localisation très favorable à la fin de la série, se trouve à un niveau tellement inférieur à son antécédent. Une des personnes observées (VI) a fait elle-même cette observation, pendant l'analyse, sans question de ma part. « Quand je rencontre, dit-elle, un mot intéressant ou bien qui évoque une image vive, alors je ne vois plus celui qui vient ensuite, et je ne me rappelle plus les mots qui suivent. C'est la même chose dans la vie journalière : pendant que je parle, quand je me heurte à quelque chose d'émotionnant, mes pensées s'arrêtent, je ne sais plus ce que je dois dire ensuite. Quand je rencontre chez quelqu'un quelque chose qui me frappe fortement, qui m'intéresse, alors, en dehors de cela, je ne vois plus rien ; la personne se concentre tout entière dans ce seul détail caractéristique. »

b) Mais nous pouvons aussi supposer que la qualité du mot *qui suit* influence négativement la mémoire de ceux qui précèdent. En considérant des ascensions de courbe telles que 8-9-10, 12-13, 16-17, 30-31, 36-37, 45-46-47, nous voyons que lorsque deux ou trois mots d'une valeur psychique presque identique se suivent, alors c'est toujours pour les mots précédents que s'affaiblit la faculté du rappel à la mémoire. De cette façon, se créent une certaine régularité et la forme pointue des ondes. Ici confluent les influences des antécédents et des conséquents, qui agissent par leur contenu ; ainsi, par exemple, le mot 3 s'affaiblit aussi bien par l'action du premier que par celle du cinquième mot ; le mot 8, sous l'influence de l'antécédent 5 et du conséquent 10. Cependant, il y a des cas où le relèvement et la forme pointue de l'onde ne peuvent être attribués qu'à l'influence du conséquent. Ainsi, par exemple, le seizième mot (Genève) qui suit des mots relativement indifférents et qui, par lui-même, éveille chez la majorité des personnes des souvenirs personnels intéressants, n'atteint pourtant pas le niveau du mot qui suit (Wundt), bien que ce dernier mot ne le surpasse du tout par la force de l'intérêt excité, ni par celle des associations. De même le mot 30 (tempête), 36 (Samson), qui viennent à la suite des mots à valeur moindre, doivent probablement leur dépression à l'action des conséquents. Ceci est particulièrement évident dans l'avant-dernière onde de la courbe, qui est la moins sujette aux facteurs perturbateurs de l'intervalle et de la distraction, où on voit le mot intéressant 45 (Esperanto) être à un niveau inférieur à celui des antécédents, de caractère indifférent; le plus probable est que c'est le mot 47 (Hélène) qui exerce une action inhibitrice qui s'étend sur les deux antécédents.

Comment se présente le procès psychologique d'une telle action du conséquent? Chaque mot intéressant, surtout quand il est isolé, quand il n'est pas lié par le système d'une pensée qui se développe en propositions découlant logiquement l'une de l'autre, un tel mot a toujours une tendance à être l'origine autonome d'un certain mouvement de la pensée, de certaines associations, souvenirs, jugements. Plus grande est la valeur individuelle du mot, d'autant plus aisément cette tendance se réalise. Dans la vie quotidienne, il arrive souvent qu'un mot entendu est la source de rêveries et réflexions absolument involontaires, ou bien détourne une conversation, d'une façon tout inattendue, sur une voie nouvelle, propre à lui. Si deux mots intéressants se succèdent pendant la lecture de la série, il peut arriver que la pensée éveillée par le premier mot soit brusquement interrompue par le nouveau, avant que le premier ait réussi à se consolider par quelque phrase, souvenir, etc. L'interruption est produite par le fait que le mot suivant n'a pas été étouffé par la distraction (comme dans les cas précédemment discutés), mais qu'au contraire, grâce à une heureuse conjoncture ou par sa valeur propre il a pénétré dans la zone claire de la conscience, et y a suscité une nouvelle direction de la pensée. Cependant, l'éveil de la pensée par le mot précédent a créé une distraction passagère, qui a affaibli la perception du mot lui-même, et comme ce mot n'a pas pu s'établir mentalement, par suite d'une brusque interruption de la pensée, ses chances de conservation dans la mémoire en ont été considérablement réduites. Nous verrons plus loin qu'un tel affaiblissement du signe du mot, par suite du réveil de son contenu, peut également expliquer un autre phénomène de la mémoire, se produisant assez souvent, notamment, le phénomène de *dissociation* des mots intéressants pendant la remémoration; ainsi reviennent d'abord des images ou des sentiments qui cherchent à retrouver leur expression du signe, le mot lui-même. Un fait analogue se produit dans la vie journalière; c'est, par exemple, l'oubli de la suite d'une pensée, l'oubli de noms, pendant une discussion, une harangue, quand un nouveau courant associatif est entré en scène, excitant un vif intérêt.

Dans la mémoire des séries, un autre phénomène entre également en jeu, et il se laisse expliquer par le même processus psychique que les deux précédents. C'est l'évanouissement de la mémoire de mots séparant d'autres mots qui, pendant la lecture de la série, ont donné naissance à une proposition, à une phrase. Nous n'avons que deux cas où des phrases se forment à partir des mots qui ne se succèdent pas immédiatement dans la série et, dans les deux cas, les mots intermédiaires, bien qu'intéressants et faciles à retenir, disparaissent. Chez la personne IV prend naissance, pendant la lecture, la phrase : « Clara saute excellemment pieds nus » et nous voyons les mots intermédiaires entre « excellent » (33) et « pieds nus » (37), notamment : doute, balai, Samson, s'évanouir de la mémoire. Cette influence particulière est encore plus remarquable chez le sujet XI où la phrase, formée des mots 44-47-49 (la parée et fière Hélène), élimine de la mémoire les mots : Esperanto (45), bruissante (46), herbe (48), malgré la condition favorable d'être à la fin de la série. Dans ces cas-là, un mot donné, s'incorporant dans des mots antérieurs pour constituer avec eux une image concrète exprimée par la phrase, ravive les vestiges de ces autres mots, les appelle à une vie consciente plus claire, tout en renforçant et concrétisant son propre contenu; par suite de cela, tout ce qui n'entre pas dans la phrase est éliminé. Ici également nous avons l'influence de la valeur psychique du conséquent.

c) On peut encore expliquer un autre phénomène de mémoire par l'affaiblissement du signe du mot par suite de l'intensité de son contenu; le fait est relaté sur le diagramme collectif; il s'agit de mots « ensorcelés », de mots qu'aucune des dix-huit personnes n'a retenus. Ce sont les mots : 22 (Zawicha), 25 (carré) et 34 (doute). Ni la position dans la série, ni le degré de valeur psychique ne justifient ce « tabou ». D'après l'analyse introspective la valeur des deux premiers de ces mots est assez grande (8 et 6 cas d'éveil de représentations et de pensées); à côté d'eux, nous voyons des mots de valeur beaucoup inférieure (23-24-27-28), qui correspondent néanmoins à un certain relèvement de la courbe, dans cette période même du maximum de distraction. Le troisième mot n'a pas été étudié au point de vue de sa valeur; nous ne nous occuperons donc que du vingt-deuxième et du vingt-cinquième. Comme nous le voyons, nous avons ici deux conditions concourantes : une distraction générale, provoquée par la pensée à autre chose que les mots lus et, d'autre part, une haute valeur psychique des mots, tendant également à la distraction, au développement de pensées propres. Dans la période correspondant au milieu de la série, les mots se lisent en général avec une certaine cécité mentale, automatiquement, superficiellement; mais cette distraction générale, qui entrave la compréhension, la représentation du contenu des mots, peut cependant permettre au signe lui-même du mot de pénétrer dans la région claire de la conscience. Cependant, si dans la même période, on rencontre un mot intéressant, éveillant souvenirs et images qui obscurciront momentanément la perception du signe même, alors, vu l'état général de faiblesse de la perception, l'action combinée de ces deux distractions suffira pour réduire à zéro le souvenir du signe, étouffant par là même les pensées qui au-

raient pu surgir. Si la valeur de ces mots était plus
grande, si l'intérêt qu'ils excitent étaient plus vif, il se
peut que, dans cette même période d'inattention, ils auraient
surmonté, par l'intensité de leur contenu, l'action paraly-
sante des autres pensées, et le souvenir du signe aurait
été sauvé; il y a là matière à étude expérimentale. Mais,
pour une valeur moindre, ils doivent périr, pendant que
des mots absolument indifférents de la même période (23,
provenir; 24, fréquenter) ont certaines chances de réapparaître. Nous rencontrons un phénomène analogue dans
la vie : il arrive que dans l'état d'inattention nous percevons plus facilement des choses indifférentes, des détails
sans importance, que des choses qui nous intéressent; par
exemple, écoutant un cours, quand par la pensée nous
vagabondons autre part, nous pouvons ensuite nous apercevoir que ce qui nous est resté dans la mémoire, ce n'est
pas ce qu'a dit d'intéressant le conférencier, mais des choses
de moindre importance, des mots dénués de sens, ou bien
seulement des gestes.

Passons maintenant à l'examen d'un autre phénomène
de la mémoire immédiate, ayant les mêmes causes que
celles énoncées ci-dessus; notamment, à la *dissociation
du mot*, à la séparation du contenu et du signe. Il se produit ici le même procès de l'affaiblissement du signe sous
l'influence du contenu; cependant, le contenu reste victo-
rieux et se reproduit. Dans le matériel recueilli, nous
trouvons tout un groupe de mots qui, d'après le témoignage
des personnes étudiées, ne sont pas revenus à la mémoire
d'une façon ordinaire. Notamment, en premier lieu, apparaissait une représentation ou un état émotionnel, et seulement plus tard le mot lui-même était retrouvé. Chez le
sujet I, le fait s'est produit pour les mots : « conscience »
(précédé d'un symbole de teinte grise, à rayures claires et
sombres), « sensation » (représentation de quelque chose
de mou qui gratte et laisse des traces), « rose » (vue de
la teinte). Chez le sujet II : « rose » (vue de la teinte),

« pieds nus » (Isadora Duncan qui danse), « état d'âme » (image d'une chambre claire-obscure, d'une lumière gris bleu, etc.) « selle » (image d'une selle de dame), « tempête » (image et le caractère émotionnel de tempête); d'abord furent écrits les mots tonnerre, éclair, tonner, qu'on corrigea enfin en « tempête ». Chez la personne VIII : « tenailles » (représentation de l'objet), « rose » (vue de la teinte), « Hélène » (figure d'une connaissance). Chez la personne XVI : « glacée » (image de rochers glacés, panorama des monts Tatra, nom du pic glacé, titre d'un livre, « la Vierge de glace » et le dessin d'une femme avec le sphinx). Chez la personne XVIII : « hache » (représentation d'un homme qui coupe du bois), « Genève » (quelque chose de lointain, un sentiment de distance). Pendant le rappel d'un tel mot, se manifeste souvent un certain effort pour évoquer le souvenir; on a tout d'abord l'image seule ou le sentiment, qui ne retrouvent leur expression qu'au bout d'un instant. En considérant les diagrammes individuels respectifs de la mémoire immédiate, nous voyons qu'à l'exception du sujet II les mots dissociés sont consécutifs des lacunes dans la mémoire; on peut donc supposer qu'ils succèdent à des distractions. Le plus fréquemment ce sont même des mots auxquels correspondent des ondes isolées de la courbe, par suite, des mots qui n'ont pas eu de conséquents intenses. D'autre part, leur valeur individuelle est en général assez grande; dans quelques cas (comme « glacée », « pieds nus »), ils ont même excité plusieurs mouvements d'idée. Or, l'inattention et l'intensité du contenu sont des conditions d'affaiblissement pour le signe du mot. Si la pensée, éveillée par le mot ou une vision interne, n'est pas inhibée par le mot qui suit et peut surmonter l'inattention antérieure, alors, en présence de la faiblesse du signe, par suite de la distraction antérieure, et surtout par suite de l'intérêt présenté par le contenu, le signe du mot se fixe moins fortement que le contenu, s'en sépare momentanément et se trouve ensuite recherché avec l'aide de l'image ou de l'émotion qui lui appartenait. C'est l'acte du *rappel à la mémoire*, la plus haute conscience de l'oublié.

Ceci a pour conséquence soit le rappel du mot propre, soit celui d'un synonyme, c'est-à-dire qu'il y a une erreur par substitution. Mais si la conscience de l'oublié est moins nette, moins individualisée, et constitue plutôt un sentiment qu'une représentation, alors, les mots retrouvés ont une très lointaine analogie avec le mot oublié; on a alors des *hallucinations* de la mémoire. L'apparition de ces hallucinations exige donc de l'inattention et une valeur psychique du mot assez élevée, conditions qui affaiblissent la perception du signe, laissant intact son contenu.

En considérant les hallucinations rencontrées dans les textes recueillis pour la mémoire immédiate, nous voyons que la grande majorité d'entre elles se laissent expliquer comme ci-dessus. Par exemple, chez le sujet I, à la fin de la reproduction, apparaît le mot « marcher » qui n'existait pas dans la série; de suite après lui se rappelle le mot « rose ». Dans le diagramme individuel du sujet I nous voyons que « rose » (39) est consécutif de la plus longue inattention et de l'affaiblissement de la mémoire; le mot le plus proche de cette période, ayant une couleur appréciable, est « pieds nus » (37), lequel a été oublié et qui, à l'analyse (après lecture sur le disque), a manifesté comme association « sable par une chaude journée ». On pourrait donc supposer qu'à la lecture de ce mot dans la série s'est manifesté le souvenir ou la pensée « de marcher pieds nus sur du sable chaud », représentation qui, ensuite étant moins nette, n'a survécu dans le souvenir que comme mot isolé : « marcher ».

Chez le sujet V, à la fin de la série des mots reproduits, apparaît l'hallucination « essentiel ». A l'analyse introspective, nous apprenons que ce mot est le seul qui ait été recherché avec effort, alors que l'afflux spontané des mots avait cessé; et il a été recherché de la façon suivante :

d'abord est venu à la mémoire le mot « conscience » qui n'a pas été transcrit, en tant que faux, et de ce mot par une association quelconque est venu l'autre mot « essentiel » qui a été considéré comme exact. (La même personne raconte qu'il lui arrive souvent d'oublier sur le moment des choses curieuses, qui avaient été lues avec intérêt.)

Chez la personne VII, le mot d'hallucination « apercevoir » peut se rapporter à un mot voisin de la même série « savoir (6) » qui correspond chez elle à une période d'inattention maxima.

Chez le sujet VIII, le mot « lumière » inscrit dans le milieu de la série des mots reproduits, doit probablement s'être substitué au mot « aurore » qui suit une assez longue lacune de la mémoire et se trouve être oublié, bien qu'à l'analyse il donne la représentation « du soleil levant ».

Chez la personne IX, on a deux hallucinations : « abri », d'origine inconnue (en polonais « zacisze », a quelque ressemblance avec le nom Zawicha), et « penser » dérivant peut-être du mot « conscience » lu distraitement.

Chez la personne X apparaît le mot « aube » ; le terme a été « cherché par l'oreille » comme s'exprime le sujet, qui avait la conviction auditive de l'existence de ce mot dans la série ; or, il n'y a pas de mot à consonance analogue ; par contre, il y a le synonyme « aurore » (qui a été reproduit) duquel provient l'image du mot inventé.

Nous observons un cas analogue chez le sujet XI où le mot « exister », le seul retenu des quinze premiers mots de la série, évoque encore son synonyme, le substantif « être » qui ne s'y trouve pas. Ce sont là probablement des réapparitions d'associations verbales qui se sont formées pendant la lecture, associations qui avaient peut-être à renforcer le mot dans la mémoire. Aussi bien pour « aube » que pour « être » ils ont été inscrits avec un sentiment de doute ; d'ailleurs, la personne XI indique elle-même que le mot être « s'est associé chez elle à « exister », et s'est rappelé de suite après.

Chez la personne XIV nous avons jusqu'à cinq hallucinations : « bariolée » et « vanité » qui pouvaient avoir
une certaine parenté conceptuelle avec « parée » ; ce mot (44)
est oublié, il correspond à une période de longue inattention ; mais la place qu'il occupe dans la série est favorable
à la conservation d'une représentation ou d'un sentiment
suscité par le mot ; ce sentiment a même pu, pendant la
lecture, évoquer ces mots en tant que définition de l' « élé-
gance », et ces termes secondaires et auditifs, ayant peut-
être une plus grande vivacité, sont entrés dans la mémoire,
aux dépens du mot proprement dit.

Plus loin, nous avons le mot « patience » qui, lui aussi,
est la suite du travail mental développé autour du mot
oublié « parée » ; ceci se montre très bien dans l'analyse introspective : la patience et la vanité, dit la personne XIV,
se sont simultanément rappelées « en tant qu'antithèse des
deux notions de vertu et de vice ». En outre, nous avons le
mot « Salomon », reproduit « comme pure inscription » et
qui doit dériver de « Samson ». Enfin nous avons « travail » dont nous n'avons pu déceler la genèse.

Chez la personne XV nous rencontrons le mot « con-
fiance », indiqué à l'analyse comme « chose agréable,
associée à de bons souvenirs » ; c'est probablement l'écho
d'un mot oublié qui, à la lecture, a évoqué un sentiment
analogue.

DEUXIÈME PARTIE

Perturbation de la mémoire par un travail mental simultané.

EXTENSION ET QUALITÉ DE LA MÉMOIRE IMMÉDIATE

Comme nous l'avons déjà dit, la seconde partie de
l'expérience consistait en la lecture de quatorze mots sur
un tableau à rotation lente (en moyenne un mot en deux
secondes) ; la lecture était accompagnée d'une distraction

provoquée. A cet effet, au cinquième rang, apparaissait une carte avec des nombres à additionner, soustraire ou multiplier, ou bien avec des soustractions successives à effectuer (ce qui permettait d'interrompre le calcul au moment voulu); dans certaines expériences, au lieu de calcul, était imposée la répétition à haute voix, et ensuite à rebours du mot qui précédait une carte blanche. On lisait les mots du tableau mobile, à voix basse, sans les articuler; le calcul s'effectuait à haute voix.

Pendant ce temps, le tableau mobile tournait, laissant voir successivement les mots qui passaient devant la fenêtre de l'écran. Dans ces conditions, il se créait une distraction qui durait un temps déterminé, et qui parfois devenait très intense; simultanément s'effectuait la vue des mots dans cet état d'inattention, vue sans attention, sans activité mentale, subconsciente; on recevait une impression qui, par suite de l'orientation de l'attention dans un autre sens, ne pouvait se développer en perception, demeurait à l'état d'impression primitive pure. La distraction provoquée (calcul ou la prononciation à rebours) déterminait également chez certaines personnes une distraction émotionnelle, qui précédait le calcul (attente), et se poursuivait après (souci de savoir si on a bien fait son calcul, chagrin de pouvoir s'être trompé, etc., etc.).

Par conséquent, les conditions de la mémoire immédiate se sont modifiées à deux points de vue : d'une part, la série est plus courte (au lieu de 50 on n'a plus que 14 mots), dont le facteur de *l'intervalle occupé* s'affaiblit; par contre, *l'inattention* s'accroît, se localise comme une sorte de « cécité mentale », déterminant en même temps une certaine distraction et tension *émotionnelle*, au commencement et à la fin de la série.

Pour nous rendre compte de l'influence des perturbations émotivo-intellectuelles sur l'*extension* de la mémoire immédiate, il nous faut comparer la mémoire d'une série normale et celle d'une série troublée de *même longueur*.

Dans ce but, on a déterminé chez dix personnes la mémoire immédiate normale pour des petites séries (14 mots). Comme nous le voyons à la table III, la perturbation s'accuse manifestement par une *réduction* de l'extension. Cette diminution, relativement faible pour les premiers disques mobiles, où le calcul se faisait sans grand soin, avec une faible concentration de l'attention, atteint pour les disques suivants jusqu'à 2/3 et même 1/2, lorsque,

TABLEAU III

Extension de la mémoire, normale et troublée.

Sujets.	Mémoire normale pour 14 mots.	Mémoire troublée variant entre les deux limites.	
I	0,85	0,71	— 0,35
II	0,71	0,57	— 0,35
IV	0,92	0,50	— 0,35
VII	0,50	0,50	— 0,28
VIII	0,50	0,28	— 0,14
XI	0,42	0,57	— 0,35
XII	0,57	0,64	— 0,35
XIV	0,57	0,42	— 0,28
XVI	0,64	0,71	— 0,28
XVII	0,50	0,50	— 0,35

grâce à l'accoutumance, le calcul absorbait l'attention au détriment des mots vus. Font exception seulement trois mémoires (personnes XI, XII, XVI) où l'extension de la mémoire troublée est *plus grande* que celle de la mémoire normale; nous avons aussi deux lectures sur le premier disque (sujets VII et XVII) où les deux extensions ont la même valeur. Ceci doit être attribué à une attention faiblement dirigée sur le calcul, tout en étant notamment stimulée elle-même, et accompagnée d'une vive perception des mots, comme cela arrive dans la grande majorité des expériences avec tableaux rotatifs. Il se manifeste alors une certaine excitation de l'esprit pour s'assimiler les mots qui apparaissent successivement et, tant que le calcul n'exerce d'action contraire, cette excitation peut influer sur l'accroissement de l'extension.

Quand on compare l'extension de la mémoire normale des petites séries avec celle des grandes séries, chez les mêmes sujets (table I) nous voyons que pour les petites séries l'extension de la mémoire devient 2, 3, 4 fois plus grande, et ceci pour tout le monde. C'est évidemment l'influence de l'intervalle plus court. On peut même s'assurer, par la comparaison de ces deux tables, que chez certains des sujets l'influence d'un long intervalle de temps a été le facteur décisif de leur échelle de mémoire.

Ainsi, par exemple, la personne IV dans la grande série est première pour une courte série; la personne XVI suit immédiatement la personne II qui dans la grande série a la plus grande extension, etc.

Par conséquent, dans les petites séries troublées, se mettent clairement en évidence les deux mêmes facteurs de l'oubli qui ont coopéré dans les grandes séries : la distraction, qui tend à réduire l'extension, et l'intervalle occupé qui, devenant plus court ici, tend à augmenter l'extension.

Le processus psychique de la reproduction des mots de petites séries troublées n'est pas le même que celui observé pour la mémoire immédiate des séries longues et normales. Il est vrai qu'ici, comme là-bas, la série reconstituée commence en général par le premier mot, c'est-à-dire par le mot perçu le plus souvent avec le maximum d'intérêt et d'attention libre. Mais la suite du procès n'est plus la même : précédemment nous avons vu que ce premier mot agit surtout par ses associations représentatives et émotionnelles, comme sous l'effet d'une parenté entre les représentations inconscientes cachées sous les mots; ici, par contre, *l'association se fait par contiguïté dans le temps;* ce sont les mots qui succèdent au premier qui prédominent.

Ainsi, par exemple, sur 87 expériences relatives aux

séries troublées à 14 mots, le premier mot de la série
initie 34 séries reconstituées; le dernier en commence 11,
l'avant-dernier 7; un mot excitant l'intérêt en initie 13
(où on a 8 fois au début le deuxième ou quatrième mot);
8 séries débutent par un mot perçu pendant le travail
mental. Le premier mot prédomine donc sur tous les autres.
Sur les 34 cas où il commence la série, 29 fois on le voit
entraîner à sa suite les mots qui le suivent immédiatement
(2-3, 2-3-4, 2-4); ainsi, le groupe des quatre premiers
mots qui précède le travail mental, apparaît le plus souvent, en totalité ou en partie, comme commencement et
comme noyau de la reproduction immédiate. Le phénomène est dû aussi bien au rang occupé dans la série qu'à
la valeur des mots (2 mots répétés de la série principale et
2 mots intéressants). Un autre phénomène joue ici également un rôle auxiliaire, sur lequel nous reviendrons plus
loin; il s'agit de la durée de l'*image consécutive* (visuelle
ou auditivo-motrice) du premier ou de l'un des quatre
premiers mots, pendant tout le temps du travail intellectuel et de l'inattention. Cependant, comme la série des
mots qui le suivent est courte, et que très souvent elle se
lit encore avec une certaine distraction, il en résulte que
cette interférence qui inhibe les mots dans les séries
longues, n'intervient pas ici et que le groupe des premiers
mots associés dans le temps, a beaucoup de chance de
réapparaître intact.

Nous observons la même chose dans la mémoire des
petites séries normales. Sur dix séries reproduites, six
débutent par le premier mot qui évoque les mots suivants
unis à lui par la succession dans le temps, quoiqu'ils ne
présentent aucune valeur spéciale ni ne précèdent une
période d'inattention et de travail mental, où la mémoire
des mots suivants s'affaiblirait. Il semble donc probable
que ce mode de reconstitution est toujours prédominant
quand l'intervalle est de courte durée et que le facteur d'interférence des mots est faible. Alors, le premier mot se

conserve dans la mémoire en tant que signe, en tant qu'image visuelle ou auditivo-motrice, et comme tel il exerce une action évocatrice; par suite, il entraîne à sa suite principalement les mots contigus, liés à lui par une association purement extérieure. D'autre part, dans les grandes séries, où l'interférence des mots est un puissant facteur d'oubli et affaiblit les représentations des signes verbaux, le premier mot, dont les associations externes, temporelles, sont plus lâches, se conserve dans la mémoire plutôt grâce à son contenu, à sa *valeur émotionnelle*, et par elle exerce une action évocatrice sur les mots ayant avec lui une ressemblance interne.

Quant à sa *qualité*, la mémoire troublée nous fournit deux diagrammes collectifs : le premier correspond aux lectures sur tableaux mobiles avec un seul calcul (commençant à la cinquième carte); le deuxième correspond aux lectures avec deux calculs (aux cinquième et douzième rangs). L'abcisse, dans les deux cas, représente les mots dans leur ordre d'apparition à la fenêtre de l'écran; l'ordonnée représente le nombre de lectures effectuées dans le premier cas, avec treize personnes; dans le deuxième cas avec cinq personnes. Il faut aussi remarquer que les mots 6 et 8, ainsi que 7 et 9 correspondant à la période de travail mental, ne sont toujours que deux mêmes mots se répétant alternativement; quant aux mots 1, 3, 10 et 11 ils sont choisis parmi les mots oubliés de la lecture antérieure de la série principale. Les chiffres inscrits près des points de la courbe représentent le nombre de cas où le mot donné a excité de l'intérêt, a éveillé un sentiment, une représentation, une association, une idée; ils représentent en quelque sorte la valeur psychique collective du mot. Chez la grande majorité des personnes, ces représentations et ces pensées se manifestaient au moment même de la lecture du mot, et s'étaient simplement remémorés à l'analyse, sans avoir cette vivacité qu'ils avaient la première fois. Chez d'autres, par contre, l'imagerie du mot

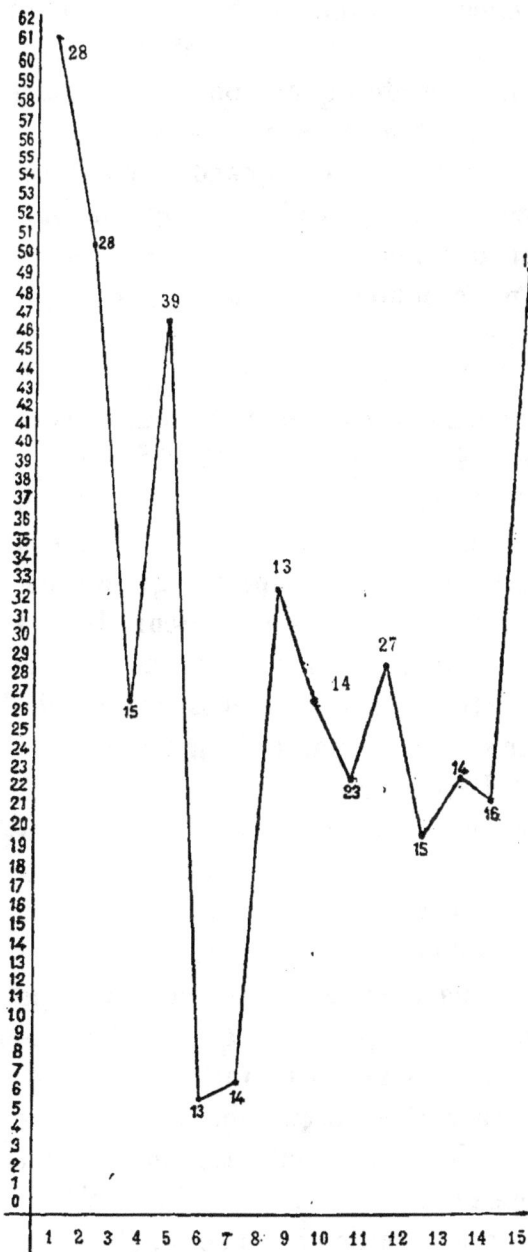

Fig. 4. — Diagramme avec un calcul.
(Série des mots.)

n'apparaissait qu'à l'analyse. « A la lecture sur le disque, dit la personne I, il n'y a ni représentations, ni coloris, car cela dure trop peu » ; ou bien encore, dit la personne XV : « Il n'y avait pas d'associations, car je m'efforçais de retenir le mot ». Chez les personnes à lecture imagée de mots, se laisse observer, dans quelques cas, un affaiblissement des images aux 4e et 5e disques comme par suite d'une fatigue.

Ainsi, par exemple, chez la personne XII, ayant une mémoire éminemment auditive, pour les trois premiers disques, des représentations accompagnent la majorité des mots pendant la lecture ; il y en a qui sont simultanément. auditives et visuelles (par exemple, tenailles : image de l'objet, et le bruit qu'il produit par le choc; balai : image de l'objet et le bruit produit quand on balaye ; tourmente : vue de la neige qui tombe, et bruissement, etc.); par contre, pour les 4e et 5e disques, quand le sujet est fatigué par l'expérience, les images n'accompagnent plus la lecture, et le souvenir des mots se réduit aux signes auditifs. L'imagerie des mots oubliés a été notée pendant la reconnaissance de ceux-ci.

Dans le diagramme de la mémoire troublée par un calcul, nous retrouvons facilement les mêmes facteurs observés pour la mémoire des séries normales : l'état de l'attention, s'exprimant par la haute valeur du premier mot, et la baisse corrélative des mots lus distraitement (6e et 7e); l'influence de l'intervalle, s'exprimant par la grande ascension du dernier mot où l'action de ce facteur devient nulle ; l'influence de la valeur psychique des mots sous son double aspect de l'action des antécédents, et de celle des conséquents, ce qui s'exprime par la forme aiguë des ondes, particulièrement dans la chute 1-2-3.

Quand on fait la comparaison avec le diagramme collectif de la mémoire normale, on observe cependant le résultat des perturbations qui dérangent l'aspect ordinaire de la mémoire de la série. Notamment : le premier mot a ici une prédominance bien plus grande sur les autres, sans excepter le dernier mot, ainsi que ceux qui excitent de l'intérêt. Jusqu'à un certain point, peut influer sur cette élévation du niveau le caractère spécial du mot, qui est répété de la série principale, et souvent reconnu pour tel dès son apparition. Cependant, le facteur le plus actif ici est le travail mental effectué au milieu de la série. En effet, d'une part, il abaisse le niveau de tous les mots qui suivent lus plus ou moins distraitement ; d'autre part, il crée des conditions spéciales pour la conservation du premier mot. En général, chez les personnes qui lisent une série de mots, se manifeste la tendance à répéter mentalement les premiers mots, tout en lisant ceux qui suivent. Dans une série normale, après 4-6 mots cette répétition cesse, et les mots suivants obligent d'abandonner les premiers, les rejettent hors de la conscience. Or. dans une série troublée, pendant le travail mental, il se forme en quelque sorte une lacune dans la série des mots ; les mots, qui passent, alors devant les yeux sont perçus faiblement ; ce sont, en quelque sorte, des ombres de mots qui passent, quelque chose de presque irréel, et cette faiblesse de perception, ce vide relatif, permet au premier mot, le plus fortement fixé, de prolonger sa vie consciente, de subsister comme *image résiduelle* pendant toute la période d'inattention.

Ce phénomène se décèle expérimentalement dans les illusions suivantes qui, à maintes reprises, s'observent chez diverses personnes ; notamment : 11 fois le premier mot a été considéré comme ayant apparu pendant le calcul ou immédiatement après ; 6 fois, il a été noté comme ayant été aperçu deux fois sur le tableau, comme *s'étant répété*, c'est-à-dire que le sujet l'a substitué aux deux mots qui se répètent réellement pendant le calcul. La même illusion s'observe à quatre reprises pour le 4e mot. Mais il arrive aussi que cette illusion se produit pour des mots succédant au calcul ; pour le 10e mot, une fois ; pour le 11e, 2 fois ; pour le 12e, 1 fois ; pour le 13e, 1 fois ; pour le 14e, 2 fois ; pour le 15e, 3 fois ; dans ce cas-là, l'illusion a une autre origine : elle est probablement due à la similitude dans la façon de percevoir le mot, perception distraite, d'où il résulte que, ensuite, il apparait comme étant de la période du travail mental, et il se substitue au mot répété qui a été faiblement perçu. Parfois, le phénomène peut être causé par une similitude de lettres (ainsi le 10e mot « Zawicha », perçu nettement, se substitue à « Zaiweïa » [tourmente], vu pendant le calcul) ; parfois aussi, il peut y avoir association émotive avec le mot qui précède le calcul (par exemple le mot 14, « radieux », s'associe avec le 4e, « mystique », et se trouve localisé pendant l'addition, tandis

que le 4ᵉ ne l'est pas ; XIVᵉ personne). L'état mental
pour lequel apparaissent ces illusions répond à notre explication : elles se manifestent le plus fréquemment aux lectures où le sujet remarque lui-même un état de trouble et
d'inquiétude accompagnant le travail du calcul, et chez
ces personnes (par exemple IX et XIV), chez lesquelles
la concentration de l'attention a un caractère fortement
émotionnel, et, par suite, donne naissance à la plus forte
lacune, à la plus faible perception.

Plus loin, nous voyons, sur le diagramme de la mémoire
anormale, une chute caractéristique pour les mots 1-2-3,
qui ont une haute valeur psychique (1 et 3 sont pris dans
la série principale ; 2 a été choisi comme particulièrement
intéressant) ; de même, nous avons une élévation 3-4
(4 est spécialement intéressant) ; ces faits s'expliquent par
les influences inhibitrices du 1ᵉʳ mot (action de l'antécédent), et du 4ᵉ mot (action du conséquent). Ces influences
négatives ne permettent pas aux 2ᵉ et 3ᵉ mots de prolonger la durée de leur images résiduelles pendant la période
d'inattention, malgré leur proximité de cette période ; les
mots 2 et 3 n'ont pas donné une seule fois l'illusion de localisation pendant le calcul. Le 4ᵉ mot, malgré l'intérêt qu'il
présente et sa fixation particulière (par le fait qu'il a été
employé 17 fois comme objet de travail mental : les pro-
nonciations à rebours), occupe cependant une place inférieure au 2ᵉ mot. Évidemment, il y a ici influence du travail
mental qui lui succède immédiatement. L'impression première causée par l'apparition des chiffres sur la carte du
5ᵉ rang, cause une sorte de crise dans l'esprit du sujet ;
c'est un moment de rapide accommodation à la nouvelle
fonction, provoquant très souvent une émotion inquiétante, désagréable, « d'incommodité dans les yeux »,
d'étonnement, de trouble, d'énervement, qui se manifeste
même, dans la majorité des cas, dans l'attitude extérieure
du sujet : le corps fait un brusque mouvement en arrière,
les paupières se ferment à demi, la tête s'abaisse ou se

relève ; les personnes II et IV ont ressenti des battements
de cœur et un manque de souffle. Ce moment d'émotion,
suivant immédiatement le 4ᵉ mot, annihile son souvenir ;
cette destruction est parfois si complète que, malgré toute
sa valeur psychique qui éveille des sentiments, des souvenirs, des représentations (comme 4ᵉ mot on a le plus souvent employé les termes : philosophie, mystique, Pologne,
potence, Japon qui, en général, avaient une riche suite
d'associations), il n'est pas seulement oublié, mais il n'est
même plus reconnu plus tard. Même quand il est utilisé
comme objet du travail mental, quand il est répété à haute
voix, et prononcé à rebours, même alors, il arrive qu'il
soit oublié. La personne XII doit énoncer à rebours le
mot 4, « potence » ; quand la carte blanche se montre, elle
éprouve un sentiment d'étonnement et de malaise ; elle ne
se rappelle plus que deux des mots précédents (1 et 3),
hésite longtemps lequel des deux elle doit choisir, choisit
le 3ᵉ, oubliant totalement le 4ᵉ. La personne XVII répète
le mot 4, « philosophie », et le prononce à rebours, avec
un grand effort d'attention, mais elle l'oublie et ne le
reconnaît plus quand on le lui montre plus tard. La personne XVI, avant d'énoncer le 4ᵉ mot, « poésie », éprouve
un sentiment « d'étouffement, d'inquiétude » ; après le
fait, elle sent « un soulagement, de la fraicheur, du conten-
tement », et oublie complètement le mot énoncé. C'est donc
de l'*amnésie émotionnelle* qui abaisse le niveau du 4ᵉ mot.

L'influence de l'inattention se marque évidemment le
plus nettement pour les mots 6 et 7, vus pendant le calcul
ou le travail d'énonciations à rebours. Ces mots ne parvien-
nent à la mémoire que dans des cas très rares, et cela
seulement quand l'attention n'était pas absorbée par la
tâche imposée. Par contre les mots 8 et 9 étonnent par
leur niveau relativement élevé, qui n'est nullement justifié
par leur valeur psychique, relativement faible ; ils sont supérieurs aux mots 10 et 11, correspondant à une phase plus
tranquille, ayant une valeur psychique plus élevée et qui,

de plus, sont répétés de la série principale. Ici également
entre en jeu l'influence du travail mental. Les mots apparaissent dans le premier moment qui suit ce travail,
parfois, dans les interruptions du calcul; le premier mot,
aperçu nettement après la distraction forcée, après un effort
désagréable de l'esprit qui se détourne de l'impression
qu'on lui impose, absorbe en lui ce coloris émotionel spécifique du moment, se perçoit plus vivement, s'associe avec
un sentiment de soulagement, de délivrance de l'esprit.
C'est, en quelque sorte, comme si, après des images obs-
cures, à peine perceptibles, apparaissaient des images
claires et nettes. Et c'est cette association émotionnelle
qui relève leur niveau. Parfois, ce fait émotionnel est remarqué et noté par le sujet; ainsi, par exemple, la personne I, pour le mot 8 (couleur), fait remarquer « une impression très forte »; la personne II, pour le mot 9 (foin),
parle « d'un sentiment de fraîcheur et de repos »; pour le
mot 9 (fruit), de « l'impression de quelque chose d'agréable »; la personne XVIII, pour le mot « noir » (le 15ᵉ succédant au second calcul), remarque que le mot « généralement indifférent, a paru cette fois agréable[1] ».

Notons encore que pour ces deux mots (8 et 9), on a eu
de fréquents cas de paramnésie.

Dans ce renforcement émotionnel des mots 8 et 9, on
peut voir aussi la cause de la dépression du mot 10, malgré
sa grande valeur; il y a ici influence inhibitrice des antécédents, qui abaisse son niveau par rapport à eux et par
rapport au mot 11 qui, lui, est libre de cette influence;
cela forme une nouvelle dépression de la courbe.

Le dernier mot occupe un niveau beaucoup plus bas dans
le diagramme de la mémoire perturbée que dans celui de
la mémoire normale. Ici deux causes peuvent entrer en jeu :

---

1. Ces observations, comme toutes les autres, étaient spontanées,
non provoquées par une question suggestive de ma part. La question
se bornait à ceci : qu'est-ce qu'on a à dire de ce mot-là ? Dans les expériences ultérieures, cette question même a été superflue.

l'une d'elles, active seulement dans certains cas, c'est la
distraction mentale qui suit le calcul, la préoccupation des
fautes commises qui, chez certaines personnes, persiste
jusqu'à la fin; la seconde, qui entre presque toujours en
scène, c'est l'interruption de l'expérience non attendue par
le sujet. Dans la série principale, lue à haute voix, sur des
cartes posées sur la table, la fin de la série était toujours
prévue en voyant la diminution du paquet de cartes. Or,

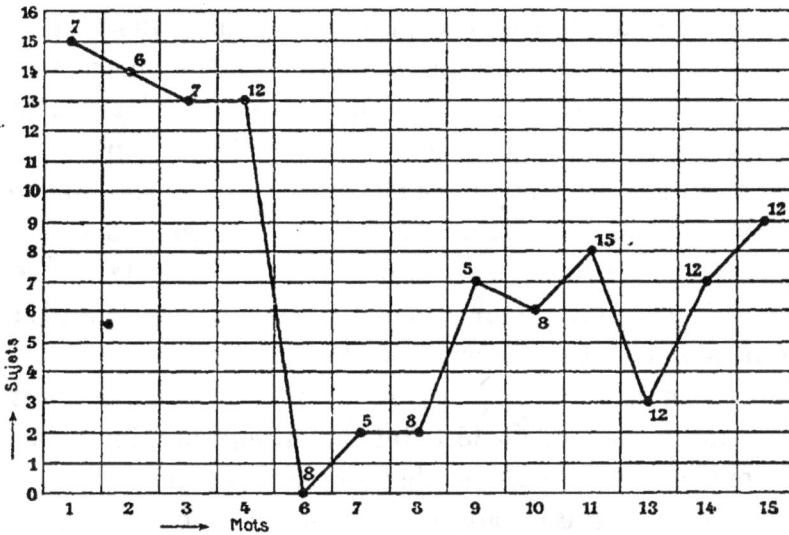

Fig. 5. — Diagramme collectif de la mémoire immédiate
avec deux calculs.

dans le cas de lecture sur le disque, on ne savait pas pour
la dernière carte que c'était la dernière, et la cessation de
l'expérience provoquait souvent un certain étonnement, un
certain état de distraction qui empêchait la fixation du dernier mot.

Dans le diagramme collectif relatif aux *deux calculs*
nous voyons que le travail mental répété à la fin de la
série influe, non seulement sur la dépression des mots ter-
minaux (13-14-15), lus pendant qu'il s'effectuait ou bien le
suivant immédiatement, mais aussi sur l'aspect de la partie
antérieure de la courbe atteignant jusqu'aux mots du

commencement. La forme caractéristique pointue de deux premières ondes dans le diagramme à un calcul, disparaît ici; les quatre premiers mots se trouvent presque sur le même niveau. Le nombre plus restreint d'expériences, d'après lequel la courbe est construite, n'explique pas le phénomène; la différence de niveau des trois premiers mots, même si on la prend proportionnelle au nombre des expériences est encore beaucoup plus petite que dans le premier diagramme et, entre le 3ᵉ et le 4ᵉ mot, il n'y a même aucune différence. C'est l'influence de la distraction finale qui nivelle ces mots, et produit en même temps une dépression pour les mots qui suivent le premier calcul (8 et 9). Le mécanisme de cette action est d'ailleurs pour moi incompréhensible. Quant au phénomène de la persistance de l'image résiduelle des mots précédant le second calcul (10 et 11), et de leur localisation en cette période, il se rencontre deux fois : pour le mot 10, chez la personne VII; pour le mot 11, chez la personne IV.

La *vision des mots* pendant le travail mental, étant très variable, dépendait de l'état de l'attention au moment où le mot se montrait. Le plus souvent, les mots 6 et 7 n'ont pas été vus du tout, c'est-à-dire que le sujet n'en peut rien dire, est incapable de se rappeler aucune impression correspondant à cette période; il était complètement aveugle. Parfois, on ne voit que les inscriptions, sans les comprendre; il ne reste plus qu'une pure impression « de lettres noires » (personne II), « de quelque chose de changeant, de tournant » (personne XVI), « les inscriptions se glissent » (personne VI), « elles passent comme des ombres, comme une séries de lettres noires qui ne disent rien » (personne XVIII). La personne II, parlant des mots retenus pendant la phase d'inattention, mots qu'elle annote d'un signe d'interrogation, comme incertaine de leur réalité, dit à ce sujet « qu'ils n'ont éveillé ni représentations, ni pensées, mais seulement un certain coloris émotionnel, des sortes de gestes; les représentations et les

pensées ne venaient que plus tard, pendant la reproduction ; tandis que les mots vus avant le calcul, avaient
été reçus avec une complète compréhension, avec un cortège d'images. — Nous verrons plus loin que cette observation est la conscience introspective de la nature véritable
de l'oublié, sous laquelle il se conserve *psychiquement*
dans la mémoire.

LA RECONNAISSANCE DE L'OUBLIÉ

La reconnaissance s'effectuait de la façon suivante :
après l'expérience avec chaque disque, et après l'analyse
des mots inscrits, je montrais des cartes avec des mots
qui avaient été oubliés, demandant s'ils se trouvaient sur
le disque, et quelles associations ils éveillaient. La table IV,
construite sur ces données relatives aux reconnaissances
et non-reconnaissances de mots oubliés après lecture sur
tableaux mobiles des deux types (à un et à deux calculs),
nous montre le degré d'oubli de chacun des 14 mots du
tableau. Nous voyons ici que la proportion des non-reconnus aux reconnus est la plus grande pour les mots lus
pendant le travail mental (6 et 8, et aussi 13, 14, 15 pour
les tableaux à deux calculs) ; pour les tableaux à deux
calculs, la quantité des non-reconnus pour ces mots (en
exceptant le 6e) dépasse même de beaucoup celle des reconnus. C'est donc un oubli très profond, qui montre quelle
cécité mentale a créée l'expérience pendant le calcul. Puis
viennent les mots 12 et 14 (sur disques à un calcul) qui
manifestent un fort degré d'oubli pendant que les mots
11, 13 et 15 y semblent relativement réfractaires. Ici,
nous observons donc une certaine *périodicité* dans la
cécité mentale, qui est corrélative des ondes de la reproduction qui se marquent dans les diagrammes correspondants ; cependant, le phénomène est plus accentué pour la
reconnaissance que pour la reproduction. Deux causes

peuvent intervenir ici : ou bien ces mots (12 et 14) ont été fréquemment reçus dans des moments de forte distraction, ou bien ils ont disparu par l'interférence du conséquent. La cécité du 12ᵉ mot peut s'expliquer par l'influence du 11ᵉ qui, en tant que répété de la série principale, et souvent reconnu pour tel pendant la lecture, éveillait le souvenir du déjà vu, et par cela retenait à soi la pensée, déterminant un instant d'inattention. Puis la distraction se

TABLEAU IV

Reconnaissances et non-reconnaissances des mots oubliés après lectures sur disques mobiles[1].

Mots du disque :	1	2	3	4	6(8)	7(9)	10	11	12	13	14	15

Disque avec un calcul.

	1	2	3	4	6(8)	7(9)	10	11	12	13	14	15
Présentation des mots :	5	10	34	17	31	34	36	32	34	26	27	14
Reconnaissances :	5	10	29	13	17	17	29	26	20	22	17	11
Non-reconnaissances :	0	0	5	4	14	17	7	6	14	4	10	3

Disque avec deux calculs.

	1	2	3	4	6(8)	7(9)	10	11	12	13	14	15
Présentations :	6	7	8	8	19	14	15	12	—	18	14	13
Reconnaissances :	3	7	5	6	11	4	9	10	—	5	5	4
Non-reconnaissances :	3	0	3	2	8	10	6	2	—	13	9	9

dissipe, vient la vision plus aisée du 13ᵉ, et probablement aussi du 14ᵉ mot. Mais le 14ᵉ mot (qui, dans le diagramme de la reproduction, est corrélatif d'une forte dépression de la courbe par rapport au 15ᵉ) se heurte à une nouvelle condition défavorable ; il a de la peine à se maintenir dans la mémoire, non pas à cause de la forte individualité du mot qui suit, mais par suite de l'interruption de l'expérience qui lui succède, moment émotionnel, qui, comme nous l'avons vu, abaisse le niveau du dernier mot.

---

1. Ce tableau ne comprend pas les reconnaissances pendant la lecture des mots pris dans la série principale.

Le dernier mot peut, dans une certaine mesure, surmonter cette influence pernicieuse, en se conservant à
l'état d'image résiduelle auditive ou visuelle; mais le 14e
n'a plus cette chance de salut, et il subit un trouble très
puissant qui annihile ses traces dans la mémoire. Par
contre, les deux premiers mots du tableau, lus dans l'état
d'attention le plus libre, et occupant le plus haut niveau
de la reproduction, sont toujours reconnus; l'oubli, en
tant qu'il se produit ici, n'est pas profond; une seule personne (XVIII) fait exception (pour le disque à deux
calculs) qui, pour 6 visions du 1er mot, 3 fois ne le reconnaît pas; la cause en était un fort état de distraction au
début de l'expérience. Nous voyons donc que le degré de
profondeur de l'oubli correspond au niveau des mots (dans
le rapport inverse) dans le diagramme de la mémoire immédiate; la mémoire de la reconnaissance est en concordance avec la mémoire de la reconstitution; moins un
mot présente de reproductions, d'autant plus fréquemment
il n'est pas reconnu, c'est-à-dire est sujet à l'oubli complet. Les deux processus ont donc une certaine condition
commune : pour que l'oublié réapparaisse ou soit reconnu,
il faut qu'il ait un *certain mode d'existence en tant
qu'oublié;* il n'y a pas seulement là une simple négation d'existence; cette non-existence a ses *modalités* et,
pour cette simple raison, elle peut être considérée comme
quelque chose de positif dans la vie de la conscience,
comme quelque chose de psychique. Les résultats de nos
expériences, qui seront exposées plus loin, nous permettront de développer cette hypothèse.

En outre de la reconnaissance immédiate après chaque
lecture sur tableau mobile, l'agencement des expériences
nous permettait aussi de recueillir certaines données, relatives à la reconnaissance, pour divers intervalles de temps.
Chaque disque contenait 4 mots (1, 3, 10 et 11), pris
parmi les mots oubliés de la série principale. Les mots
reconnus comme répétés étaient notés pendant l'enregis-

trement de la mémoire du disque. Comme la lecture sur les disques s'effectuait en moyenne 20, 40, 60, 80, 100 minutes après la lecture de la série principale, par suite, nous pûmes déterminer l'influence du temps sur la reconnaissance de l'oublié. Si un mot répété ne se trouvait pas dans la liste de la mémoire, alors il était soumis à la reconnaissance sur les cartes, montrées après la lecture du disque.

Avec ces données, on a construit le tableau V qui nous

TABLEAU V·

Influence du temps sur la reconnaissance de l'oublié.

	D. I		D. II		D. III		D. IV		D. V ª		Totalité des reconnaissances du mot sur 5 disques.
	Reconnus sur		Reconnus sur		Reconnus sur		Reconnus sur		Reconnus sur		
	disque	cartes	disque	cartes	disque	cartes	disque	cartes	disque	cartes	
1ᵉʳ mot	10	—	6	1	2	—	4	1	3	—	27
3ᵉ —	2	1	3	1	2	2	3	1	1	—	16
10ᵉ —	4	9	0	3	4	3	3	2	0	1	29
11ᵉ —	3	7	2	4	3	1	4	1	0	—	25
Sommes des rec.	19 + 17 = 36		11 + 9 = 20		11 + 6 = 17		14 + 5 = 19		4 + 1 = 5		

montre l'influence du temps sur la reconnaissance, ainsi que celle des facteurs psychiques du mot. L'influence du temps se manifeste assez nettement; on a 36 reconnus sur le disque nº 1 (c'est-à-dire après 20 minutes), 20 reconnus sur le 2ᵉ (après 40 minutes), 17 sur le 3ᵉ (après 60 minutes), 5 sur le 5ᵉ (après 100 minutes). Fait exception le disque IV qui présente un peu plus de reconnus que le disque III; cependant, ici entre en jeu un autre facteur,

notamment le contenu des mots reconnus [1]. Comme nous
le voyons, d'après la table ci-après, sur le disque 4º, il y
a prédominance des mots concrets par rapport à ceux du
3º; et c'est probablement ce qui a augmenté la proportion
des reconnus. L'influence du contenu des mots se manifeste clairement dans les chiffres qui représentent la somme
des reconnaissances de chacun des mots répétés. Notamment, les 10º et 11º mots, occupant sur le disque la place la
moins favorable pour la perception, donnent le plus de
reconnus (29 et 25), pour la raison que le 10º mot a été en
général un mot extraordinaire, rarement employé; quant
au 11º, ce fut en général un mot à fort coloris imaginatif.
D'autre part, le 3º, qui est le plus souvent un mot indifférent et commun, se reconnaît le plus rarement (16 fois).
Quant au 1er mot, malgré son contenu relativement indifférent, il présente de nombreux reconnus, ce qui doit surtout s'expliquer par la place qu'il occupe sur le disque, c'est-
à-dire par le fait d'une perception non gênée, libre, permettant de saisir dans le jugement de la reconnaissance cette
nuance émotionnelle spéciale du « déjà vu », par quoi se
distingue une impression répétée d'une tout à fait nouvelle.

Comment s'effectue le jugement de la reconnaissance ?
Il a toujours pour point de départ ce sentiment spécifique
de la chose déjà vue qui, en majeure partie, n'a aucun appui
du côté de l'intellect, aucunes pensées ni représentations
auxiliaires. La théorie de la reconnaissance, considérée
comme acte de comparaison d'une perception donnée avec
la représentation évoquée de la perception antérieure, ne

---

1. Les mots les plus fréquents sur les disques, choisis parmi les
mots oubliés de la série principale étaient :

1er Mot	Balai	Herbe	Obstacle	Sensation	Fréquenter
3º —	Oiseau	(Divers)	Uniformité	Ciseaux	Provenir
10º —	Esperanto	Posséder	Perspicace	Zawicha	Nier
11º —	Aurore	Ombragé	Pieds nus	Carré	Tempête
	1er D.	2º D.	3º D.	4º D.	5º D.

2. Aux expériences avec le disque V, trois personnes n'ont pas pris
part.

trouve aucune confirmation dans l'expérience. Ainsi, sur 285 reconnaissances nous n'en rencontrons que 32, où se sont manifestées des associations auxiliaires ; cependant, celles-ci ont toujours apparu comme phénomène secondaire ; jamais elles n'ont été l'image du mot lui-même. Le jugement de reconnaissance et par excellence d'origine émotionnelle, et n'implique la moindre trace de comparaison. Il est fonction du *sentiment* dont il provient. Quand ce sentiment est vague, brumeux, ou troublé par quelque autre facteur émotionnel, le jugement de reconnaissance devient lui-même incertain, inexact, attardé, il implique des illusions dans la localisation, ou devient négatif.

Par contre, pour un sentiment net du « déjà vu », le jugement de reconnaissance s'effectue immédiatement, sans aucune hésitation ; en outre, réapparaît parfois la tonalité antérieure du mot, avec son cortège d'associations, de circonstances mentales, comme si ce sentiment de la reconnaissance impliquait tout le contenu caché du souvenir, tous les détails de la perception antérieure. Il arrive aussi (assez rarement) que le jugement de reconnaissance commence par une affirmation incertaine, dubitative, et qu'au bout d'un instant le sentiment du « connu » surgisse clair et, en même temps, réapparaissent les associations, les pensées, les sentiments qui accompagnaient les mots à la première vision.

Les exemples tirés des déclarations des sujets pendant la reconnaissance seront la meilleure illustration de ces particularités du jugement de reconnaissance.

Nous les citerons textuellement : Parmi les 32 cas de reconnaissance avec souvenir conscient de la perception antérieure, nous choisissons les plus caractéristiques.

Personne II : (3)[1] oiseau, « sur le disque, j'ai eu alors une impression de vol, de battements d'ailes, l'image d'un

---

1. Les chiffres accolés aux mots indiquent leur position sur le disque.

oiseau noir »; (14) noir, « il me semble que sur le disque, je n'en suis pas sûre, viennent des associations : velours, suie, abîme » (au bout d'un instant) « je me rappelle un sentiment agréable que j'ai eu, en lisant ce mot sur le disque; c'est ce qui m'assure que le mot a été; (13) canal, « il a peut-être été quelque part; ah! oui! il a été sur le disque; il y avait alors des associations, pendant la lecture du mot; l'idée d'une promenade de dimanche, des canaux de Hollande, l'image d'un canal régulier »; (11) ombragée, « cela a été quelque part, peut-être sur le premier disque, peut-être maintenant; l'association d'une allée ombragée; oui, c'est presque sûr, cela a été pendant la lecture à haute voix »; (9) la mer, « cela a été maintenant sur le disque; il y a eu des associations : grande étendue d'eau, d'un bleu pâle; je devais me rappeler ce mot »; (11) carré, « j'ai reconnu sur le disque qu'il a été pendant la lecture à haute voix; je devais me le rappeler; comme maintenant, j'ai eu alors l'image d'un carré ».

Personne VI : (10) balai, « cela a été dans la série principale, après « tempête », je pense; je me suis étonnée de cette connexion, de tempête et de balai »; (12) palme, « cela a été sûrement sur le disque; en lisant, il y a eu une image de la plante, et l'idée que je m'en souviendrai sûrement; (4) Japon, « en le voyant sur le disque, j'étais sûre de le retenir en mémoire; il m'était venu à la mémoire les Japonais de la pension où je demeure »; (12) rêve, « il était sur le disque, il suivait l'addition ».

Personne VIII : (4) mort, « il était maintenant sur le disque; en inscrivant les mots, j'en avais une vague idée, mais je ne pouvais me rappeler; il me venait à l'esprit des accidents, et je suis sûre qu'il s'agissait alors de ce mot; en le voyant sur le disque, j'étais sûre de le fixer dans ma mémoire ».

Personne X : (14) noir, « il était sur le disque; pendant la lecture le mot « rose » de la série principale s'est rappelé »; (4) potence, « il était sur le disque; pendant la lec-

ture se sont rappelés les événements du pays, les tribunaux ;
mot désagréable ; j'ai même vu alors, pendant la lecture,
une sorte d'image vague d'une potence » ; (14) rayonnant, « il
était maintenant sur le disque ; tout de suite, il y a un instant de cela, je me suis rappelé qu'il y avait là quelque
chose à l'aspect clair, comme une couleur très claire » ;
(12) palme, « il était à l'instant sur le disque ; il était accompagné du mot « bruissement » (c'est vrai), d'où l'association de palmes qui bruissent ».

Personne XI : (16) secours, « il me semble qu'il était
maintenant sur le disque, pendant la multiplication ; il me
semble que j'ai fait alors un effort pour le retenir ».

Personne XVIII : (11) aurore, « il a été pendant la lecture à haute voix ; je me rappelle que je me suis alors
trompé ; pendant la lecture s'était montrée l'image d'une
aurore, coucher de soleil, mer ; je suis sûre qu'il a été » ;
(6) foin, « il a été sur le disque, c'est mon impression ; il
me semble que cela a succédé au premier calcul » ; (4) potence, « il a été sur le disque ; pendant la lecture je voulais
m'en rappeler, c'est le mot du quatrième rang ; j'ai eu alors
l'image d'une potence » ; (2) apache, « on dirait que cela
a été sur le disque ; oui, j'en suis sûr ; je me rappelle qu'au
premier instant j'ai eu de la peine à le lire, et à comprendre
ce qu'il veut dire, puis au bout d'un moment, je me suis
souvenu du sens ».

Quant aux reconnaissances de mots vus inconsciemment pendant le calcul (6 et 7 se répétant alternativement),
nous ne rencontrons que deux cas ou la reconnaissance
rappelle simultanément que le mot a été deux fois sur le
tableau mobile. Ce souvenir est très incertain ; par exemple
pour le mot (6) secours, le sujet dit : « peut-être c'est ce
mot qui a été répété deux fois ; c'était un mot aussi facile
que celui-là », de même encore pour le mot (6) foin. Par
contre, on rencontre 4 fois la fausse attribution à un mot de
s'être répété deux fois.

Personne I : (3) obstacle, « je crois l'avoir vu deux fois » (il y avait « couleur » et « fruit » qu'on ne se rappelait pas comme étant deux fois sur le disque).

Personne XIII : (10) Samson, « je crois que c'est un mot qui s'est plusieurs fois répété », il y avait « secours et nier » non reconnus, qui se répétaient deux fois).

Personne XVIII : (15) vérité, « je crois que cela a été, je ne sais où; peut-être ce qui a été répété deux fois sur le disque; oui, je crois que c'était vérité »; (il y avait en réalité couleur et fruit, non reconnus du tout); (10) nier, « il y a très peu de temps ce mot était quelque part; oui, il était maintenant sur le disque; je voulais même l'inscrire, mais je n'en étais pas sûr; il a même peut-être été répété deux fois » (il y avait là « plume et cercle, » qui ne furent pas reconnus du tout).

Il y a donc là, en quelque sorte, substitution de certains mots à la place de ceux qui apparaissaient à deux reprises pendant le calcul, et qui ne présentent aucune analogie, ni par le son, ni par l'aspect, ni par le contenu, avec le mot qui lui est substitué; de plus, les mots se répétant réellement ne sont pas alors reconnus comme se répétant (à l'exception d'un cas), et même demeurent tout à fait réfractaires à la reconnaissance. Il se peut que la cause de cette substitution est une certaine ressemblance dans la manière de percevoir les mots, sous attention dédoublée. On peut supposer que cette façon spéciale de voir, qui a lieu pendant l'inattention, se conserve avec l'oublié, à l'instar des autres caractères de la perception, et provoque ici une illusion; le mot paraît avoir été répété deux fois, parce qu'il se substitue à la place d'un mot qui lui *ressemble par la façon dont il a été reçu*, pendant la période du calcul. Le sentiment de la reconnaissance est ici troublé par ce cachet spécifique que laisse à la perception l'état du dédoublement de l'attention, et corrélativement, nous voyons que la forme des jugements devient dubitative.

Ceci s'accentue encore mieux dans une autre catégorie d'illusions de la reconnaissance, où se manifeste le *senti-*

ment de l'ancienneté : le mot, reconnu avec hésitation, incertitude, est localisé sur un disque antérieur, ou même dans la période de lecture à haute voix. Nous en avons 16 de ces cas. Voici quelques exemples :

Personne IX : (13) canal, « non, je ne me le rappelle pas; est-ce que cela n'a pas été pendant la lecture à haute voix; je crois que oui » : (15) décorative, « oui ; cela fut, mais je ne me rappelle pas où; oui, ce fut sur la table » (cela veut dire pendant la lecture à haute voix).

Personne X : (6) secours, « je ne le vois nulle part; après tout, cela a été peut-être sur le disque précédent, je n'en suis pas sûre ».

Personne XIV : (13) musique, « je crois que cela se trouvait sur le disque précédent, peut-être sur le deuxième, mais je n'en suis pas sûre ».

Personne XVIII : (5) rayonnant, « je crois que cela se trouvait pendant la lecture à haute voix; je n'en suis pas sûr, mais c'est bien possible »; (11) tempête, « si cela fut, cela devait se trouver quelque part au commencement, mais je ne me le rappelle pas ».

A quatre reprises, le jugement a une forme d'affirmation catégorique, malgré l'illusion de l'éloignement dans le temps. Quelle est l'origine de cette illusion ? Quand on examine les mots pour lesquels cette illusion se produit, nous voyons que ce sont, ou bien des mot vus pendant le calcul, ou bien encore des mots qui appartiennent aux longues périodes d'oubli qui vont des 6e et 7e mots à la fin même de la lecture [1]. On peut donc supposer facilement que leur perception a été très vague et que, seul, le caractère intéressant du mot a pu les préserver d'un oubli complet; or, dans la remémoration, nous avons la tendance à rejeter loin dans le passé une perception qui fut vague et incertaine, c'est-à-dire que nous avons la tendance d'expliquer son caractère d'incertitude, non point par la faiblesse de la

1. Ceci apparaît dans les diagrammes individuels de la mémoire troublée, que nous n'insérons pas ici.

perception, mais par l'action destructive du temps sur le
souvenir. Pendant la reconnaissance, ce sentiment d'éloignement dans le temps trouble l'impression du « déjà vu » et
influe sur l'incertitude du jugement.

Nous avons enfin des cas où la perturbation de l'impression du « déjà vu » par un autre facteur émotionnel, provenant du contenu du mot, conduit, pendant la reconnaissance, à un jugement négatif. C'est le fait de la *non-
reconnaissance des mots intéressants*, émotionnels. Nous
avons 7 cas de ce genre. Nous les citons textuellement :

Personne II : (6) tourmente, « non, je pense que non,
car je m'en serais souvenue; j'aime ce mot, son coloris
imaginatif est pour moi très riche »; (10) perspicace, « je
ne m'en souviens; si, je l'ai vu, je m'étonne de n'avoir pas
fait attention ».

Personne XI : (12) Salomé, « nulle part; s'il s'était
rencontré, je m'en serais sûrement souvenue; car j'ai une
sœur de ce prénom; je suis donc sûre de ne l'avoir pas
vu »; (6) tourmente, « il ne s'est trouvé nulle part; si je
l'avais rencontré, je pense que je l'aurais retenu, car c'est
un mot rare, peu employé »; (4) mort, « non; c'est un
mot intéressant associé à beaucoup d'idées »; (2) rêverie,
« il n'y était pas; je suppose que je l'aurais retenu, car il
n'est pas indifférent ».

Personne XIV : (4) mort, « je pense ne l'avoir pas vu du
tout; ce mot évoque maintenant le souvenir d'une chose
importante dans la vie; c'est un mot émotionnel; je m'en
serais souvenue ».

Ici, la non-reconnaissance ne peut s'expliquer seulement par un fort degré de cécité intellectuelle, car d'autres
mots, vus dans les mêmes conditions, occupant la même
place, sont reconnus par les mêmes personnes (à l'exception de 3 cas). En outre, comme nous l'avons vu dans les
tableaux IV et V, le contenu intéressant du mot renforce la
faculté d'être reconnu. De plus, le fait que, par deux fois,
les mots 4 et 12 ne sont pas reconnus, mots qui ne cor-

respondent pas à une phase de forte cécité mentale, nous oblige d'autant plus à rechercher une autre cause. A en juger d'après les aveux des personnes étudiées, c'est le contenu même du mot qui entre ici en jeu. Celui-ci éveille des souvenirs de nature émotionnelle, souvent peut-être des pensées inachevées et fugitives qui suffisent cependant pour qu'au moment de la vision répétée du mot, ils troublent la clarté du sentiment de la reconnaissance. C'est pour cela que dans le premier moment de la reconnaissance on a toujours une négation catégorique qu'on explique ensuite par le raisonnement : « c'est un mot trop intéressant, je m'en serais souvenu s'il se fût trouvé quelque part ».

LES HALLUCINATIONS

Dans le cas de la mémoire troublée, nous rencontrons beaucoup plus souvent des hallucinations que dans le cas de mémoire normale. Ceci est compréhensible, vu que la condition nécessaire pour la manifestation de l'hallucination est l'inattention. Nous avons vu, dans l'analyse de la série principale, que le mécanisme de la formation de l'hallucination se ramène à la *réduction du mot à son aspect émotionnel;* l'inattention efface de la mémoire le signe et, simultanément, disparaît aussi la notion définie dont il est l'unique fondement; il reste cependant un vestige émotionnel de son contenu, la façon de ressentir ce qu'il implique, accompagné parfois de débris incertains de représentations, et ce résidu, sans nom, indéterminé par la pensée, constitue le mot « oublié » qui cherche à revivre *intellectuellement* et évoque un mot — hallucination, qui n'existe pas dans la série lue.

Les hallucinations de la mémoire troublée confirment ces vues. Nous rencontrons cependant ici quelques catégories différentes de ces hallucinations. Sur le chiffre

global de 28, nous en avons 9, dont la genèse se laisse
retrouver dans la *ressemblance émotionnelle* des mots
oubliés. Ainsi, par exemple, pour la personne II, disque 3,
l'hallucination « rayonnant », inscrit avec la remarque :
« je crois l'avoir vu, mais le souvenir est très faible ».
Sur ce disque, parmi les mots oubliés, se trouve le mot 6
« couleur », vu pendant le calcul, non reconnu plus tard,
qui évoque une image de « teintes vives ». C'est probablement le mot générateur de l'hallucination « rayonnant ».

Pour la personne II, disque 5, l'hallucination « sentiment » a été inscrite après longue réflexion. Sur le disque
il n'y a aucun mot analogue par son contenu, son aspect,
sa sonorité; or, parmi les mots oubliés, on a le mot 14,
« nouveau », non reconnu, qui donne « l'impression d'une
agréable rénovation ».

Pour la personne V, disque 2, l'hallucination « tempête »
se rappelle après l'inscription des mots, mais ne se présente pas comme complètement sûr; il semble répété de la
lecture à haute voix. Sur le disque il n'y a qu'un seul
mot semblable (6) « tourmente », et c'est l'unique mot
retenu entre le 3ᵉ et le 15ᵉ, dont la double apparition n'est
d'ailleurs pas observée. Il est donc probable que dans
cette longue période de distraction, ce mot, apparaissant
une seconde fois, a subi une dissociation : le souvenir du
signe a été effacé, et son contenu partiel, son caractère
général émotionnel s'est exprimé dans le nouveau mot
« tempête ».

Chez la personne VII, disque 2, on a l'hallucination
« voleur »; sur le disque, parmi les oubliés, se trouve le
2ᵉ mot, « diable », reconnu, qui ne donne aucune représentation; peut-être a-t-il laissé subsister une impression
générale « de quelque chose de mauvais » exprimé plus
tard dans un mot erroné.

Pour la personne XII, disque 2, on a l'hallucination
« aurore », avec la remarque : « répété de la lecture à
haute voix; se trouvait au commencement du disque, j'en

suis presque sûre ». Sur ce disque, il n'y a qu'un seul mot analogue (14) « rayonnant », oublié et non reconnu, lu pendant une période de très longue inattention ; ses images se traduisent en mot « aurore ».

Chez la personne XV, disque 2, on a l'hallucination « couleur » vive[1], avec la note « laide couleur rouge » ; sur le disque on n'a qu'un seul mot analogue (14) « rayonnant », oublié, mais reconnu, donnant les images « du soleil, de ses rayons ».

Chez la personne XVI, disque I, on a l'hallucination « canaille » ; sur le disque, on n'a qu'un seul mot ressemblant, le 2e « apache », et un autre à ressemblance auditive, le 4e « potence » (il s'agit de mots polonais) ; mais ces deux mots avaient été retenus. Pour la même personne, disque 2, on a l'hallucination « meule » ; sur le disque, on a le mot oublié (3) « herbe » qui, par ses associations de prairie, de prairie fauchée, a pu évoquer l'image de meule de foin.

Ce dernier cas nous amène à une seconde catégorie d'hallucinations, où l'origine n'est pas dans les images ou émotions du mot oublié même, mais dans *l'association que le mot a provoquée*. Nous n'avons qu'un seul cas d'une telle hallucination, mais il est très caractéristique. La personne XIV, disque 4, a l'hallucination « manque », annotée : « S'il a été sur le disque, cela a été une répétition de la lecture à haute voix. » Or, sur le disque, il n'y a aucun mot ressemblant ; par contre, il y a le mot (3) « fausseté » oublié et non reconnu ; dans la lecture à haute voix (série principale), ce mot était le 4e à partir du commencement, et il suivait le 2e mot, « manque », antérieurement associé à lui, et ce mot l'élimina de la mémoire. Le mot « fausseté » avait été oublié dans la série principale, le mot « manque » avait été retenu ; cependant, malgré cela, ce mot « fausseté », vu une seconde fois sur le disque, a évo-

1. Un seul mot en polonais « jaskravy ».

qué l'autre mot avec tant de force que le souvenir a complètement masqué la réalité. Nous avons vu souvent une telle persistance des associations des oubliés dans l'analyse ci-dessus du phénomène de la reconnaissance.

La troisième catégorie d'hallucinations est celle qui provient *des représentations évoquées des mots retenus*. Nous avons rencontré deux de ces cas :

Personne V, disque 3, hallucination : « pelouse » ; parmi les mots oubliés on n'en trouve aucun analogue ; par contre, le premier mot du disque est « herbe », mot retenu par le sujet; après le 2e mot a suivi de suite une période d'inattention qui a duré pendant toute la lecture, si bien que seuls, les mots 8 et 15 sont retenus, en outre des deux premiers. Cette distraction, déterminant un certain vide dans la perception, favorisait probablement la fixation de l'image évoquée par le premier mot, ainsi que la dénomination de cette image ; de la sorte, deux mots, au lieu d'un, sont restés dans la mémoire.

Personne XIV, disque 5, hallucination « rose », avec l'annotation : « Je ne suis pas sûre s'il se trouvait sur le disque. » Sur le disque, il n'y a aucun mot analogue. Par contre, le mot retenu (4) « mystique », précédant immédiatement le calcul, persiste tout le temps de l'inattention (durant du 4e au 14e mot), et s'associe au 14e mot « rayonnant ». Peut-être que, dans cette période, on s'est rappelé l'expression « rose mystique » qui s'est fixée comme mot indépendant.

A la quatrième catégorie d'hallucinations appartiennent les mots des *disques précédents* qui, alors oubliés ou même non reconnus, se renouvellent dans la mémoire en qualité de récemment vus, et cela par un mécanisme d'association qu'on ne peut déterminer. Nous avons quatre de ces cas.

Personne III, disque 4, hallucination « vérité », avec l'annotation : « Je n'en suis pas sûre; peut-être est-ce un mot antérieur. » Et, en effet, le mot était sur le disque précédent, le dernier de la série, oublié et non reconnu ; sur le disque actuel, on ne trouve aucun mot ressemblant.

Personne III, disque 5, hallucination « exister », avec la remarque qu'il doit être emprunté aux mots lus à haute voix ; sur le disque, aucun mot ressemblant ; il se trouvait sur le disque précédent ; il avait été noté et reconnu comme répété de la série principale.

Personne VIII, disque 5, hallucination « fruit » ; rien de semblable sur le disque ; le mot « fruit » se trouvait sur le 3e disque, pendant le calcul : il avait été oublié et non reconnu.

Personne XIV, disque 2, hallucination « balai », avec l'annotation : « Il se trouvait parmi les mots lus à haute voix, mais je ne suis pas sûre qu'il soit sur le disque. » Aucun mot analogue sur le disque ; il se trouvait sur le disque précédent avait été oublié, mais reconnu.

La cinquième catégorie d'hallucinations est due à l'*analogie conceptuelle* : ce sont déjà des synonymes. Nous en avons six.

Par exemple, « unité » au lieu d' « uniformité » ; « sombre » au lieu d' « ombrage » ; « naître » au lieu de « provenir » ; « paille » au lieu de « foin » ; « identité » au lieu de « uniformité ». A l'exception des deux derniers, tous les autres remplacent des mots oubliés, et non reconnus. Quant aux mots « identité » et « paille » ils apparaissent dans les notes, malgré que ceux qu'ils remplacent (uniformité et foin) y soient aussi inscrits. Il se passe ici la même chose que ce dont nous avons parlé à propos de l'hallucination « pelouse ». Le mot « identité » (Personne II, disque 3), est annoté : « impression de quelque chose d'abstrait, d'agréable, image du mot ». Après le mot (3) « uniformité », on a noté : « idée que c'est une notion abstraite ». Après ce 3e mot vient l'inattention ; le 4e mot est oublié, puis vient le calcul qui dure jusqu'au 11e mot. Ceci favorise la vie mentale du mot « uniformité » qui noue diverses associations conceptuelles, et ainsi apparaît son synonyme « identité » qui, grâce au vide dans la perception, se fixe comme second mot. La même chose peut se dire relativement au mot (7) « foin ».

Enfin, la sixième catégorie d'hallucinations provient de l'*analogie auditive* des mots.

Nous devons ici transcrire les mots polonais avec leur prononciation. Ainsi, par exemple, « aurore » au lieu de tempête ». (En polonais : zoja et bouja); c'était, d'ailleurs, le seul mot sur le disque ayant quelque analogie; « secours » au lieu de « fruit ». (En polonais pomotz et owotz): ici, le sujet fait remarquer que le mot s'est répété deux fois sur le disque; or, c'est « fruit » qui s'est répété pendant le calcul. Nous rencontrons également un cas d'hallucinations provoqué par la fusion auditive de deux mots : d'un mot retenu et d'un oublié, lus pendant une phase de longue distraction. C'est le mot « soigner » (letchitch) (Personne XIV, disque 4); sur le disque, on ne trouve qu'un seul mot à analogie auditive, c'est le dernier, « nier » (pchetchitch), qui est noté avec un point d'interrogation, c'est-à-dire avec un doute sur son existence réelle; (le mot « soigner » est inscrit sans point d'interrogation); c'est le seul mot retenu pendant une longue période d'inattention durant du 4e mot jusqu'à la fin. Parmi les mots oubliés de cette période, se trouve le 12e, « nombre ». On peut supposer que son vestige auditif (en polonais le mot commence par la lettre L) s'est conservé jusqu'au moment de la lecture du dernier mot, et profitant de l'inattention avec laquelle le mot avait été vu, s'est incorporé dedans, créant le nouveau mot « letchitch » (soigner. « Nombre » se dit « litchba »).

Dans toutes ces catégories d'hallucinations (à l'exception des substitutions auditives), se manifeste le même phénomène fondamental de la mémoire : l'*existence psychique de l'oublié*, laquelle, soit comme cachet émotionnel général du contenu du mot oublié, soit en tant que les images associées à lui recherchent dans la remémoration son individualité mentale et son nom.

LES PARAMNÉSIES

Les paramnésies, dans nos expériences, se distinguent des autres phénomènes étudiés, par le fait que leur apparition a été provoquée intentionnellement par les conditions de l'expérience, a été préparée d'avance. Comme nous l'avons indiqué, au début du travail, on a pris en considération trois hypothèses :

1º La paramnésie considérée comme résultant d'une double perception du même objet avec attention d'une part, sans attention d'autre part (théorie de Lalande-Anjel);

2º La paramnésie résulterait de l'analogie d'une chose perçue avec une autre chose antérieurement perçue et oubliée (théorie Bourdon-Lapie).

3º La paramnésie serait le sentiment de l'activité de l'attention (théorie de Kindberg).

Or, les résultats de nos expériences confirment complètement la théorie de Lalande-Anjel. Les lectures sur les disques mobiles impliquaient les conditions d'une vision double d'un même mot; c'étaient les mots 6 et 7, qui se répétaient alternativement. Au 5ᵉ rang de la série commençait le travail mental du calcul, ou bien la prononciation du mot à rebours; ce travail était calculé de façon qu'il pût se terminer à la disparition du 7ᵉ mot. De cette façon, les mots 6 et 7 étaient vus sous un état de cécité mentale, avec l'attention détournée d'un autre côté, par suite, à l'état d'*impression pure*, non complétée par l'intellect. Immédiatement après, les mêmes mots, aux 8ᵉ et 9ᵉ rangs, se présentaient à l'esprit libre de la cécité antérieurement imposée, étaient donc vus normalement, perçus avec attention, passés de l'état d'impression à celui de perception consciente.

Chaque fois que ces conditions étaient strictement rem-

plies, quand l'attention de l'individu était réellement absorbée pendant la vision des mots 6 et 7, et quand elle se
libérait de cet état aux mots 8 et 9, le mot 8 ou 9 déterminait une paramnésie, donnait le sentiment du « déjà vu »
et était jugé comme répété de la série principale, à l'instar
des mots réellement empruntés à cette série; d'autre part,
la double apparition du mot sur le disque a passé tout à
fait inaperçue. La différence entre la reconnaissance du
réellement répété et la paramnésie consistait seulement en
ce que la fausse reconnaissance s'exprimait parfois avec
moins d'assurance; la reconnaissance véritable revêtait
plus souvent la forme d'une affirmation catégorique, et
parfois évoquait les souvenirs d'associations antérieures.
Cependant, l'une et l'autre étaient basées sur un simple
sentiment de « déjà vu », justifié par rien, impliqué dans
l'impression elle-même du mot, avec plus ou moins de
netteté. La dépendance de la paramnésie de la vision
double était si complète que dans certaines expériences on
pouvait prévoir s'il y aurait ou non paramnésie, en observant la façon dont s'effectue le calcul, ainsi que l'attitude
du sujet, et on pouvait obtenir la paramnésie en modifiant
convenablement les conditions de l'expérience.

Sur le chiffre global de 87 expériences (lecture troublée
de mots sur le disque), avec 18 personnes, nous avons
19 cas de paramnésie, dont 8 sont relatifs aux mots 8 et
9, vus doublement. Examinons d'abord ce genre de paramnésie, et les conditions dans lesquelles elle se manifeste.

Chez la personne VI, nous avons la paramnésie du
mot 6, « couleur », sur le disque 3. L'inattention s'obtenait par l'addition de nombres à deux chiffres, inscrit sur
la 5ᵉ carte qui se montrait à la fenêtre de l'écran. L'addition s'effectue avec une forte émotion; simultanément, il y
a effort pour lire avec conscience les mots qui se montrent
pendant ce temps-là, ce qui gêne le calcul.

A la lecture sur le disque 1, on a : « un grand étonnement à la vue des chiffres » ; « je ne savais pas au début

comment faire » ; les deux mots qui se répètent (6 et 7) sont
retenus ; on ne s'aperçoit pas de leur répétition ; mais ils
ne donnent pas de paramnésie. Pour le disque 2, il y a
« attente de l'apparition des chiffres » ; « après leur apparition, grande perplexité » ; on cesse de fixer la fenêtre de
l'écran, on s'éloigne : le 7ᵉ mot est retenu sans paramnésie. Au disque 3, il y a effort pour faire tranquillement
l'addition : il n'y a plus ni étonnement, ni inquiétude, ni
malaise comme précédemment. Est retenu seulement le
6ᵉ mot « couleur » (des deux mots qui se répètent « couleur », « fruit »), et il y a paramnésie. Dans la même expérience, il y a aussi reconnaissance exacte du mot « bruissement ». Les deux reconnaissances sont ainsi exprimées :
« bruissement » ; je crois qu'il se trouvait à la lecture à
haute voix ; peut-être y avait-il aussi « couleur », car c'est
un mot qui m'est familier. « Couleur » ne donne aucune
association. On peut donc supposer que l'apparition de la
paramnésie des mots 6 et 7, dans les lectures précédentes,
était gênée par l'*émotion* causée par le calcul ; il est vrai
que ceci favorisait l'état de cécité mentale, mais d'autre
part, ceci *troublait et obscurcissait le sentiment de la
reconnaissance.*

Chez la personne IX, nous rencontrons deux paramnésies provenant de vision double : sur le disque 4, le mot 6,
« secours », et sur le disque 5, le mot 7, « cercle ». Ici
nous voyons que la paramnésie avorte *par suite de l'oubli des mots causé par l'état émotionnel.* A la lecture
sur le disque 1, pendant la multiplication, il y a « un état
désagréable de trouble qui dure tout le temps » ; après la
lecture des chiffres, arrêt prolongé ; on se demande ce qu'il
faut faire, on s'embrouille dans le calcul qu'on abandonne.
Pendant ce temps, on ne voit plus du tout les mots ; ce
n'est que le 10ᵉ mot qui est perçu et retenu. Au 2ᵉ disque,
l'addition provoque le même état émotionnel : « Je n'ai
pas remarqué les chiffres, bien que je les aie lus à haute
voix ; je n'ai fait aucune addition ; je m'efforçais seulement

de rappeler les chiffres : pendant tout le temps un sentiment
d'inquiétude, de trouble ; je ne voyais pas les mots. » La
personne n'a retenu que les trois premiers mots. Au
disque 3, il y a soustraction répétée du nombre 7, qui s'interrompt au 8ᵉ mot ; malgré cela, les mots 8 et 9 ne sont
pas retenus ; « je sentais que je faisais mal la soustraction, je ne pouvais me corriger ; je ressentais de l'étonnement, de l'inquiétude ; j'ai l'impression de n'avoir alors
aperçu aucun mot. » Ce n'est qu'au disque 4 que la soustraction s'effectue tranquillement, sans émotion ni distraction ; le sujet savait que des mots défilaient devant la fenêtre, mais ne savait quels mots. La soustraction est interrompue entre les mots 7 et 8 ; le 8ᵉ, « secours », est
retenu, et reconnu faussement comme répété de la lecture
à haute voix ; ne donne aucune association. En outre, il y
a encore 3 mots qui sont réellement répétés et reconnus
comme tels. Les deux sortes de reconnaissance sont ainsi
exprimées : « zawicha » et « carré » sont sûrement répétés ;
c'est moins sûr pour « exister » et « secours ». Le sentiment de la reconnaissance vraie et fausse est le même,
quand le mot réellement répété est abstrait et indifférent,
comme dans le cas présent (pour le mot « exister »). Sur le
5ᵉ disque la soustraction va bien, malgré qu'au début il y
ait eu une certaine inquiétude ; le sujet croyait faire des
erreurs ; il y a cessation du calcul entre le 7ᵉ et le 8ᵉ mot ;
« je ne voyais pas du tout les mots, bien que j'aie fixé la
fenêtre » ; le mot 8, « plume », est oublié ; quant à 9,
« cercle », il est noté comme ayant été déjà vu : « il était
quelque part, mais je ne sais plus ou ». De plus, 2 mots
retenus, « nier » (10), et « tempête » (11), empruntés aux
mots lus à haute voix, ne sont pas reconnus.

Dans ces expériences nous voyons donc que dans les
deux cas, quand la distraction émotionnelle est moins forte
et que les mots 8 et 9 peuvent être retenus dans la mémoire,
ils sont notés comme ayant été vus antérieurement. Il
se peut que cette même impression du « déjà vu » se ma-

nifestait aussi aux disques précédents pour les mots 8 et 9, mais que le fait n'a pu être indiqué, attendu que, pendant la transcription, ces mots furent oubliés. En faveur de cette hypothèse parle le fait que, pendant la reconnaissance des mots oubliés pour les disques, justement ces mots : 8 du disque 1 et 8 du disque 2, parurent au sujet appartenir à ceux de la lecture à haute voix, c'est-à-dire qu'ils faisaient l'impression de quelque chose de plus ancien que les mots lus un instant auparavant; on dirait, en quelque sorte, que dans ces mots oubliés s'était conservée l'impression de fausse reconnaissance ressentie pendant la perception.

Chez la personne X se manifeste la paramnésie du mot 8, « couleur », seulement sur le disque 3; elle s'exprime dans le jugement : « Il me semble l'avoir déjà lu quelque part, mais je n'en suis pas sûre; le mot n'a rien de spécial, ne s'associe à rien, ne présente pas d'images; j'ai simplement l'impression de quelque chose qui a déjà été. » Sur le disque 1, l'addition se faisait avec une forte distraction émotionnelle, avec de la confusion, de l'incertitude sur ce qu'il faut faire; la somme annoncée au 7e mot est fausse : mais l'inattention et l'état de trouble continuent jusqu'au 11e mot, par suite de quoi ni le mot 8 ni le mot 9 ne restent dans la mémoire. Sur le disque 2, il y a multiplication, accompagnée également de distraction émotionnelle; l'opération se prolonge jusqu'au 8e mot; au 8e mot, à ma demande seulement, on annonce le produit, mais faussement; il n'y avait pas ici d'oubli, mais le sujet n'avait pas encore terminé [1]. La distraction émotionnelle se prolonge jusqu'au 12e mot. De toute cette période, ne subsiste dans la mémoire que le mot 8; mais celui-ci ne provoque pas de paramnésie; la préoccupation du calcul, et l'émotion qui l'a accompagnée a évidemment obscurci le sentiment de fausse reconnaissance. Sur le disque 3, le calcul est remplacé par la répétition, entendue d'avance, du mot 4 à l'ap-

---

1. Le calcul se faisait toujours à haute voix.

parition de la carte blanche vide, et, ensuite, par la prononciation du mot à rebours (Japon). La répétition à haute voix s'effectue au 6ᵉ mot, « couleur » ; la prononciation à rebours, effectuée correctement, accompagnée d'un effort désagréable, se fait au 7ᵉ mot, « fruit ». Le 8ᵉ mot, « couleur », se conserve dans la mémoire et provoque une paramnésie « le sentiment de ce que cela aurait déjà été ». Le mot 9, « fruit », est oublié. Pour le disque 4, la prononciation à rebours est déjà moins aisée ; on répète à haute voix le 4ᵉ mot, « Pologne », quand le 6ᵉ apparaît ; mais aux 7ᵉ et 8ᵉ, silence ; au 9ᵉ, je rappelle au sujet l'opération à faire ; au 10ᵉ mot le sujet s'exécute. La personne ne sait pourquoi elle a oublié de faire la chose convenue ; elle n'a même pas fait un effort d'attention pour observer et retenir les mots qui se montraient ; ayant répété à haute voix le mot « Pologne », elle a oublié de faire le reste et, comme d'habitude, s'est mise à regarder les mots. En fin de compte, aucun des mots 8 et 9 n'est resté dans la mémoire, et ils ne furent même pas ensuite reconnus. Il y a eu évidemment une forte distraction qui rendit impossible la vision double, par suite d'une trop longue cécité mentale. Au disque 5, la prononciation à rebours ne se fait pas bien ; on s'efforce de faire la chose immédiatement, sans répéter le mot ; de plus, on ne regarde pas la fenêtre de l'écran. Le mot 6-8 « plume », ne reste pas dans la mémoire ; pendant la reconnaissance, ce mot donne l'impression d'*ancienneté* (« sur l'avant-dernier disque ») ; le mot 7-9 est perçu normalement deux fois et retenu comme tel ; il n'a donc pu se former d'illusion.

Chez la personne XIII, sur le disque 2, apparaît la paramnésie du 9ᵉ mot : « mer ». Pour le disque I, aucun des mots de 4 à 11 n'est resté dans la mémoire. Comme le calcul s'est montré très difficile à exécuter je l'ai remplacé, sur le disque suivant, par la prononciation à rebours. Ceci s'est fait avec un grand effort d'attention, au mot 8, cependant, sans inquiétude ni malaise. Le mot 9 a été retenu

avec l'impression du « déjà vu ». La même opération
sur le disque 3, bien qu'elle s'effectue normalement, ne
donne pas le résultat attendu, vu qu'aucun des doubles
mots n'est retenu. Sur le disque 4 la soustraction répétée
s'effectue tranquillement, bien ; l'opération s'arrête au
7ᵉ mot ; le 8ᵉ n'est pas retenu ; le 9ᵉ, « nier », bien que conservé, ne donne pas l'illusion. Je ne puis ici déterminer la
cause du fait ; peut-être qu'à la première apparition du mot,
au moment où le calcul se terminait, les yeux du sujet
n'étaient pas orientés vers la fenêtre de l'écran.

De l'analyse ci-dessus, il ressort que très nombreuses
peuvent être les causes qui empêchent la formation ou la
manifestation de la paramnésie due à une vision double.
Ces causes sont les suivantes :

1° L'oubli des mots 8 et 9 ;

2° La perception consciente de leur première apparition
pendant les interruptions du calcul, ou bien des interruptions volontaires du calcul afin de lire les mots ;

3° L'émotion qui accompagne le travail mental, et qui
obscurcit le sentiment de la paramnésie ;

4° La trop longue durée du calcul qui dépasse le 9ᵉ mot,
par suite de quoi les mots 8 et 9 ne sont pas nettement
perçus et ne peuvent se conserver dans la mémoire avec ce
subtil cachet de la paramnésie ;

Enfin 5° un mouvement réflexe des yeux qui s'écartent
des mots à lire, ou bien la fermeture des paupières pendant la prononciation à rebours qui, tous les deux, exigent un effort de l'imagination ; il y a là une défense
inconsciente de l'imagination contre l'agression des impressions qu'il est difficile de maîtriser ; les mots qui se montrent alors agacent, causent un malaise presque physique ;
on préfère ne pas les voir et, par suite, la vision en double
est altérée.

D'autre part, quand tous ces obstacles se laissent écar-
ter, par l'accoutumance acquise à concentrer l'attention sur
le calcul, par la tranquillité d'esprit, par adaptation telle

du calcul qu'il put être volontairement interrompu avant
le 8ᵉ mot (le mieux est de faire des soustractions successives du même nombre), ainsi qu'en maîtrisant les mouvements involontaires des yeux, alors se manifeste la paramnésie des mots doubles. C'est un fait curieux que, chez les
mots oubliés 8 et 9, pendant leur reconnaissance, on retrouve très souvent une trace de paramnésie dans le sentiment d'ancienneté. Ces mots, particulièrement sur le
disque 1, pendant la reconnaissance, ne sont pas localisés
dans la lecture sur le disque, mais dans celle de la série
principale ; quant aux mots oubliés des disques postérieurs,
ils sont considérés comme appartenant à des disques antérieurs, ou bien aussi à la série principale. J'ai 27 cas de ce
genre.

En dehors de ces paramnésies des mots 8 et 9, dont on
peut catégoriquement affirmer que la cause de l'illusion
était la vision en double, nous rencontrons encore deux cas
de fausse reconnaissance de ces mêmes mots, où s'ajoute
le facteur de la ressemblance qui entrave la connaissance
claire de la cause du phénomène. C'est le mot « tourmente »
(8ᵉ sur le disque 2, chez la personne XII), rappelant par
le cachet de son image le mot « tempête » de la série principale, ainsi que le mot « nier » « pchetchitch », mot 9,
disque 4, personne XVIII, ayant le même sens que « nier »
« negowatch », de la série principale. Ces mots furent,
par inadvertance, placés à répétition, dans la période du
calcul. On peut ici expliquer de deux façons la genèse de
la paramnésie, aussi bien par la vision double que par la
ressemblance du contenu.

Examinons maintenant les paramnésies des autres mots,
n'appartenant pas à la période du travail mental, de la distraction préparée.

Chez la personne II, pour le disque 5, nous avons une
paramnésie sur le mot 12 « rêverie ». Cela se passe dans
les conditions suivantes : il y a fatigue et apathie, par
suite de l'expérience qui dure deux heures. L'addition s'ef-

fectue lentement, ne se termine qu'au 10ᵉ mot. « J'ai vu apparaître les chiffres avec déplaisir ; le sentiment d'inquiétude a persisté tout le temps ; pendant l'addition, j'ai vu des mots, mais je n'en ai pas eu conscience, à l'exception seulement d'un seul terme, « Genève » (11), un des premiers qui suivaient l'addition ; parmi ceux-ci, il y avait aussi « plume » (8), mais je n'en suis pas tout à fait sûre ». On a reconnu, au moment de leur apparition, deux mots comme répétés d'une lecture antérieure : « fréquenter », répété, en effet, de la série principale, et « rêverie » mot nouveau... « Rêverie est un mot intéressant, c'est un certain sentiment de soi-même ; on se sent commodément installé sur un canapé ; au moment où je l'ai vu, il n'y a pas eu d'image évoquée, mais seulement le sentiment de la reconnaissance. »

Donc les conditions de la lecture du mot 12 sont les suivantes : faiblesse de perception due à la fatigue ; distraction émotionnelle qui permet de conserver dans la mémoire seulement les 2 premiers mots, le 8ᵉ incertain, et le 11ᵉ ; richesse du contenu du mot qui ne se développe pas dans la pensée. On peut donc supposer qu'au premier moment de la vision, le contenu du mot, dans son aspect émotionnel, a prédominé sur la faible perception du signe, a absorbé l'attention du sujet, s'est individualisé du mot, s'unifiant de nouveau avec lui, immédiatement après. Il s'est produit ici une dissociation momentanée du mot, la même que nous avons pour la formation des hallucinations, avec cette différence que dans les hallucinations le symbole se perdait complètement et le contenu, séparé de lui, ne retrouvait plus tard qu'un synonyme, parfois très éloigné ; or, ici, le contenu s'unit de nouveau avec le même signe dont il s'était séparé et donne naissance à une paramnésie. C'est le même mécanisme psychologique que celui que nous avons déterminé artificiellement dans l'expérience, au moyen de mots doublement vus ; et, de même que là-bas, la cause de la vision double résidait dans l'absorption de l'attention par le calcul, de même ici, la concomitance inattendue de la fatigue, de la distraction et de l'attention, momentanément portée sur le contenu du mot, ont déterminé une vision double du mot : la première fois, dans l'état de distraction, de cécité mentale ; ensuite, d'une façon normale et claire.

Chez la personne VI, sur le disque 5, c'est-à-dire au moment de la fatigue causée par l'expérience, apparaît une paramnésie pour le 2e mot, « mort ». Quatre mots, pris dans la série principale, sont retenus, mais non reconnus pour être répétés. Seul ce mot, tout à fait nouveau et intéressant, « mort », donne l'impression « du déjà vu ». En tant qu'étant au 2e rang, il n'appartient pas à la période d'inattention. L'addition s'effectue tout à fait tranquillement ; la somme est annoncée au mot 8. Il n'y a eu ni attente émotionnelle du calcul, ni aucune autre émotion au commencement de la lecture sur le disque. Il y avait seulement une certaine fatigue se manifestant par le fait que les mots n'évoquaient aucune association. Mais le mot « mort » lui-même impliquait une cause de distraction momentanée, d'un écart de la pensée hors de la perception donnée. Les mots qui suivent, bien que faciles à retenir, « Dominique et « philosophie », sont oubliés. Les explications du sujet confirment cette hypothèse : « Au mot « mort » on avait le sentiment qu'il pénètre fortement dans l'esprit, qu'on se le rappellerait mieux que les autres ; entre « carré » (1) et « mort » (2), il y avait un mot qui me tourmente et dont je ne puis me souvenir, et ceci ne cesse de m'inquiéter ». Plus tard, on dit : « Il y avait encore « philosophie », mais ce n'était pas entre « carré » et « mort ». Il semble donc que cette forte pénétration dans l'esprit soit une absorption momentanée de l'esprit par le contenu émotionnel du mot, et comme si ce contenu, séparé du signe, ou plutôt ce sentiment du contenu, détermine l'illusion d'un mot séparé, oublié, si net cependant dans son oubli, qu'il tourmente et agace. En fin de compte on a ici un dédoublement du mot avec la paramnésie qui l'accompagne.

Chez le sujet XV, sur le disque 1, se manifeste une paramnésie pour le 4ᵉ mot, « potence ». De même que dans le cas précédent, le mot ne tombe pas dans la période de distraction; il n'y a pas eu d'attente émotionnelle; l'addition s'est effectuée aisément et tranquillement. D'autre part, dans le mot même, nous trouvons des conditions de distraction : « en voyant le mot, je me suis demandé pourquoi le mot était écrit avec deux *n*; il évoquait un sentiment désagréable, une réminiscence générale de l'histoire de la Révolution ». Sur le disque apparaît une seconde paramnésie, au mot 14 « noir », à la période de calme et d'une bonne mémorisation des mots. D'après les déclarations du sujet, ce mot aurait évoqué des associations qui furent de suite oubliées, et ne peuvent être rappelées. Dans ces deux cas il s'est produit une individualisation momentanée du contenu émotionnel du mot qui a provoqué l'illusion du « déjà vu ».

Des paramnésies analogues, relatives à des mots intéressants, précédant le calcul, se rencontrent encore chez la personne IX, disque 3, pour le mot (2) « Dieu »; chez la personne XII, disque 5, pendant une fatigue, pour le mot (2), « philosophie »; et chez le sujet XVI, disque 2, au mot (4) « philosophie ». L'analyse introspective de ces expériences donne très peu de renseignements. Nous voyons seulement, d'après les diagrammes individuels de la mémoire immédiate, qu'après les mots « Dieu » et « philosophie » le mot qui suit, pris dans la série principale, est oublié, ce qui indiquerait que la pensée a été occupée par le mot qui précédait. En outre, chez la personne IX, on peut facilement supposer au début de l'expérience une certaine attente inquiète, puisque la distraction émotionnelle se manifeste constamment chez elle, dans toutes les expériences, et corrélativement au calcul. D'autre part, chez la personne XII, la lassitude a été très nette et, comme le sujet l'a lui-même déclaré, les mots ne se rappelaient que comme sons, sans images, ce qui, chez lui, se

montre toujours pendant la fatigue. Or, la distraction et
la fatigue, ainsi qu'un riche contenu du mot, ce sont,
comme nous l'avons vu, des conditions pouvant provoquer
la vision double.

Nous rencontrons également deux paramnésies relatives
aux mots indifférents de la fin : chez le sujet IX, disque 5,
au mot (13), « ligne, » et chez le sujet X, disque 2, au
mot (13), « canal ». Dans ces deux cas, pendant le calcul,
on a une forte distraction émotionnelle, qui se poursuit
encore un instant après l'achèvement du calcul. Au mot
« ligne », il n'y a aucune association; au mot « canal » il
y en a quelques-unes qui sont oubliées. Ces deux mots ont
pu être sujets à la vision double, par le fait que la pensée
était encore partiellement occupée par le calcul, et oscil-
lait entre la perception des mots et le souvenir du travail
qui venait d'être fini.

Quant aux paramnésies où se manifeste le facteur de la
ressemblance par le contenu avec des mots lus dans la
série principale, nous n'en avons que deux cas : chez la
personne X, le mot (15), « humeur », dont le sens est voisin de celui du mot « état d'âme »[1] de la série principale;
et, chez la personne XVI, le mot « Salomon », qui peut
facilement évoquer le souvenir du mot « Samson » de la
série principale, et dont la naissance est due à une lecture
erronée de « Salomé » qui se répète deux fois pendant le
calcul.

Les mots uniques qui suivent le second calcul (21 disques
avec deux calculs), n'ont pas une seule fois donné de
paramnésie, ce qui semblerait prouver que le seul passage
de l'état d'attention troublée à celui d'attention libre, et le
sentiment d'aise pendant la perception qui en découle,
n'est pas une condition suffisante pour déterminer l'illusion.

Nous voyons donc que la paramnésie se manifeste le
plus souvent lorsqu'il y a vision double du même objet :

1. Ce mot en polonais « nastroj » correspond au « Stimmung » des
Allemands.

aussi bien quand le fait est provoqué artificiellement, en détournant d'une façon convenable l'attention au moment opportun, que quand il est déterminé par une rencontre naturelle de circonstances imprévues. C'est le même processus psychologique qui a lieu, pendant la reconnaissance proprement dite, laquelle, comme la paramnésie, est un phénomène purement émotionnel. Pendant la reconnaissance, « l'oublié », sous son aspect psychique, affectif, se joint à la perception et donne l'impression d'une chose connue. Dans le cas de la paramnésie, ce même « oublié » se constitue immédiatement, au moment de la perception ; il se crée comme perception reçue sans attention, réduite à l'impression pure, a-intellectuelle ; et se joignant sous cet état à la perception proprement dite, intellectuelle, donne le même sentiment de chose « déjà vue ».

Les paramnésies par ressemblance ne constituent pas d'exception, mais ne font que confirmer ce raisonnement. Quand, par exemple, le mot « humeur » ou « Salomon » semblent répétés, parce que antérieurement on a vu les mots « état d'âme » et « Samson », l'oublié de ces mots n'agit évidemment pas ici, par ses vestiges auditifs ou visuels, mais par son sens, par son contenu, sans image, conservé dans la mémoire ; ce sont des mots réduits à leur contenu interne, qui ont perdu leurs signes et qui, dans le rappel à la mémoire, pourraient déterminer des hallucinations des mots synonymes, de ces mêmes mots qui déterminent justement la paramnésie. C'est donc là une *forme de passage* entre la paramnésie et la reconnaissance proprement dite.

Cependant, si la paramnésie se manifeste par suite de la vision double ; si, à sa base est une perception « non intellectualisée », par suite d'une distraction momentanée, perception momentanée, perception reçue dans un état de cécité mentale, réduite à un état anonyme et indéterminé pour la pensée, alors ne pouvons-nous pas supposer que cette même réduction est l'essence psychique « de l'oublié », et que l'oubli est aussi une espèce de distraction, une désintellectualisation de perceptions passées ?

CONCLUSIONS GÉNÉRALES

Nous pensons que les résultats de nos expériences nous justifient dans une certaine mesure, de poser les principes nouveaux suivants à la base de la théorie de la mémoire :

1° En chaque perception, il y a deux éléments : l'impression pure, c'est-à-dire l'expression immédiate du milieu actif, et son élaboration intellectuelle provenant de l'acte de l'attention. Quand l'impression est reçue sans attention, comme dans les états de distraction mentale, elle constitue alors un état psychique a-intellectuel, indéterminé pour la pensée, une façon de ressentir incertaine et anonyme qui, introspectivement, se laisse à peine exprimer par le jugement général : « qu'il y a eu quelque chose ». C'est une perception réduite à l'état d'une certaine espèce de sentiment. L'acte de l'attention transforme ce « quelque chose » d'indéterminé, de nature émotionnelle, en un objet de la pensée défini et susceptible d'être dénommé, en une perception capable d'être identifiée, classée, et de former des jugements qui trouvent leurs équivalents dans le langage. La perception réduite à un état indéterminé du sentiment, c'est le « subconscient » pour notre intellect, inaccessible à la pensée, bien que psychique et influant sur la pensée ;

2° Quant la perception passe dans l'oubli, il se produit pour celle-ci une même réduction émotionnelle. L'oublié se conserve, non seulement physiologiquement en tant que modification résiduelle dans le cerveau, mais aussi psychiquement, comme état subconscient, comme *équivalent émotionnel* de la perception passée. Sous cet aspect, il se manifeste à nous introspectivement et expérimentalement dans l'acte du souvenir inhibé (le sentiment de l'oublié

est exprimé par la phrase courante « j'ai ceci sur le bout
de la langue »); dans la résistance que la chose oubliée
oppose aux faux souvenirs (« bien que je ne me rappelle
pas ce que c'est, mais je sais que ce n'était pas cela »);
dans le sentiment de la reconnaissance qui est l'évocation
par la perception de sa réduction émotionnelle antérieure;
dans les hallucinations de la mémoire où cette réduction,
conservée dans l'oublié, retrouve une expression erronée,
mais émotionnellement semblable : enfin, dans les paramnésies où la réduction émotionnelle, créée dans le moment
même de la perception, par une vision double de la chose,
joue le rôle de l'oublié, et pour la chose nouvelle provoque
l'illusion d'une chose passée :

3° De ceci, il résulterait que dans le monde psychique
rien ne périt, et que tout le passé de l'individu, toute la
masse de l'oublié, qui se reproduit dans les souvenirs conscients, partiellement seulement, et de temps en temps,
existe intégralement et constamment en tant qu'énorme
souvenir subconscient, uniforme, non différencié par la
pensée, à l'état de réduction émotionnelle du passé. C'est
notre individualité « cénesthésique », le sentiment de
nous-même, qui conserve son unité et sa continuité malgré
toutes les variations dans les conditions de la vie, de la
santé et de la pensée; c'est la base profonde de notre
caractère et de notre tempérament, à l'édification desquels
a concouru tout le passé, tous les accidents, toutes les
impressions de la vie. Chaque moment vécu laisse son
équivalent émotionnel, un vestige, conservé dans le subconscient, de son existence passée; et ainsi se crée graduellement notre « moi » : *l'existence actuelle du passé.*
Parfois, nous différencions ces reliquats par l'activité de la
pensée, nous les ressuscitons fragmentairement comme
souvenir conscient, défini; mais, d'une façon « subconsciente », anonyme, émotionnelle, nous nous en souve-
nons toujours, en tant qu'élément constitutif non différencié
du sentiment de notre propre moi.

CHAPITRE III

TRANSFORMATION ET CRÉATION DU SUBCONSCIENT NORMAL

I. — THÉORIE DE LA DISSOCIATION

Pour faire mieux comprendre le problème expérimental dont nous allons nous occuper ici, nous devons commencer par le domaine psycho-pathologique de l'hystérie et nous rappeler, en résumé, ces faits, dont la description constitue la théorie de la « dissociation ».

Les faits les plus simples de cette catégorie, qu'on peut facilement reproduire expérimentalement dans l'hypnose, ce sont les anesthésies nommées « paradoxales », par Grasset. Ainsi, par exemple, une main anesthésique peut se servir de différents objets qu'on lui présente, d'une manière tout à fait correcte, quoique l'individu lui-même, n'en sache rien, et ne sente pas les objets tenus dans la main. Le plus souvent, chez ces malades, c'est seulement l'analgésie, avec la conservation du toucher et du sens de la température. Dans les autres cas il n'y a que l'anesthésie du toucher ou du sens calorifique, laquelle apparaît soit dans la peau, soit dans les muqueuses de la cavité buccale ou de l'œil, ou bien encore dans les muscles. L'anesthésie musculaire se manifeste par la non-reconnaissance de la position de la main ou du mouvement, par l'impossibilité d'évaluer correctement la grandeur du poids soulevé, ou bien seulement par une perturbation de la localisation, etc. Lorsque l'anesthésie est plus profonde, ce ne sont pas seulement les sensations de la main, par exemple, qui disparaissent, mais aussi le sentiment de l'existence de la main elle-même. — C'est dans ce caractère spécifique et électif que se manifestent aussi les anesthésies de la sensibilité visuelle; on observe ici une diminution de l'acuité visuelle, une perte de la vision de certaines couleurs, un rétrécissement du champ visuel, l'hémianopsie, la perte de la fonction binoculaire stéréoscopique, etc.

Dans tous les cas de l'anesthésie on peut démontrer par des expériences que la sensation disparue pour l'introspection de l'individu existe néanmoins et se conserve dans la mémoire. Ainsi, par exemple, le sujet qui ne voit pas la couleur verte voit cependant comme blanc le disque de Newton en rotation. Un autre, anesthésié envers le rouge, après avoir fixé le petit carré rouge sur un fond blanc (lequel il perçoit comme gris), voit, lors de la fatigue de l'œil, l'image complémentaire vert du carré (Expériences de Regnard, Binet, Féré).

Dans le cas d'une dyschromatopsie unilatérale (cécité du vert) lorsqu'on sépare les deux images de la vision binoculaire par le prisme, le sujet voit deux images vertes, au lieu de voir une image verte et une grise. Parinaud). — Une des malades de Janet, qui présentait un fort rétrécissement du champ visuel, et en même temps une phobie de la flamme (conséquence d'un incendie), est sujette aux attaques hystériques lorsqu'on allume, sans la prévenir, une allumette dans le côté latéral du périmètre, c'est-à-dire dans la partie aveugle de son champ visuel. — Les personnes, avec l'anesthésie de la main, se rappellent cependant les impressions douloureuses ou tactiles non ressenties, lorsqu'on les questionne à ce sujet dans l'état d'hypnose, ou bien encore, elles perçoivent dans le cristal les images qui s'y rapportent (Janet). M. Janet faisait l'épreuve suivante : Les sujets devaient répondre « oui » quand ils étaient pincés sur une région sensible et « non » quand ils étaient pincés sur une région insensible. Bien qu'ils ne pussent voir et qu'il n'y eut aucun rythme dans les pincements, ils répondaient toujours exactement « non », au moment où ils étaient pincés sur le côté qui ne devait rien sentir ».

En général, tout se passe comme si les impressions étaient perçues et conscientes, et comme si ce n'était qu'une distraction envers certaines impressions qui empêche leur entrée dans la conscience personnelle, introspective. On connaît l'expérience, très suggestive à ce point de vue, de M. Janet, qui enlevait l'anesthésie de la main par le simple fait d'y laisser, pendant un temps plus long, un petit morceau de papier rouge, accolé sur la peau; sa présence, après quelque temps, commence à agacer l'individu, le force à porter l'attention dans la direction de la main, et, de cette manière, dissipe sa distraction à ce sujet, et apprend l'individu à sentir sa main. Le groupe *dissocié* d'un certain complexus de sensations tactiles et autres de la peau revient de nouveau à la synthèse générale.

La même dissociation peut concerner aussi un groupe de *souvenirs* systématisés, et avant tout, de souvenirs *émotionnels*. Nous avons alors un des phénomènes typiques de l'hystérie, notamment les *idées somnambuliques*. C'est toujours un fait de la vie passée, lequel était accompagné d'une forte émotion, qui revit périodiquement dans les crises de l'état changé de la conscience qu'on appelle état somnambulique. Dans cet état le pouvoir du contrôle introspectif, l'activité intellectuelle effective et adaptive, est inhibée. La conscience se rapproche de l'état du rêve. A la place de la synthèse totale et personnelle que présente la conscience normale, apparaît un rêve vécu, une personnalité partielle enfermée dans une idée, ou plutôt dans un souvenir dramatique, laquelle, dans chaque crise se répète

et se manifeste de la même manière. — Dans sa forme
développée l'idée somnambulique présente le souvenir qu'on
reproduit entièrement, dans les mouvements, les paroles,
les expressions du visage, les hallucinations et les émotions. Dans les formes raccourcies il n'y a qu'une manifestation partielle ; au lieu de jouer son rôle, le somnambulique
raconte seulement, ou bien encore il ne s'exprime que par
l'attitude de son corps et l'expression de sa physionomie ;
ce sont les attitudes cataleptiques dans lesquelles l'organisme entier n'exprime qu'une seule émotion : la joie, la
peur, la colère, l'émotion qui, en même temps, renferme
le fait pathogénique du passé. Dans la forme plus raccour-
cie encore, dit Janet, les attitudes des membres disparaissent aussi; « seuls, les changements de la physionomie,
les grandes modifications de la respiration et des palpita-
tions de cœur indiquent les émotions qui bouleversent l'esprit du sujet ». Un pas de plus et toute la crise se ramène
à l'évanouissement et à la lacune dans la conscience, et ce
n'est que dans l'hypnose qu'on peut découvrir que, pendant
l'évanouissement, se déroulait, sous forme de rêve, le même
drame émotionnel.

Au fond, les idées somnambuliques constituent le même
phénomène de dissociation que l'anesthésie. Là, c'étaient les
groupes de certaines impressions simples qui existaient en
dehors de l'introspection personnelle ; ici, ce sont les groupes
de souvenirs complexes, certains faits émotionnels, qui se
reproduisent en dehors de l'introspection et de la conscience
personnelle synthétique, quoiqu'ils se servent de l'organisme
entier du sujet. A l'anesthésie des sensations correspond
ici l'amnésie, les lacunes de la mémoire, lesquelles peuvent
être remplies à l'état d'hypnose, de même que les lacunes
de la sensibilité. Dans la crise suivante de somnambulisme
le malade se rappellera ce qui était dans la crise précédente; il le saura aussi par l'écriture automatique et la
vision dans le cristal ; tandis qu'à l'état normal aucune des
associations ni aucune des suggestions remémoratives ne

saura évoquer ces souvenirs. Ce sont les états dissociés de la conscience normale, ou bien, pour employer une autre métaphore, les états qui regardent cette conscience par son côté ineffable, intellectuel, non représentatif.

A cette même catégorie d'idées émotionnelles partielles *dissociées* appartiennent aussi les *chorées* hystériques, lesquelles représentent souvent, d'une manière symbolique, un souvenir pénible, qui n'existe plus dans la mémoire normale ; les *paralysies* systématiques de l'hystérie, qui se rapportent à une fonction intimement liée au fait pathogénique ; enfin, les *contractures* hystériques de même provenance.

Une telle idée dissociée, qui prend son origine soit dans les souvenirs réels de la vie, soit dans les rêveries et l'attente émotionnelle, peut devenir le point de départ d'une nouvelle systématisation psychique et créer de cette manière une nouvelle *personnalité*, plus ou moins développée, lorsqu'il y a des conditions qui favorisent l'inhibition intellectuelle. Or, tous les états hypnotiques, états de la rêverie, d'automatisme, de distraction, de sommeil, de monoïdéisme et d'autohypnose émotionnelle, dans toutes ses variations constituent le champ favorable au développement d'une dissociation commencée.

Ainsi, l'écriture automatique, la « typtologie » spirite, l'audition mentale, la vision dans le cristal, etc., peuvent, provoquer une systématisation des groupes dissociés partiels d'idées, de souvenirs et de tendances émotionnelles, révéler ce qui était latent, et former de tous ces morceaux épars l'esquisse d'une nouvelle personne éphémérique, inconnue de la personne normale.

Une création de ce genre est aussi inabordable pour la conscience normale que les impressions du membre anesthésié ou que les idées somnambuliques. La période de la vie qu'elle occupe, de quelque durée qu'elle soit, une demi-heure ou plusieurs semaines, laisse dans la mémoire de l'individu une lacune dans laquelle aucune chaîne d'associations ne peut s'introduire. Mais à chaque retour de la nouvelle personnalité, ainsi que dans les états hypnoïques, toute la période oubliée se retrouve spontanément et révèle la continuation et l'unité de cette seconde vie.

Les faits qui se rapportent à cette catégorie de dissociation présentent plusieurs degrés de développement et de stabilité. Ce sont les « fugues hystériques » où la nouvelle personnalité n'apparaît qu'une seule fois ; la « double personnalité » alternante et tenace, que représente le cas devenu célèbre de Felida du docteur Azam ; enfin, la personnalité alternante multiple, décrite par Janet, et surtout par Morton Prince dans la personne de Mlle Beauchamp, dont l'histoire présente une vraie tragédie psychologique jouée par quatre personnalités différentes dans un même organisme.

Presque tous ces phénomènes se laissent reproduire artificiellement dans l'hypnose, en suppléant le fait pathogénique naturel de la dissociation par une suggestion verbale représentative, ce qui disposa M. Babinski à dire que tout fait qu'on peut reproduire par suggestion est un fait hystérique. Dans l'hypnose, par la voie d'un mécanisme inconnu encore, s'accomplit la même inhibition de l'activité intellectuelle, qui contrôle et synthétise, l'inhibition par innervation du centre aperceptif, comme le dit Wundt, la même que celle qu'on voit apparaître spontanément chez certains individus, lors d'une forte émotion. A cause de cette inhibition, l'idée suggérée s'introduit dans l'organisation psychique de l'individu sous le caractère d'un corps étranger et isolé ; elle ne fait pas de liaisons et n'est pas soumise aux influences dissolvantes de différentes systématisations anciennes, lesquelles, à l'état normal, s'approprient tous les éléments nouveaux, en abaissant leur niveau émotionnel et impulsif, leur faculté de se convertir en un fait organique. Cette inhibition intellectuelle n'est qu'une *distraction physiologique*, qu'on peut très bien concevoir comme une inhibition (par auto-intoxication,

fonctionnelle) des centres corticaux supérieurs ; dans l'hystérie elle est constante durant des longues périodes de la
vie et élective, c'est-à-dire, restreinte à certains groupes
seulement de souvenirs émotionnels ; dans l'hypnose elle
est passagère et limitée artificiellement aux éléments d'une
suggestion.

Sur la base de cette théorie de dissociation des groupes
émotionnels s'est développée dernièrement une nouvelle
méthode psycho-thérapeutique nommée par Freud[1] « psy-
cho-analyse » et par Bezzola[2] « psycho-synthèse ». —
Chaque groupe émotionnel dissocié est idéo-plastique,
tendant à une conversion organique, qui peut se manifester
par différents symptômes, par des perturbations motrices
vaso-motrices, respiratoires, gastriques, etc. Les perturbations sont d'autant plus fortes que l'isolation de l'état
émotionnel est plus profonde. C'est l'affectivité du groupe
isolé qui joue le rôle principal, et Freud lui donne le terme
d' « affectivité emprisonnée » « eingeklemter Affect ». La
méthode thérapeuthique entière se ramène à délivrer cette
émotion, à forcer le groupe isolé à s'introduire dans la
conscience, et à lier des associations avec les systématisations intellectuelles normales. Dans ce but l'individu doit
vivre une seconde fois le fait émotionnel primitif, en le
remémorant, à haute voix, dans tous ses détails. Pendant
cette confession apparaît aussi l'émotion primitive et les
symptômes organiques de la névrose (contractures, paralysies, névralgies, hallucinations, anesthésies), s'accentuant avec plus de force, pour ne plus reparaître.

L'isolation du fait émotionnel peut avoir plusieurs causes.

Premièrement : *le défaut de réaction active*, intellectuelle et émotionnelle, défaut qui a lieu par suite de l'avènement inattendu et brusque du fait pathogénique ; ou bien,

1. BREUER UND FREUD, *Studien über Hysterie*, Wien, 1895 ; *Zur Aetiologie
d. Hysterie*, Wien, Klin, Rund, 1896 ; Die Abwehr Neuro-Psychosen
(*Neurol. Cent.*, 1894-1896); etc.
2. Zur Analyse psychotraumatischer Symptome (*Jour. f. Psych. u.
Neurol.*, 1907).

à cause des conditions subjectives dans lesquelles l'accident survient. Ce sont surtout les faits qu'on doit subir passivement, à cause de leur nature, comme, par exemple, la mort de quelqu'un proche, qui s'isolent de la manière la plus tenace ; tels aussi sont les faits qui coïncidaient avec un état hypnoïque de l'individu, comme par exemple l'état psychique pendant une longue veille, une autohypnose, une peur, etc.

Un autre agent d'isolation, c'est *l'oubli spontané* du fait qui peut provenir de son caractère émotionnel, extraordinaire et nouveau, qui exclut toute possibilité d'anticipation et d'adaptation ; c'est une amnésie émotionnelle. — De la même manière peut agir aussi l'*oubli volontaire*, qui, d'après Freud, provoque toute une catégorie de psychonévroses (« Abwehr Neuro-psychosen »). Celles-ci se développent après l'événement qui produit un désordre psychique, une incohérence morale pénible, dont les contradictions ne se laissent pas résoudre. Dans ces cas-là on recourt souvent à la décision d'oublier le terrible intrus, qu'on ne peut adapter à aucune organisation psychique existante, et on lui oppose une résistance chaque fois qu'il veut s'introduire dans le domaine de la pensée ; c'est le phénomène bien connu des *remords de la conscience*. Le but est souvent atteint, le fait est oublié ; mais c'est alors qu'il commence à se réaliser comme fait pathogénique dans l'organisme et la mentalité. L'affectivité emprisonnée recherche d'autres objets sur lesquels elle se greffe et ne tarde pas à créer des symboles qui obsèdent la conscience sous la forme de différentes phobies et hallucinations. Les malades s'expriment d'ordinaire en ces termes : « un événement très pénible a eu lieu ; je tâchais de ne pas y penser ; je finis par l'oublier ; mais après est venue cette obsession, dont je ne peux me délivrer ». Le plus souvent, comme l'affirme Freud, une telle obsession n'est que le substitut symbolique d'un événement *sexuel*, ce qui est facile à admettre, puisque les émotions sexuelles consti-

tuent l' « hypnoïde » par excellence, l'agent d'une distraction très profonde, pouvant facilement accomplir l'action
dissociative.

La méthode thérapeutique doit donc poursuivre la dissolution d'une formation subconsciente ; elle doit forcer le
groupe pathologique isolé à franchir le seuil de la conscience, afin que, soumis aux influences des associations
et du raisonnement, adapté aux différents systèmes normaux et variables, il se décompose en éléments sans valeur
affective spéciale. La difficulté la plus grande consiste
d'habitude à trouver le fait pathogénique propre, lequel,
en tant que profondément subconscient, se dissimule dans
une négation absolue ou dans des symboles, évitant tout
contact avec la pensée consciente. Pour le déceler il faut
recourir à l'analyse des rêves périodiques et des associations en chaînes (Jung). Lorsque, durant une telle analyse
on se heurte au fait pathogénique, on rencontre alors une
résistance de la part de l'individu, qui commence à nier le
fait ou bien à diminuer son importance ; ou bien encore la
chaîne des associations se rompt et un arrêt silencieux,
une grande lacune de la conscience, apparaît. C'est dans
ces négociations ou lacunes que se cache le groupe dissocié.

La théorie clinique de la dissociation se compose donc
des notions suivantes :

1) Dans le domaine des sensations, des mouvements et
des pensées, on rencontre des faits qui présentent une
valeur psychique et peuvent se retrouver dans la mémoire
de l'individu (dans la mémoire de l'état changé), quoiqu'ils
n'appartiennent pas à l'introspection de l'individu. Un tel
fait, en même temps psychique et exclu de la conscience
personnelle, constitue ce qu'on appelle « l'état subconscient ».

2) Ces états se produisent pendant une *distraction* élective, distraction spontanée physiologique et constante,
comme dans l'hystérie, ou bien distraction artificielle et

passagère, comme dans la suggestion hypnotique. Cela veut dire que les états subconscients se forment lors d'une inhibition de l'activité des centres intellectuels, inhibition qui caractérise tout état hypnoïque.

3) Les groupes du subconscient pathologique, qui se forment pendant la distraction, sont eux-mêmes la cause de cette distraction. Ils la provoquent par leur élément émotionnel (innervation inhibitrice ou intoxication émotionnelle des centres supérieurs), aussi bien lors de leur apparition primitive, comme événement, qu'à chaque essai postérieur de leur reproduction (amnésie et anesthésie). En raison de quoi ils sont toujours isolés de la conscience normale, intellectuelle.

4) De cette manière se forme la *dissociation*. La conscience se partage en deux parties : en conscience *intellectuelle* (état normal), laquelle renferme l'actualité de la vie adaptée aux pensées et aux tendances, ainsi que la mémoire qui s'adapte aux mêmes besoins sous forme d'associations et de souvenirs ; et en conscience *a-intellectuelle*, c'est-à dire *subconsciente*, tenue constamment en état de distraction, un certain domaine des sensations ou des souvenirs qui *ne peut pas* s'intellectualiser et qui agit en dehors de l'introspection. Cette impossibilité de l'intellectualisation et l'affectivité exagérée, qui s'y rattache, avec sa tendance de conversion organique, sous forme de différentes perturbations fonctionnelles, fait du groupe, tenu en distraction, le fait pathogénique propre.

II. — LE PROBLÈME EXPÉRIMENTAL

Passons maintenant au problème du subconscient en psychologie normale. — Le subconscient normal ne diffère du pathologique qu'en ceci, qu'il s'intellectualise *plus facilement* et qu'il présente une *moindre* intensité dans sa conversion organique, puisqu'il ne produit pas de symptômes névropathiques. La différence consiste seulement en degré.

La plus grande partie de l'oublié, chez des personnes normales, ne s'intellectualise que partiellement et d'une façon inexacte; ce sont les souvenirs schématiques, non précisés, plus affectifs que représentatifs. — Une autre partie ne s'intellectualise que d'une manière médiate : ce sont les faits oubliés, qu'on ne peut pas remémorer, mais qu'on peut reconnaître encore lorsque la chose se répète. Une autre encore, la couche la plus profonde de l'oublié est tout à fait perdue pour la conscience, et ne se révèle que dans les états purement affectifs, ineffables et inaccessibles pour la pensée. Ce n'est qu'une petite partie de l'oublié qui s'intellectualise facilement, constituant la source ordinaire des associations et des souvenirs.

A côté de ces couches de subconscient qui provient de l'oubli des faits conscients, il existe aussi normalement un subconscient qui n'était jamais conscient. Ce sont les impressions reçues à l'état de distraction, les pensées automatiques esquissées seulement et inachevées, ou bien les rêves qu'on n'a pas pu fixer dans la mémoire; tout cela s'accumule et forme une série de couches plus ou moins accessibles à la reproduction intellectuelle consciente. En général les états hypnoïques, la suggestion hypnotique, l'écriture automatique, la vision dans le cristal, etc., favorisent cette reproduction, et sous ce rapport le subconscient normal réagit de la même manière que le subconscient pathologique.

La réalisation organique des états subconscients normaux n'est pas exclue non plus, et constitue peut-être même un des phénomènes fondamentaux de la biologie humaine. Les impressions inaperçues sont loin d'être indifférentes pour l'organisme; elles peuvent varier la respiration, le tonus musculaire, la réaction galvanométrique, et sans doute beaucoup d'autres fonctions encore. Les périodes oubliées de la vie, qu'on remémore partiellement seulement et de temps en temps, survivent cependant dans un type fonctionnel de l'organisme, puisqu'elles laissent souvent après leur passage certains traits de physionomie et du caractère, dont la base physiologique est très profonde et descend peut-être jusqu'aux processus de la nutrition élémentaire des cellules. Ces survivances organiques normales du passé sont souvent très caractéristiques et très bien marquées; ce sont certaines expressions du visage, certain type de gestes et de mouvements acquis, les tristesses cénesthésiques qui apparaissent sans une cause actuelle suffisante, les timidités acquises par le passé, et beaucoup d'autres traits, d'après lesquels on peut souvent deviner ce que fut la vie d'une personne. On peut les concevoir comme les stigmates physiologiques normaux, très analogues au fond à ce qu'on appelle « conversion hystérique » du subconscient.

Le subconscient normal se laisse facilement expérimenter. On peut le créer dans les conditions et avec le contenu qu'on désire. On peut employer dans ce but le même moyen qui agit dans les phénomènes pathologiques, notamment la *distraction* et l'*oubli*. Ces deux opérations donnent le même résultat, en ce sens qu'elles enlèvent l'intellect d'une perception, et produisent de cette manière des perceptions sans attention, c'est-à-dire, des impressions subconscientes, ou bien des souvenirs oubliés, qui restent en dessous du seuil de la conscience. Les distractions de même que les oublis on peut les obtenir de différentes manières : par l'absorption de l'attention à l'aide d'un travail mental ; par une déviation de l'attention à l'aide d'une impression inattendue et intense, par l'intérêt émotionnel ou bien par agglomération des perceptions. — On produit alors quelquefois un fait pathogénique en petit; l'impression qui est reçue pendant la distraction ou bien qui crée elle-même cette distraction, devient par suite une impression profondément subconsciente.

Le subconscient qu'on obtient par ces divers procédés,

on peut le varier aussi de différentes manières, en variant la qualité des impressions, leur degré d'intellectualisation, la longueur du temps de leur cryptomnésie, les conditions émotives, etc. Nous avons donc tout ce qu'on peut exiger d'une expérience.

Le problème que je me suis posé dans ce travail se résume dans les deux questions suivantes. Première : quelles sont les conditions de la naissance d'un subconscient normal, qui, dans sa cryptomnésie, est le plus *immobile*, c'est-à-dire qui présente le moins de rapports avec la pensée, qui se transforme le moins, en un mot, qui est le plus proche de l'état de *dissociation*. Et la seconde question : quelles sont les conditions de la naissance d'un subconscient normal, qui, dans sa cryptomnésie, est le plus *mobile*, c'est-à-dire qui présente des transformations les plus riches, et quel est le caractère de ces transformations ? Sont-elles seulement des modifications *négatives*, provenant de la mort graduelle de l'image mentale (les seules modifications que la psychologie a étudiées jusqu'à présent) ; ou bien y-a-t-il aussi des modifications *positives*, provenant d'un pouvoir créateur de subconscient pendant la cryptomnésie, modifications qui reconstruisent l'image d'une manière plus ou moins exacte ou symbolique ?

Un problème très important de la psychologie est lié avec ces questions, le problème de la vie subconsciente. On rencontre souvent aujourd'hui des expressions telles que pensées, sentiments ou associations « subconscientes », mais leur étude expérimentale fut à peine essayée. C'est indirectement seulement que le problème est étudié dans la « psychologie du témoignage » inaugurée par Stern. Tout ce qu'on a fait sous ce rapport appartient plutôt aux observations cliniques. Quant au subconscient normal, on peut dire qu'il est presque inconnu pour l'expérimentateur, quoiqu'il occupe beaucoup de place dans la théorie.

En principe, nous pouvons facilement admettre ces deux

genres de modifications du subconscient, mentionnés plus haut; surtout si nous reconnaissons que le subconscient, aussi bien l'inaperçu que l'oublié, conserve pendant sa cryptomnésie une valeur psychique, affective, comme je l'ai démontré dans les expériences sur la paramnésie et la reconnaissance. On peut donc supposer que le degré de mobilité ou, autrement dit, de création spontanée du subconscient, dépend de l'étendue de sa parenté affective et des ramifications associatives qui en dépendent en grande partie. Si cette parenté affective est pauvre, ou les voies associatives inhibées fonctionnellement (ce qui peut provenir de différentes causes), alors les conditions ne sont pas favorables pour la transformation subconsciente; les points de contact entre le subconscient et la conscience intellectuelle synthétique sont peu nombreux; la possibilité des influences modificatrices qui en proviennent est à son maximum; c'est à peu près une *dissociation*. Et inversement, l'état subconscient qui trouve dans l'organisme une riche parenté affective et des voies associatives libres, reste dans la sphère des influences de la conscience intellectuelle et sans sortir encore de sa cryptomnésie peut se transformer; il est créateur avant d'être conscient.

La notion de « dissociation », appropriée à la psychologie normale, signifie donc le phénomène d'*immobilité* d'un état subconscient, pendant sa cryptomnésie; le phénomène opposé, c'est sa *mobilité créatrice*. Il y a donc une analogie psychologique profonde entre la dissociation normale et pathologique. Mais en dehors de cette analogie, nous voyons des différences bien marquées, qui dépendent de la physiologie de l'individu normal et anormal. La dissociation normale ne produit pas une *conversion organique*, du moins elle ne produit pas une conversion facilement accessible pour l'observateur; tandis que la dissociation pathologique constitue les stigmates hystériques de différente nature; peut-être est-ce seulement l'intensité émotionnelle de l'état dissocié qui décide du résultat. En second lieu, la dissociation normale est *passagère;* l'immobilité du subconscient ne dure que pendant une certaine période de cryptomnésie, après quoi l'oublié peut entrer dans la sphère intellectuelle, comme reproduction ou reconnaissance; la dissociation ne présente ici aucun caractère constant; elle apparaît et disparaît d'une manière accidentelle. Au contraire, la dissociation pathologique est *élective d'une façon constante.* Le fait émotionnel qui l'a produite la première fois, la produit aussi ultérieurement, chaque fois qu'il tend à se répéter, sous forme de perception ou de souvenir, en tenant l'individu dans une distraction constante de ce côté. C'est la différence cardinale. Si nous admettons une *intoxication* des centres intellectuels (O″ de Grasset) par le fonctionnement des centres A (perception A qui provoque l'anesthésie ou l'amnésie), en raison de quoi le fait A reste subconscient, alors, dans la dissociation normale, l'intoxication A—O (ce qui signifie aussi l'inhibition par innervation) serait d'une nature passagère et peut très bien ne se répéter jamais; elle n'est qu'un accident, conditionné par certaines circonstances biochimiques. Dans la dissociation pathologique, au contraire, cette « intoxication » serait constante et spécifique, c'est-à-dire que chaque fonctionnement de A inhibe les centres O. C'est ici sans doute que se cache le mystère de l'hystérie.

III. — LA MÉTHODE DES EXPÉRIENCES

Pour étudier l'histoire cryptomnésique de l'oublié et de l'inaperçu j'employais la méthode suivante. Pour objet de la mémoire je me suis servi des cartes postales illustrées [1], qui présentaient des compositions avec différentes richesses de détails, et qui étaient perçues dans des conditions différentes. Ainsi, dans la première série des expé-

---

1. Voir les reproductions de ces cartes sur les hors-textes.

riences, avec 5 personnes (2 femmes et 3 hommes [1]), les cartes employées pour tests étaient les suivantes :

Première carte : *La Vision de saint Jean* (Bruges, Hôp. Saint-Jean). 21 objets [2]; perçues librement pendant 5 minutes.

Deuxième carte : *Les Macchabées* (Ciseri). 23 objets; perçue librement pendant 5 minutes.

Troisième carte : *Danseuse égyptienne* (Vriend). 10 objets; perçue librement pendant 1 minute.

Quatrième carte : *Loups de mer* (Breton). 12 objets; perçue 5 minutes pendant le calcul mental.

Cinquième carte : *Ecce homo* (Ciseri), en couleurs. 19 objets; perçue 5 minutes pendant le calcul mental.

Sixième carte : *Sujet pastoral* (Boucher), en couleurs. 10 objets; perçue librement 1 minute; accompagnée du son d'un diapason électrique.

Dans la seconde série des expériences, avec 8 autres personnes (5 femmes et 3 hommes), les tests furent un peu différents :

Première carte : *Famille de bûcherons* (Van Kuyck). 10 objets; perçue librement pendant 1 minute.

Deuxième carte : *Le Retour* (Bource). 17 objets; perçue librement pendant 1 minute.

Troisième carte : *Danseuse égyptienne*. 10 objets; perçue librement pendant 15 secondes.

Quatrième carte : *Loups de mer*. 12 objets; perçue 1 minute pendant le calcul mental.

Cinquième carte : *Ecce Homo*. 19 objets; perçue 1 minute pendant le calcul mental.

---

1. Les personnes qui prenaient part aux expériences étaient pour la plupart des étudiants de l'Université.

2. Pour calculer le nombre des objets que contenait le dessin, je me suis tenu à ce principe, qu'il faut compter comme *un* objet toute chose qui constitue pour la pensée une certaine unité indépendante des autres : par exemple une personne, un animal, un meuble, une maison, un paysage ou l'intérieur où la scène se passe, etc. Par contre, les détails du visage, d'habits, etc., n'étaient pas considérés comme des objets, mais comme des détails de la description d'un objet.

Sixième carte : *Sujet pastoral*. 10 objets; perçue librement 15 secondes avec le son du diapason.

Nous avons eu donc une série de perceptions de différente complexité et de différents degrés d'intellectualisation. Les première et deuxième cartes de la première
série, ce sont les perceptions fixées avec le plus grand
travail intellectuel; elles sont apprises par cœur, considérées plusieurs fois de suite, analysées et schématisées mentalement. Le plus souvent, la perception est accompagnée
ici du récit, fait mentalement ou à voix basse, de ce que
représente le dessin; on nomme les objets; en même
temps, il y a des pensées et des souvenirs qui s'associent
aux choses vues. Certaines personnes, après quelque
temps, ferment les yeux pour évoquer l'image mentale et
la comparer ensuite avec le dessin. Les autres esquissent
le dessin avec le doigt sur la table, pendant qu'ils regardent, pour mieux fixer dans la mémoire. En outre, la construction logique a toujours lieu; on transforme le dessin
en un schème ou narration simplifiée, cherchant autant que
possible une idée d'ensemble.

Les cartes III et VI (1 minute, libre) diffèrent des précédentes, non seulement par la courte durée de la perception,
mais aussi par un élément de perturbation[1]. Ce sont les
perceptions *interrompues* d'une façon inattendue. Le sujet,
étant habitué dans les deux expériences précédentes de
percevoir pendant un laps de temps assez long (5 minutes),
s'adapte à la même période de perception et commence à
étudier successivement les détails sans se presser. Il en
résulte qu'au moment de l'interruption il reste toujours
une partie du dessin qui n'était pas perçue, une partie à
peine consciente, vue pendant que l'attention était occupée
d'une autre partie du dessin, et qui n'a laissé qu'une im-

1. En outre, la carte VI avait une petite perturbation additionnelle
dans le son qui l'accompagnait (c'était nécessaire pour un autre but
des expériences); d'où résulte une distraction un peu plus grande de
la perception VI que III, distraction qui se révèle dans les chiffres des
tableaux.

pression générale du premier moment. La carte se partage donc entre deux genres de perceptions : une perception intellectuelle, qui s'était formée avec l'attention adaptée et l'assistance de la parole, et une subconsciente, réduite à l'impression générale qui n'a pas pu atteindre le développement intellectuel.

Les cartes IV et V (5 minutes, calcul) présentent une perception pendant l'attention divisée entre le dessin et le calcul mental. Ce calcul, fait à haute voix, durait pendant tout le temps, et consistait le plus souvent à soustraire successivement un nombre d'une somme représentée par trois chiffres. On le commençait un moment avant l'apparition de la carte. La distraction est ici non seulement intellectuelle, mais aussi émotionnelle, surtout au commencement du calcul. Les personnes, non habituées à ce genre de calcul, ont une tendance à fermer ou à détourner les yeux du dessin, afin d'imaginer les chiffres dans une vision intérieure. C'est chez elles que l'émotion et l'inquiétude sont le plus intenses. Mais le sentiment de l'effort et de la fatigue, qui en sort apparaît chez tous les sujets. La vision consciente du dessin n'a lieu que pendant les petits intervalles du travail, lorsqu'on prononce les deux nombres de l'opération ; cela se fait d'une manière presque rythmique ; après quoi suit le plus grand effort mental, l'opération arithmétique elle-même, qui produit une cécité mentale accompagnée d'une perturbation émotionnelle. — Nous avons donc ici une *série* de visions courtes conscientes, qui est très longue pendant la période de 5 minutes ; ces visions s'accumulent et fixent l'image ; mais aucune d'elles n'est une vision entièrement intellectuelle et développée mentalement, puisque la parole et la construction logique n'étaient pas possibles. En outre, après chaque vision succède l'effort mental émotionnel, lequel agit contre l'intellectualisation graduelle de l'image et obscurcit ce qui commençait déjà à être représenté mentalement. Les énoncés des sujets confirment cette situation psychologique.

« Je n'ai pas pu, disent-ils, attraper l'image, le sens de l'image, et c'est cela qui était pénible, qui tourmentait » ; « je n'ai pas pu concentrer l'attention sur aucune figure, pour la comprendre » ; « je voyais seulement pendant les intervalles, lorsque je disais les nombres à soustraire », etc.

On peut donc dire que l'image mentale du dessin se forme ici par une accumulation des impressions qui ne sont pas élaborées intellectuellement, ou bien qui ne sont que d'une manière imparfaite et partielle. En comparaison de la partie non étudiée des cartes III et VI, l'impression elle-même est ici plus claire et mieux fixée, mais avec presque le même degré d'intellectualisation.

Dans la *seconde série*, les cartes I et II (1 minute, libre) diffèrent de mêmes cartes de la première série par une plus courte durée de la perception, et par ceci qu'elles sont plus faciles à étudier. La durée d'une minute ne permet pas ici d'apprendre le dessin par cœur, de l'étudier. L'image se forme après une seule dépense du travail mental (schématisation et narration), qui ne peut pas se répéter et vérifier la copie intérieure acquise. C'est la perception intellectuelle, mais *sans l'étude*.

Les cartes III et VI (15 secondes, libre), de même que dans la première série, constituent la perception interrompue, contrairement à l'attente ; elles présentent donc de même une partie intellectuelle, et une autre a-intellectuelle ou subconsciente ; mais cette dernière est ici plus grande que dans les cartes correspondantes de la première série, puisque le temps de perception est beaucoup plus court ; le degré de l'intellectualisation est donc comparativement plus petit.

Les cartes IV et V (1 minute avec le calcul) présentent le même caractère de perception que celles de la première série, avec cette différence seulement que la série d'impressions, entrecoupée par des efforts mentaux de soustraction, est ici plus courte ; l'accumulation des impressions répétées est moindre, et, par conséquent, la somme de travail intellectuel, qui se développe partiellement dans les intervalles de calcul, est moindre aussi. Dans l'échelle de l'intellectualisation elles occupent la place au-dessous de cartes correspondantes de la première série.

L'expérience consistait en *deux descriptions* de chaque carte. La première description suivait immédiatement la perception. Le sujet esquissait sur le papier ce qu'il a vu et en même temps il racontait, avec tous les détails, le dessin copié de mémoire. Le dessin se faisait d'une manière tout à fait schématique. Cela se répétait après chacune des 6 perceptions. On obtenait donc de cette manière la première image mentale (I^1), l'image dans sa phase primitive qui touchait encore de près sa naissance.

Après 8 jours se faisait, de la même manière, à l'aide du dessin et d'une narration détaillée, la seconde description de chaque carte. C'était la seconde image mentale (I^2), laquelle, en comparaison avec la première, présentait l'histoire cryptomnésique de chaque perception, l'histoire de l'état subconscient pendant 8 jours de sa vie latente. Le sujet n'était pas prévenu de cette seconde description, et sur ma question s'il avait pensé souvent aux cartes illustrées de l'expérience passée, il répondait le plus souvent qu'il n'y avait pas pensé du tout.

La première description présente la coexistence de ces deux mêmes facteurs — impressionnel et intellectuel — lesquels coopéraient dans la perception. D'après l'énoncé des sujets, il reste encore « une certaine trace dans les yeux » et une vision interne, plus ou moins claire, une copie mentale, ou bien seulement « une sorte de sentiment » qui sert de base pour la description. Quelquefois, ce n'est qu'une impression générale, plutôt affective, sur laquelle se fonde la remémoration; cela est ainsi, par exemple, dans les cartes perturbées par le calcul. — A côté de ceci agit la mémoire des mots, des définitions et des schémas, qu'on employait pendant la perception. Cette mémoire joue un rôle plus ou moins grand, selon les individus. Elle se développe *graduellement*, à mesure qu'on fait le dessin ; tandis que la vision interne ou le « sentiment » apparaît le plus souvent tout d'un coup. C'est la mémoire intellectuelle des mots et des définitions qui sert principalement dans la description des détails secondaires (par exemple, les habits), quoiqu'elle se rapporte aussi souvent à la vision interne pour vérifier. Nous voyons ici une *duplicité* dans la formation de l'image, la même que celle que j'ai démontrée ailleurs (voir « Image et reconnaissance ») ; une partie affective stable et une partie intellectuelle variable et graduellement perfectionnée.

La seconde description, c'est déjà l'évocation de l'image des profondeurs du subconscient. D'après le témoignage introspectif des sujets, nous apprenons que cette « duplicité » continue à exister. A côté de la vision interne, qui chez les uns est très distincte, chez les autres très imparfaite et nébuleuse, il y a la mémoire du dessin et de la narration précédente, qui joue un grand rôle. On peut même facilement, dans chaque copie, conduire une ligne de démarcation qui séparerait la partie reproduite de la vision interne de l'autre partie reproduite sans la vision, à l'aide de la mémoire des mots et des phrases de la description précédente.

Ces deux descriptions ou images mentales se laissent facilement exprimer en formules arithmétiques, représentant la quantité et la qualité de la remémoration. La carte-test présente une certaine somme des objets qui composent le dessin. Une reproduction parfaite devrait contenir non seulement la même somme d'objets, mais aussi une description fidèle de chacun d'eux. On a donc deux principales catégories d'erreurs dans la remémoration : l'omission d'un objet et la description fausse d'un objet. Dans la description fausse les erreurs peuvent être de différentes espèces et d'une différente étendue. L'erreur peut se rapporter seulement à un ou à plusieurs attributs d'un objet ;

par exemple, au lieu d'une robe jaune on décrit une robe
bleue, ou bien, au lieu d'une tête nue on dit qu'il y a un
chapeau; ce sont les *erreurs positives*. Au contraire, si le
sujet annonce pendant la description qu'il ne sait pas
quelle est la robe, ou si la tête est coiffée ou non, dans ce
cas nous notons les *erreurs négatives*. — Si le sujet dit
qu'*il lui semble* que la robe est jaune, mais qu'il n'en est
pas sûr, alors c'est un autre genre d'erreurs : *incertitudes*.

Ces trois genres d'erreurs peuvent avoir une étendue si
grande qu'ils changent tout à fait l'objet lui-même, reproduit dans la description. Si, par exemple, les erreurs positives des attributs vont jusqu'à changer une femme en
homme barbu, dans ce cas il faut mettre la description dans
la rubrique des *illusions*. Si les erreurs négatives s'accumulent de telle sorte qu'on ne peut pas dire au juste quel
est l'aspect, le visage, la pose, etc., d'une figure, sachant
pourtant que c'est un homme, ou une femme, alors nous
mettons une telle description de l'objet dans la rubrique
des *généralités*. Si cette dernière notion manque aussi, le
sujet ne pouvant rien dire de plus que « c'est quelque
chose ou quelqu'un », qui est ici, dans ce cas l'objet sera
noté comme *indéterminé*. Si l'incertitude du sujet se rapporte non pas aux attributs seuls, mais à l'objet entier,
cela sera un objet *incertain*. Enfin, l'apparition dans la
description d'une chose qui ne correspond à aucun des
objets réel du dessin, sera notée comme une *hallucination*.
Et l'omission d'un objet, accompagnée de la conscience du
sujet, plus ou moins vague qu'il y a quelque chose d'omis,
sera notée comme un *sentiment du manque*.

Prenons, par exemple, la première description de la
carte III composée de 10 objets. Nous avons ici 3 objets
qui sont décrits avec plus ou moins d'exactitude; il y a
deux erreurs positives et une négative. En dehors de la
description de ces trois objets nous avons encore un objet
cité seulement d'une manière indéterminée « une personne »; un autre objet décrit par un terme général « une

femme », et deux figures de femmes décrites comme « les hommes, avec de grandes barbes », etc. — Cette description sera présentée en formules suivantes :

$I^1 = 3$ (2 pos. + 1 nég.) + 1 indét. + 1 gén. + 2 illus.

La seconde description de cette même carte (chez le même sujet) contient 6 objets décrits et seulement un objet cité en terme général sans description (le même que dans le I^1). Dans la description de six objets nous trouvons une erreur positive ancienne (la même que dans le I^1) et 4 erreurs positives nouvelles. Cette seconde description sera donc formulée ainsi :

$I^2 = 6$ (1 pos. an. + 4 pos. n.) + 1 gén. an.

D'après la formule I^1 nous voyons que sur 10 objets de la carte, 3 sont *oubliés* totalement. D'après la formule I^2 nous voyons le même nombre des oubliés, quoique la formule soit bien changée.

La différence ($I^1 - I^2$) représente cette modification de l'image qui s'était accomplie pendant sa cryptomnésie. Il est superflu d'ajouter que cette différence ($I^1 - I^2$) est infiniment variable, qu'elle change d'après chaque carte et chaque individu. Parmi 78 formules ($I^1 - I^2$) qu'on peut nommer *formules de cryptomnésie*, de l'histoire latente de l'image, nous ne rencontrons pas une seule répétition. Ce sont les formules individuelles par excellence. Chacune d'elles contient, exprimée en chiffres, une petite histoire du subconscient, lequel a pris naissance dans des conditions bien déterminées.

Nous devons discerner ici deux genres du subconscient : 1) le subconscient que nous appellerons du *premier degré :* c'est cette partie de la perception qui n'était pas consciente et n'a pas pu passer dans la première description; donc P (perception) — I^1 = subconscient 1º.

2) Le subconscient du *second degré*, c'est la première image mentale dans la cryptomnésie; c'est donc cette partie de la carte qui était consciente deux fois, une fois comme perception, une seconde fois comme reproduction, après

quoi, jusqu'à la seconde description elle reste dans la mémoire latente. La seconde image mentale peut donc s'exprimer ainsi : $I^2 =$ subcon. 1° + subcon. 2° + leurs modifications.

Ayant les formules individuelles de I^1 et I^2, nous avons pu calculer facilement le rapport quantitatif des reproductions[1], des oublis, des erreurs positives et négatives, des incertitudes, des généralités, des choses indéterminées, des illusions, des hallucinations et des sentiments du manque, dans la première et seconde description *collective* de chaque carte. La sommation des nombres correspondants des formules individuelles de I^1 ou de I^2 nous donnait la quantité absolue des reproductions, des erreurs, etc., contenue dans la première ou la seconde description, collectivement envisagée. Pour obtenir les quantités de pour cent nous avons pris le rapport entre ce nombre absolu de tels ou tels phénomènes et la somme des objets de la carte, collectivement envisagée. Ainsi, par exemple, la carte I, de la première série, contient 21 objets dans sa composition; il y a 5 personnes qui ont fait la description; donc la carte collective contient $21 \times 5 = 105$ objets. La somme des reproductions dans la première description (I^1) est 81; par rapport donc à la somme totale des objets 105, cela constitue 0.77 p. 100. Dans la seconde description (I^2) la somme des reproductions est 78 contre 105 objets, c'est-à-dire 0.74 p. 100. La somme des oubliés dans I^1 est 10 contre 105, c'est-à-dire 0.09 p. 100; dans I^2 est 14 contre 105, c'est-à-dire 0.13 p. 100. La somme des erreurs positives dans I^1 est 13 contre $105 = 0.12$ p. 100; dans I^2 elle est 6 contre $105 = 0.15$ p. 100, et ainsi de suite.

De cette manière nous avons pu exprimer en quantités relatives la composition de deux images mentales de chacune des cartes.

---

1. Nous appelons « reproduction » une telle description seulement de l'objet, qui, étant plus ou moins exacte, correspond cependant à l'objet réel du dessin.

L'expression quantitative de la modification cryptomnénésique de l'image, nous l'avons obtenue par le procédé suivant :

En comparant les formules individuelles I¹ et I², nous voyons en premier lieu qu'il y a deux espèces de modifications qui se sont accomplies dans l'image : les modifications *négatives*, c'est-à-dire les pertes de l'image, provenant de son effacement dans la mémoire, et les modifications *positives*, l'accroissement de l'image, provenant du pouvoir créateur du subconscient dans la cryptomnésie. Comme modifications *négatives*, nous avons compté les faits su' vants : un oubli nouveau de l'objet; une nouvelle erreur négative dans la description d'un objet; une nouvelle incertitude concernant les attributs ou l'objet lui-même: l'expression générale ou indéterminée d'un objet qui était bien ou mal décrit dans la première description; la perte de l'hallucination sans qu'on la remplace par quelque chose; la perte du sentiment du manque. — Comme modifications *positives* nous avons compté : la reproduction d'un objet oublié; la description vraie ou fausse des objets qui étaient exprimés auparavant d'une façon générale ou indéterminée; les nouveaux détails dans la description de l'objet; la correction des erreurs positives ou négatives; la correction des illusions; la substitution d'une erreur positive à la place d'une négative; une nouvelle erreur positive; une nouvelle illusion ou bien la modification de l'illusion ancienne; une nouvelle hallucination ou bien la modification de l'hallucination ancienne; un nouveau sentiment du manque ou bien une précision plus grande du même sentiment; la perte des incertitudes. Toutes ces modifications sont des modifications créatrices, même celles qui donnent des erreurs et des illusions. En opposition des modifications négatives elles présentent non pas le phénomène de la mort, mais le phénomène d'une vie latente de l'image.

Chacune de ces modifications négatives ou positives, aperçues par la comparaison de deux descriptions, nous l'avons considérée comme l'*unité* du changement (—) ou (+). Pour obtenir les rapports quantitatifs nous avons calculé d'abord les modifications négatives ou positives, chez chaque personne, relatives à une carte. Ainsi, par exemple, pour la carte I (de la première série), expérimentée avec 5 personnes, nous avons : chez la première personne : modification — 3 et + 4; chez la seconde : — 6 et + 3; chez la troisième : — 2 et + 3; chez la quatrième : — 3 et + 5; chez la cinquième : — 0 et + 4. La carte I donne, par conséquent, en somme une modification négative —14, et une modification positive + 19; ce qui, par rapport à la somme 105 des objets de la carte collective, présente les pour cent : pour la modification négative — 0.13, pour la modification positive 0.18. Le premier nombre exprime le p. 100 de la *perte*, ou bien de la *mort de l'image* dans une période de cryptomnésie. Le second nombre exprime le pour cent de l'*accroissement* ou de la *création* de l'image dans cette même période de cryptomnésie, et donne en même temps la mesure de la mobilité du subconscient. — Nous allons voir maintenant quels sont les mystères que les nombres nous ont révélés.

IV. — L'INFLUENCE DE L'ACTIVITÉ INTELLECTUELLE SUR L'IMAGE MENTALE IMMÉDIATE (I[1])

Comme nous l'avons dit, les 12 cartes de deux séries, employées comme « tests », constituaient une échelle des perceptions, qui présentait six degrés différents de l'intellectualisation. Chacune de ces cartes nous a donné, avec chaque personne, deux descriptions : une immédiate et une après 8 jours. Nous avons donc eu 10 descriptions de chaque carte de la première série (5 personnes) et 16 descriptions de chaque carte de la seconde série (8 personnes). En somme 156 descriptions, dont 78 de l'image première et 78 de la seconde.

Le tableau I, construit sur cette base, représente les rapports quantitatifs en pour cent des reproductions, des oublis, des erreurs positives et négatives, des incertitudes, des généralités, des choses indéterminées, des illusions, des hallucinations et des sentiments du manque, — dans

TABLEAU I. — *Première Série.*

Influence de l'activité intellectuelle sur l'image mentale.

Cartes	Reproductions	Oublis	Err. posit.	Err. négat.	Incertitudes	Généralités	Indéterminés	Illusions	Hallucin.	Sentiment du manque
					I¹					
I	0,77	0,09	0,12	0,07	0,009	0,09	0,009	0,01	—	—
II	0,78	0,16	0,17	0,06	—	0,04	—	0,01	—	—
III	0,78	0,12	0,22	0,30	0,06	0,02	0,06	0,02	0,02	0,06
IV	0,76	0,20	0,23	0,18	0,03	—	0,01	—	0,01	0,05
V	0,53	0,16	0,17	0,23	0,01	0,11	0,15	0,02	—	—
VI	0,68	0,24	0,30	0,32	0,16	—	—	0,08	—	0,04
					I²					
I	0,74	0,13	0,15	0,11	0.01	0,08	0,01	0,02	0,009	0,009
II	0,60	0,24	0,20	0,08	0,02	0,07	0,03	0,05	0,03	—
III	0,74	0,18	0,38	0,18	0,06	—	0,06	0,02	0,08	0,06
IV	0,73	0,21	0,23	0,16	0,03	0,03	—	—	0,01	0,06
V	0,43	0,32	0,07	0,11	0,03	0,12	0,07	0,03	0,01	0,02
IV	0,66	0,30	0,56	0,30	0,04	—	—	0,06	—	0,06

la première image mentale (description immédiate) et dans la seconde image (description après 8 jours) des différentes cartes, c'est-à-dire des différentes perceptions. Le tableau II représente les différences réciproques de ces deux images.

Commençons par la *première* image mentale. Quelquefois elle se rapproche encore d'une image visuelle consécutive, quand il y a trace de l'impression qui reste dans les yeux. Mais cette trace ne joue pas un grand rôle dans la remémoration; ce n'est qu'un accident secondaire. La perception a déjà eu le temps de devenir un souvenir, et elle se reproduit d'une trace plus profonde vers laquelle se dirige aussi l'activité intellectuelle de la remémoration. La

TABLEAU I. — *Seconde Série.*

Influence de l'activité intellectuelle sur l'image mentale.

Cartes	Reproductions	Oublis	Err. posit.	Err. négat.	Inertitudes	Généralités	Indéterminés	Illusions	Hallucin.	Sentiment du manque
					I¹					
I	0,92	0,05	0,78	0,36	0,11	0,02	—	—	0,06	—
II	0,86	0,11	0,30	0,08	0,007	0,02	—	—	0,02	0,01
III	0,48	0,30	0,35	0,16	0,06	0,02	0,13	0,05	—	0,07
IV	0,63	0,30	0,26	0,07	0,01	0,03	—	0,06	—	0,03
V	0,44	0,37	0,23	0,10	0,02	0,12	0,07	0,006	0,03	—
VI	0,60	0,40	0,45	0,13	0,05	—	—	—	0,05	0,01
					I²					
I	0,82	0,08	0,73	0,21	0,12	0,07	0,01	—	0,02	0,02
II	0,82	0,15	0,36	0,11	0,02	0,007	—	—	0,02	0,02
III	0,60	0,26	0,36	0,10	0,10	0,01	0,10	0,04	0,03	0,07
IV	0,60	0,33	0,22	0,07	0,04	0,02	0,04	0,01	0,06	0,03
V	0,41	0,42	0,21	0,09	0,04	0,07	0,08	0,02	0,03	0,01
VI	0,62	0,36	0,45	0,16	0,05	—	—	—	0,03	0,01

différence entre la perception-modèle et la première image mentale peut nous apprendre quelle partie de la perception est restée en état d'une impression subconsciente, et, en outre, comment se répercute un certain genre de la perception sur l'image mentale, sur sa composition qualitative et quantitative.

Nous voyons d'abord une variabilité des *reproductions.* Les nombres présentés sous cette rubrique renferment seulement ces objets du dessin qui furent décrits, d'une manière plus ou moins exacte, sans compter ceux qui furent indiqués d'une manière générale, indéterminée ou comme illusions. Dans ces nombres, de la première série, l'influence de l'activité intellectuelle n'est pas exprimée

TABLEAU II

La différence des deux images $(I^1 — I^2)$.

Cartes	Reproductions	Oublis	Err. posit.	Err. négat.	Incertitudes	Généralités	Indéterminés	Illusions	Hallucin.	Sentiment du manque
				Première Série						
I	−0,03	+0,04	+0,03	+0,04	—	−0,01	—	+0,01	+0,01	+0,01
II	−0,18	+0,08	+0,03	+0,02	+0,02	+0,03	+0,03	+0,04	+0,03	—
III	−0,04	+0,06	+0,16	−0,12	—	−0,02	—	—	+0,06	—
IV	−0,03	+0,01		−0,02	—	+0,03	−0,01	—	—	+0,01
V	−0,10	+0,16	−0,10	−0,012	+0,02	+0,01	−0,08	+0,01	+0,01	+0,02
VI	−0,02	+0,06	+0,26	−0,02	−0,12	—	—	−0,02	—	+0,02
				Seconde Série						
I	−0,10	+0,03	−0,05	−0,15	+0,01	+0,05	+0,01	—	−0,04	+0,02
II	−0,04	+0,05	+0,06	+0,03	+0,01	−0,01	—	—	—	+0,01
III	+0,12	−0,04	+0,01	−0,06	+0,04	−0,01	−0,03	−0,03	+0,03	—
IV	−0,03	+0,03	−0,04	—	+0,03	−0,01	+0,01	−0,02	+0,05	—
V	−0,03	+0,05	−0,02	−0,01	+0,02	−0,05	+0,01	+0,004	—	+0,01
VI	+0,02	−0,04	—	+0,03	—	—	—	—	−0,02	—

d'une façon claire. Les perceptions étudiées (I et II) ont presque le même pour cent de reproductions que les perceptions avec l'intellectualisation perturbée (III et IV). C'est seulement dans les cartes V et VI que nous voyons une diminution de 25 et de 10 p. 100. Ce résultat provient de la composition plus difficile de deux premiers dessins; cette difficulté diminue le nombre de reproductions et, à cause de cela, obscurcit l'influence de l'agent intellectuel sur cette partie du fait. Cela se confirme par la carte V, laquelle, ayant la composition aussi difficile que les cartes I et II, mais perçue pendant le calcul, présente une diminution de 25 p. 100 de reproduction, en comparaison avec ces deux cartes.

Aussi, dans la seconde série, où les cartes I et II ont une composition presque aussi facile que les autres cartes de cette série (excepté la carte V qui est plus difficile), l'influence de l'activité intellectuelle sur le nombre de reproductions apparaît d'une manière très claire. Les cartes perçues librement (I et II) ont presque deux fois plus de reproductions que les cartes perçues avec une perturbation mentale. Sans parler de la carte V, où la difficulté de composition diminue encore davantage ce nombre, nous voyons que la quantité de reproductions la plus petite se trouve dans les perceptions interrompues (III et IV).

Les *oublis*, dans la première image mentale, renferment deux choses différentes : les *impressions inconscientes*, c'est-à-dire les parties de la carte qui n'étaient jamais tout à fait conscientes, à cause de la distraction ou l'absorption de l'intellect ailleurs; et les *oublis* propres, les objets qui étaient conscients, mais qui après, par suite d'un facteur d'amnésie quelconque, ont été effacés de la mémoire. Il faut aussi se rappeler que le pour cent des oublis, que présente le tableau, ne correspond pas exactement au nombre des objets non reproduits, car parmi ces derniers il y a aussi ceux qui sont indiqués d'une façon générale, indéterminée, ou comme illusion. Dans cette rubrique nous avons placé seulement des oublis *complets*, des objets qui n'étaient exprimés d'aucune façon dans la description.

Comme nous le voyons, la première série ne démontre pas clairement le rapport entre l'intellectualisation et les oublis. Le facteur de la difficulté de la composition entre ici en jeu pour embrouiller le résultat; il augmente les oublis, surtout dans la carte II qui est la plus difficile.

Puisque cette carte est perçue librement et même étudiée,
il faut donc admettre que les oublis qui apparaissent ici
proviennent des agents d'amnésie analogues à ceux qui
agissent dans la mémoire immédiate des séries longues;
le dessin, étudié dans ces conditions, se rapproche beaucoup de la succession des perceptions différentes, d'après
ce que nous disent les personnes sur la manière dont ils
étudient le dessin. Cette série se répète ici plusieurs fois
de suite (pendant 5 minutes de perception); l'attention
peut donc se concentrer également bien sur chaque objet
du dessin; le facteur principal d'amnésie, ce doit être l'intervalle du temps, rempli par d'autres perceptions, qui
s'écoule entre une perception et sa reproduction; et encore
davantage la valeur intellectuelle des perceptions. Entre
les objets perçus dans le dessin il y en a qui provoquent
un intérêt plus grand et une série des associations et des
pensées étrangères au dessin. Plus longue est la perception du dessin, d'autant plus s'élargit aussi le champ et la
possibilité de ce travail mental secondaire, additionnel; et
proportionnellement à l'intensité de ce travail augmente
aussi l'inhibition de la fixation du dessin et de la conservation de l'image. L'*étude* même de la carte peut donc
agir comme facteur d'amnésie, de la même manière que
les mots intéressants dans une série de mots. Certaines
personnes aperçoivent ce phénomène intuitivement et nous
disent, par exemple, qu'elles sont persuadées de mieux se
souvenir de la carte si la vision était plus courte.

C'est pour cette cause que les perceptions libres (I, II),
de la première série présentent, comparativement, un pour
cent si grand des oublis, égal ou même surpassant celui
des perceptions inhibées (III et V); c'est seulement dans
deux cartes inhibées (IV et VI), que l'augmentation des
oublis est bien marquée. — Par contre, là où ce facteur
d'amnésie manque, où les cartes librement perçues sont
faciles et exposées pendant le temps plus court, comme dans
la seconde série, là aussi le rapport entre l'activité intel-

lectuelle et les oublis se manifeste d'une façon très claire :
les deux premières cartes ont un pour cent des oublis
beaucoup plus petit que toutes les autres cartes inhibées
intellectuellement d'une manière ou d'une autre. Cet accroissement des oublis représente ici non seulement les
oublis propres, l'amnésie provenant des efforts mentaux
émotionnels, mais aussi les impressions subconscientes,
les objets vus pendant une cécité mentale.

Les *erreurs positives* ont une origine différente. Il y en
a qui consistent seulement en transposition des attributs
d'un objet sur un autre (par exemple, une couleur qui
passe d'une personne à l'autre, etc.) ; les impressions sont
correctement conservées, mais sont mal coordonnées. Les
autres proviennent de la perception inexacte de l'objet, et
cette inexactitude est plus tard, dans la description, sup-
pléée par une inférence, qui n'est pas tout à fait juste ; ou
bien elle est supplantée par une autre image partielle, qui
vient accidentellement à la mémoire. — Il y en a aussi qui
proviennent d'une dénomination inexacte de l'objet pendant
la perception ; la mémoire de ce mot se conserve et se substitue à la place de l'objet même, d'où une fausse reproduction ; ou bien le mot lui-même se change en un autre mot
semblable, mais d'une différente signification et crée des
associations qui dépravent le souvenir de l'objet. Ainsi, par
exemple, un fichu peut se changer en bonnet, le bonnet
peut évoquer l'association d'une vieille femme, et cette
notion de la « vieille » se substituera à la place d'une jeune
femme réelle. — Des erreurs semblables peuvent naître
aussi de définitions qu'on fait pendant l'étude du dessin, en
formulant dans la pensée son contenu. Ces définitions, qui
déterminent le type d'une personne ou d'une chose, constituent aussi une contrainte pour la pensée et l'imagination pendant la description, et imposent à la mémoire certains détails qui ne sont que des inférences de ces définitions.
Ainsi, par exemple, une figure définie comme un « homme
vieux » retrouve dans la description « une barbe et des

moustaches » qui n'existent pas; un animal, défini comme
« semblable à un oiseau » se reproduit plus tard avec des
ailes étendues, ce qui n'est pas vrai, et ainsi de suite. —
En général donc, on peut admettre quatre origines des
erreurs positives : 1) l'inexactitude de l'impression: 2) l'influence des images associées, existant dans le dessin ou
hors le dessin; 3) l'influence des mots; 4) l'influence de la
pensée logique.

L'activité intellectuelle joue donc ici un grand rôle. Mais
elle peut agir dans deux directions opposées. Elle peut
coordonner les impressions d'une manière correcte, et aider
la reproduction fidèle par les mots et les définitions
exactes, diminuant ainsi le nombre des erreurs positives.
Mais, de l'autre côté, elle peut être aussi la source de ces
erreurs, par les moyens dont nous avons parlé. Le tableau
des pour cent reflète cette action ambiguë : le rapport du
degré de l'intellectualisation de la carte au nombre des
erreurs positives ne présente aucune régularité, dans les
deux séries. Dans la première série, nous voyons une certaine augmentation de ces erreurs dans les trois cartes perturbées, d'où on peut conclure, que l'activité mentale des
sujets, expérimentés dans cette série, agissait dans le sens
d'assurance contre les erreurs; par contre, dans la seconde
série, nous voyons une prééminence des erreurs positives
dans les cartes perçues librement, et leur pourcentage le
plus petit dans les cartes IV et V, où l'intellect fut occupé
du calcul et par conséquent ne prenait qu'une part minime
dans la formation de l'image.

Les *erreurs négatives*, ce sont les oublis ou les incon-
sciences des attributs des objets, les lacunes dans la mémoire ou dans la perception, les mêmes que celles qui constituent les oublis des objets, avec cette différence seulement
que la chose qu'on oublie a moins d'importance comme impression et comme objet de la pensée. Ne pas se rappeler
les détails des habits, des couleurs, du visage, etc., cela
peut signifier ou l'inconscience de traits correspondants

du dessin, par suite d'un saut que l'attention a fait au-dessus d'eux, ou bien leur effacement dans la mémoire par un agent quelconque de l'amnésie. Le rapport de ces erreurs à l'intellectualisation doit donc être le même que le rapport des oublis, c'est-à-dire que l'activité intellectuelle inhibée doit augmenter le nombre des erreurs négatives dans l'image. Ce que nous démontre très clairement le tableau dans la première série : le nombre des erreurs négatives augmente énormément dans les cartes perturbées. Par contre, dans les cartes I et IV de la seconde série, nous trouvons des nombres tout à fait inattendus; la carte I, librement perçue, possède le plus grand nombre d'erreurs négatives; la carte IV, perçue pendant le calcul, possède le nombre le plus petit. Ce sont des cas paradoxaux, qu'il est difficile d'expliquer. On peut seulement supposer que c'est la qualité du dessin qui influe. La carte I a des figures plus petites et moins claires, les habits et les visages sont moins caractéristiques; la carte IV, au contraire, présente des types très caractéristiques, Je dois ajouter que cette prédominance des erreurs négatives dans la carte I n'est pas due à un cas individuel exceptionnel; la prééminence se retrouve dans toutes les descriptions individuelles.

Les *incertitudes*, ce sont aussi des perceptions incomplètes ou mal fixées dans la mémoire, à cause d'un ou de plusieurs agents de distraction et d'amnésie : du calcul, de l'interruption, de l'émotion, de la difficulté et suggestibilité du dessin. C'est le premier des degrés médiats entre la conscience intellectuelle bien développée et la conscience sans l'intellect, c'est-à-dire subconscience, le degré le plus rapproché de la première. Le nombre des incertitudes doit donc augmenter proportionnellement à l'intensité des facteurs de la distraction et de l'amnésie. Mais cette augmentation peut diminuer au profit des autres formes de la conscience inhibée, au profit des généralités ou choses indéterminées. Ce que nous voyons dans la première série du tableau : le pour cent des incertitudes est en général plus grand dans les cartes perturbées : dans la carte V son augmentation (par rapport aux cartes I et II) est très petite ; mais, en revanche, nous voyons un accroissement notable des généralités et des indéterminations ; inversement, la carte VI présente un grand pour cent des incertitudes à côté du zéro des généralités et des indéterminations. Dans la seconde série, ce rapport n'est pas clair : la carte I donne le plus grand pour cent des incertitudes, peut-être pour la même raison que celle des erreurs négatives ; c'est seulement la comparaison de la carte II avec les cartes III et VI qui démontre l'accroissement des incertitudes dans la perception intellectuellement perturbée.

Les *généralités* et les *indéterminations* constituent les degrés médiats suivants de la conscience inhibée, se rapprochant déjà de la subconscience. Un pas plus loin et, nous n'aurons que les sentiments du manque et les oublis complets. Le pour cent de ces composants de l'image doit augmenter à mesure que s'accroît l'intensité des facteurs de la distraction et de l'amnésie, à moins qu'ils ne passent dans les oublis. Nous voyons ici la même suppléance de ces états congénères, se substituant réciproquement, que celle que nous avons vue dans les incertitudes. Dans la première série, la carte I démontre relativement un grand pour cent des généralités ; mais, en revanche, elle présente le moins d'oublis et un pour cent très petit d'incertitudes et d'indéterminations ; le facteur de l'amnésie qui agit ici (la longue étude du dessin) se dirige donc principalement vers la création des généralités. Dans la carte II, le pour cent des oublis augmente ; ce même facteur de l'amnésie, vu la difficulté plus grande du dessin, produit ici principalement des oublis sur le compte des incertitudes, généralités et indéterminations. Dans la carte III, les généralités diminuent au profit des autres formes de la conscience inhibée, et surtout au profit des erreurs négatives, dont elles ne sont du reste qu'une accumulation. La carte IV ne présente pas de généralités, et le pour cent des indéterminations est très petit; le facteur de la distraction et de l'amnésie produit principalement l'accroissement des oublis et des erreurs négatives. La carte V, par contre, présente un nombre plus petit des oublis (et des incertitudes aussi), mais, en revanche, un accroissement notable des généralités et des indéterminations, à côté de l'accroissement des erreurs négatives.

La carte VI n'a ni des généralités ni des indéterminations, mais le nombre des oublis est ici plus grand, de même que le nombre des incertitudes et des erreurs négatives.

Dans la seconde série, où les cartes I et II n'ont pas le facteur de l'amnésie provenant d'une étude longue, l'influence de l'inhibition intellectuelle artificielle sur l'accroissement des généralités et des indéterminations apparait d'une façon très claire; quoique en même temps apparaît aussi le phénomène de la suppléance réciproque des états de la conscience inhibée. Dans la carte III, nous ne voyons pas l'accroissement des généralités (en comparaison avec les cartes I et II), mais un grand accroissement des indéterminations et des oublis. Dans la carte IV, le petit accroissement des généralités se compense par un grand accroissement des oublis. Dans la carte VI, il n'y a ni généralités, ni indéterminations, mais le pour cent des oublis est ici plus grand que dans toutes les autres cartes.

Les *illusions* se forment par l'accumulation des erreurs positives, de même que les généralités et les indéterminations se forment par accumulation des erreurs négatives. Or, nous avons vu que l'activité intellectuelle agit sur les erreurs positives dans les deux sens contraires, et peut tout aussi bien les augmenter que les diminuer. Cette ambiguité se reflète aussi dans les pour cent des illusions, surtout dans la première série, où les deux premiers dessins sont plus difficiles et soumis à une étude prolongée. Ce n'est que la carte VI qui démontre un accroissement plus grand des illusions; dans la carte IV elles disparaissaient; dans les cartes III et V l'accroissement est très petit. Dans la seconde série, l'accroissement des illusions par l'inhibition intellectuelle se manifeste plus clairement. Les deux premières cartes n'ont pas des illusions, mais seulement un grand nombre des erreurs positives; les cartes inhibées III, IV et V présentent un accroissement des illusions, mais aussi une diminution des erreurs positives, dans les deux cas.

Les *hallucinations* sont au nombre de 14; 2 dans la première série et 12 dans la seconde. Cette différence provient des individualités de personnes; dans la seconde série, il y en a qui sont singulièrement prédisposées aux hallucinations de la mémoire; un tel, par exemple, M. M..., qui présente 5 cas d'hallucinations, et qui en avait aussi souvent lors des expériences avec la mémoire des mots. Le mécanisme psychologique de la production des hallucinations de la mémoire ressemble beaucoup à celui qu'a décrit Binet dans les hallucinations pathologiques visuelles de l'hystérie et de l'hypnose (Voir Binet, *Psychologie du raisonnement*). Pour que l'hallucination apparaisse, il faut, dans les deux cas, qu'il existe un point de repère réel, un signe de l'impression actuelle ou passée, sur lequel se développe une représentation, qui peut provenir de différentes sources. Cette représentation, greffée sur le signe, se fusionne avec lui et s'imprègne de sa réalité; elle perd désormais son caractère purement subjectif et est appréciée par le sujet comme une chose perçue actuellement (hallucination visuelle) ou perçue auparavant (hallucination de la mémoire).

Dans les hallucinations de la première image mentale nous pouvons retrouver facilement ces deux éléments. Par exemple, dans la carte III (première série, pers. Silb.), il y a l'hallucination d'une femme sur le canapé, à côté de la femme réelle; à cette place il y a un coussin, qui reste inaperçu; une concentration plus forte de l'imagination sur la figure de la femme s'était fusionnée avec l'impression sub-

consciente du coussin et a produit une seconde figure analogue. Chez la personne Sz., carte IV (première série), il
y a hallucination d'une jeune femme debout, portant les
assiettes. A cette place il y a des habits pendus dans un
coin sombre de la chambre, qu'on n'a pas décrits; dans un
autre coin il y a des assiettes, qui ne sont pas non plus
indiquées. Or, pendant la perception, la pensée du sujet
était surtout occupée d'une figure, qu'on pouvait juger être
un jeune homme ou bien une jeune femme. Ce doute, coïncidant avec la distraction forcée du calcul, pouvait se
scinder en deux représentations : la figure réelle fut jugée
être un homme et la représentation de la femme s'était
fusionnée avec l'impression subconsciente des habits, en
attirant aussi, vers la même composition l'autre impression
subconsciente des assiettes. — La carte I, de la deuxième
série, produit chez trois sujets presque les mêmes hallucinations, de deux ou trois enfants, analogues aux enfants
réels de la carte, qui sont aussi reproduits, mais localisés
toujours d'un autre côté. Ces enfants imaginaires remplacent l'une ou l'autre personne du dessin, qui est oubliée
et qui n'a aucune ressemblance avec les enfants. Le mystère de cette hallucination répétée consiste en ceci, que sur
le dessin, à côté des enfants réels, il y a encore une sil-
houette, très indistincte, d'un troisième enfant. C'était le
point d'un travail de la pensée plus intense, s'efforçant
de constater ce que c'est : si c'est un enfant on quelque
chose d'autre. Il y avait donc une représentation de l'enfant assez intense, mais qui n'était pas encore définie et
constatée, une représentation vagabonde ; rencontrant dans
l'image mentale les traces distinctes des impressions subconscientes réelles (des figures inaperçues ou oubliées), elle
s'y fusionnait en créant l'hallucination.

Il y a aussi des hallucinations intéressantes dans la
carte VI. Chez M. Mar., à la place des brebis apparaît
« le sentiment » qu'il s'y trouve une troisième personne
(le dessin n'a que 2 personnes) ; les brebis sont transpor-

tées d'un autre côté, et n'ont laissé qu'une impression vague de quelque chose qui vit, impression localisée, qui cherchait sa représentation. Dans cette même carte, chez M. Sl., apparaît le souvenir localisé « d'un oiseau qui vole »; à la place indiquée il n'y a rien sur la carte; mais un peu plus bas se trouve une cage ouverte et vide, qui n'était pas perçue; il est possible que c'est cette cage qui a provoqué une pensée, à demi consciente, d'un oiseau qui s'est envolé, admise plus tard comme réalité.

Le point de repère de l'hallucination c'est toujours une impression subconsciente, la perception d'un objet réduit au sentiment de *quelque chose*. Ce sentiment, comme tout état subconscient intense encore et se débattant sous le seuil de la conscience, recherche sa face représentative et la trouve soit en dehors de soi, en s'assimilant une certaine idée tenace qui, au moment donné, recherche son affirmation dans les souvenirs; ou bien il la trouve en dedans de soi, prenant pour réalité représentative ses associations ou ses symboles (comme c'est le cas de la carte VI). Le rôle du « signe réel » est donc autre ici que dans les hallucinations pathologiques visuelles; ici, il est par soi-même actif, créateur, capable à produire une symbolistique intellectuelle, et conservant souvent son caractère générique d'une *certaine* chose: tandis que dans les hallucinations visuelles le rôle actif n'appartient qu'à la représentation (l'idée pathologique ou suggestionnée), et le signe, servant de point de repère, est une chose tout à fait accidentelle et passive.

Nous voyons donc que le mécanisme psychique des hallucinations en question est au fond le même que celui des hallucinations des mots. (Voir chap. II.) Leur base c'est la *réduction subconsciente de la perception*. Il en résulte que la *distraction et l'amnésie sont des conditions indispensables des hallucinations, et que l'augmentation de ces facteurs favorise leur accroissement*. Dans la première série nous avons 2 hallucinations seulement, et toutes les deux se trouvent dans les cartes perturbées. Dans la seconde série il y en a 5 dans les deux cartes libres (peut-être le résultat d'une distraction spontanée), et 7 hallucinations dans les deux cartes perturbées. En somme, il y a donc presque deux fois plus d'hallucinations dans les cartes perturbées que dans les cartes libres.

Les *sentiments du manque* appartiennent aux oublis. Ce sont les choses oubliées dont on sent le défaut et qu'on peut encore localiser plus ou moins exactement. Comme nous verrons dans un autre travail, ces sentiments présentent un phénomène très curieux de *résistance* envers les suggestions plus ou moins fausses. — Les sentiments du manque constituent le dernier degré dans l'échelle des états de conscience-inhibée; c'est le passage entre les choses indéterminées et les choses tout à fait oubliées; une cécité mentale ou une amnésie plus grande peut faire qu'à la place des indéterminations n'apparaissent que les sentiments du manque dans la description. C'est le *seuil du subconscient*, le plus petit degré de son intellectualisation.

La comparaison des nombres des oublis avec les nombres de ces sentiments peut nous donner des indications sur la *profondeur de l'oubli* dans chaque carte. Plus grand est le nombre des oubliés qui sont sentis encore, d'autant l'oubli est *moins* profond, d'autant plus près du seuil de la conscience se trouve le subconscient de la perception donnée. Il est évident que nous ne prenons pas en considération ici les oubliés dont l'existence est connue au sujet d'une manière purement théorique, par exemple, lorsqu'il infère du manque d'une personne parce qu'il a compté leur nombre sur le dessin. — Nous voyons dans la première série du tableau que ce sont seulement les perceptions perturbées qui présentent le sentiment du subconscient dans l'image : dans la carte III la *moitié* des oubliés est sentie; dans la IV — 1/4; dans la VI — 1/6. Dans la seconde série il y en a aussi dans une carte libre :

la II présente 1/11 de l'oublié senti, la III — 1/4; la IV —
1/10; la VI — 1/40. En somme, sur 4 cartes libres une
seule seulement présente un petit pour cent des oubliés
sentis; tandis que sur 8 cartes perturbées 6 présentent
le sentiment des oubliés, dont 3 dans une grande proportion.

Il en résulte que *l'inhibition de l'intellect pendant la
perception produit un oubli moins profond que celui qui
provient d'une perception libre*, c'est-à-dire d'une amnésie intellectuelle, créée par « l'étude » et l'interférence des
pensées pendant la perception. Dans le premier cas l'oubli
provient principalement d'une distraction; l'objet est vu,
mais cette vision ne peut pas se développer en perception;
l'influence amnésique de la pensée n'existe pas ici, puisque
son activité est réduite au minimum par rapport à cet
objet; l'impression est assurée contre les influences des
mots et des associations, et par conséquent elle se conserve
dans la mémoire plus vivace et plus distincte dans son
caractère spécifique, quoique non développée en perception. Par contre, dans le second cas, toutes les impressions deviennent conscientes et s'associent avec des mots;
or, les mots constituent des foyers autonomes de la pensée,
laquelle peut tendre à affaiblir l'impression, à se substituer à sa place, et finalement effacer sa trace, en enga-
geant la perception dans l'activité dissolvante des associations. C'est ainsi que s'expliquent les nombres du tableau.

En résumant les résultats obtenus nous pouvons les
formuler de la manière suivante : l'inhibition intellectuelle
pendant la perception influe sur l'image mentale immédiate
en diminuant le nombre des reproductions, et en augmentant les oublis et les degrés médiats de la conscience entre
la reproduction et l'oubli, c'est-à-dire les incertitudes, les
généralités et les indéterminations qui se compensent mutuellement ; en augmentant aussi le nombre des hallucinations et des sentiments du manque. Inversement, l'activité
intellectuelle libre pendant la perception diminue le nombre

des oublis, mais en même temps elle diminue aussi le pour cent des indéterminations, des hallucinations et des sentiments du manque, c'est-à-dire qu'elle diminue la capacité de l'oubli à intellectualisation. — En d'autres termes : *l'inhibition intellectuelle de la perception diminue la partie représentative intellectuelle de l'image immédiate, augmente sa partie subconsciente, et, en même temps, elle rapproche cette partie subconsciente du seuil de la conscience. Par contre, l'activité libre de l'intellect dans la perception augmente la partie représentative de l'image, diminue sa partie subconsciente et l'éloigne du seuil de la conscience.*

V. — L'INFLUENCE DE L'ACTIVITÉ INTELLECTUELLE SUR L'IMAGE MENTALE ULTÉRIEURE (I²)

Ma seconde image mentale, obtenue dans la description faite après 8 jours, est, dans son origine, plus compliquée que la première. Car elle contient non seulement la différence subconsciente entre la perception et l'image immédiate, mais aussi la différence de deux images restées subconscientes. Les modifications cryptomnésiques qui se sont accomplies dans l'image mentale, pendant 8 jours de sa vie latente, sont représentés dans le tableau I et surtout dans le tableau II, où elles sont exprimées dans les nombres des différences. Ces modifications se rapportent aussi bien au côté représentatif qu'au côté subconscient de l'image, c'est-à-dire, qu'elles renferment l'histoire cryptomnésique non seulement du subconscient du second degré mais aussi du subconscient du premier degré, lequel n'a pas passé dans la description immédiate, ou bien y a passé seulement sous la forme des états à demi conscients, tels que les indéterminations, les hallucinations et les sentiments du manque.

Les chiffres de différences, contenus dans le tableau

nous disent beaucoup de choses. Dans la première série nous voyons partout une perte des reproductions et un accroissement des oublis ; les nombres les plus grands de l'oubli se trouvent aussi bien dans les cartes libres que dans les cartes inhibées. Dans la carte I, presque toute la perte des reproductions passe dans l'oubli et seulement une petite partie se dissimule dans les hallucinations. Dans la carte II, où la perte des reproductions est la plus grande, une partie seulement de cette perte passe dans l'oubli, tandis que l'autre partie se manifeste dans l'accroissement des généralités, des indéterminations et des hallucinations. La même distribution de la perte des reproductions entre différents états de la conscience inhibée se voit aussi dans les cartes perturbées. — Les erreurs positives, ainsi que les illusions, présentent presque partout un accroissement, excepté la carte V pour les erreurs et la carte VI pour les illusions. Les erreurs négatives diminuent dans toutes les cartes perturbées. Les généralités et les indéterminations diminuent ou augmentent sans aucune directive, puisqu'elles entrent dans la suppléance des autres états congénères. Les hallucinations et les sentiments du manque accroissent dans la majorité des cartes, sans distinction de leur type.

Dans la seconde série nous rencontrons des chiffres tout à fait inattendus : dans les deux cartes perturbées (III et VI) les reproductions *augmentent* et les oublis *diminuent*. Les erreurs positives et négatives *diminuent* dans les trois cartes différentes. Les généralités et les illusions, surtout les généralités, *diminuent* aussi. Par contre, les incertitudes augmentent partout ; les indéterminations augmentent dans trois cartes et diminuent dans une ; les hallucinations présentent un peu plus d'accroissement que de perte ; les sentiments du manque augmentent. En somme, le tableau de la seconde série démontre une *correction de l'image* : sa partie représentative est plus grande et plus exacte.

La seconde série, comme nous le savons, présente, en comparaison avec la première série, des perceptions *d'une durée plus courte*, par conséquent, des perceptions où l'activité mentale s'exerçait le moins et où la distraction artificielle inhibait le plus le côté représentatif de la perception. Les images provenant de ce type des perceptions présentent une propriété étonnante de se perfectionner spontanément dans la cryptomnésie, de renaître dans les profondeurs du subconscient, comme par un pouvoir créateur propre.

Avant de nous occuper de ce problème, analysons encore les différences de deux images telles que nous les présente le tableau II.

La partie subconsciente de l'image dans la première série augmente ; dans la seconde série elle diminue pour la plupart. Mais aussi bien dans la première série que dans la seconde *elle s'approche du seuil de la conscience*, en s'annonçant par les hallucinations et les sentiments du manque. L'accroissement de ces deux catégories de faits, dans les deux séries, est très marqué. Dans la première série deux cartes seulement ne présentent pas l'accroissement des hallucinations, et deux autres, l'accroissement des sentiments ; la perte n'existe nulle part. Dans la seconde série, où la partie subconsciente se rétrécit, l'accroissement des hallucinations et des sentiments est plus petit, quoiqu'il existe aussi. — Ce phénomène est intimement lié avec le phénomène mentionné plus haut de la renaissance de l'image ; ce ne sont que les deux manifestations, un peu différentes, du même fait. Le subconscient de l'image (de deux degrés) s'approche du seuil de la conscience pendant la période de cryptomnésie. Celui qui provient des perceptions plus intellectuelles (la première série) peut à peine dépasser ce seuil et ne se montre que sous la forme des plus bas degrés de la conscience de l'oublié, sous la forme des hallucinations et des sentiments du manque. Par contre, le subconscient qui provient des perceptions moins intellectuelles, s'approche du seuil si près qu'il le dépasse en grande partie et se manifeste non seulement en accroissement des hallucinations et des sentiments du manque, mais aussi en accroissement des reproductions complètes.

Parmi les hallucinations de la seconde image, il y a aussi celles de la première. La mémoire des hallucinations est en général assez tenace; sur 14 hallucinations de la première image mentale 5 seulement ne se conservent pas dans la seconde image; celles qui sont conservées apparaissent même plus distinctement et présentent souvent des détails nouveaux; si, dans la première description, il y avait encore quelque doute sur la réalité de l'objet imaginé, ce doute disparaît d'habitude dans la seconde description et l'objet est dessiné comme tout autre bien fixé dans la mémoire. Les hallucinations oubliées laissent souvent après elle un sentiment du manque. Il est évident que c'est la mémoire de la description précédente, en parole et en dessin, qui joue ici le rôle principal.

Les nouvelles hallucinations proviennent de la même source que celles de la première image mentale, notamment *des impressions subconscientes* qui n'ont pas pu se développer en perceptions. Et ici apparaît un fait curieux : *l'hallucination se développe non pas des choses qui sont oubliées après la première description, mais de celles qui n'ont pas passé dans la première description, c'est-à-dire du subconscient du premier degré qui n'était pas représenté du tout.* Excepté une seule, qui est d'origine intellectuelle, créée par l'influence des mots, toutes les hallucinations nouvelles de la seconde image présentent ce type. Voilà quelques exemples. Carte III, M. Silb. L'hallucination de deux femmes plus âgées, qui sont debout; elles sont dessinées à la place de petites colonnes, qui sont oubliées dans les deux descriptions ; toutes les figures du dessin sont reproduites. — Carte III, M. Poz. L'hallucination d'un jeune homme, laquelle correspond au sentiment du manque dans la première description; elle se localise à la place de la tête d'une vieille femme, oubliée dans les deux images. — Carte III, M. Sl. Il y a un sentiment intense du manque qui correspond aux petites colonnes, omises dans les deux descriptions, et une tendance à supposer qu'il y a ici deux femmes debout ; toutes les figures du dessin sont reproduites. — Carte IV, Mlle Neu. L'hallucination de « trois ou quatre hommes, figures sombres », à la place de la porte et des habits pendus sur le mur, omis dans les deux descriptions ; les deux figures d'hommes, oubliées, sont du côté opposé du dessin. — Carte IV, M. Mar. L'hallucination « d'un chien noir, couché par terre » ; dans le dessin se trouve par là une botte de foin, omise dans les deux descriptions. — Carte VI, M. Mar. L'hallucination « d'un petit chien noir », dessinée à la place des brebis ; dans la première description il y avait ici, « le sentiment qu'il y a une troisième personne » ; maintenant c'est la certitude qu'il y a un chien ; les brebis, dans les deux descriptions, sont transportées dans une autre partie du dessin.

Il est difficile de dire d'où provient le côté représentatif de ces hallucinations, puisque des sources sont cachées dans la cryptomnésie de l'image. Dans certains cas (par exemple, la carte VI) on peut supposer que c'est le contenu même de l'impression subconsciente qui évoque une représentation analogue. Ou bien (comme, par exemple, IV Neu) que la représentation se prend des autres objets oubliés du dessin. Ou bien encore, qu'elle provient des objets, qui, pendant la première description, se sont reproduits avec le plus grand effort mental (par exemple, III Silb.).

Le déplacement du subconscient vers le seuil se manifeste clairement dans les pour cent de sentiments du manque de la seconde image. Dans la première série les cartes libres ne les présentent presque pas ; les cartes perturbées, au contraire, présentent les pour cent plus grands que dans la première image. Dans la carte III, 1/3 de l'oublié est senti ; dans la carte IV, 0.28 ; dans la carte V, 1 16 ; dans la carte VI, 1/5. Excepté la carte III, le pour cent de l'oublié senti augmente donc partout, comparativement à la première image. — Dans la seconde série ces pour cent sont : dans la carte 1 1 4 de l'oublié est senti ; dans la II, 1 7 ; dans la III, 0.28 ; dans la IV, 1/11 ; dans la V, 1/42 ; dans la VI, 1/36. Les perceptions libres ont ici le pour cent des oubliés sentis plus grand. En comparaison avec l'image première il est partout plus grand, excepté la carte IV.

VI. — LA RENAISSANCE DE L'IMAGE
ET LE POUVOIR CRÉATEUR DU SUBCONSCIENT

Le tableau des différences (I¹ — I²) ne présente pas l'expression quantitative exacte de ces modifications positives qui se sont accomplies pendant sa cryptomnésie. D'abord il ne renferme pas les nouveaux détails qui apparaissent dans la seconde description des objets. En second lieu, la reproduction des choses oubliées, la correction des erreurs positives et négatives se perd souvent dans les chiffres lorsque à leur côté il y a de nouveaux oublis ou de nouvelles erreurs. Ainsi, par exemple, dans la seconde image peuvent se reproduire deux objets nouveaux, et simultanément peuvent 2 ou 3 autres, auparavant reproduits, devenir oubliés, ce qui dans le tableau II s'exprimera par le nombre des oubliés égal ou plus grand de la seconde image. Et pourtant, ces 2 nouvelles reproductions ont la valeur d'une modification positive, d'un agrandissement quantitatif de l'image, malgré qu'elles sont accompagnées d'une nouvelle perte de reproductions.

Donc, pour exprimer l'agrandissement quantitatif exact de l'image, il nous fallait construire un autre tableau qui présente les nombres non pas relatifs, mais absolus de modifications cryptomnésiques. Sur la manière dont ce tableau III était construit, nous avons déjà parlé plus haut (p. 162).

TABLEAU III

Modification totale de l'image.

	Première Série			Seconde Série	
Cartes	La perte	L'accroissement	Cartes	La perte	L'accroissement
I	0,13	0,18	I	0,35	**0,73**
II	0,24	0,22	II	0,12	0,30
III	0,26	**0,58**	III	0,11	**0,67**
IV	0,18	0,21	IV	0,13	0,34
V	0,32	0,20	V	0,16	0,19
VI	0,30	**0,56**	VI	0,15	**0,40**

Dans la première série, ce qui saute aux yeux avant tout ce sont les grands chiffres de l'accroissement dans les deux cartes identiques comme type de perception (perception interrompue : III et VI). Les cartes libres et inhibées par le calcul présentent un degré du pouvoir créateur presque le même. Dans la seconde série, les perceptions interrompues (III et VI) prévalent aussi sur les autres à ce point de vue, excepté la carte I qui les surpasse encore. Quant aux pertes nous voyons qu'elles varient sans une règle précise.

Pour mieux comprendre la nature de cette création subconsciente il nous faut distinguer ses composants. La création totale renferme, comme nous le savons, non seulement l'accroissement et la correction de l'image, mais aussi des hallucinations, des sentiments du manque, des erreurs positives et des illusions nouvelles. Les deux genres du subconscient sont sujets aux modifications, aussi bien le subconscient du 1°, qui n'était pas représenté, que le subconscient du 2°, c'est-à-dire l'image elle-même dans la cryptomnésie. L'accroissement et la correction de l'image appartient évidemment à la création du subconscient du 1°, qui n'était jamais intellectualisé. Les hallucinations, comme nous avons vu, se développent aussi[1] dans ce même subconscient. Les erreurs positives et les illusions, ainsi que les sentiments du manque, peuvent se produire dans les deux couches du subconscient.

Prenant en considération seulement ces modifications positives de l'image qui proviennent des oubliés, des erreurs négatives, des généralités et des indéterminations, c'est-à-dire celles qui restituent les anciennes lacunes de la mémoire, nous obtenons la construction du tableau IV, lequel représente la création du subconscient du premier

Tableau IV

La création du subconscient qui n'était pas représenté.

Cartes	Première Série	Seconde Série
I	0,02	**0,10**
II	0,02	0,01
III	**0,14**	**0,16**
IV	0,06	0,04
V	0,07	0,03
VI	**0,20**	**0,05**

degré, qui a passé dans la cryptomnésie sans passer par la conscience.

Nous avons ici trois genres de subconscients, créés par les conditions des expériences : 1) le subconscient des cartes libres (I et II), lequel provient de l'amnésie intellectuelle, conséquence de l'interférence des pensées étrangères (par suite de l'étude, etc.); 2) Le subconscient des cartes interrompues (III et VI), créé principalement par la distraction; il provient de l'impression générale du premier moment, laquelle n'avait pas le temps de s'intellectualiser et a passé dans la mémoire dans cet état vierge. 3) Le subconscient des cartes perturbées par le calcul (IV et V), qui est créé par la distraction et l'amnésie simultanées accompagnées aussi d'une émotion. — Dans le tableau nous voyons une prééminence marquée du second genre de subconscient. La création du premier genre est la plus faible (excepté la carte I de la deuxième série). La création du troisième genre occupe une place entre les deux autres. — Donc, *la couche du subconscient qui s'approche le plus du seuil de la conscience, et qui est la plus exposée aux influences des associations, c'est celle qui provient de l'impression non perturbée du premier moment.* Par contre *la couche du subconscient la plus éloignée du*

TABLEAU V

La création de la partie représentative de l'image dans sa cryptomnésie.

Cartes	Première série	Seconde série
I	0,16	0.59
II	0,20	0,29
III	0,42	0,48
IV	0,15	0,25
V	0,11	0,16
VI	0,28	0,33

contact avec la conscience, c'est-à-dire la plus dissociée, c'est celle qui provient de l'amnésie intellectuelle.

Le reste des acquisitions qu'on obtient en éliminant les quantités du tableau IV de celles du tableau III, représente la création de la partie représentative de l'image dans la cryptomnésie, excepté les hallucinations qui appartiennent à la partie oubliée de la perception. Ce sont les erreurs positives et les illusions nouvelles qui constituent ce mouvement créateur ; elles se développent à côté de lacunes de la mémoire, sur le terrain représentatif de l'image. Leur apparition s'explique aussi par le rapprochement vers le *seuil* de cette couche du subconscient, en raison de quoi elle entre partiellement dans la sphère des influences associatives, pour constituer de nouvelles erreurs et illusions.

Ici nous voyons de même la prééminence caractéristique des cartes III et VI dans les deux séries. Par contre, les cartes perturbées par le calcul (IV et V) représentent le plus bas degré de la création. — Le subconscient du deuxième degré se comporte donc d'une autre manière que celui du premier degré. Il est facile de comprendre que l'activité mentale qui, dans les cartes libres, a pénétré dans tous les détails du dessin, doit laisser dans son image mentale plus de foyers et de voies d'associations que dans l'image des cartes inhibées par le calcul, où sa part était minime; par conséquent, lorsque l'image des perceptions libres s'approche du seuil pendant sa cryptomnésie, elle doit avoir un échange plus actif avec la sphère du conscient. — Il est plus difficile de comprendre la prééminence des cartes interrompues (III et VI), où l'activité mentale était limitée à une partie seulement de la carte. Mais la cause peut être retrouvée dans cette limitation même, qui peut favoriser la conservation et l'intensité des foyers associatifs nouvellement créés, puisqu'il n'y a pas des actions intellectuelles suivantes qui puissent interférer et effacer les formations précédentes.

On peut donc dire *que le subconscient du second degré se trouve dans l'état de dissociation le plus grand, lorsqu'il renferme le travail intellectuel minime; et qu'il se trouve le moins dissocié, lorsqu'il représente un travail intellectuel intense et court.*

Avant de finir il est nécessaire de remarquer encore la *constance* de ce phénomène de la *création cryptomnésique.* La psychologie n'en a pas connu jusqu'à présent, quoique ce soit la partie la plus intéressante du problème de la mémoire. Nous voyons dans les tableaux qu'il n'y a aucun cas où elle ne serait marquée.

A l'exception d'une seule carte (la II de la première série), *elle surpasse partout la perte de l'image,*et par.

tout nous voyons *que l'image se perfectionne*, quoique dans les proportions différentes. Dans beaucoup des expériences individuelles cette perfection est vraiment frappante; dans la seconde description nous rencontrons des figures qui étaient oubliées, nous voyons des erreurs qui sont corrigées, de nouveaux détails vrais qui viennent combler des anciennes lacunes, des généralités et des indéterminations qui se précisent. Lorsqu'on regarde les dessins de deux descriptions, on peut souvent reconnaître au premier coup d'œil la supériorité du dessin ultérieur au point de vue de la fidélité de reproduction. C'est un fait important pour la *psychologie du témoignage*, que le *témoignage présenté après un certain temps a plus de valeur que le témoignage immédiat après le fait*.

VII. — LES DIFFÉRENCES INDIVIDUELLES

Le tableau VI nous montre le degré de la création subconsciente chez différentes personnes, en comparaison avec l'étendue de leur mémoire immédiate — normale et perturbée — et avec le degré de rétrécissement de la conscience pendant la distraction. L'étendue de la mémoire immédiate normale est obtenue en prenant le pour-cent des reproductions des cartes I et II, chez chaque personne, calculé par rapport au nombre total des objets de ces deux cartes. L'étendue de la mémoire perturbée, c'est ce même rapport quantitatif dans les cartes IV et V. Le degré de rétrécissement de la conscience c'est le pour-cent des objets inaperçus pendant la distraction, que nous avons calculé en prenant le rapport des oubliés au nombre total des objets de deux cartes III et VI. Enfin, le degré de la création subconsciente individuelle est obtenu en calculant le rapport du nombre des acquisitions de la seconde image chez le sujet au nombre des objets de toutes les six cartes.

Comme nous le voyons, ce degré est très différent ; il varie dans les limites assez larges de 0,14 jusqu'au 0,67 ; et pour le subconscient du premier degré dans les limites de 0 jusqu'au 0,11. Le plus petit degré de la création sub-

TABLEAU VI

L'échelle de la création subconsciente ascendante d'après les individus.

PERSONNES	Degré de la création totale	Étendue de la mémoire immed. norm.	Étendue de la mémoire imméd. perturb.	Degré de rétrécissement de la conscience	Degré de la création du subconscient 1°
Première Série					
Mlle Jud.....	0,24	0,54	0,32	0,35	0,05
Mlle Szum...	0,25	0,86	0,74	0,25	0,07
M. Sam......	0,28	0,90	0,70	0,25	0,03
M. Poz.......	0,30	0,88	0,70	0,15	0,03
M. Sil........	0,32	0,68	0,64	0,35	0,08
Seconde Série					
Mlle B.......	0,14	0,92	0,70	0,35	—
Mlle Mi......	0,19	1,00	0,93	0,40	—
M. Sud......	0,26	0,92	0,45	0,40	0,05
Mlle Nel.....	0,34	0,85	0,54	0,50	0,10
Mlle Sar.....	0,38	0,96	0,51	0,65	0,03
Mlle Neu.....	0,53	0,59	0,22	0,75	0,11
M. Ma........	0,65	0,81	0,16	0,40	0,05
M. Sl........	0,67	0,96	0,61	0,20	0,05

consciente signifie en même temps la plus forte disposition de l'individu pour la *dissociation*, ce qui, d'après la théorie clinique des névroses, actuellement admise, indique aussi la disposition pour l'hystérie.

Nous n'avons pas eu l'occasion de faire ces expériences avec les sujets névropathiques énoncés et de comparer les résultats avec la série des personnes normales, ce qui serait du plus grand intérêt. Nous pouvons seulement remarquer que Mlle B., qui présente dans le tableau le plus grand degré de la dissociation, est en même temps la seule, parmi les personnes étudiées, qui fut soignée pour des crises somnambuliques. C'est possible donc que la méthode psychologique, exposée ici, pourrait rendre aussi quelque service comme moyen de diagnostic.

Dans le tableau nous ne voyons aucun rapport des quantités qui soit bien caractéristique. On peut cependant apercevoir une certaine liaison entre la grandeur de la création subconsciente d'un côté, et le degré de rétrécissement de la conscience et de l'étendue de la mémoire perturbée de l'autre (seconde série) ; ce qui, du reste, est conforme avec les explications ci-dessus sur la nature de la création subconsciente. Cette liaison ne se retrouve cependant plus lorsqu'on considère seulement la création du subconscient du premier degré.

VIII. — LA MORT DE L'IMAGE MENTALE.

Dans le tableau III, nous voyons que pendant la période de cryptomnésie, l'image mentale, à côté du phénomène de la vie et de l'accroissement, présente aussi le phénomène de la diminution et de la mort. Certaines parties de l'image renaissent de l'oubli et s'approchent du seuil de la conscience, tandis que les autres exécutent le mouvement contraire et reculent dans les profondeurs du subconscient, se perdant tout à fait pour l'intellect. Ce n'est pas toujours une mort décisive, puisque les choses oubliées peuvent encore renaître dans la reconnaissance, et souvent aussi, elles présentent une résistance envers les substitutions fausses, en prouvant par ce fait même que les lacunes de la mémoire ne sont pas des places vides, mais, qu'au contraire, elles sont remplies par un certain senti-

ment générique, par une réduction psychique des représentations oubliées ou non développées. — En tout cas,
les différentes parties représentatives de l'image disparaissent pendant la cryptomnésie et passent dans la partie
subconsciente, non représentative du souvenir; en même
temps que les autres, en s'approchant du seuil, sortent du
subconscient et retrouvent leur aspect intellectuel, en augmentant l'image.

Comme nous le voyons dans le tableau III, le genre de
la perception n'influe pas sur la grandeur des pertes; les
nombres qui les représentent varient sans aucune règle;
c'était à prévoir, puisque c'est l'amnésie par la longueur·
du temps, *par l'inactivité de la synthèse acquise*, qui agit
ici dans toutes les couches du subconscient.

Les rapports quantitatifs ne présentent donc rien de
caractéristique. Par contre, si nous comparons les oublis
de la première et de la seconde image en tant que *qualités
concrètes* du dessin, alors nous voyons, que les nouveaux
oublis de la seconde image ne se produisent pas d'une
manière accidentelle, mais d'après une certaine règle. La
règle est la suivante : les nouveaux oublis présentent très
souvent une liaison intime avec les choses précédemment
oubliées, une liaison de la parenté représentative ou émotionnelle, de communauté de l'action ou du lieu. Ainsi, par
exemple, si dans la première image est oubliée la figure
d'un « taureau ailé » (carte I de la première série), dans
la seconde image on oublie aussi la figure de l'oiseau qui
lui ressemble. Si dans la première image est oubliée une
demi-colonne sculptée, sur laquelle s'appuie un vieillard.
dans la seconde on oublie aussi le vieillard même (carte II,
deuxième série). Si dans la première est oublié le « canapé », dans la seconde on oublie aussi la femme qui y
est assise (carte III). Si dans la première image est oublié
le petit garçon appuyé aux genoux de la mère, dans la
seconde on oublie aussi la mère (IV). Si dans la première
image une des deux femmes qui s'entretiennent est oubliée,

dans la seconde image on oublie toutes les deux (V). Et ainsi de suite.

Ces liaisons amnésiques ne se retrouvent pas toujours, mais en tout cas, elles constituent un phénomène assez fréquent. Sur 12 cartes il y en a 7 qui le présentent, et chacune en possède quelques exemples. Il se peut même que le phénomène soit beaucoup plus fréquent qu'il ne paraît, puisqu'il est impossible de retrouver toutes liaisons de ce genre; il y en a qui sont trop individuelles pour être accessibles à l'observateur.

Mais même en se basant sur ce qui a pu être observé, nous pouvons déjà conclure que *dans la propagation de l'oubli il y a aussi une propagation systématisée,* analogue à la systématisation des représentations, à la formation des groupes associés par une communauté émotionnelle ou représentative.

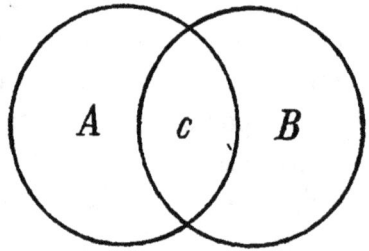
Fig. 6.

Il se présente une explication psycho-physiologique de ce fait, simple et facile, si nous admettons l'hypothèse de l'amnésie en tant que l'inhibition des centres intellectuels (centre O de Grasset) par le fonctionnement d'un autre groupe nerveux. Cette inhibition est la plus facile à comprendre lorsqu'on la considère comme une intoxication passagère des centres O par les produits chimiques du fonctionnement d'un certain groupe de neurones. Ayant donc un groupe A, qui a inhibé par son fonctionnement les centres O, ce qui correspond à l'amnésie d'une représentation a; et un second groupe B, qui présente un élément nerveux c commun avec le groupe A; il est clair que le fonctionnement B peut provoquer aussi le fonctionnement du groupe A qui inhibe de nouveau les centres intellectuels, en raison de quoi la représentation b, corrélatif du groupe B, reste aussi dissocié de la conscience intellectuelle, réduite au subconscient de souvenir.

Nous trouvons donc dans la mémoire normale le même phénomène que celui qu'on connaît dans l'amnésie et l'anesthésie pathologique et hypnotique, le phénomène de *systématisation de la dissociation*, lorsque l'oubli ou l'agnoscie d'un fait s'étend sur tout un groupe des souvenirs ou des sensations, qui sont associées avec lui d'une manière ou d'une autre.

Je dois citer ici un travail très intéressant et consciencieux de *M. Cygielstrejch* : « Transformation du subconscient normal chez les enfants, les adultes et les vieillards », paru dans le premier volume de l'*Année psychologique polonaise*. L'auteur a refait les mêmes expériences que nous, en se servant de la méthode de *deux descriptions*, sur un grand nombre de sujets, y comprenant les enfants et les vieillards (à l'âge de 65-75 ans), et il est arrivé aux mêmes résultats numériques et aux mêmes conclusions théoriques, que celles que nous exposons ici. Il a démontré en plus l'influence très marquée de l'âge des individus sur la transformation du subconscient. Nous y trouvons aussi un grand nombre des exemples qui confirment le fait de la *systématisation de l'oubli*. Ce fait, on le retrouve chez les individus à tout âge.

Il me semble qu'on peut le comparer aux associations des idées. De même qu'une idée consciente provoque l'apparition d'une autre parce qu'elle renforce son « oublié » et le pousse à traverser le seuil de la conscience, de même aussi, un « oublié », c'est-à-dire la réduction subconsciente d'une certaine représentation, affaiblit une autre représentation, qui lui ressemble ou qui a avec elle une origine commune ; ou bien cette réduction subconsciente inhibe le développement représentatif de l'autre « oublié », l'éloigne du seuil de la conscience et le retient dans la cryptomnésie. Dans le premier cas, le mouvement associatif présente le caractère *évocateur* et transforme les potentiels en états actifs ; dans le second cas le mouvement associatif est de nature *inhibitrice*, c'est-à-dire qu'il réduit les états actifs aux états potentiels. Pour la théorie, ce phénomène de la systématisation de l'oubli présente une grande valeur, puisqu'il nous démontre, comme les autres faits de cryptomnésie, analysés par nous, la nature *psychique* et *différenciée* des « oubliés ».

IX. — CONCLUSIONS

Les chapitres précédents nous dispensent de dire les conclusions, puisqu'elles s'y trouvent déjà. Nous nous limitons donc à les résumer ici dans une seule formule générale : *Le subconscient normal est une masse différenciée et créatrice, qui présente différents degrés de vitalité psychique et de dissociation, en rapport avec son origine plus ou moins intellectuelle, et qui, pendant sa cryptomnésie, exécute deux mouvements simultanés inverses, en se rapprochant du seuil de la conscience et en s'éloignant d'elle.*

Pour finir je dois dire encore quelques mots sur la méthode. Il me semble que la méthode d'investigation du subconscient, que j'ai employée dans ce travail, s'est montrée assez féconde. Nous avons obtenu des résultats nouveaux et nous avons constaté la possibilité d'une analyse expérimentale des états subconscients. Les recherches poursuivies dans cette voie peuvent nous montrer beaucoup de choses encore de ce monde inconnu qu'est le subconscient. Il est possible aussi que l'application de cette méthode aux recherches psycho-pathologiques ne serait pas sans résultat, puisqu'on pourrait, avec son aide, soumettre aux expériences cet inconnu primitif qui est à la base des stigmates névropathiques, et qui n'était jusqu'à présent que l'objet des observations. C'est aussi l'investigation expérimentale des *rêves* qui peut profiter de cette méthode. Sans estimer quels peuvent être les résultats obtenus ici, je veux dire quelques mots sur le principe des pareilles

expériences. Le rêve, c'est aussi la *perception* « sui generis » d'un certain fait ou événement, qui se passe dans les
conditions physiologiques changées de notre organisme.
Une partie de ce fait se trouve en dehors de notre organisme (le milieu ambiant); une autre partie dans l'organisme même (les sensations cénesthésiques, les souvenirs,
les émotions et les pensées). Nous sommes les *témoins* de
ce fait, de la même manière que lorsque nous sommes devant un tableau ou une scène réelle, quoique notre rapport
à l'objet perçu soit bien différent. En tous cas nous observons le fait, nous le percevons, et très souvent, au moment
du réveil, nous le possédons encore presque intact. A ce
moment la perception est à peine finie, et nous pouvons
faire sa première description immédiate. Nous avons alors
la base pour expérimenter. La seconde description, faite
après huit jours, complète la tâche. Les deux descriptions
doivent se faire d'une façon détaillée, en reproduisant tout
ce qui est encore dans le souvenir. — Pour connaître autant que possible le côté objectif du fait, il serait nécessaire
d'avoir les notions suivantes : le lieu et l'heure du sommeil; la position du corps; l'état de santé; le genre de
nutrition et de travail pendant ce jour; et aussi il serait
nécessaire de connaître ces faits de la vie réelle, qui se
sont reproduits dans les rêves, d'une façon directe ou par
analogie. De l'autre côté, il faut connaître aussi les conditions subjectives du rêve, c'est-à-dire quel genre de pensées et de sentiments prévalait dans cette période de la vie,
quelles étaient les émotions et les soucis. — Il est très
important que toute cette reconstruction des conditions de
rêve ne se fasse qu'après les descriptions, afin qu'aucune
influence ne puisse y passer. Dans le délai de temps qui
sépare les deux descriptions il faut éviter autant que possible de penser au rêve qu'on a choisi pour décrire.

C'est avec ces données qu'on peut construire des tableaux psychologiques, qualitatifs et quantitatifs, servant
pour base à une analyse des rêves.

CHAPITRE IV

LA RÉSISTANCE DE L'OUBLIÉ
ET LES SENTIMENTS GÉNÉRIQUES

I. — LE PROBLÈME

Dans le chapitre précédent nous avons démontré, que le subconscient, provenant de la distraction et des oublis de différentes espèces, ne constitue pas une masse inerte; qu'au contraire, c'est une chose très vivace, spontanément créatrice, qui s'approche du seuil de la conscience pendant la cryptomnésie et qui, très souvent, sans être rémémorée et représentée, est encore *sentie* dans les phénomènes des hallucinations de la mémoire et des sentiments du manque. Le « sentiment » du subconscient présente un intérêt spécial pour la psychologie, parce que c'est une forme de la conscience presque inconnue encore, en tant qu'objet de recherches, quoique elle embrasse un grand domaine de notre vie psychique; le monde des rêves, des pressentiments, des inspirations et de la création artistique lui appartiennent. Cette forme, je l'ai nommée la conscience *a-intellectuelle*, pour en exprimer le contraste avec le monde des représentations, qui constitue notre expérience interne ordinaire, associée à la parole et sujette au raisonnement. La conscience « a-intellectuelle » se caractérise surtout par ce fait, que les représentations. ainsi que leur élaboration mentale ultérieure — les idées, — sont réduites ici à un genre spécifique du *sentiment*. Au lieu des représentations et des idées nous avons ici leur réduction, leurs *équivalents émotionnels*, c'est-à-dire des états du sentiment, qui, lorsqu'ils deviennent plus intenses ou que l'attention se concentre sur eux, équivalent pour notre pensée à une représentation, ou bien se transforment même spontanément en une représentation.

Ainsi nous voyons qu'une chose oubliée ou inaperçue *se reconnaît* par l'élément affectif du déjà-vu, lorsqu'elle se perçoit une seconde fois, que ce même élément affectif apparaît lors d'une succession immédiate de deux visions d'une chose, l'une inconsciente, l'autre consciente, en produisant l'illusion de paramnésie. Nous voyons aussi que les choses oubliées ou inaperçues se transforment souvent en hallucinations de la mémoire, qui présentent avec elles une parenté représentative ou émotionnelle.

Ce sont déjà des manifestations plus élevées de la concience a-intellectuelle, les premiers degrés de l'intellectualisation du subconscient, où il retrouve des points de repère représentatifs. Mais, quand même, nous voyons encore ici la base fondamentale du phénomène, le fait émotionnel, présentant le caractère de l'équivalent d'un fait intellectuel. La réduction émotionnelle d'une représentation que présente toute chose oubliée et toute impression inaperçue, c'est aussi la *possibilité* de cette représensation même, qui était ou qui pouvait être, qui a cessé d'exister ou qui n'a pas pu se développer à cause d'une inhibition de l'activité intellectuelle. Sur cette « réduction » se fonde tout le rapport mutuel entre la conscience et la subconscience, entre l'intellect et l'oublié ou l'inaperçu. D'un côté les représentations se réduisent aux états d'un sentiment ineffable et descendent sous le seuil de la conscience ; c'est l'*oublié*. D'un autre côté, ces états de sentiment ineffable, en passant par le seuil, se développent de nouveau en représentations dont ils proviennent; c'est la *remémoration* sous les différents aspects et degrés de son échelle. Et de même aussi, une partie des impressions du monde extérieur est inhibée dans son développement intellectuel, et au lieu des représentations ne donne que certains états du sentiment vague, ne pouvant traverser le seuil de la pensée; mais le souvenir de ces impressions inhibées, dans certaines conditions favorables, peut reconquérir la forme représentative.

Le phénomène de la « résistance » constitue la manifestation la plus pure de cette réduction émotionnelle des représentations. C'est un phénomène très ordinaire et très bien connu dans notre expérience de tous les jours. Voici par exemple que nous voulons remémorer une série de souvenirs ou de notions. La remémoration n'est pas parfaite; çà et là, il se forme des lacunes de la mémoire. Si la série remémorée présente un certain caractère logique et des éléments qui se complètent d'une façon nécessaire, alors nous reconnaissons ces lacunes par la raison, et par la raison aussi nous les pouvons souvent combler, en nous servant des inférences. Mais si la série ne présente aucune nécessité logique, ou bien si les éléments perdus peuvent être remplacés différemment, sans choquer la raison, dans ce cas, il arrive aussi souvent, que nous avons la conscience de lacunes et même que nous pouvons les localiser. Et non seulement nous savons où elles sont, mais nous savons aussi *ce qu'elles ne sont pas.* Les choses oubliées, telles par exemple qu'un nom, qu'un visage, qu'une mélodie, etc., lors même qu'on ne peut pas les remémorer, présentent cependant une *résistance,* lorsqu'on veut les remplacer par une autre représentation fausse, quoique aucune logique de souvenirs, aucune nécessité de faits ne s'oppose à cette substitution. C'est ce phénomène que nous appelons la *résistance positive* de l'oublié.

Il présente ordinairement deux phases. D'abord nous n'avons qu'un sentiment du manque; nous savons que

quelque chose est perdu dans la mémoire, quoique la
raison ne nous dise rien là-dessus et ne puisse rien nous
indiquer ; nous sentons seulement que la lacune existe et
souvent aussi nous pouvons marquer sa place dans la série.
Plus tard, si nous tenons quand même à remplir cette
lacune, nous voyons que cette place vide est occupée déjà
par quelque chose, et que ce « quelque chose » est très
individuel, spécifique. Si, dans ce cas on nous présente
différentes suggestions de la chose recherchée, nous répondrons aux unes par une négation décisive, les considérant
comme absurdes, par rapport à notre manière de sentir
cette lacune ; aux autres nous répondrons par une négation moins décisive ; aux autres encore nous répondrons
avec une hésitation, ou bien nous les admettrons momentanément, pour les rejeter de nouveau, jusqu'à ce que
nous retrouvions une suggestion conforme, que nous
reconnaîtrons comme étant ce que nous avons senti à la
place vide. — Toute cette échelle des réactions aux idées
suggérées démontre suffisamment, que non seulement nous
sentons les lacunes de la mémoire, mais que nous les sentons d'une manière générique ; c'est-à-dire, que *nous sentons le genre de l'oublié ;* et *c'est ce sentiment générique
d'une représentation non existante, qui est la cause de
notre résistance graduelle aux représentations suggérées.*

Le même phénomène apparaît aussi, et souvent d'une
manière plus intense encore, dans les états hypnoïques
normaux, alors que notre conscience est suspendue entre
le rêve et la veille, que nous touchons déjà au rêve, quoique
nous puissions encore observer. Il arrive alors que nous
soyons en possession d'une pensée, d'une idée ou d'une
représentation, sans que nous puissions cependant les
exprimer par des mots ou les fixer dans une image. C'est
quelque chose qui nous est très proche et qui est senti
d'une manière très intense et générique ; quelque chose
qui reste sur le seuil même de la pensée, mais qui ne peut
pas s'exprimer dans les termes de la pensée. On peut dire,

sans crainte d'inexactitude, que c'est *l'aspect affectif* d'une pensée ou d'une représentation que nous possédons alors ; il n'y a pas de terme plus exact. D'habitude, lorsqu'on s'efforce à remémorer ce que c'était, le sentiment disparaît ; en passant à l'état de veille complète nous le perdons pour toujours. Avant cependant que cela arrive, nous pouvons encore observer, comme ce sentiment générique résiste aux différentes substitutions, que nous faisons, pour rattraper la pensée.

La description de ce fait des états hypnoïques est assez difficile. D'après ce que j'éprouve moi-même, et je l'éprouve très souvent, il se présente de la manière suivante. Le moment, où il apparaît le plus souvent, c'est le moment de la première somnolence avant le sommeil. Dans cet état on a, à un moment donné, l'impression que quelque chose d'important est arrivé, à la suite de quoi on s'éveille et c'est alors qu'on sent, d'une manière très distincte, qu'une pensée vient de s'accomplir. Cette pensée semble être d'habitude d'une grande valeur et d'un intérêt spécial ; parfois l'impression qu'elle nous donne touche presque à une révélation. Lorsque je fais l'effort mental pour attraper cette pensée, je vois que je n'en sais rien ; il m'est impossible de la reproduire en paroles, même partiellement ; et en même temps, je sens encore une trace affective, très distincte, du passage de cette pensée. Cette trace n'est pas constituée par un seul sentiment ; c'est une sorte de *gamme des sentiments différents,* liés entre eux. Ce qui caractérise encore ce phénomène c'est un état d'inquiétude qui l'accompagne, quelque chose comme la peur. Il y a une sensation pénible dans cette fuite devant la pensée d'un souvenir encore si proche et si vivant, dans cette inaccessibilité de la chose presque actuelle ; nous nous voyons dans un rapport absolument nouveau avec un fait interne ; nous possédons quelque chose qui est en même temps incompréhensible.

Le plus souvent la chose qui fuit ainsi ne peut pas être

remémorée. Les efforts de l'attention nous font sortir de l'état de somnolence et le sentiment se perd. Mais, dans certains cas, on réussit à retenir ce sentiment, et c'est alors qu'on peut observer, comment il se transforme en représentations. Si j'en juge par ma propre expérience, il y a ici trois phases : d'abord le sentiment tout seul, avec son caractère fortement générique, accompagné de cette intuition, qu'il y a une pensée qui s'y dissimule, et qui peut paraître d'un moment à l'autre. Puis arrive le premier signe de l'intellectualisation, une image *symbolique*, à l'aide de laquelle on tâche de deviner la pensée latente ; cette phase ressemble aux hallucinations de la mémoire, qui, elles aussi, dissimulent souvent dans les symboles la chose oubliée. Enfin, à côté de cette image symbolique, réapparaît, d'une manière spontanée et soudaine, sans inférences et sans un travail de recherches graduelles, la pensée perdue, qu'on reconnaît tout de suite ; au moins, on l'admet sans aucune hésitation comme celle qu'on a cherchée[1]. Évidemment, il est difficile de déterminer de quel genre est ici la réduction émotionnelle ; est-ce une représentation inhibée ou oubliée ? Je suis plutôt disposé à admettre la première hypothèse. Dans les états hypnoïques normaux et artificiels, il n'y a probablement pas d'activité intellectuelle propre, créatrice des concepts et des représentations ; et le souvenir ou l'idée n'apparaissent que sous forme de leurs équivalents émotionnels, qui, s'associant

---

1. Voici un exemple de ce processus. Pendant la somnolence, j'éprouve, à un moment donné, un sentiment générique intense, qu'il y a quelque chose, que je viens d'oublier ; ce sentiment m'importune. Je m'efforce de me rappeler ce que c'était. Tout à coup, devant les yeux fermés, apparaît l'image suivante : deux P noirs, très distincts, l'un au-dessous de l'autre, et à côté, une bande étroite de papier blanc, sur lequel il y a quelque chose d'écrit. Je réussis à retenir cette image, sentant qu'elle renferme ce que je cherche, et tout de suite après, la pensée oubliée réapparaît, avec une désillusion complète quant à son intérêt. Elle consistait simplement en ceci, qu'avant le départ il faut aller dans la pharmacie pour y demander une nouvelle dose des poudres et des pilules (deux P) ainsi que l'ordonnance du médecin (la bande de papier).

entre eux, produisent quelque chose d'analogue à de la pensée. Ce serait donc une « pensée a-intellectuelle », ou bien, pour éviter cette discordance apparente des mots, une *pensée subconsciente*, cela veut dire, une composition d'équivalents émotionnels différents.

Pour compléter la description des *sentiments génériques réfractaires*, je dois encore mentionner le souvenir des *rêves* proprement dits. Il apparaît aussi très souvent, sous l'aspect exclusivement affectif, et, à ce qu'il me semble, c'est un phénomène plus fréquent et plus facile à observer, que les « pensées hypnoïques » décrites ci-dessus. En nous réveillant après un rêve intense, nous avons souvent encore conservé toute son émotionnalité ; elle est si proche et si distincte qu'il nous semble nous rappeler tout le rêve, avoir aussi en notre possession tout son côté représentatif et pouvoir le décrire avec tous les détails voulus. Mais souvent nous voyons que ce n'est qu'une illusion. Voulant reproduire le rêve nous le perdons tout à fait ; les représentations, qui semblaient être si proches et si vivantes, fuient et se dissipent. Et pourtant, nous conservons longtemps encore après l'émotion du rêve ; elle est même parfois si tenace qu'elle dure plusieurs heures après le réveil. Les essais qu'on fait pour reproduire ce rêve sont tout à fait analogues aux efforts qu'on fait pour combler les lacunes d'une série remémorée ; le rêve oublié est réfractaire aux substitutions fausses de même que ces lacunes ; et, il est évident, que la base de cette résistance ne peut pas être ici d'une nature logique et raisonnée ; dans les deux cas, c'est le même phénomène de la « réduction émotionnelle » qui constitue les faits.

II. — LA MÉTHODE

Comme nous le voyons, le phénomène des « sentiments génériques » subconscients est un phénomène universel, qu'on rencontre partout dans l'observation de la vie mentale. Voyons maintenant si on peut le soumettre à l'expérience.

Il y a plusieurs problèmes qu'on peut poser dans l'étude de ce phénomène. D'abord vient la question de déterminer si la résistance des états subconscients *varie* qualitativement et quantitativement ? Puis quelle est la cause de ces variations ? N'est-ce pas la différence du genre de ces états subconscients qui influe sur ces variations ? Et si oui, quel est le rapport entre le genre du subconscient et le degré et la qualité de la résistance ? — Enfin, on peut rechercher, dans quelle mesure la résistance varie individuellement et quel est le caractère, à ce point de vue, des différents types individuels.

Les recherches, que je présente ici, se divisent en deux groupes : le premier concerne la mémoire des dessins, le second la mémoire des mots. L'étude de la résistance dans la mémoire des dessins était faite dans les expériences sur la transformation de l'image mentale. Deux séries des cartes postales illustrées, chacune de 6 pièces, constituaient les objets pour deux descriptions (faites en paroles et en dessin esquissé) : une description immédiate après la perception de la carte et une description ultérieure 8 jours après. Les cartes étaient perçues dans différentes conditions. Dans la première série (expériences avec 5 personnes) les perceptions sont les suivantes : Les cartes I et II sont perçues librement pendant 5 minutes chacune ; c'est la perception avec l'étude du dessin, le maximum du travail intellectuel. Les cartes III et VI sont perçues librement pendant une minute ; ce sont les perceptions interrompues contre l'attente du sujet. Les cartes IV et V sont perçues 5 minutes pendant le calcul mental ; ce sont donc les perceptions inhibées intellectuellement. — Dans la seconde série (avec 8 personnes) les cartes I et II sont perçues librement pendant une minute, donc sans étude ; les cartes III et VI, perçues librement pendant 15 secondes, sont aussi des perceptions interrompues, mais plus courtes que celles de la 1re série; les cartes IV et V sont perçues une minute pendant le calcul mental, elles sont donc aussi inhibées intellectuellement, mais plus courtes. — La première description contient le subconscient que j'ai appelé le subconscient du premier degré, c'est-à-dire les parties de la perception qui n'ont pas pu devenir conscientes. La seconde description, outre cette couche du subconscient, en contient encore une autre, qui est l'oublié de parties de la première image, que j'ai appelé le subconscient du second degré. — Le subconscient du 1er degré présente ici trois genres différents : 1) le subconscient des cartes I et II, qui provient de l'oubli par l'interférence des différents courants de la pensée, c'est-à-dire, de l'amnésie intellectuelle. 2) Le subconscient des cartes interrompues (III et VI), qui provient principalement de la distraction et correspond à une impression générale du premier moment, laquelle n'avait pas le temps de se développer en perception. 3) Le subconscient des cartes perturbées par le calcul mental (IV et V), provenant de la distraction et de l'amnésie qui coopèrent ici.

Ces trois genres de subconscient sont contenus dans la description du dessin; ils constituent ses lacunes, ses places vides. Ces lacunes se prêtent parfaitement à l'étude expérimentale. D'abord nous pouvons déterminer à quel degré elles sont senties par le sujet. Dans ce but le sujet montre lui-même sur son dessin de la seconde description les places où il sent que quelque chose manque; c'est un sentiment du manque plus fort, localisé; ou bien, il répond à la question « où vous semble-t-il, qu'il y a quelque chose d'omis dans le dessin ? »; par cette question nous découvrons les sentiments de manque plus faibles. Après avoir précisé ainsi les lacunes qui sont senties par le sujet d'une manière plus forte ou plus faible, nous pouvons passer à l'étude de la résistance même.

Cette étude est faite à l'aide d'une série de représenta-

tions suggérées, depuis la représentation la plus éloignée
de l'objet oublié jusqu'à la représentation la plus proche.
Les représentations substituées fausses doivent être cependant d'accord avec la nature du dessin, afin de ne pas
évoquer une résistance logique, qui n'appartient pas au
phénomène étudié. Ainsi, par exemple, nous avons dans la
carte IV une lacune qui correspond à la figure d'un petit
garçon qui est debout. La série des suggestions et des réponses est suivante : un animal quelconque ? pour sûr
non ; un meuble ? non plus ; un homme ? c'est plus probable,
surtout des enfants ; un seul enfant ou plusieurs ? plutôt
un seul ; est-ce qu'il est assis ou debout ? je peux admettre
tous les deux. Dans ce cas la résistance positive est forte,
puisqu'on rejette non seulement les deux suggestions
fausses, mais on précise même une représentation générale par un choix juste ; quand même l'image ne se reproduit pas et la résistance s'arrête, sur une impression générale de l'enfant. — Dans les autres cas la première suggestion qui s'approche de la vérité évoque la reproduction
de l'image. Ou bien, le sujet rejette toutes les suggestions qui s'approchent graduellement de la vérité, en n'en
admettant qu'une seule, qui est la plus proche, sans pourtant se rappeler l'objet lui-même en question. Tous ces
cas nous les considérons comme la résistance positive
d'*un degré fort*. On peut même retrouver ici une certaine
échelle quantitative de la résistance, en constatant le degré
du rapprochement de la vérité de cette suggestion où la
résistance cesse. Si par exemple, après une représentation
générale de l'enfant on oppose encore une résistance aux
suggestions fausses concernant son attitude, son habit, etc.,
alors, dans ce cas, on peut dire, que la résistance est plus
forte, que lorsqu'on admet également toutes ces idées, se
rapportant à l'enfant, après qu'on a déjà adopté l'idée générale de l'enfant.

La différence dans le degré de résistance se manifeste
clairement dans les premières suggestions de la série. En

opposition avec les cas cités plus haut, nous avons par exemple un cas où la lacune, correspondante à la figure d'une jeune femme, résiste seulement aux suggestions les plus éloignées de la vérité, telles que les idées d'une colonne, d'un vase, d'un petit enfant, en adoptant indifféremment les suggestions de différentes personnes, d'un vieux homme, d'une vieille femme, d'une jeune femme, etc. Dans ce cas nous considérons la résistance comme *faible*, puisqu'elle s'arrête sur une représentation très générale « d'une personne ». Si toutes les suggestions sont également admises, pourvu qu'elles soient logiquement d'accord avec le caractère du dessin, alors nous constatons que la résistance est *nulle*.

On pourrait probablement construire une échelle graduelle de la résistance, en allant du zéro jusqu'au point de son intensité la plus grande, où le sentiment générique de l'oublié est si fort, qu'il se transforme très vite en reproduction représentative même. Mais en pratique, la distinction minutieuse des degrés de la résistance est très difficile. Comme nous le verrons plus loin, il y entre en jeu d'autres facteurs, lesquels changent aussi la *qualité* de la résistance et masquent le degré de son intensité. On peut seulement déterminer facilement où se trouve la résistance *faible*, qui adopte déjà les suggestions un peu analogues à l'objet oublié, et où se trouve la résistance *forte*, qui rejette même les erreurs moins graves et ne permet de choisir que les suggestions les plus proches.

L'étude de la résistance dans la *mémoire des mots* se rapporte à une autre catégorie d'expériences, faites avec 14 personnes (8 femmes et 6 hommes ; en majorité les étudiants de l'Université). Les expériences étaient les suivantes : dans la première séance on donnait à lire deux séries de mots, écrits chacun sur une carte blanche ; ces cartes étaient présentées successivement au sujet, à des intervalles de 2 secondes ; l'une couvrait l'autre. Le sujet devait lire ces mots, sans les prononcer à haute voix, avec

attention, pour en retenir autant que possible. La première série de 20 mots se composait de 10 adjectifs et de
10 substantifs exprimant des abstractions ; elle était lue
librement, sans aucune entrave. Après la lecture on inscrivait immédiatement les mots retenus. C'était la mémoire
immédiate des perceptions normales. Les mots oubliés
présentaient ici l'oubli provenant d'une *amnésie intellectuelle*, c'est-à-dire, de l'action de l'intervalle rempli, entre
la perception et la reproduction, et de l'action d'interférence des pensées que les mots évoquent, tendant à inhiber
les perceptions.

La seconde série de 20 mots se compose de 10 noms
propres et de 10 substantifs concrets. Elle était lue pendant le calcul mental simultané. Le calcul consistait à faire
de mémoire une série de soustractions peu difficiles, qui
se succédaient sans relâche ; il se faisait à haute voix. On
le commençait un moment avant la lecture des mots ; et
le sujet était prié de concentrer toute son attention sur le
calcul, pendant tout le temps, pour ne faire aucune faute ;
en même temps il devait avoir les yeux fixés sur les mots
qui passaient régulièrement devant lui. Après la fin de la
série de mots on inscrivait tout de suite les mots retenus,
C'est la mémoire immédiate des perceptions perturbées
par le calcul, des impressions reçues dans une distraction,
dans une sorte de cécité mentale, et en plus, inhibées dans
leurs éléments moteurs, parce que le calcul se fait à
haute voix. Les mots oubliés représentent ici l'*oubli* provenant de *l'amnésie par l'effort mental et émotionnel*, et
en plus, les *impressions restées subconscientes*, c'est-à-
dire les mots qui ne pouvaient pas être perçus et qui
sont restés dans la phase d'une sensation a-intellectuelle.

Après chaque notation de la mémoire immédiate suivait
l'étude de la résistance des mots oubliés. Dans ce but je
citais différents mots, et après chaque mot entendu, le sujet devait répondre s'il était ou non dans la série lue. Ces
suggestions présentaient des idées tout à fait étrangères

au mot oublié, ainsi que des idées qui lui ressemblaient de plus en plus; c'étaient les mots associés avec l'oublié, les mots qui avaient avec lui un élément commun représentatif ou émotionnel, plus ou moins grand; parfois aussi des mots qui lui ressemblaient extérieurement seulement, par l'audition. Ainsi par exemple dans la recherche du nom oublié « Bebel » les mots suggérés étaient : Wundt — Jaurès — Liebknecht. Dans la recherche du mot « croix » les mots suggérés étaient : flirtage — prêtre — église — cimetière. Dans la recherche du mot « fumée » : chanson — maison — poêle — feu. Dans la recherche du mot « blanc » : saint — clair — gris — noir. Dans la recherche du mot « mesure » : usure — grandeur — ligne — temps. Et ainsi de suite.

Avant de commencer cette investigation je précisais au sujet quel genre du mot oublié nous allions rechercher: un nom, un substantif concret, un adjectif ou une abstraction; de cette manière l'attention du sujet s'adaptait d'avance à une seule catégorie seulement des mots oubliés, et réveillait un sentiment générique plus intense de l'oublié en question. — La série des réponses nous donnait l'idée de la résistance que cet oublié présente. Si les suggestions les plus étrangères sont admises indifféremment, cela veut dire que la résistance est nulle. Si les suggestions plus éloignées sont rejetées définitivement et les suggestions plus proches sont rejetées avec hésitation — cela veut dire que la résistance est *faible*. Si on rejette sans hésiter même les suggestions rapprochées, en reconnaissant le vrai mot, cela indique la résistance *forte*. De même que dans la mémoire des dessins on rencontre ici, comme nous allons voir, des complications, des changements *qualitatifs* de la résistance, qui exigent une autre interprétation de son intensité.

La seconde séance des expériences succédait à la première de 10 à 15 jours. Elle consistait à *reproduire* de mémoire tous les 40 mots des deux lectures précédentes; tous ces mots étaient relus une fois encore à la fin de la première séance. Les sujets n'étaient pas prévenus que la reproduction aurait lieu; il n'y avait donc pas d'étude par cœur; et les mots seulement se sont conservés qui ont acquis des associations plus fortes pendant la lecture ou pendant l'examen. La mémoire observée dans cette séance représentait donc l'oublié le plus ordinaire, les souvenirs effacés par le temps, ceux qui succombent d'une mort naturelle par suite de la dissolution de la synthèse associative de la série. On peut nommer cet oubli *l'amnésie naturelle par inactivité de la synthèse acquise*. Il correspond à ce que nous avons appelé plus haut le subconscient du second degré.

L'examen de la résistance de cet oublié se faisait de la même manière que l'examen des précédents, avec cette différence seulement que la série des suggestions était composée de mots différents. Les mots représentaient aussi, comme dans l'autre examen, des idées étrangères aux mots oubliés et des idées de plus en plus proches, prononcées dans un ordre différent, pour éviter toute régularité; et enfin le mot oublié lui-même. C'était aussi le même principe consistant à déterminer la résistance forte, faible ou nulle, par la manière dont réagit le sujet aux mots suggérés, qui nous servit dans ces deux examens.

A. — L'oublié des dessins.

III. — LES DIFFÉRENTES QUALITÉS DE LA RÉSISTANCE

L'examen de la résistance des sentiments génériques, qui remplissent les lacunes de la mémoire, à l'aide d'une série de suggestions correspondantes, nous fait connaître non seulement le degré de la résistance, mais aussi différentes qualités de ces sentiments, qu'on ne pourrait pas prévoir en théorie. La résistance aux suggestions ne suit pas toujours une voie logique. Il y a des lacunes qui ne présentent *aucune* résistance. Le sujet ne rejette pas, dans ce cas, les suggestions fausses, mais il ne les adopte pas non plus ; il se comporte envers elles tout à fait indifféremment, disant que cela peut être mais qu'il ne se souvient pas. .

A côté de celles-là, il y a des sentiments de manque qui présentent une résistance *positive* plus ou moins forte ; les suggestions sont rejetées dans ce cas sans aucune hésitation et sans retard ; cela se fait jusqu'à un certain degré de rapprochement de la suggestion de la vérité, après quoi la résistance cesse et les représentations suggérées ne rencontrent que l'indifférence du sujet. Ainsi, par exemple, on s'arrête à l'idée générale d'une jeune femme, car il manque la base *de sentiment* pour décider si cette femme a telle attitude ou telle autre, tel vêtement, etc. Si la résistance, au lieu de s'arrêter, va plus loin encore, alors la chose oubliée se reproduit, le plus souvent, en une image plus ou moins exacte.

Mais il y a aussi des cas tout à fait différents. On rencontre des lacunes qui sont par excellence *suggestives*. Une représentation fausse n'est pas rejetée, n'est pas considérée comme possible seulement, mais devient une chose hors de doute, un souvenir réel. La suggestion s'implante si fortement qu'elle empêche même la reconnaissance de l'objet oublié, et la vraie représentation est rejetée définitivement. Nous avons rencontré beaucoup de cas pareils, surtout chez un sujet, Mlle N... Voilà, par exemple, lors de l'examen de la figure oubliée d'une femme avec son enfant, on adopte tout de suite la suggestion d'une armoire, puis la suggestion d'un chien, tandis que l'idée de la femme avec l'enfant est rejetée sans hésitation.

On rencontre aussi des cas où la suggestion fausse adoptée se complète encore par un élément hallucinatoire. Ainsi, par exemple, à la place d'un vaisseau oublié on adopte la suggestion d'arbres, après quoi, *on se rappelle* tout de suite que, entre ces arbres, il y a aussi, au fond, une petite maison ; en même temps l'idée du vaisseau est rejetée (II carte ; pers. Neu). Ce sont des lacunes *suggestives-hallucinatoires*. — A côté d'elles nous rencontrons aussi des lacunes purement *hallucinatoires*. Par exemple, l'oubli concerne la figure d'un petit garçon ; on rejette la suggestion d'un meuble et tout de suite après apparaît, sans aucune suggestion, *le souvenir* qu'il s'y trouve un chien : l'idée du petit garçon est rejetée (IV carte, sujet Sz.).

Dans tous ces cas, la suggestion ou l'hallucination de la mémoire se substitue au sentiment de l'oublié et repousse la vraie représentation, faisant obstacle à la reconnaissance. Mais il y a aussi des cas, beaucoup plus fréquents, que nous avons rencontrés chez toutes les personnes examinées, où, sans aucune suggestion ni hallucination, de même que sans aucune raison logique, la présentation de l'idée vraie rencontre une résistance très vive. Ce phénomène de la *résistance négative* mérite un intérêt spécial. Le plus souvent la chose se passe de telle manière, que quelques premières suggestions fausses sont rejetées avec une certaine hésitation ; il y aurait donc comme une certaine résistance positive ; mais lorsqu'on suggère une représentation plus proche de la vérité, cette représentation est rejetée d'une façon absolue ; si, en même temps, on a à choisir d'autres suggestions fausses, on admet *plutôt* ces représentations fausses, sans les reconnaître cependant. Ainsi, par exemple, l'objet oublié est la figure d'un homme âgé, au visage très caractéristique ; on admet plutôt l'idée d'une jeune femme ; la solution vraie est rejetée avec fermeté (III, pers. M.). L'objet oublié est une brebis ; choisissant entre les suggestions, on admet plutôt le chien ; la brebis est rejetée (VI, pers. M.). L'oublié est une cage ; on rejette la suggestion des animaux et aussi l'idée de la cage ; on admet la possibilité de quelques instruments de travail (VI, pers. Nl.). De tels exemples sont fréquents.

Comment faut-il concevoir cette résistance négative ? Ce n'est pas du tout l'anéantissement du sentiment de l'oublié. Le sentiment du manque est souvent très fort dans ces cas; il peut être localisé sans erreur et peut même agacer le sujet pendant la remémoration. On voit tout de suite que ce n'est pas un point mort de la mémoire, mais, au contraire, très vivant et luttant pour passer le seuil de la conscience.

Il y a ici une analogie frappante avec les cas pathologiques que décrit Freud, les cas de négation ou d'atténuation d'un fait pathologique, qui revient dans la mémoire, pendant la « psychoanalyse ».

Si nous admettons, d'après la théorie courante, que le fait pathologique consiste dans la dissociation d'un souvenir émotionnel, c'est-à-dire, d'un fait que l'individu ne s'est *jamais représenté* complètement (parce qu'il ne pouvait pas ou parce qu'il ne voulait pas se le représenter, comme suppose Freud), alors, on peut comprendre que la représentation véritable, lorsqu'elle est suggérée, restera pour l'individu étrangère et provoquera la négation.

Mais il peut y avoir aussi une autre cause de la non-reconnaissance du fait oublié, à savoir, la *discordance émotionnelle* du souvenir réel avec sa reproduction représentative ultérieure. L'événement s'isole dans le subconscient comme une émotion bien concrète et individuelle, ne ressemblant à aucune autre. Mais son côté représentatif doit se répéter partiellement pendant la vie, et par suite, il s'affranchit de cette émotion, dans une certaine mesure, en tant qu'abstraction représentative d'un fait; ses différentes parties, objectivement analogues aux autres événements, s'imprègnent de différentes autres émotions et sont d'une manière nouvelle adoptées par le sujet. De là vient, que lors du premier contact avec la reproduction représentative de ce phénomène, il doit se produire un malentendu affectif, parce que dans cette reproduction représentative il y a aussi différents éléments des autres expériences de la vie, qui n'ont rien de commun avec le phénomène en question. Et il faut que la reproduction descende dans des couches de plus en plus profondes de subconscient, pour qu'il se produise une *entente* entre la représentation et le « sentiment générique » du phénomène primitif et sa sortie finale au-dessus du seuil de la conscience. Je dois ajouter, qu'une semblable non-reconnaissance du souvenir, par suite d'une discordance affective, arrive très souvent aussi dans la vie normale, lors des impressions répétées. Ainsi par exemple, les objets et les localités vues dans la période de l'enfance, ou en général dans un passé éloigné, nous semblent être tout à fait différents, lorsque nous les rencontrons de nouveau, et parfois même, ce n'est que d'une manière conventionnelle que nous admettons leur identité, tant l'impression nouvelle produite par ces choses est en désaccord avec leur « sentiment générique », conservé dans la mémoire.

Quelque chose de semblable peut se passer aussi dans le phénomène de la résistance négative que nous étudions. Premièrement, on doit constater, que parmi les choses oubliées il y en a qui n'ont jamais été tout à fait conscientes; ce sont des impressions qu'on reçoit à l'état de distraction ou même de cécité mentale (les cartes III et VI, IV et V). En second lieu, il y en a qui, restant dans la phase de l'impression non développée ou seulement partiellement consciente, lors de la perception, étaient en même temps associées à une émotion, qui leur était tout à fait étrangère par son origine (l'émotion du calcul mental dans les cartes IV et V). Par conséquent, il pouvait se produire une *perversion du sentiment générique* causée par cet élément émotionnel étranger, et par suite un sentiment de *nouveauté* lorsqu'on présente l'idée véritable de la chose oubliée, qui réellement se présente alors pour la première fois. Le phénomène de la résistance négative serait donc le résultat, non pas du sentiment générique anéanti, mais du *sentiment perverti*. Nous allons voir si cette hypothèse se confirme par les expériences et si d'autres facteurs n'entrent pas en jeu.

IV. — LES VARIATIONS DE LA RÉSISTANCE POSITIVE ET NÉGATIVE EN RAPPORT AVEC LES DIFFÉRENTS GENRES DES ÉTATS SUBCONSCIENTS

Le tableau I représente le rapport qui existe entre le phénomène de la résistance positive et négative et les

TABLEAU I

Le pour-cent de la résistance positive et négative d'après les différentes perceptions.

CARTES	P. 100 des oubliés présentant la résistance positive.	P. 100 des oubliés présentant la résistance négative.	CARTES	P. 100 des oubliés présentant la résistance positive.	P. 100 des oubliés présentant la résistance négative.
	Première série			Seconde série	
I	0,14	0,07	I	0,28	0
II	0,20	0,01	II	0,25	0,16
III	0,23	0,23	III	0,15	0,31
IV	0,43	0,12	IV	0,13	0,28
V	0,11	0,11	V	0,22	0,22
VI	0,05	0,05	VI	0,06	0,30

genres des états subconscients. Les nombres expriment ici le pourcentage des objets oubliés de chaque carte qui ont manifesté une résistance positive ou négative. Ces pourcentages étaient calculés par rapport à la somme générale des oublis d'une carte dans la seconde description chez tous les sujets; parmi les oublis figuraient aussi les objets du dessin, qui étaient énoncés dans la description d'une manière tout à fait générale, ou qui étaient indéterminés, ou transformés en illusions; ils étaient aussi soumis à l'examen par une série de suggestions. Les restes, qu'on obtiendrait après la soustraction des deux sortes de pourcentages, représenteraient les parties de l'oubli qui n'ont manifesté aucune résistance ni sentiment du manque.

Nous voyons dans ce tableau que la résistance positive n'a pas son siège privilégié dans le subconscient. Dans la première série on voit la prééminence de deux cartes perturbées (III et IV), mais en même temps, deux autres du même type de perception (V et VI), ont un pourcentage plus petit que les cartes libres (I et II). Si on prend en considération, que les objets oubliés dans les cartes III et IV sont plus caractéristiques que ceux des cartes V et VI, plus facilement représentables, alors on peut conclure, *que le subconscient qui a passé par la représentation présente une résistance positive plus grande que celui qui n'a jamais été représenté.* Ainsi l'oublié de cartes libres (I et II), qui devait passer par la représentation, présente un pour-cent de la résistance positive plus grand, que l'oublié produit pendant une forte distraction, et qui par conséquent ne constituait jamais une perception proprement dite (V et VI); surtout la carte VI, où la distraction était la plus forte (l'interruption inattendue de la perception et l'impression auditive additionnelle du son de diapason) et où les objets oubliés furent le moins caractéristiques, présente le plus petit pourcentage de la résistance positive. La conclusion énoncée se confirme encore plus démonstrativement dans la seconde série : la carte VI, la même que dans la première série, correspond aussi au plus petit pourcentage de la résistance; les cartes libres I et II, différentes et plus faciles à percevoir que celles de la première série et dont l'oublié était représenté, puisqu'elles se percevaient sans obstacle, présentent aussi le pourcentage de la résistance positive le plus grand de tous.

Par contre, la résistance négative démontre un rapport

tout à fait différent. On la rencontre le moins fréquemment dans les perceptions libres (I et II), c'est-à-dire là où l'oublié fut représenté; tandis qu'elle est la plus fréquente dans les cartes perturbées et surtout dans les cartes de la perception interrompue (III et VI), où une partie de l'impression ne pouvait pas se développer en perceptions conscientes. Une seule exception a été notée : pour la carte VI de la première série.

Ce résultat confirme la théorie que nous venons d'exposer. Dans les cartes perturbées nous connaissons les conditions qui produisent la difficulté de la représentation, une cécité mentale, et aussi les conditions qui provoquent une perversion du sentiment générique par un élément émotionnel qui lui est étranger, par une émotion d'inquiétude et d'un pénible effort qui accompagne le calcul mental ou d'un soulagement lorsqu'il s'interrompt par intervalles. Ces conditions imitent en quelque sorte ce qui se passe lors de l'avènement d'un fait pathogénique. Il se forme un subconscient *qui ne pouvait être représenté*, mais assez intense pour qu'il soit senti en tant qu'une chose oubliée; ou bien : il se forme un subconscient *qui ne pouvait pas être représenté et dont le sentiment générique fut perturbé par l'addition d'un élément émotionnel étranger.* Or, chacune de ces circonstances peut devenir la cause, que la représentation véritable, présentée plus tard, non seulement n'est pas reconnue, mais semble même être tout à fait étrangère au sentiment conservé de l'oublié. Surtout la coordination de ces deux circonstances — de la cécité mentale et de la perturbation émotionnelle — peut agir en ce sens. Et c'est ce qu'on voit réellement. Quoique les cartes III et VI présentent un pourcentage de la résistance négative plus grand, cependant, lorsqu'on considère le degré de cette résistance et qu'on sépare les cas de résistance faible et forte (ce que nous n'avons pas fait dans le tableau), alors on peut se convaincre, que les cas de résistance négative *forte* sont plus fréquents pour les cartes·

perturbées par le calcul (IV et V) que pour les cartes dont la perception a été interrompue (III et VI).

La théorie se confirme aussi, lorsque de la masse générale de l'oublié des cartes on sépare l'oublié plus récent, provenant de la perte de la première image mentale (c'est-à-dire la différence entre les deux descriptions). Il est évident que cet oublié fut représenté d'une manière très intense, avec une entière liberté d'imagination, puisqu'il était reproduit par le dessin et la parole. Il n'y avait pas non plus de conditions qui auraient pu perturber émotionnellement les sentiments génériques. Eh bien, nous voyons que la résistance négative est ici émotionnelle. Sur le nombre total (27) des oubliés de ce genre, nous ne rencontrons que 2 cas de résistance négative pure; 5 autres cas de négation sont associés avec les suggestions et les hallucinations qui se sont implantées dans l'oublié. Tous les autres cas de 20 oubliés présentent une forte résistance positive, laquelle aboutit souvent à une reproduction de l'image. — Ces exceptions même peuvent s'expliquer, si nous rappelons ici ce que nous avons vu dans le chapitre précédent; à savoir, que l'oubli se propage dans la période de crypto-mnésie de l'image par une *systématisation*, qui profite des éléments communs représentatifs ou émotionnels. Par conséquent on peut supposer, qu'un objet nouvellement oublié (la perte de la première description) peut contenir quelquefois certains éléments appartenant aux oubliés précédents (parties oubliées de la perception même) et par cette raison présenter aussi quelquefois le phénomène de la résistance négative.

Nous pouvons encore vérifier la théorie énoncée à l'aide du tableau II, qui présente la fréquence de la résistance négative d'après les sujets, en rapport avec leur disposition à la cécité mentale et leur émotivité pendant le calcul. « L'étendue de la mémoire perturbée » est représentée par le pourcentage des objets retenus dans la première description, calculé par rapport à la somme totale des objets contenus dans les deux cartes perturbées par le calcul (IV et V). Ce pourcentage nous montre aussi de quelle grandeur était la cécité mentale, causée par la distraction et l'effort émotionnel. On peut admettre qu'à l'étendue *plus petite* de cette mémoire correspondait toujours une distraction et un effort émotionnel *plus grand ;* c'est-à-dire,

TABLEAU II

L'échelle de la résistance négative descendante d'après les individus.

SUJETS	L'ÉTENDUE de la mémoire imméd. perturbée.	LE RÉTRÉCIS- SEMENT de la conscience	FRÉQUENCE de la résistance négative.
Mⁱˡᵉ Neu.	0,22	0,75	0,24
Mⁱˡᵉ Sar.	0,51	0,65	0,23
Mⁱˡᵉ Mi.	0,93	0,40	0,21
Mⁱˡᵉ Nel.	0,54	0,50	0,20
M. Mar.	0,16	0,40	0,15
Mⁱˡᵉ Bar.	0,70	0,35	0,14
Mⁱˡᵉ Sz.	0,74	0,25	0,14
M. Sud	0,45	0,40	0,09
M. Poz.	0,70	0,15	0,09
M. Sl.	0,61	0,20	0,05
Mⁱˡᵉ Jud	0,32	0,35	0,04
M. Sil.	0,64	0,35	0
M. Sam.	0,70	0,25	0

que les conditions pour former la résistance négative étaient plus favorables. — « Le rétrécissement de la conscience » est représenté par le pourcentage des objets oubliés de la première description calculé par rapport à la somme totale des objets contenus dans les deux cartes interrompues (III et VI) ; il représente donc en même temps la grandeur de cette partie de la perception qui n'a pas pu arriver à la conscience et n'a pas été représentée ; de sorte que *plus grand* est le degré de ce rétrécissement, d'autant *plus favorables* sont les conditions pour que le phénomène de la résistance négative apparaisse.

En comparant les deux moitiés de l'échelle, l'une de la fréquence plus grande de la résistance négative, renfermée dans les limites de 0, 24 à 0, 14; l'autre de la fréquence plus petite, renfermée dans les limites de 0, 14 à 0, nous voyons qu'il y a une corrélation entre ces trois espèces de nombres. La résistance négative est plus fréquente chez les individus chez lesquels le retrécissement de la conscience est *plus grand;* la résistance négative dans les limites 0,24-0,14 correspond au « retrécissement » dans les limites 0,75-0,25; tandis que la résistance négative dans les limites 0,09-0 correspond au « rétrécissement » dans les limites 0,40-0,15. Moins évidente est la correspondance entre la résistance négative et l'étendue de la mémoire perturbée; quoique nous voyions de même que la moitié de l'échelle de la plus grande fréquence de la négation correspond à « l'étendue » renfermée dans les limites 0,16-0,93; tandis que l'autre moitié correspond aux limites « d'étendue » plus restreintes : 0,32-0,70; les deux types de plus grande perturbation de la mémoire : 0,16 et 0,22 présentent en même temps les deux fréquences les plus grandes de la résistance négative : 0,24 et 0,15.

V. — L'INFLUENCE DE L'ÉTAT HYPNOÏQUE ARTIFICIEL SUR L'OUBLIÉ

J'ai essayé de voir dans quelle mesure un état hypnoïque faible peut influencer le subconscient et provoquer sa remémoration. Dans ce but, après chaque examen de l'oublié d'une carte, lorsque l'attention était encore éveillée dans cette direction, je priais le sujet de se mettre devant une boule en cristal, placée dans une petite chambre noire, et d'en fixer le point brillant. En même temps je demandais au sujet de se placer dans deux conditions psychologiques : d'abord de concentrer son attention au commencement sur cette lacune de la mémoire qui était sentie, mais qui n'avait pu être remémorée ; et en second lieu, de penser le moins possible et de se disposer de la même manière qu'on se dispose avant de dormir. La contemplation du cristal durait de deux à cinq minutes. Après quoi j'interrompais l'expérience et je demandais au sujet s'il avait quelque chose à changer dans la description qu'il avait faite ou non.

Pendant la fixation du cristal, chez 6 personnes (dont 5 femmes) apparaissait d'habitude une légère somnolence, avec une sorte d'obscurcissement de l'intelligence, suivie d'un retour à l'état normal, qui était perçu comme un réveil. Chez deux femmes seulement la fixation est arrivée à cette phase, où le point brillant a disparu et où « un brouillard vert » couvrait la vue, donnant bientôt place à la « vision en cristal », proprement dite, des paysages, des scènes, des figures, en mouvement et en couleurs. D'ordinaire l'expérience fut interrompue avant d'arriver à ce moment classique, et se réduisait entièrement à l'évocation d'un état hypnoïque très léger, qui n'était pas même toujours observé par le sujet.

Comme résultat j'ai obtenu 20 fois sur 46, après ce court moment de « somnolence » l'apparition spontanée d'une remémoration, plus ou moins exacte, des choses oubliées dans le dessin. Ces reproductions se partagent ainsi entre les différentes cartes : carte I-3 reproductions ; II-3 ; III-4 ; IV-3 ; V-3 ; VI-4. Aucun genre de subconscient ne présente donc de prééminence sur les autres. D'après ce que disent les sujets, ces reproductions surgissent sans aucune raison, et soudainement. Il y en a qui sont schématiques ; d'autres, plus concrètes ; parfois les détails du dessin qui étaient auparavant incertains pour le sujet, deviennent plus sûrs ; ou bien encore, les sentiments de manque qui étaient faibles, s'accentuent davantage et sont mieux localisés. Ces faits semblent indiquer qu'un *léger état hypnoïque artificiel favorise le rapprochement de l'oublié du seuil de la conscience.*

B. — L'oublié des séries de mots.

VI. — L'ÉCHELLE QUALITATIVE DE LA RÉSISTANCE

L'examen des mots oubliés permet de mettre en évidence une plus grande variabilité qualitative de la résistance et du sentiment générique, que l'examen de l'oublié dans les dessins, parce que le champ de la suggestion est ici plus vaste et que la suggestion ne rencontre pas d'obstacles intellectuels et logiques. Pour chaque mot oublié on peut facilement choisir des synonymes, des ressemblances auditives, conceptuelles et émotionnelles, des associations lointaines et proches, et construire de tels éléments avec une série des suggestions. La couche d'oublié ou d'inaperçu, examinée à son aide, doit être cependant bien limitée et assez restreinte, pour que les suggestions représentatives puissent réellement influencer le sentiment générique du subconscient et provoquer une réaction exacte. La condition d'un bon examen c'est de pouvoir diriger d'avance l'attention du sujet sur quelques points déterminés de la cryptomnésie, et de ne pas disperser la suggestion.

Dans ce but, après avoir inscrit les mots retenus d'une série, libre ou perturbée, on commençait tout de suite la recherche des mots oubliés, en indiquant au sujet, qu'on allait examiner un tel nombre de substantifs concrets restés oubliés, ou d'adjectifs, etc. L'attention du sujet était donc adaptée d'avance à un seul genre seulement du *sentiment du manque*, et la suggestion agissait d'une manière vive, donnant des indications exactes sur le degré et la qualité de la résistance. — De même dans la seconde partie des expériences, où l'on reproduisait tous les mots retenus encore après dix ou quinze jours (*mémoire de conservation*), on partageait, pour l'examen, tous les mots oubliés en quatre catégories, et on nommait la catégorie et le nombre des mots avant la recherche.

De cette manière, nous avons examiné 484 mots oubliés, dans des expériences portant sur 14 sujets. De ce nombre, 112 mots appartenaient à la série des mots qui étaient lus sans obstacle ; 163 mots à la série des mots lus pendant le calcul mental ; et 209 mots étaient oubliés lors de la reproduction générale.

L'examen nous a fait découvrir *neuf* types qualitatifs différents du sentiment générique, dans lequel se dissimule l'objet oublié ou inaperçu. Ces types sont les suivants ; nous les rangeons d'après une échelle carastéristique :

1. Le mot oublié se reproduit lui-même après une suggestion éloignée ou proche ; les suggestions sont rejetées. C'est la résistance *positive forte*. Le sentiment générique est ici à son degré le plus intense, conservé dans un état pur et se trouve tout près du seuil de la conscience. Exemple : le mot oublié « Bebel » ; les suggestions : Gœthe-non ; Wundt-non, mais il y avait Bebel. Ou bien, l'examen du même mot : Gœthe-non, Wundt-non, Liebknecht-non, mais il y avait Bebel.

2. On rejette les suggestions plus éloignées et plus proches, d'une manière plus ou moins décisive ; le mot oublié est reconnu tout de suite sans hésitation, ou bien, après un moment de méditation, mais sans aucun doute. C'est aussi la résistance *positive forte*. Le sentiment générique est intense et pur. Exemple : le mot oublié « la porte » ; les suggestions : l'arbre-non, l'escalier-non, la chambre-non, la fenêtre-non, la porte-oui, cela était sûr[1].

3. On rejette les suggestions plus éloignées, mais on en adopte une ou deux parmi les plus proches (*paramnésies*) ; le mot oublié se reconnaît sans hésitation. C'est la résis-

---

1. Je dois ajouter que les expériences se faisaient *en polonais*, donc, en traduisant en français ces séries de suggestions on perd les ressemblances auditives qui figuraient quelquefois parmi les suggestions.

tance *positive médiocre*. Le sentiment générique manifeste ici son existence de deux manières : une fois dans la paramnésie, lorsqu'on reconnaît pour l'oublié un mot étranger mais qui présente avec lui une certaine parenté représentative ou émotionnelle (parfois aussi sonore, mais c'est très rare); et une seconde fois dans la vraie reconnaissance. Exemple : le mot oublié « le chou »; les suggestions : jardin-non; table-non; dîner-oui, c'était cela ; soupe-non; viande-non; chou-oui, cela était sûr.

4. On rejette les suggestions plus éloignées; on admet une suggestion proche, avec plus ou moins de certitude (paramnésie); le mot oublié se reconnaît d'une manière incertaine, avec hésitation. Ou bien, on rejette plus ou moins décidément toutes les suggestions, mais le mot oublié est reconnu avec hésitation. Dans les deux cas c'est la résistance *positive faible*. Le rejet des suggestions avec hésitation aboutit ici parfois aux paramnésies douteuses; c'est pourquoi on peut considérer ces deux formes comme une seule. Le sentiment générique est ici évidemment *perturbé* par quelque chose; il n'est pas conservé dans sa pureté individuelle, puisque à côté d'une reconnaissance incertaine et douteuse il peut créer des paramnésies. Exemple : le mot oublié « cheminée »; les suggestions : chaumière-non: suie-non; bois, cela pouvait être (ou bien : « probablement non »); tuyau-non; cheminée, il me semble que c'était cela, c'est possible.

5. On rejette des suggestions éloignées; on admet une suggestion proche (paramnésie); le mot oublié n'est ni reconnu, ni rejeté absolument. C'est la résistance *positive très faible*. Le sentiment générique se manifeste seulement dans la paramnésie et ne s'adapte pas à sa représentation véritable, ce qui prouve sa perturbation plus grande. Exemple : le mot oublié « espace »; suggestions : temps-non ; l'univers-non; silence-oui, c'était cela; grandeur-non; espace, c'est possible, mais je ne m'en souviens pas.

6. On admet toutes les suggestions d'une manière éga-

lement indifférente et douteuse; le mot oublié n'est pas reconnu, quoiqu'il ne soit pas rejeté non plus d'une façon décisive. C'est la résistance positive *nulle*. Le sentiment générique est ici atrophié. Exemple : le mot oublié « cause »; suggestions : fille-probablement non; Dieu-probablement non; volonté, je ne sais pas; effet; je ne sais pas, plutôt non; cause, je ne sais pas.

7. On admet une ou deux suggestions proches (paramnésies): le mot oublié *est rejeté* d'une façon plus ou moins nette. C'est la résistance *négative faible*, parce que la négation n'embrasse pas le mot semblable qui crée une paramnésie. Le sentiment générique est perturbé, mais non pas d'une manière si profonde qu'il ne puisse s'adapter à aucune des représentations analogues. Exemple : le mot oublié « encrier » : suggestions : chambre-non; nouvelle-non; lettre-non; buvard, il me semble que cela était; plume, il me semble que non; encrier-non, probablement non.

8. Négation plus ou moins nette de toutes les suggestions ; le mot oublié est rejeté, mais avec une certaine hésitation. C'est aussi une résistance *négative faible*. La négation s'applique à toutes représentations semblables à l'oublié, et à l'oublié lui-même, quoique elle ne soit pas absolue. La perturbation du sentiment générique ne permet pas ici de créer même une paramnésie, sur la base d'une parenté interne des mots, d'où on peut conclure que cette perturbation est plus forte que dans le cas précédent. Exemple : le mot oublié « fumée » : suggestions : chanson-non; maison-non; poêle, il me semble que non; feu, non ; fumée, il me semble que non.

9. Négation décisive de toutes les suggestions, surtout des suggestions les plus proches, et en même temps négation du mot oublié lui-même. C'est la résistance *négative forte*. La perturbation du sentiment générique est ici à son maximum, puisqu'il s'oppose non seulement à la représentation véritable, mais aussi à toutes les représentations qui lui ressemblent. Exemple : le mot oublié « croix »;

suggestions : flirtage-non ; prêtre-non ; église, oh non ; ci
metière-non ; croix, pour sûr non. Le sujet tâche quelquefois de raisonner cette négation ; il dit par exemple : « Cela
ne pouvait pas être, puisque j'aurais retenu un tel mot » ;
« je l'aurais retenu puisqu'il présente pour moi des associations intéressantes » ; ou bien « parce qu'il m'intéresse
comme son ». On rencontre aussi des cas, où les suggestions plus éloignées sont niées d'une manière moins décisive que le mot oublié ou ses semblables ; et il faut ajouter,
que la découverte de cet élément de ressemblance, qu'on
nie, se fait avec une grande exactitude.

Nous voyons donc, que les sentiments génériques du
subconscient présentent toute une échelle de degrés.
Commençant par une remémoration de l'oublié, où le sentiment générique est le plus intense et le plus pur, on voit
une diminution progressive de la résistance positive et
une augmentation de la perturbation du sentiment générique, jusqu'au point où ce sentiment est atrophié et la résistance positive nulle ; après quoi il réapparaît sous une
forme nouvelle de résistance négative, laquelle augmente
progressivement, signalant une perturbation de plus en
plus grande du sentiment générique.

VII. — ORIGINE DES DIFFÉRENCES QUALITATIVES ET QUANTITATIVES DE LA RÉSISTANCE

Dans la mémoire des mots, de même que dans la mémoire
des dessins, les expériences nous ont permis de déterminer
les conditions, dans lesquelles apparaît l'une ou l'autre
forme de la résistance et son intensité plus ou moins
grande. Nous avons ici trois espèces de la mémoire et trois
espèces de l'oublié qui leur correspondent, et dont on a
examiné la résistance.

Dans la mémoire immédiate des mots *lus librement*,
l'oubli se produit principalement sous l'influence de deux
facteurs : de l'intervalle rempli, qui sépare la perception

et la reproduction, et de l'interférence des pensées évoquées par les mots lus. C'est l'*amnésie intellectuelle*, l'effacement de la perception du mot par une diversion de l'esprit, provoquée par les associations et par l'influence dissolvante de ces associations sur le contenu représentatif du mot. Ici, l'élément émotionnel n'entre pas en jeu. Il faut admettre, que malgré les facteurs amnésiques, chaque mot était perçu consciemment et représenté dans l'esprit, d'une manière plus ou moins intense ; il n'y avait pas de mots lus dans une cécité mentale complète ; beaucoup même des mots oubliés avaient pendant la lecture leurs associations, comme cela se démontre plus tard, dans la reconnaissance.

La seconde espèce de l'oublié se produit dans la mémoire immédiate des mots *lus pendant le calcul mental*. Ici nous avons principalement affaire au subconscient, qui ne pouvait pas être représenté, par suite de l'absorption de l'attention par le calcul ; c'est l'*inaperçu*, les impressions non développées intellectuellement. Ici s'ajoute encore le facteur *émotionnel*, très accentué chez certaines personnes ; on peut dire qu'il constitue la règle, puisque même chez ces personnes qui font le calcul sans agitation, il y a toujours une *émotion de l'effort même*. C'est donc l'*amnésie par distraction émotionnelle* qui agit dans ce cas.

La troisième espèce de l'oublié se produit dans la *mémoire de conservation*. Il résulte en partie d'une amnésie intellectuelle (une fixation faible de certains mots pendant la lecture), en partie, d'une dissolution naturelle, par inactivité, de la synthèse associative acquise (l'influence de l'intervalle trop long entre la perception et la reproduction). Comme nous le savons, le subconscient présente, dans la période de cryptomnésie un peu plus longue, deux processus différents : le processus de la mort et le processus de la création ; c'est donc tous les deux qu'il faut prendre en considération lorsqu'on examine l'oublié de cette espèce.

Le tableau III nous montre la fréquence de tous les *neuf*
types différents du sentiment générique dans ces trois espèces de la mémoire : dans la mémoire immédiate libre,
dans la mémoire immédiate perturbée et dans la mémoire
de conservation. En comparant les deux premières, nous
voyons :

TABLEAU III[1]

*La fréquence des différents types de résistance dans les
trois espèces de la mémoire.*

TYPES de la résistance.	MÉMOIRE immédiate libre.	MÉMOIRE immédiate perturbée.	MÉMOIRE de la conservation.
1er	0,05	0,04	0,019
2e	0,19	0,12	0,43
3e	0,17	0,07	0,12
4e	0,26	0,17	0,19
5e	0,008	0,02	0
6e	0,04	0,06	0,05
7e	0,02	0,12	0,05
8e	0,017	0,04	0,03
9e	0,16	0,25	0,06

1° *Que la résistance positive, dans toutes ses variations,
diminue dans la mémoire perturbée ;*

2° *Que le nombre des oubliés sans résistance, avec le
sentiment générique atrophié, est un peu plus grand dans
la mémoire perturbée :*

Et 3° *Que la résistance négative, dans toutes ses variations, augmente d'une manière considérable dans la
mémoire perturbée.*

1. Les chiffres, indiquant les types, correspondent à ceux de la description des types : donc, du 1er au 4e, les variations de la résistance
positive, 5e, résistance nulle, du 6e au 9e les variations de la résistance
négative. Les p. 100 sont calculés en prenant le rapport du nombre des
cas d'un certain type aux 112 mots oubliés de la mémoire libre, aux
163 mots oubliés de la mémoire perturbée, et aux 209 mots oubliés
de la mémoire de conservation.

Ces résultats confirment donc entièrement ce que nous avons dit au sujet de la résistance négative, à savoir, qu'elle provient *d'une perturbation du sentiment générique par un élément émotionnel étranger*, qu'elle est le sentiment générique *perverti* de l'oublié.

En comparant la mémoire immédiate libre avec la mémoire de conservation nous voyons, *que le sentiment générique non seulement se conserve pendant une cryptomnésie de plusieurs jours, mais qu'il devient même plus intense.* Le subconscient s'approche, pendant cette période, du seuil de la conscience, en se signalant par une augmentation notable des pourcentages de reconnaissances sûres, à côté d'une forte résistance positive; au lieu de 0,19 nous avons ici 0,43. Si nous prenons la somme générale des oubliés présentant une résistance positive, nous voyons aussi une prééminence dans la mémoire de conservation : 0,77 au lieu de 0,70. — Cela s'accorde tout à fait avec les résultats de mes expériences précédentes sur la transformation du subconscient. Le facteur de la création prédomine ici sur le facteur de la mort[1], lequel ne se manifeste ici que par une diminution du pourcentage de la reproduction (1er type). — A côté, nous voyons aussi, que la résistance négative, sous són aspect le plus intense, se rencontre beaucoup plus rarement dans la mémoire de conservation que dans la mémoire immédiate libre (0,06 au lieu de 0,16,) sans parler de la mémoire perturbée, où elle est le plus fréquente. Ce résultat prouve, *que le phénomène de la résistance négative ne provient pas d'un effacement ou d'un affaiblissement naturel des souvenirs.*

La provenance de la négation d'un élément émotionnel étranger, qui déprave le sentiment générique de l'oublié, se confirme aussi par le tableau IV, représentant la fréquence du phénomène de la résistance négative d'après les

---

1. Évidemment, nous ne parlons pas ici du nombre des oublis, lequel est toujours plus considérable dans la mémoire immédiate, mais seulement de la vitalité des oubliés dans la reconnaissance.

individus, par rapport à leur émotivité. Comme degré de cette émotivité on peut considérer l'étendue de la mémoire immédiate perturbée, parce que l'oubli des mots est ici avant tout le résultat de cet effort pénible, et souvent troublant, qui accompagne un dédoublement forcé de l'attention, une situation, dans laquelle nous devons défendre une direction de la pensée (le calcul) contre une autre (la lecture). Cet effort est, sous tous les rapports, une émotion typique ; comme toutes les autres émotions intenses il absorbe, pour un moment, la personnalité entière, provoquant souvent une anesthésie, une surdité ou cécité mentale ; il se manifeste dans l'organisme par des mouvements incoordonnés et des contractions musculaires, par une respiration accélérée ou ralentie, par l'afflux du sang au visage, etc. ; et de même que dans les autres émotions pénibles on a un sentiment de bien-être quand cette expérience prend fin.

Le nombre de mots retenus est inversement proportionnel à l'intensité de cet effort émotionnel ; il augmente lorsque le calcul se fait sans agitation et d'une manière automatique ; il diminue lorsque le calcul est agité et lorsqu'il absorbe la conscience. Évidemment, l'influence des autres facteurs de l'amnésie peut aussi entrer en jeu ; en tout cas, nous ne nous éloignerons pas beaucoup de la vérité, en adoptant l'étendue de la mémoire perturbée pour la mesure du degré de cette émotivité du sujet qui accompagne le dédoublement forcé de l'attention. La plupart des sujets ont accusé cette émotion ; il y en a qui l'éprouvaient d'une manière très intense et pénible, jusqu'à la sensation d'étouffement, avec arrêt de la respiration, accélération du cœur, sensation de chaleur, etc. Quatre personnes seulement (désignées sur le tableau par une astérisque) ont déclaré, que le calcul se faisait sans agitation et d'une façon plutôt automatique. — Je dois encore ajouter, que les pourcentages de la résistance négative étaient calculés en prenant le rapport du nombre de tous

les mots oubliés, des trois (ou parfois d'une seulement)
mémoires d'un sujet, mots ayant manifesté une résistance
négative, au nombre de la somme totale des mots oubliés
chez ce même sujet, dans les trois catégories de la mémoire.

Le tableau démontre d'une façon assez claire la correspondance entre l'émotivité du sujet et la fréquence de la
résistance négative. La partie de l'échelle qui représente un

TABLEAU IV

*La fréquence de la résistance négative d'après
les individus.*

LES SUJETS	L'ÉTENDUE de la mémoire imméd. libre.	L'ÉTENDUE de la mémoire imméd. perturbée.	L'ÉTENDUE de la mémoire de conservation	p. 100 général de la résistance négative.	TYPE le plus fréquent de la résistance.
					Types.
Mlle Jud. . .	0,50	0,35		0,63	9
M. Dow. . .	0,45	0,30		0,48	9
M. Bud . .	0,55	0,35	0,25	0,44	2 et 9
M. Mar. . .	0,40	0,20		0,42	4 et 7
M. Sl. . . .	0,70	0,45	0,45	0,38	2
M. Sil. . .	0,65	0,40		0,36	3
Mlle Sar. . .	0,70	0,50	0,57	0,33	2
M. Sam. . .	0,40	0,35	0,35	0,30	4
Mlle Sz. . .	0,60	0,30	0,57	0,15	2
Mlle Mi . .	0,60	0,70	0,32	0,15	2
Mlle Nel. . .	0,80	0,40	0,77	0,12	4
Mlle Bar . .	0,80	0,70	0,57	0,07	2
Mlle Bor . .	0,60	0,65	0,27	0,02	2
Mlle Neu. . .	0,55	0,20	0,57	0,02	4

pourcentage *plus grand* de la négation, renfermé dans les
limites 0.63 — 0.30, correspond, pour la plupart des sujets,
à une étendue *plus petite* de la mémoire perturbée. Il n'y a
qu'une seule personne, la dernière, qui fasse exception à
cette règle, en présentant une coïncidence de la plus petite
étendue de la mémoire perturbée avec la plus petite fréquence de la négation [1]. De même aussi les témoignages

1. Il faut ajouter cependant, que cette même personne présente le
plus grand, et vraiment extraordinaire, pourcentage de paramnésies;

d'introspection des sujets s'accordent avec le résultat des nombres, puisque trois personnes, qui ont dit de ne pas éprouver d'agitation, se trouvent dans la partie du tableau où la négation est le moins fréquente.

VIII. — CONCLUSIONS

Nous pouvons donc formuler les thèses suivantes, confirmées par les expériences :

1° L'oublié et l'inaperçu de toute sorte, provenant de la distraction, de l'amnésie émotionnelle, de l'amnésie intellectuelle ou de l'atrophie représentative naturelle par inactivité prolongée de la mémoire, se conservent psychiquement en tant que *sentiment générique*, qui se manifeste par la résistance positive des lacunes de la mémoire envers les suggestions fausses. L'oublié *sans résistance* est un fait rare. Le sentiment générique, lors de la recherche et de la reconnaissance, a pour nous la valeur de l'équivalent émotionnel de cette même représentation dont il tient la place ;

2° La résistance *positive* est plus grande dans l'oublié, qui fut déjà représenté, que dans celui, qui, provenant de la distraction, ne pouvait pas être représenté ;

3° L'oublié ou l'inaperçu, qui, lors de la perception d'un fait, était faiblement représenté et perturbé par une émotion, produit le phénomène de la *paramnésie ;* et lorsque l'inhibition intellectuelle et la perturbation émotionnelle sont plus fortes, — il produit le phénomène de la *résistance négative ;*

4° Ce dernier phénomène, — de la résistance négative — démontre, que la perturbation émotionnelle se conserve dans le sentiment générique de l'oublié, et qu'elle modifie

---

il est égal à 0. 70 ; et nous savons que les paramnésies, dans le type 4 et 5-c, où il y a une reconnaissance incertaine ou une non-reconnaissance, représentent aussi une perturbation du sentiment générique.

son caractère intime, en tant qu'équivalent d'une représentation.

Cette modification, on peut la concevoir comme *une
fusion de deux sentiments*, qui est en même temps la *production d'un nouveau sentiment générique artificiel.*
Ce nouveau sentiment ne peut évidemment retrouver la
représentation ancienne, à laquelle il ne s'adapte plus, et
par suite il donne naissance ou bien aux paramnésies,
lorsque la nouveauté est moins accentuée, ou bien au phénomène de la négation du passé, lorsqu'elle est plus forte.

CHAPITRE V

LA RÉSISTANCE DE L'OUBLIÉ
DANS LA MÉMOIRE TACTILE ET MUSCULAIRE

I. — LE PROBLÈME ET LES EXPÉRIENCES

Les expériences précédentes sur la résistance de l'oublié dans la mémoire des dessins et des séries de mots nous ont démontré que l'oublié survit psychiquement sous la forme d'un sentiment non représentatif, mais qui contient en soi le *genre* de la représentation dont il provient. Ce « genre » est représenté, dans l'introspection du sujet par une certaine nuance affective, par un cachet spécial de l'émotivité tellement différencié, que même les suggestions très proches de l'objet oublié, lors de la reconnaissance, sont rejetées comme fausses.

Des sentiments génériques forment une catégorie à part de phénomènes psychiques, catégorie qui n'appartient ni au domaine des représentations, ni au domaine des sentiments déterminés et désignés, ayant une valeur pratique dans la vie. C'est la *subconscience*, la réduction affective des représentations et des perceptions, le côté inverse des phénomènes de la conscience intellectuelle ; c'est le *potentiel affectif* des faits de cette conscience. Chaque fois que l'intellect se rencontre avec le sentiment générique, il le transforme en la représentation même dont il provient.

Si cette transformation présente des difficultés, à cause d'une faiblesse de l'activité intellectuelle, de l'effacement de la représentation dans la mémoire, ou bien, à cause d'une perturbation émotionnelle du sentiment générique, dans ce cas, il se produit des paramnésies, des hallucinations de la mémoire, des pressentiments et des pensées hypnoïques ou même des états affectifs mystiques et esthétiques, qui tendent obstinément à s'exprimer dans des symboles représentatifs par leur *rémémoration complète*. L'intellect se comporte envers ces états comme envers des phénomènes incomplets, inachevés, comme envers des germes de quelque chose qui le tourmenteront et qu'il doit développer, réaliser, adapter à lui-même et à l'ensemble de la vie. Il en provient tout un système de l'activité humaine, religieuse et artistique, dont l'unique problème et but est la *rémémoration de l'oublié*, la recherche des représentations complètes, qui correspondent à ces sentiments génériques intenses et obstinés, qui toujours reviennent et se débattent sous le seuil de la conscience.

Dans les recherches précédentes sur la résistance de l'oublié, nous sommes arrivés à cette conclusion, que, aussi bien les perceptions incomplètes, inhibées dans leur développement à cause d'une distraction, que les perceptions complètes mais oubliées ensuite, se comportent de la même manière dans la période de cryptomnésie et subissent la même réduction, se transformant en états émotionnels équivalents. Nous avons vu que cette émotivité *sui generis*, qui se conserve dans les lacunes de la mémoire, renferme aussi, d'une manière fidèle, le genre de cette représentation, qui était ou qui pouvait être à la place de la lacune, et que, par suite, elle présente une résistance envers les substitutions fausses. Cette résistance est d'autant plus grande que l'oublié fut mieux représenté pendant la perception et elle faiblit et produit les illusions de la mémoire si la perception antérieure fut incomplète, trop courte, ou bien perturbée par une émotion. Si, lors de la perception, inter-

venait un agent émotionnel, plus fort, d'une provenance
étrangère à la perception (par exemple l'émotion du calcul
mental), la réduction affective de cette perception s'imbi-
bait sous cette influence émotionnelle étrangère et il se produisait un sentiment générique anormal, artificiel, perverti
qui, pendant la reconnaissance, présentait une résistance
négative à la représentation vraie, puisqu'il ne lui correspondait plus.

Il se pose maintenant un problème nouveau, qui exige
de nouvelles recherches ; il faut se demander à quel point
cette réduction affective des représentations oubliées est
générale ? Est-ce seulement les perceptions représentables,
qui par leur contenu même présentent une émotivité,
comme par exemple les mots et les dessins, qui la subissent ; ou bien toutes les perceptions, même les plus
simples, les plus dépourvues d'associations ? En d'autres
termes, est-ce que même une simple impression sensorielle
ne possédant aucune signification représentative, aucun
symbolisme et aucune émotivité propre, se transforme
pourtant en sentiment générique, en sa réduction émotionnelle, du moment qu'elle quitte le domaine de la conscience intellectuelle et commence la vie latente de l'oublié ?
— A cette question s'en ajoute une autre : cette réduction
des impressions simples, non symboliques, est-elle capable, ainsi que la réduction des représentations, de subir
l'action inhibitrice des éléments émotionnels étrangers et
de produire ainsi des sentiments génériques pervertis,
qui s'opposent à la reconnaissance ?

Pour pouvoir répondre à ces questions, nous étions
obligés d'entreprendre une nouvelle série de recherches,
prenant pour objet les perceptions les plus simples, les
moins symboliques, et dépourvues de *noms*. Il y a deux
sens qui s'adaptent au mieux à ce problème, c'est le sens
tactile et le sens kinesthésique des mouvements passifs.

La série des expériences portant sur les perceptions
tactiles fut disposée de la manière suivante ; on posait

successivement sur la paume du sujet qui avait les yeux bandés et la main étendue commodément sur la table, à des intervalles égaux de cinq secondes, des objets différents. Chaque objet était posé avec une légère pression, pour que sa forme fut nettement perçue, et il restait ainsi pendant cinq secondes. Le sujet ne pouvait ni le toucher des doigts, ni le mouvoir. On changeait la place du toucher sur la paume, pour qu'une nouvelle impression tactile fut reçue par une nouvelle surface de la peau. Comme nous le voyons, d'après la liste des objets présentés [1], les impressions tactiles, très différentes au point de vue de la grandeur, de la forme et de la matière, ne présentaient, pour la plupart, aucune signification représentative. Le sujet pouvait décrire, plus ou moins, leur grandeur, leur forme et le caractère des sensations tactiles qu'il en recevait, mais il ne devinait que très rarement la nature de l'objet. C'étaient pour lui des impressions tout à fait symboliques qu'il ne pouvait déterminer par aucun nom et ce n'est que rarement qu'il les décrivait par analogie.

L'expérience se composait de la perception et de la reconnaissance de deux séries de ces impressions tactiles.

1. *Série libre* des perceptions et des suggestions tactiles :

PERCEPTIONS	SUGGESTIONS
1. Gomme élastique.	Un morceau d'éponge ; boite en carton ; pièce de 10 centimes belge.
2. Papier glacé.	Morceau de drap épais ; un tissu léger.
3. Bout de crayon épais.	Un petit crayon ; une épingle.
4. Monnaie 2 heller.	Monnaie plus grande (2 kopeks) ; toucher du doigt ; tube gélatine.
5. Grand morceau de pierre.	Une pièce plus petite ; un petit peigne.
6. Morceau de sucre carré.	Le même morceau cassé ; un étui en cuir.
7. Bouton métallique plat.	Bouton très petit ; bouchon ; morceau de craie.
8. Une grande clef.	Demi-cercle en fer ; petit coquillage.
9. Un petit triangle en métal.	Le même plus aigu ; petit instrument en métal ; épingle double.
10. Un morceau de bougie.	Petit cylindre en bois ; morceau de bois long carré ; plume métallique.

Chaque série comprenait dix objets. La perception de la première série s'effectuait *librement*, avec une attention concentrée sur les impressions reçues. La perception de la seconde série [1] était *perturbée* par le calcul mental simultané, lequel consistait dans la soustraction d'un même nombre d'une somme de trois chiffres, et se faisait à haute voix. Après chaque série d'expériences, le sujet dessinait sur le papier et décrivait verbalement toutes les impressions tactiles retenues. Pour étudier les objets *oubliés* de la série, nous avons employé la même méthode que celle dont nous nous sommes servis dans les expériences avec les dessins et les mots. Pour chaque objet, nous avons composé une série suggestive de différentes impressions tactiles, et le sujet devait reconnaître, si elles étaient ou non, dans la précédente série de perceptions ; le sujet percevait ces nouveaux objets exclusivement par le toucher de sa paume, avec les yeux bandés, comme dans la première partie de l'expérience. La série suggestive se composait de trois (parfois de deux) objets, parmi lesquels il y

---

1. *Série perturbée* des perceptions et des suggestions tactiles :

PERCEPTIONS	SUGGESTIONS
1. Porte-cigarette.	Crayon ; un carré en carton ; étui métallique.
2. Cigarette, tubes sans tabac.	Une lamelle de bois léger ; liège rond plat.
3. Épingle à cheveux en corne.	Un bicorne métal ; un clou.
4. Une boule en argile.	Une boule en plomb ; punaise ; cristal de sel marin.
5. Piqûre unique.	Piqûre moins aiguë ; pression avec deux bouts métal.
6. Le fond rond et froid d'une bouteille.	Un franc ; petit paquet de coton ; boîte en carton.
7. Un bouton en soie.	Un plomb ; petit bouton de corne ; peau d'orange.
8. Une allumette.	Petit bâtonnet en bois ; carré en bois ; bâtonnet de corne,
9. Petite étoile de mer.	Coquille d'escargot ; petit poisson en soie ; boule de papier.
10. Petite boîte métallique.	Le même plus petit ; une pastille ; une lame en bois.

avait des choses tout à fait différentes de l'objet oublié, des choses qui lui ressemblaient un peu et des choses qui lui ressemblaient beaucoup; à la fin on présentait à reconnaître l'objet oublié lui-même. Chaque fois qu'on avait posé sur la paume du sujet un de ces objets, le sujet devait décrire l'objet qu'il sentait et dire s'il se trouvait ou non dans la série des perceptions.

Les séries destinées à l'étude des impressions *musculaires* se composaient des gestes qui constituent l'alphabet des sourds-muets, inconnu aux personnes sur lesquelles portaient les expériences. Nous avons modifié un peu ces gestes pour les simplifier et pour éliminer quelques gestes incommodes dans l'expérience. On les percevait de la manière suivante : le sujet, ayant les yeux bandés, laissait tout à fait passives ses deux mains, auxquelles je donnais la position du geste voulu ; les bras ne participaient pas au geste, seulement les mains et les doigts. Une fois le geste formé, le sujet devait le conserver pendant cinq secondes, mais sans aucun effort musculaire : après quoi, je remettais les mains au repos et, après cinq secondes d'intervalle, je composais un geste nouveau. C'était donc une série des mouvements passifs, une série de perceptions musculaires et tactiles, lesquelles, sauf quelques rares exceptions, ne possédaient aucun sens symbolique ni aucun nom. La première série de dix gestes était perçue *librement*, avec l'attention concentrée sur la position des mains et des doigts. La seconde série de dix autres gestes fut *perturbée* par un calcul mental, semblable à celui des expériences tactiles, et effectué à haute voix. A la fin de chaque série le sujet (ayant toujours les yeux bandés) reproduisait seul les gestes retenus ; et les gestes oubliés furent soumis à l'étude par la méthode des séries suggestives, lesquelles se composaient d'un geste différent et d'un geste ressemblant au geste oublié, ainsi que de la répétition de ce geste même. Pendant la formation de chaque geste, le sujet devait dire s'il se trouvait ou non dans la

série des perceptions et par quel moyen il le reconnaissait,
par les sensations conservées dans les mains, ou bien par
les images visuelles et les associations.

Les données expérimentales que nous avons recueillies
de cette manière concernaient la mémoire tactile et musculaire des perceptions les plus simples, asymboliques et
innomées. Elles mettaient en lumière les phénomènes suivants :

1° La mémoire immédiate des séries d'impressions perçues librement, avec attention ; 2° la mémoire immédiate
des séries d'impressions perçues dans la distraction, plus
ou moins émotionnelle ; 3° le rapport de l'oublié, provenant
des perceptions libres, aux suggestions fausses et vraies
(la résistance et la reconnaissance) ; 4° ce même rapport
de l'oublié provenant des perceptions incomplètes et perturbées.

A l'aide de ces données nous pourrons voir, si l'oublié
des perceptions les plus simples présente une résistance
positive envers les suggestions fausses, et jusqu'à quel
point ; autrement dit, nous pourrons savoir si les perceptions de ce genre se transforment dans la cryptomnésie en
sentiments génériques et quel est le degré de différenciation de ces sentiments. Nous verrons aussi comment
les sentiments génériques changent de caractère suivant
la provenance de l'oublié, suivant qu'il vient de perceptions
plus ou moins intellectualisées et plus ou moins perturbées
par un état émotif.

Aux expériences sur le toucher prirent part 8 personnes ;
aux expériences sur les mouvements passifs, 10 personnes
pour la plupart étudiants et étudiantes polonaises de l'Université de Bruxelles.

II. — MÉMOIRE TACTILE

Étudions d'abord le mécanisme de la perception et de
l'oubli dans la série tactile. La remémoration immédiate

de la série nous donne des indices à ce sujet. Tout de suite après la dernière impression tactile, le sujet se mettait à reproduire les perceptions retenues, en dessinant la forme des objets et en décrivant leurs autres qualités tactiles, tâchant ainsi de déterminer ce qu'était chacun des objets

Diagramme de la mémoire tactile libre.

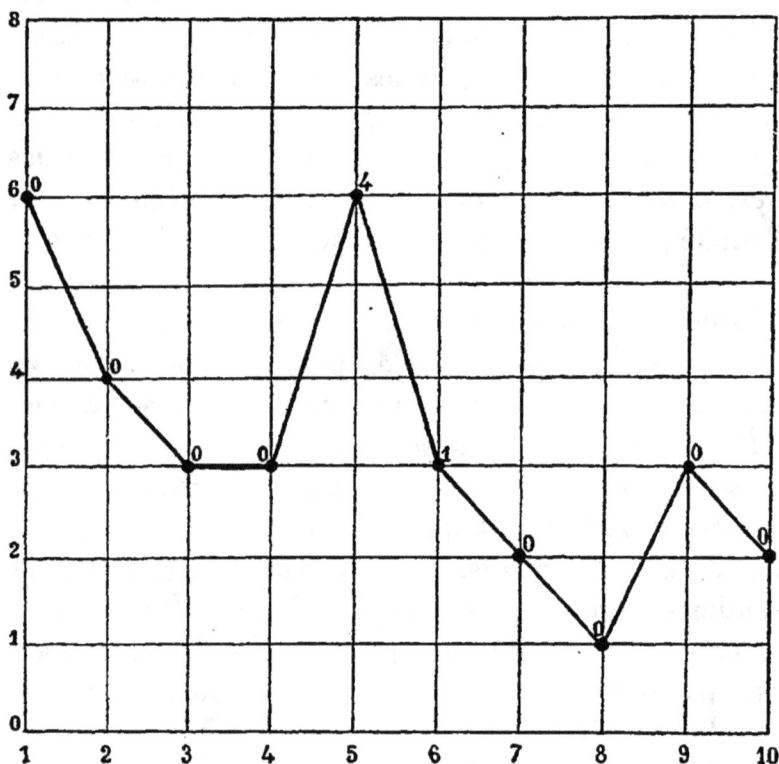

Fig. 7. — Série des perceptions.

présentés. Avec ces données, nous avons pu construire deux diagrammes : celui de la mémoire immédiate libre et celui de la mémoire immédiate perturbée par le calcul mental. Chacun de ces diagrammes présente le nombre total des reproductions de chaque objet de la série, obtenu dans la remémoration collective des huit personnes qui ont pris part à l'expérience; les chiffres qui accompagnent les points

de la courbe indiquent combien de fois sur 8 expériences,
l'objet donné fut, pendant la perception, représenté par le
sujet plus ou moins fidèlement et déterminé par un nom.
Nous avons donc ici, pour chacune des impressions tac-

Diagramme de la mémoire tactile perturbée.

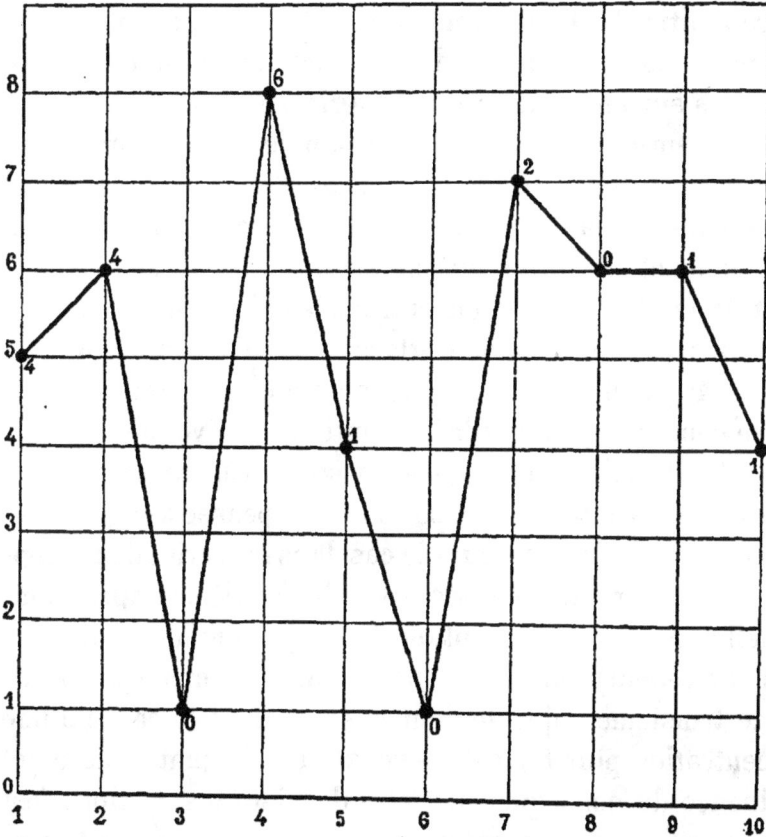

Fig. 8. — Série des perceptions.

tiles de la série, le degré de sa mémorisation et le degré
de son intellectualisation.

Le diagramme de la mémoire tactile *libre* nous démontre
l'existence de ces mêmes trois facteurs de la mémorisation
que nous avons déterminés dans la mémoire des séries de
mots (V. chap. ii). Ce sont : le facteur de l'*attention* pendant

la perception, qui se révèle dans le diagramme par le niveau assez élevé des premières impressions, ainsi que par l'abaissement du niveau au milieu de la série : le facteur de l'*intervalle*, qui produit la hausse des derniers résultats de la série, où cet intervalle entre la perception et la reproduction devient le plus petit; et le facteur de l'*intérêt* que présente la perception, lequel donne naissance, dans la première moitié du diagramme, aux ondes d'une forme aiguë. Comme nous le voyons, ce dernier facteur qui, dans les expériences sur les séries de mots, agit pendant tout le temps de la perception, donnant au diagramme de cette mémoire son aspect caractéristique d'ondes aiguës et presque régulières, ici, dans la mémoire tactile, ne se manifeste que très faiblement et ne forme qu'une seule onde, au commencement de la série, où se rencontrent les objets les mieux représentés (2ᵉ objet, papier glacé, bien déterminé quatre fois et 4ᵉ, monnaie six fois reconnue comme telle), c'est-à-dire ceux qui, pendant la perception, ont évoqué un mouvement déterminé de la pensée et son arrêt sur une notion bien définie. Cette préoccupation de la pensée a eu pour résultat, comme c'est toujours le cas dans les séries de perceptions, une distraction consécutive à la deuxième impression, laquelle entrave la perception de l'objet suivant (influence de l'antécédent), la conservation dans la mémoire de ce même troisième objet devient aussi difficile à cause d'une concentration plus forte de la pensée sur le quatrième objet (influence du conséquent). Cette dernière distraction n'est vaincue que partiellement par l'intérêt que présente la cinquième impression (une pierre plus grande). Il s'y associe la fatigue de l'attention, qui s'efforce de retenir toutes les impressions précédentes, et produit l'abaissement du niveau au milieu de la courbe, de même que dans la série des mots. Après quoi, la distraction passe, l'attention reprend sa vigueur et la courbe s'élève, en profitant aussi de la diminution d'un autre facteur important d'amnésie, de l'intervalle occupé. La baisse qui correspond au dernier objet de la série (morceau de bougie), malgré que le facteur de l'intervalle cesse d'agir, est aussi le résultat de la distraction, qui provient de deux causes : de l'intérêt que présente la sensation tactile de cet objet sans qu'on puisse déterminer l'objet lui-même, et de l'interruption de l'expérience, qui se termine à ce moment.

Nous voyons cependant, dans la seconde partie du diagramme, que l'action de *représenter* et de *nommer* les objets joue un rôle très peu important dans la mémoire tactile des petites séries. Les quatre derniers objets de la série, assez bien remémorés, présentent cependant un degré d'intellectualisation très petit. Ils étaient retenus principalement par le caractère des impressions innomées et presque indéterminées qu'ils fournissaient, excepté leur forme; c'étaient des images tactiles de matière, de grandeur et de forme, sans leur complément représentatif. La perception était souvent réduite à l'identification primaire, c'est-à-dire qu'elle était presque agnostique, très peu intellectuelle et inapte aux associations.

On ne peut conclure, que *l'oublié* se conservait souvent avec ce même caractère, c'est-à-dire, que même dans les cas où il provenait d'une perception claire il ressemblait cependant à l'oublié provenant d'une distraction, des impressions perçues incomplètement ou même inaperçues; autrement dit, qu'il était le vestige de l'impression non représentée. Cette conclusion se vérifie par les chiffres que nous donne la recherche de la résistance de l'oublié, pendant laquelle on répétait l'impression tactile de chaque objet oublié, et le sujet tâchait de déterminer ce que cela pouvait être. Eh bien, ces déterminations n'étaient vraies que dans des cas très rares. Sur 30 reconnaissances d'objets oubliés, il n'y avait que 6 déterminations plus ou moins justes; 15 fois la détermination de l'objet était complètement fausse ou trop générale (par exemple : « quelque chose de rond en bois » — pour le morceau de bougie; un « carré en bois » ou bien « quelque chose en carton » — pour le morceau de sucre; « une gomme » — pour la pierre; « un canif peut-être » pour le crayon, etc.). Dans les neuf autres cas, l'objet ne pouvait être déterminé que d'une manière très imparfaite (par exemple : quelque chose de rond, quelque chose de long, quelque chose qui pique, etc.). La grande majorité des oubliés se conservait donc dans le subconscient comme des impressions non développées en perception, comme des états faiblement représentés, non intellectuels, ou bien des états qui se sont complétés par une représentation fausse et obscure.

Le diagramme de la mémoire tactile *perturbée par un calcul mental* qui commence un moment avant la série des perceptions et continue pendant toute sa durée, ce diagramme, comme nous le voyons, diffère beaucoup de celui de la mémoire libre; aucun des facteurs de l'amnésie n'y est représenté, ce qui était du reste facile à prévoir. La perception se fait ici pendant une distraction forcée et continue, accompagnée souvent d'une légère émotion, lorsque l'effort mental est plus grand; elle ne devient claire qu'à des intervalles irréguliers, lorsque l'attention revient momentanément à l'impression entre deux concentrations plus fortes sur le calcul. Pour cette raison on ne peut voir ici ni l'influence de l'intervalle entre la perception et la reproduction, lequel élève le niveau à la fin de la courbe, ni l'abaissement au milieu de la courbe, caractéristique du souvenir des séries libres. Les élévations, que nous voyons sur ce diagramme, correspondent seulement au moment de la perception plus libre, surtout au commencement de la série, lorsque l'esprit n'est pas encore entièrement adapté au calcul et absorbé par lui; ou bien elles correspondent à des impressions plus fortes de la série, comme par exemple à la cinquième impression (piqûre), qui, dans la majorité des cas, a vaincu la distraction du calcul et est parvenue à devenir consciente.

L'intellectualisation des impressions, comme nous le démontrent les chiffres qui accompagnent les points de la courbe, diminue notablement dans cette mémoire. Sauf deux objets, tous les autres n'étaient nullement représentés pendant la réception des impressions. Même une impression aussi simple que la piqûre se complétait quelquefois par une représentation fausse, par l'illusion d'un objet aigu. Le caractère des impressions, difficiles à représenter, et la distraction forcée du calcul, s'entr'aident ici pour pousser l'agnosie aussi loin que possible et pour conserver les impressions sous leur aspect d'impressions pures. Dans cette série d'expériences l'oublié s'éloigne autant que possible de la représentation et ne survit dans le subconscient que comme un vestige purement impressionnel, réduit presque à l'empreinte d'une sensation tactile élémentaire.

Il est curieux que les impressions reçues de cette manière aient pourtant la propriété de se fixer dans la mémoire. Si nous comparons l'étendue des deux mémoires immédiates, de la mémoire libre et perturbée, nous voyons que la perturbation diminue relativement peu l'étendue de la mémoire tactile. L'étendue de la mémoire libre, évaluée collectivement pour huit personnes, est égale à 0,60 ; l'étendue de la mémoire perturbée à 0,43. Chez deux personnes elle ne change même pas du tout (chez M. Z. 5 et 5 ; chez Mme Lib. 7 et 7) ; chez les trois autres elle diminue d'un objet seulement (Mme Lib. 5 et 4 ; Mme N. 5 et 4 ; Mme St. 6 et 5). Cela nous montre que, dans les deux cas, il n'y avait pas une grande différence dans le degré de la représentation des impressions, que la distraction forcée, tendant à affaiblir l'intellectualisation, n'avait pas beaucoup à faire puisque l'intellectualisation, même avec l'attention libre, était très faible. Le même fait se manifeste aussi dans le nombre presque égal des *hallucinations*, qui paraissent lors de la reproduction de la série libre et de la série perturbée. Dans le premier cas elles sont au nombre de 10, dans le second de 11. Or, nous savons (V. chap. II), que les hallucinations de la mémoire sont toujours le résultat de la représentation faible, de la perception incomplète, et c'est pourquoi, dans la mémoire des mots, leur nombre augmente beaucoup dans la série perturbée. Ici, par contre, cette différence fait défaut, puisque, dans les deux cas, la perception est faible et incomplète; pour la même raison le pourcentage de ces hallucinations est beaucoup plus grand dans la mémoire tactile que dans la mémoire des mots.

Passons maintenant à l'oublié. La première question que nous avons posée est celle-ci : l'oublié, provenant des impressions pures, peu représentable ou même non représentable, se conserve-t-il ou non dans le subconscient en tant qu'état psychique positif, qualitativement différencié ?

TABLEAU I

La résistance de l'oublié de la mémoire tactile.

	MÉMOIRE libre.	MÉMOIRE perturbée.
P. 100 sans résistance.	—	0,14
— avec résistance positive.	0,66	0,42
— avec résistance négative.	0,34	0,44

Autrement dit, présente-t-il ou non la résistance positive ?

La réponse à cette question nous est donnée par le tableau I qui présente la sommation des données individuelles. Le pourcentage de la résistance fut calculé en prenant le rapport entre le nombre total des objets oubliés (chez les huit personnes étudiées) et le nombre de ceux qui, lors de la reconnaissance par la méthode des séries de suggestions, ont manifesté ou une résistance nulle, ou une résistance positive de différents degrés, ou bien une résistance négative déterminée de la même manière que dans les recherches sur l'oublié des mots.

Comme nous le voyons, l'oublié sans résistance, c'est-à-dire psychiquement anéanti, ne se retrouve pas dans les lacunes de la mémoire tactile libre; on n'a pu trouver aucune impression de la série qui soit tout à fait perdue, dont l'évocation, à l'aide des suggestions, soit reçue par le sujet avec une indifférence complète, ne donnant lieu ni à l'affirmation, ni à la négation. Toutes les impressions de la série libre, quoique réduites pour la plupart à une simple sensation, à l'identification primaire, conservent néanmoins dans le subconscient leur individualité psychique; chacune d'elles présente un certain *genre* de la conscience a-intellectuelle, par lequel on rejette les suggestions fausses et les suggestion ressemblantes et par lequel on reconnaît l'objet oublié lui-même. Pendant l'étude de l'oublié on voit tout de suite, après la manière dont le sujet réagit aux suggestions et à la répétition, que l'oublié est ici une chose encore vivante, conservée avec son cachet spécifique du sentiment, que les lacunes de la mémoire sont remplies par des sentiments génériques différenciés. La résistance aux suggestions et la reconnaissance se font sans que le sujet puisse deviner les raisons pour lesquelles il rejette les unes ou adopte les autres; la majorité des impressions, ayant été perçue sans intellectualisation, se reconnaît de même sans l'aide des représentations, comme des sensations tactiles faiblement déterminées.

La comparaison des deux mémoires, libre et perturbée, que présente le tableau, nous montre comment la *distraction émotionnelle* (du calcul) agit sur l'oublié de ce genre, oublié qui avait une intellectualisation faible ou nulle. Les résultats sont ici les mêmes que ceux que nous avons obtenus dans l'étude de l'oublié des dessins et des mots; à savoir : 1º le nombre des oubliés sans résistance, c'est-à-dire dont le sentiment générique est atrophié, augmente dans la mémoire perturbée; 2º le nombre des oubliés avec résistance positive diminue; 3º le nombre des oubliés avec résistance négative augmente. — Il y a seulement quelques différences quantitatives : ainsi, la disparition des sentiments génériques, sous l'influence de la distraction forcée, est ici beaucoup plus fréquente; au lieu du rapport

0,04 — 0,06 que présente l'oublié des mots ,V. tableau III du chapitre précédent), nous avons ici le rapport 0,0 — 0,14. Par contre, l'augmentation de la résistance négative, sous l'influence de la perturbation, est beaucoup moins grande que dans la mémoire des mots; là nous avons des augmentations de 0,02 à 0,12 ou bien de 0,16 à 0,25, ici nous n'avons que des variations 0,34 à 0,44. Seule la diminution de la résistance positive reste la même : elle est de 0,67 à 0,42 dans le tableau précédent relatif à la mémoire des mots (somme des cinq types de cette résistance), et de 0,66 à 0,42 dans le tableau présent.

Ces différences proviennent évidemment de la nature des objets perçus et du caractère de l'oublié qui possède ici le minimum d'intellectualisation. Lorsqu'une perception, faible, peu représentée, se rencontre avec la distraction forcée du calcul, elle se réduit presque à une sensation élémentaire et, dans cet état, pourrait bien ne pas avoir assez de force pour se conserver. Cependant, nous voyons d'après les chiffres, que les cas d'oublié sans résistance sont assez rares; la plupart des impressions, réduites par la distraction à l'état de simples sensations, se conservent psychiquement dans le subconscient, et ces impressions réduites manifestent leur individualité dans la résistance soit positive, soit négative.

L'augmentation relativement petite de la résistance négative, dans la mémoire perturbée, correspond aussi au caractère agnostique des perceptions tactiles. La résistance négative, comme nous le savons, provient de deux sources : de la *faiblesse de la représentation* et de la *perturbation émotionnelle* de la perception, laquelle se conserve dans l'oublié et pervertit son sentiment générique. Or, dans les séries tactiles, le premier facteur agit dans les deux expériences, aussi bien dans la mémoire libre que dans la mémoire perturbée, en augmentant peut-être un peu dans cette dernière. Les impressions reçues librement furent pour la plupart agnostiques ou bien perçues faussement et d'une manière incertaine. La différence quantitative de la résistance négative, dans les deux cas, doit donc être plus petite que dans les séries de mots. Son augmentation dans la mémoire perturbée provient principalement du second facteur, — de l'émotion, — qui, lors même de la représentation claire d'un fait, peut quelquefois produire à elle seule, la résistance négative, comme par exemple dans la dissociation pathologique.

C'est ce que montre aussi le tableau II, qui représente le pourcentage de la résistance positive et négative d'après les individus, en comparaison avec le rétrécissement de la mémoire perturbée et avec la capacité des individus à l'intellectualisation des impressions reçues. Le rétrécissement de la mémoire perturbée est exprimé par la perte absolue de la mémoire. La capacité à l'intellectualisation est exprimé par le pourcentage des perceptions incomplètes, c'est-à-dire de celles qui ne peuvent être déterminées ou bien étaient déterminées faussement et avec incertitude; ces pourcentages sont calculés d'après les réponses des sujets pendant la reconnaissance des suggestions, où ils s'efforçaient de dire au juste quel pouvait être l'objet présenté : il y eut 266 de ces réponses pour huit personnes étudiées. Avec ce nombre on peut déjà évaluer assez bien la capacité des individus à percevoir fidèlement les impressions tactiles, à les compléter par la représentation.

Comme nous voyons dans le tableau II, les différences individuelles sous ce rapport ne sont pas très grandes. A cause du choix des objets utilisés dans les expériences, le pourcentage des perceptions fausses est très élevé chez tous les sujets, excepté M.B. — Les différences individuelles sont encore plus petites pour le rétrécissement de la mémoire perturbée; la perte est pour la plupart très petite, et chez deux personnes il n'y en a aucune; la distraction du calcul, dans les petites séries de perceptions tactiles, ne fait pas grand tort à la mémorisation, puisque les impressions reçues, même lors de l'attention libre, sont représentées très faiblement. La représentation, qui est toujours la plus endommagée par la distraction, joue ici un rôle trop' insignifiant ; tandis que les impressions elles-mêmes peuvent parvenir au subconscient lors même de la cécité mentale complète et peuvent se reproduire dans la mémoire comme des choses qui n'ont jamais été perçues. Il en résulte que les chiffres correspondant au rétrécissement de la mémoire, qui figurent dans le tableau, ne représentent ni la force de la distraction mentale du sujet, ni l'intensité de son émotion pendant le calcul, comme c'était le cas par exemple dans la mémoire perturbée des mots et des dessins (tableaux II et IV du chapitre précédent), où la représentation a eu un rôle important. Nous ne voyons non plus ici aucune correspondance entre le degré de retrécissement de la mémoire et le pourcentage de la résistance négative, correspondance assez nette dans la mémoire de mots.

L'influence de l'émotivité du sujet sur la résistance négative, lors de la reconnaissance de l'oublié, ne peut être qu'indirectement inférée des chiffres que présente le tableau II, notamment, en prenant en considération l'indépendance de la résistance négative par rapport à la faculté de percevoir les impressions tactiles. Nous voyons ici que les deux nombres les plus grands de la résistance négative 1,00 et 0,75 correspondent à des degrés élevés (quoique ce ne soient pas les plus élevés) de la perception incomplète ; mais à côté nous rencontrons aussi des cas inverses, où le sujet doué d'une meilleure perception (M. B.) présente un pourcentage de résistance négative deux fois plus grand que les sujets ayant une perception très faible (Mme Lib. et Nel.); ou bien des cas, ou les sujets ayant une perception également faible (Mme Sl. et M. Zan.) présentent des pourcentages très différents de la résistance négative. Ces rapports permettent de conclure que la production de la résistance négative doit être influencée par un autre facteur que la faiblesse de la représentation; et nous savons, d'autre part, que cet autre facteur, c'est l'émotion qui accompagne le calcul mental, l'émotion coïncidant avec la perception des impressions, mais n'ayant avec elles rien de commun. Cette émotion surajoutée, de provenance étrangère, se fusionne avec l'impression reçue, lui donne sa nuance propre, formant avec elle un état psychique indivisible qui passe avec ce caractère à l'état subconscient et se conserve dans la cryptomnésie. Le vestige de l'impression primitive, mêlée à cet élément étranger,

TABLEAU II

Les variations individuelles dans la résistance de l'oublié.

SUJETS	Rétrécissement de la mémoire perturbée.	P. 100 de la perception incomplète	P. 100 de l'oublié sans résistance dans la mémoire perturbée	P. 100 de l'oublié avec résistance positive dans la mémoire perturbée.	P. 100 de l'oublié avec résistance négative dans la mémoire perturbée.
Mme Lew . .	4	0,51	0,56	0,28	0,14
M. Band . .	3	0,29	0,—	0,66	0,33
Mme Szen. .	3	0,68	0,14	0,28	0,57
Mme Lib. . .	1	0,62	0,16	0,50	0,16
Mme Nel. . .	1	0,60	0,—	0,83	0,16
Mlle Stori. .	1	0,67	0,—	0,—	1,—
Mlle Lib. . .	0	0,58	0,—	0,25	0,75
M. Zan. . .	0	0,66	0,40	0,40	0,20

est donc profondément altéré; il se conserve dans la cryptomnésie en tant que sentiment générique d'une lacune de la mémoire, puisqu'il résiste aux substitutions diverses; mais ce sentiment générique est perverti par l'élément émotionnel étranger et c'est pourquoi non seulement il ne peut retrouver son objet, mais même il s'oppose à lui en produisant, lors de la reconnaissance, le phénomène de la résistance négative.

En comparant les divers types de la résistance dans la mémoire tactile libre et perturbée, que nous présente le tableau III, avec ces mêmes types dans la mémoire des mots (tableau III du chapitre précédent), nous voyons que les modifications de ces types par la perturbation sont presque les mêmes dans les deux cas, sauf quelques exceptions. Une petite augmentation dans la mémoire tactile perturbée, du premier type, de la résistance positive la plus forte (reproduction spontanée), n'est qu'un résultat accidentel, provenant de ce que dans la série perturbée

TABLEAU III

Rapport quantitatif des différents types de la résistance.

TYPES DE LA RÉSISTANCE	MÉMOIRE libre.	MÉMOIRE perturbée.
Premier type	0,03	0,04
Deuxième type.	0,35	0,11
Troisième —	0,25	0,11
Quatrième —	0,03	0,14
Cinquième —	0,—	0,02
Sixième —	0,—	0,14
Septième —	0,12	0,19
Huitième —	0,06	0,09
Neuvième —	0,16	0,16

il y avait une impression exceptionnellement intense, une piqûre qui a produit, dans quelques cas, par sa propre intensité, une distraction et une amnésie. Mais étant trop près du seuil de la conscience elle se reproduisait spontanément lors des premières suggestions évocatrices. Les types 2 et 3 de la résistance positive forte diminuent à cause de la perturbation, aussi bien dans la mémoire des mots que dans la mémoire tactile ; par contre, les types de la résistance positive faible, (4ᵉ et 5ᵉ types), d'une reconnaissance incertaine, augmentent ici notablement après la perturbation, tandis que dans la mémoire des mots il y avait une diminution assez grande du quatrième type et seulement une petite augmentation du cinquième type.

Cette différence peut se comprendre facilement, vu la faiblesse de la représentation des impressions tactiles, laquelle, augmentée par la distraction du calcul, doit rendre d'autant plus incertaine la reconnaissance.

Les types de la négation faible, moins certaine (7ᵉ et 8ᵉ), augmentent presque de la même manière dans la mémoire perturbée tactile que dans la mémoire perturbée des mots. La différence se manifeste par contre dans le neuvième type, le type de la négation la plus forte, lequel augmente considérablement dans la mémoire perturbée des mots et ne change pas quantitativement dans la mémoire tactile. Cela provient plutôt du défaut d'une représentation claire de l'objet sur lequel porte la résistance négative que de l'altération moindre par l'émotion surajoutée, des sentiments génériques tactiles. Dans la reconnaissance des mots la représentation de l'objet qu'on doit reconnaître est bien déterminée et constitue un point de repère défini pour la pensée lors du jugement, lors de la comparaison du sentiment générique conservé avec la perception primitivement présentée. Dans la reconnaissance des impressions tactiles, par contre, ce point de repère pour la pensée est très peu intellectuel et adopte facilement toutes sortes de suggestions représentatives, en raison de quoi, sa comparaison avec le sentiment générique de l'oublié doit présenter souvent le caractère d'un jugement incertain.

Cette *suggestibilité* dans la représentation des signes sensoriels *mal définis*, la facilité d'adopter une représentation fausse de l'objet, constitue probablement souvent aussi la cause de la négation forte dans les lacunes de la mémoire *libre*. Une représentation fausse suggérée n'importe comment et conservée dans la cryptomnésie possède son propre sentiment générique, indépendant de l'impression reçue; et lorsque ce sentiment générique se rencontre une seconde fois avec cette même impression il ne peut évidemment se mettre d'accord avec elle. La négation ne provient pas ici d'une perturbation émotionnelle et d'une altération du sentiment générique de l'impression (ce qui du reste n'a pas lieu dans uue série libre), mais bien de la *substitution d'un nouveau sentiment générique, provenant de l'imagination seule*, lequel s'implante dans la même lacune de la mémoire que le sentiment générique de l'impression et tend ou à se fusionner avec lui, en le transformant, ou bien à l'étouffer lorsqu'il est plus intense. De cette manière on comprend pourquoi dans la mémoire tactile libre nous trouvons un pourcentage aussi fort de la résistance négative, quoiqu'il n'y ait aucune perturbation émotionnelle, et pourquoi l'augmentation de la résistance négative forte n'a pas lieu dans la mémoire tactile perturbée. C'est parce que dans chacun de ces deux cas, c'est une cause différente qui produit la négation. Dans la mémoire libre, c'est la suggestion d'une représentation fausse, laquelle déprave le sentiment générique de l'oublié, en créant son sentiment propre. Dans la mémoire perturbée, — où la représentation ne pouvait avoir lieu et où apparaît par contre l'émotion du calcul, — la dépravation du sentiment générique se fait exclusivement par l'addition de cet élément émotionnel étranger.

Les résultats que nous avons obtenus dans nos expériences sur l'oublié de la mémoire tactile peuvent donc se résumer ainsi.

1° Les impressions sensorielles, lors même qu'elles sont presque agnostiques, réduites aux sensations élementaires, se conservent dans les lacunes de la mémoire sous la forme des sentiments génériques des oubliés et présentent dans la cryptomnésie une résistance positive, plus ou moins forte, aux suggestions fausses, quoiqu'elles n'aient eu primitivement aucun contenu représentatif, et que, dans la reconnaissance, leurs vestiges soient comparés à des impressions aussi agnostiques ou faiblement représentatives. Cela nous prouve que l'élément représentatif n'est nullement nécessaire à la formation d'un état psychique différencié, ayant une individualité propre et déterminé à sa manière. Le subcon-

scient, qui se compose des états de ce genre, peut donc
avoir sa vie psychique différenciée propre, quoiqu'il ne
représente pour notre intellect qu'un vide nébuleux, une
sorte d'abîme obscur où s'anéantissent toutes les formes et
tous les rapports.

2° Les sentiments génériques, provenant des impressions
tactiles agnostiques, se comportent presque de la même
manière que les sentiments génériques provenant des perceptions déterminées; notamment : dans la perception perturbée par une distraction émotionnelle, un certain pourcentage de l'oublié disparaît entièrement (augmentation de
l'oublié sans résistance), la résistance positive de l'oublié
devient, en général, plus faible, et simultanément apparaît
la résistance négative, résultat d'une altération émotionnelle des sentiments génériques.

3° En raison du caractère agnostique des impressions
tactiles, la résistance négative manifeste ici sa double origine, non seulement d'une *perturbation émotionnelle* du
sentiment générique, mais aussi de la création d'un *sentiment générique nouveau, provenant du travail de l'imagination contemporaine de l'impression primitive.*

Cette dernière cause de la résistance négative, que les
expériences sur la mémoire tactile nous ont permis de
découvrir, peut agir aussi dans toutes les variétés de la
mémoire. On peut supposer facilement, que dans l'oublié
des dessins, surtout dans le cas où la perception fut subitement interrompue et où par conséquent une certaine
partie du dessin n'a pu être représentée (par exemple les
cartes III et VI du chapitre précédent), ou encore lorsque
le dessin était d'une composition complexe (par exemple
la carte II), donnant lieu aux hallucinations et aux représentations fausses, la résistance négative qui apparaissait
dans les lacunes de la mémoire libre provenait aussi du
travail de l'imagination : une représentation fausse, créée
pendant la perception, laissait dans le subconscient son
sentiment générique, propre, qui, lors de là reconnais-

sance, ne pouvait s'adapter à l'objet. Dans la mémoire libre des mots, où on rencontre aussi un certain degré de résistance négative, les représentations fausses peuvent provenir des distractions momentanées, dues à ce que l'attention est occupée par les mots précédents, cause fréquente d'hallucinations de la mémoire au moment de la reproduction. Ces hallucinations (comme nous l'avons vu dans les expériences sur les « Illusions de la mémoire ») possèdent le plus souvent un contenu du même genre que les mots oubliés qu'ils remplacent; ce n'est donc que la représentation mauvaise d'un même sentiment générique. Mais il arrive aussi que dans les hallucinations de la mémoire on ne puisse retrouver aucune ressemblance avec les mots oubliés; au lieu d'une représentation erronée nous rencontrons une représentation tout à fait étrangère aux mots oubliés, une représentation qui apparaît simultanément avec la perception, par n'importe quelle voie associative, et qui, par l'intérêt qu'elle présente, peut l'emporter sur la perception réelle, affaiblie par la distraction. Dans ces conditions, une représentation fausse passe facilement dans la cryptomnésie, simultanément avec la perception, et par son élément étranger altère le sentiment propre de l'oublié. La négation de l'objet, lors de la reconnaissance, est le résultat nécessaire de ce processus.

III. — MÉMOIRE MUSCULAIRE

La série des perceptions, présentée aux sujets dans ces expériences, se composait, comme nous l'avons dit, de 10 gestes empruntés à l'alphabet des sourds-muets, un peu modifiés et inconnus aux sujets, qui restaient passifs, les yeux fermés. Dans ces perceptions l'élément actif de l'impulsion musculaire faisait donc défaut; il n'y avait que les sensations kinesthésiques, provenant des différentes fonctions des mains et des doigts, ainsi que les sensations tactiles associées. Ces deux espèces de sensations servaient aussi principalement dans la reproduction des gestes. Mais dans beaucoup de cas apparaissait encore par association l'*image visuelle* du geste qui complétait ces sensations. Parfois le processus mental surajouté était plus complexe encore et à l'image visuelle s'associaient en outre les mots et les phrases, à l'aide desquelles on .détermine la forme du geste, et les idées évoquées par lui, comme par exemple, le geste du silence, le geste de battre quelqu'un, le geste comique, ou bien encore des souvenirs d'une chose ou d'une personne.

Les gestes accompagnés d'associations sont assez fréquents; dans chacune des mémoires — libre et perturbée — ils constituent un quart du nombre total des reproductions. A cet ensemble s'ajoutent encore quelquefois d'autres sensations qui servent comme signes mémoratifs, par exemple la sensation de douleur dans la main, le sentiment d'incommodité, de gêne, provenant de la position forcée de la main, surtout dans le geste correspondant à la lettre R (main fermée et en flexion exagérée sur l'avant-bras). Cependant, la manière la plus fréquente de reproduire les gestes, chez les sujets expérimentés, était la reproduction basée sur les vestiges des sensations musculaires, sur l'image kinesthésique et tactile de la position des mains et des doigts, accompagnée souvent de l'image visuelle. Il y avait des personnes qui, lors de la reproduction, se servaient plutôt de l'image visuelle que musculaire; d'autres, au contraire, chez lesquelles la mémoire visuelle n'était pas très active, se servaient exclusivement des sensations musculaires, en disant par exemple que « la main tend d'elle-même à reprendre la position qu'elle avait eue auparavant ». Dans la reproduction de la mémoire perturbée, le rôle de l'image visuelle diminue considérablement, car elle ne peut apparaître pendant le calcul mental, sauf pendant quelques moments où l'imagination est libre; les sensations musculaires et tactiles constituent alors seules la base de la reproduction.

L'influence de la distraction sur la mémoire de séries d'impressions musculaires présente un phénomène curieux, qui nous permettra de comprendre les résultats obtenus par l'étude de l'oublié. La distraction forcée, à l'aide du calcul mental, rétrécit l'étendue de la mémoire immédiate des gestes, de même que pour toutes les autres séries de perceptions. Ce rétrécissement est même plus grand ici que dans la mémoire tactile. La reproduction de la série libre des gestes est égale à 0,61; la reproduction de la série perturbée = 0,36. Mais à côté nous voyons un autre phénomène : *la mémoire perturbée est plus fidèle;* les gestes de cette série se reproduisent *mieux et avec plus de certitude.* Dans la mémoire libre nous trouvons 10 reproductions fausses; dans la mémoire perturbée 5 seulement. Dans la première il y a 11 hallucinations de gestes, dans la seconde, 9 hallucinations. Si l'on considère que dans la perception perturbée il ne peut y avoir d'images visuelles des gestes ni d'autres associations de mots ou d'idées, puisque l'imagination visuelle et le langage sont occupés par le calcul à haute voix, nous pouvons conclure que cet isolement des impressions musculaires de tout élément intellectuel favorise la conservation plus fidèle de ces impressions dans la mémoire. Le fait est aujourd'hui connu dans la psychologie expérimentale et fut souvent constaté par divers auteurs [1].

Les impressions musculaires, revues d'une manière agnostique, dans les intervalles courts de l'attention plus libre ou même sans attention, conservent une intensité plus grande de leur caractéristique affective, que les suppléments intellectuels et représentatifs peuvent facilement attirer et obscurcir, en y introduisant des éléments étrangers. Comme exemple intéressant sous ce rapport, nous avons la repro-

---

1. Voir les travaux de Munsterberg (*Psych. Rev.*, I), de A. Hamlin (*Amer. J. of Psych.*, VIII), de Moyer (*id.*), de F. Angell (*id.*, 1900), etc.

duction chez Mme Bar., sujet présentant nettement une
nature hystérique et dont l'attention peut facilement être
complètement absorbée, de sorte que la distraction devient
une vraie cécité mentale. Or, la reproduction des gestes per-
turbés est très bonne chez elle; sur 10 gestes, 6 sont reproduits et il n'y a qu'une seule erreur; la reconnaissance se fait
à l'aide du sens musculaire, sans qu'interviennent d'autres
représentations conscientes. « Mon attention, dit Mme B.,
fut complètement absorbée par le calcul, j'oubliais même
par moments que l'on faisait des gestes avec mes mains,
et après la fin je ne me souvenais d'aucun de ces gestes
consciemment; c'est seulement par la sensation éprouvée
dans les mains que j'ai pu les reconnaître. » Il y a pourtant des cas où des associations mentales accompagnent la
reproduction de la mémoire perturbée (9 fois chez trois
personnes seulement); mais ces associations sont souvent
de nature émotionnelle (comme le geste du silence, de la
colère, etc.) et on ne peut pas savoir avec certitude si elles
ne se développent qu'au moment de la reproduction, n'étant
qu'une teinte émotionnelle du geste pendant la perception
même.

Cette différence fondamentale dans la manière de percevoir la série libre et la série perturbée se manifeste aussi
dans les *diagrammes* qualitatifs des deux mémoires immédiates. Dans le premier, à côté de l'influence de l'attention
et de l'intervalle entre la perception et la reproduction (la
hausse de la courbe au commencement et à la fin), nous
voyons aussi les ondes aiguës caractéristiques, qui sont la
manifestation ordinaire de l'activité de l'imagination et de
l'intellect, développée autour des impressions; le diagramme ressemble ici par son aspect, au diagramme de la
mémoire des mots, c'est-à-dire, de la mémoire d'une série
de perceptions complètement intellectuelles. Par contre,
dans le diagramme de la mémoire perturbée des gestes, ce
qui frappe surtout, c'est l'absence de ces ondes; il n'y en
a qu'une seule qui correspond au geste R, lié pour la plu-

part des sujets à une sensation de douleur ou d'incommodité; et c'est cette sensation accidentellement surajoutée

Diagramme de la mémoire libre des gestes [1].

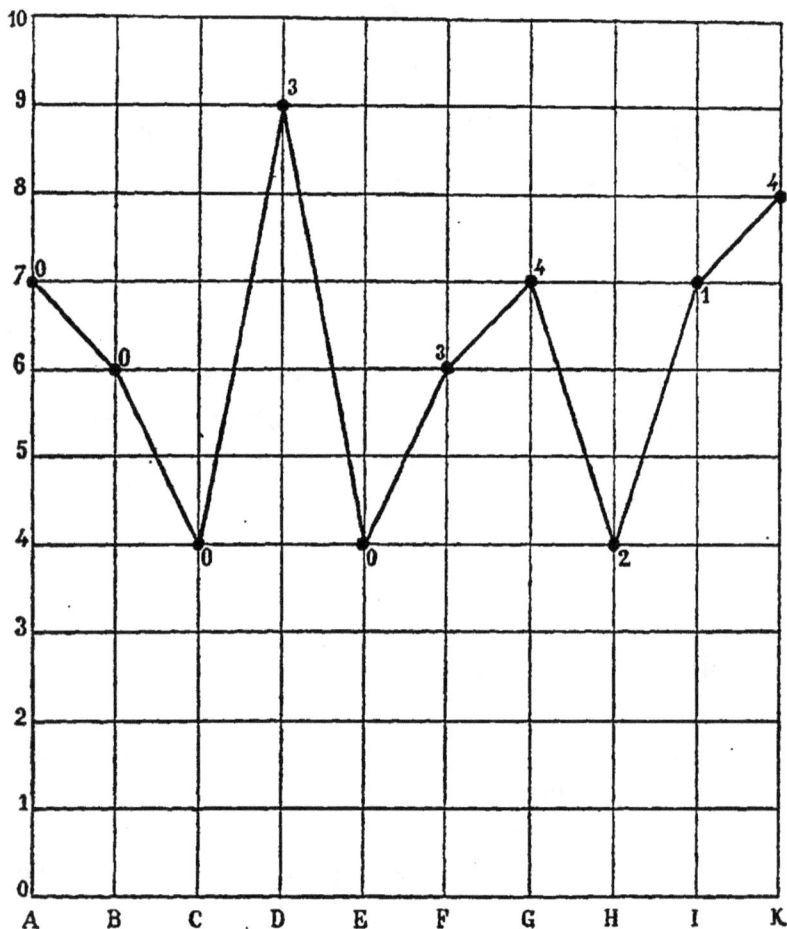

Fig. 9.

qui est ici la cause d'une distraction et de l'abaissement de
la courbe après R... En dehors de ce cas, l'absence de

1. Les chiffres placés à côté des points de la courbe représentent,
dans les deux diagrammes, le nombre des sujets chez qui le geste fut
accompagné d'une association mentale. La ligne horizontale représente la série des perceptions ; la ligne verticale, la série des reproductions.

l'activité intellectuelle et imaginative maintient la majorité des reproductions presque au même niveau; les impressions privées de leurs compléments représentatifs entrent dans

Diagramme de la mémoire perturbée des gestes.

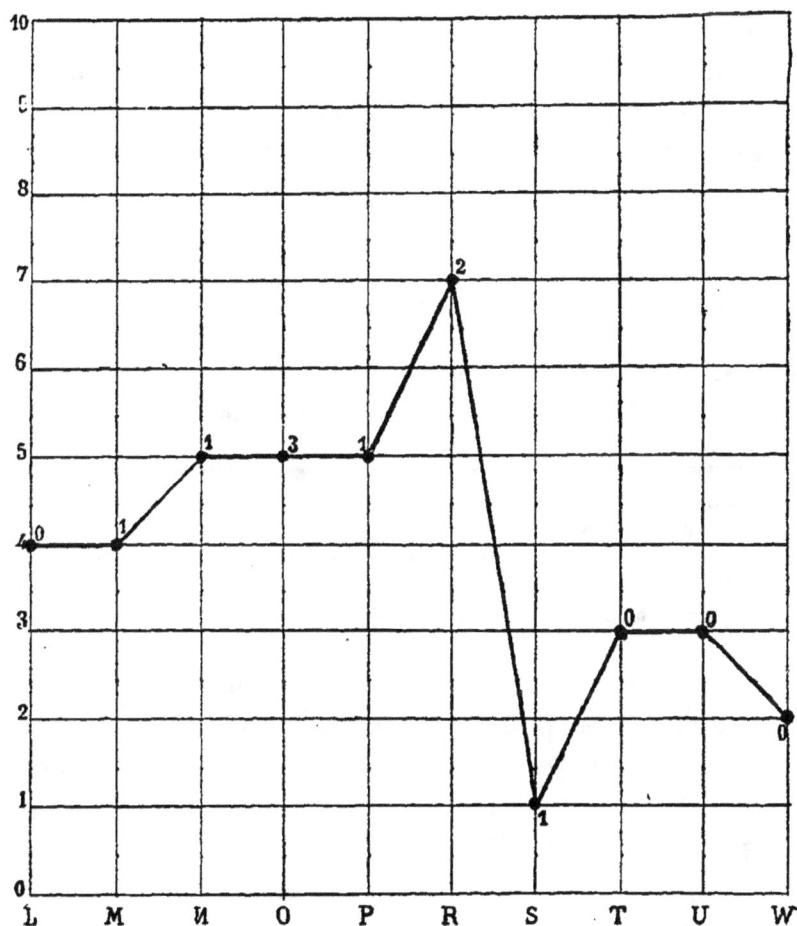

Fɪɢ. 10.

la mémoire avec une force égale, puisqu'elles ne rencontrent pas ces distractions qui, provenant du contenu même d'une perception, troublent la réception des autres.

Le caractère plus expressif des impressions musculaires reçues pendant une distraction forcée, et l'influence per-

nicieuse de l'imagination (visuelle) et de l'intellectualisation sur la mémorisation de ces impressions, se manifeste
d'une manière caractéristique dans l'*oublié* de la mémoire
musculaire, dans ses variations extrêmement différentes
des variations de l'oublié de la mémoire tactile ou de la
mémoire des mots. C'est ce que nous montre le tableau IV.

Sauf la première catégorie de nombres, qui nous montre
l'augmentation des oubliés sans résistance dans la mémoire
perturbée, comme dans les tableaux précédents, tous les
autres rapports sont ici inversés. Le pourcentage des re-

TABLEAU IV

La résistance de l'oublié de la mémoire musculaire.

	MÉMOIRE libre.	MÉMOIRE perturbée.
P. 100 sans résistance	0,10	0,14
— des reconn. incertaines	0,12	0,17
— de la résistance positive	0,35	0,40
— — — négative	0,38	0,29

connaissances incertaines, que l'on peut considérer comme
correspondant à des oubliés d'une résistance positive très
faible, et surtout le pourcentage des oubliés avec résistance
positive forte, qui, dans toutes les autres mémoires, dimi-
nuait sous l'influence de perturbation, ici, au contraire,
augmente. Et le pourcentage de la négation, qui augmen-
tait toujours, dans les autres mémoires, sous l'influence
de la perturbation, *diminue* ici et même dans une assez
grande proportion.

Mais ces résultats cessent d'étonner et s'expliquent facilement lorsqu'on considère l'influence de la distraction
sur la perception et la reproduction des impressions musculaires. Nous avons, en effet montré qu'une impression
subit un *renforcement d'individualité sensorielle* lors-

qu'elle est dépourvue d'une élaboration intellectuelle et imaginative. Et inversement, l'activité de l'imagination et de l'intellect, se développant autour des impressions, altère *la caractéristique sensorielle de ces impressions*, les transforme en fusionnant avec elle des éléments étrangers, de provenance représentative, par un mécanisme analogue à celui des illusions des sens, provoquées par l'imagination.

Il résulte de ce fait que l'oublié de la mémoire musculaire perturbée, étant la survivance subconsciente des individualité sensorielles plus fortes, *présente aussi des sentiments génériques plus forts* dans les lacunes de la mémoire, puisqu'il conserve plus fidèlement le caractère de l'impression et que par conséquent il manifeste plus fréquemment une résistance positive à l'égard des suggestions fausses. Par contre, l'oublié de la mémoire libre, où s'exerçaient les influences de l'imagination et de l'intellect, conservait moins bien cette caractéristique primitive des impressions, et par conséquent présentait plus rarement la résistance positive. Cette diminution de la résistance positive, comme nous le montre le tableau IV, se fait principalement au profit de l'augmentation de la résistance négative dans la mémoire *libre*. Car la quantité de l'oubli sans résistance, c'est-à-dire de l'oublié absolu, est plus petite dans la mémoire libre que dans la mémoire perturbée; les sentiments génériques sont altérés ici plutôt que détruits.

Ce deuxième phénomène — *l'augmentation de la résistance négative* dans la mémoire libre et sa *diminution* dans la mémoire perturbée, est aussi le *résultat du travail de l'imagination et de l'intellectualisation qui s'exerce sur les impressions peu connues*. La résistance négative a, nous l'avons vu, la même origine dans la mémoire tactile, où les impressions étaient également peu connues. Le supplément représentatif qui se forme dans ces cas, au lieu de renforcer et de conserver l'individualité psychique de la perception l'altère. Les représentations, passant dans la cryptomnésie avec les impressions auxquelles elles se sont liées, d'une manière accidentelle le plus souvent, tendent à créer dans les lacunes de la mémoire des sentiments génériques propres et exercent par là une certaine perturbation du sentiment générique de l'objet oublié lui-même. Lorsque cet objet est perçu une seconde fois, la représentation qui s'était associée à lui peut ne pas se répéter, l'attention peut être exclusivement occupée de la sensation musculaire, et retrouvant dans la mémoire le vestige de quelque chose d'autre, un sentiment générique modifié par la représentation précédente, ne peut plus reconnaître l'objet présenté. Entre les deux termes de la comparaison — le passé qu'on possède d'une manière innomée et le présent — on perçoit alors un désaccord et on rejette comme fausse l'impression véritable répétée. C'est pourquoi la résistance négative est si fréquente dans la mémoire libre et relativement rare dans la mémoire perturbée, où le facteur intellectuel altérant les sentiments génériques faisait défaut.

Le mécanisme de cette altération présente une certaine analogie avec la formation des illusions des sens. Dans l'illusion, la représentation évoquée par l'impression ou bien la représentation que suggère à ce moment notre esprit indépendamment de l'impression, se fusionne avec elle, en y introduisant des éléments imaginaires qui, en retour, participent à sa réalité ; deux états psychiques différents ne forment désormais qu'un seul état indivisible et l'objet véritable ne peut être perçu. Dans la production de la résistance négative, il se passe quelque chose d'analogue, mais dans le domaine subconscient.

Si, dans la mémoire libre, la résistance négative ne peut provenir que de l'influence des représentations, dans la mémoire perturbée, où l'influence des représentations est très faible, elle provient principalement de l'*émotion* qui accompagne souvent le calcul mental et la distraction forcée. Le fait que la résistance négative de ce dernier type est moins fréquente dans la mémoire musculaire que la

négation du premier type, ne change en rien le principe
général des deux origines. La quantité de la négation
d'origine émotionnelle dépend exclusivement de l'émotivité des personnes pendant les expériences. J'ai déjà fait
avec les personnes étudiées ici beaucoup d'expériences
analogues, où le calcul mental était employé pour pro

TABLEAU V

*Les variations individuelles de 'u résistance de l'oublié
dans la mémoire musculaire.*

SUJETS	DEGRÉ d'intellec-tualisation des impressions dans la mémoire libre.	P. 100 de la résistance positive		P. 100 de la résistance négative	
		Mémoire libre.	Mémoire perturbée.	Mémoire libre.	Mémoire perturbée.
Mlle Ned. . .	1,60	0,40	0,33	0,40	0,50
Mlle Szum . .	1,59	0,66	0,—	0,33	0,80
Mlle Bor. . .	1,33	0,—	0,—	0,50	0,44
M. Sam*. .	1,14	0,33	0,25	0,66	0,—
M. Sla*. . .	1,10	0,66	0,83	0,33	0,16
Mlle Sar. . .	0,60	0,40	0,50	0,20	0,50
Mme Mi. . .	0,59	0,33	0,75	0,66	0,—
Mme Bar. . .	0,50	0,50	0,25	0,—	0,25
M. Bud*. .	0,16	0,—	0,83	1,—	0,16
Mlle Neu. . .	0,—	0,42	0,30	0,—	0,20

duire une distraction forcée. Il se peut que pour cette
raison, ce calcul mental se soit fait ici plus tranquillement,
ne donnant que des émotions très légères, plus faibles que
dans les expériences précédentes sur la résistance de l'oublié des mots et des dessins, où ces mêmes personnes prenaient part pour la première fois aux expériences.

Le tableau V, qui montre la résistance de l'oublié des
impressions musculaires d'après les individus, met en
lumière les deux origines de la négation, dont nous avons
parlé. Dans ce tableau, les sujets sont classés selon l'ordre

décroissant du degré d'intellectualisation de leurs impressions, librement perçues. Ce degré a été calculé en prenant le rapport du nombre des gestes, accompagnés d'images visuelles et de mots, et du nombre des associations mentales, au nombre général des reproductions de la mémoire libre. Ainsi par exemple, s'il y avait sur 7 reproductions de gestes 4 gestes, qui furent accompagnés d'images visuelles et de mots, lors de la perception, et outre cela, 4 associations mentales provoquées par le caractère de ces gestes, alors le degré d'intellectualisation de cette personne sera $4 + 4/7 = 1,14$.

L'étude de ce tableau nous montre une correspondance assez marquée entre le degré d'intellectualisation chez l'individu et le pourcentage de la résistance négative dans sa mémoire libre. Notamment les cinq premières personnes, dont le degré d'intellectualisation surpasse l'unité, ont toutes un assez fort pourcentage de la résistance négative dans les lacunes de la mémoire libre. Tandis que la seconde moitié des sujets, dont le degré d'intellectualisation est inférieur à l'unité, présente, dans la colonne qui représente la résistance négative, deux zéros et le pourcentage le plus faible : 0,20. Il n'y a que deux personnes, dans cette partie de la colonne, qui présentent des pourcentages de résistance négative contraires à cette règle, parce que exceptionnellement grands ; surtout M. B... donne un rapport stupéfiant : ayant un très faible degré d'intellectualisation des impressions, puisqu'il les perçoit et reproduit exclusivement à l'aide des sensations musculaires (sa mémoire visuelle est en général très faible), et, pourtant, il présente le plus grand de tous les pourcentages de la résistance négative dans la mémoire libre ; cette résistance est, en effet, tout à fait exceptionnelle, puisqu'elle porte sur tous les objets qu'on présente au sujet. L'interprétation de ce cas exceptionnel peut cependant être donnée. Pendant la perception libre des gestes apparaît, chez M. B..., une émotion provenant de souvenirs personnels, à cause du 4ᵉ geste, qui lui a rappelé un séjour qu'il fit en prison. Ce souvenir fut assez intense, puisqu'il a effacé complètement la mémoire des gestes précédents, représentés plus tard dans la reproduction par des gestes tout à fait faux, plutôt hallucinatoires. Il y eut donc une distraction émotionnelle qui a perturbé les sentiments génériques des oubliés et qui a développé la résistance négative. Mais même en tenant compte de ce cas exceptionnel, nous voyons dans le tableau V que la résistance négative dans la mémoire libre est plus forte chez les personnes chez qui le degré d'intellectualisation des impressions est plus grand : pour la première moitié des sujets, le total est de 222, pour la seconde moitié, 186 seulement. Cela confirme l'existence de la résistance négative d'origine représentative et sa prédominance dans la mémoire libre.

Le tableau V confirme aussi la deuxième origine de la résistance négative, l'origine émotionnelle, quoique l'émotivité des sujets ne puisse être exprimée en nombres. Le rétrécissement de la mémoire sous l'influence du calcul mental ne peut servir ici d'aucun indice, car la cécité mentale seule pouvait diminuer l'étendue de la mémoire. Nous n'avons que des indices subjectifs, les observations des sujets eux-mêmes sur leur état pendant le calcul, inquiet ou non, automatique ou indifférent ou bien accompagné d'une émotion et d'un pénible dédoublement de la conscience. La connaissance des sujets, avec lesquels j'ai déjà fait auparavant beaucoup d'expériences analogues, me permet aussi de déterminer lesquels d'entre eux font le calcul mental avec ou sans émotion. Dans le tableau V, les personnes dont le nom est souligné sont celles chez qui le calcul mental est accompagné d'une émotion ; les personnes dont le nom est suivi d'une astérisque, celles qui font le calcul tranquillement, avec indifférence. Comme nous le voyons, il y a quatre personnes de la première catégorie, et chez les trois d'entre elles, on rencontre un haut pourcentage de la résistance négative dans la mémoire perturbée. Tandis que quatre autres personnes de la deuxième catégorie présentent toutes un petit pourcentage de cette résistance. Il reste deux personnes que je n'ai pu juger à ce point de vue ; quant à Mme Bar., je sais seulement qu'elle est tout à fait absorbée par le calcul mental et cesse de percevoir les impressions. Ce résultat général s'accorde donc complètement avec ce que nous avons dit plus haut, que l'origine de la résistance négative dans la mémoire perturbée est surtout *émotionnelle*.

Pour résoudre d'une manière tout à fait satisfaisante le problème de l'influence de l'émotion sur la formation de la résistance négative dans l'oublié, il nous faudrait encore d'autres recherches, où l'émotivité des sujets serait déterminée quantitativement et d'une manière objective. Une telle détermination est aujourd'hui possible à l'aide de la réaction *psycho-galvanométrique* des sujets, et ce sera l'objet d'un travail ultérieur.

*
* *

Comme résultat général de nos expériences sur la mémoire musculaire, nous obtenons donc aux questions posées les mêmes réponses que pour la mémoire tactile. A savoir :

1º Les impressions musculaires, lors même qu'elles sont dénuées de toute intellectualisation, comme dans la mémoire perturbée, se conservent dans le subconscient en tant qu'oublié de nature psychique, présentant une résistance positive assez forte ; cette résistance augmente même lorsque les impressions sont dépourvues de toute élaboration intellectuelle, ce qui n'était le cas pour aucune autre forme de mémoire ;

2º L'oublié de la mémoire musculaire subit des perturbations et se modifie en tant que sentiment générique sous l'influence des deux mêmes causes qui agissent sur la mémoire tactile : 1º des représentations qui s'associent

aux impressions reçues (résistance négative dans la mémoire libre), et 2° des émotions coïncidant avec l'impression sensible (résistance négative dans la mémoire perturbée).

La réduction des états conscients en sentiments génériques, qui survivent dans la cryptomnésie et forment notre
subconscient, est donc un phénomène général, qui apparaît
à tous les degrés de la vie psychique et toujours avec les
mêmes propriétés : elle se renforce, s'affaiblit et se déforme
dans des conditions bien déterminées, et manifeste partout la même nature d'état *psychique a-intellectuel*, qui
peut vivre et agir en dehors de notre mentalité consciente.

CHAPITRE VI

RECHERCHES PSYCHO-GALVANOMÉTRIQUES

Dans les recherches sur la réaction psycho-galvanométrique, nous avons surtout envisagé les *rapports qui existent entre la mémoire et l'émotivité.* Comme résultat de mes expériences précédentes, nous avons pu constater le fait fondamental que l'oublié se conserve *psychiquement* comme *équivalent affectif* des choses ou des représentations passées, comme leurs *sentiments génériques* différenciés conformément à leurs origines et présentant une vaste échelle d'intensité depuis les états émotionnels très faibles, jusqu'à des états émotionnels très forts.

Cette émotivité différenciée de l'oublié ou du subconscient constitue, comme nous l'avons démontré expérimenralement, la base de tous les phénomènes mnésiques : remémoration, hallucinations, paramnésies, reconnaissance, résistance positive de l'oublié envers des suggestions fausses, résistance négative pathologique, création dans la cryptomnésie, etc. Cette émotivité diffère de celle des impressions ou des émotions actives ; elle est d'une nature spéciale et devrait avoir une terminologie à part. Si cette terminologie ne s'est pas développée, cela tient à ce que les états émotifs en question restent toujours réfractaires à l'action intellectuelle, puisque, du moment qu'ils sont

représentés ou qu'ils commencent à être représentables, ils
cessent d'être le « sentiment générique » de la chose oubliée ou subconsciente.

Entre les sentiments génériques et les émotions actives
il y a pourtant ce trait commun qu'aucune de ces deux
sortes d'états psychiques n'appartient au domaine des représentations et des concepts, et qu'ils ne peuvent, de ce
fait, devenir éléments du raisonnement et de la logique.
Ces états psychiques réfractaires à l'intellectualisation ne
peuvent être exprimés par le langage que d'une manière
très imparfaite ; cette « ineffabilité » et leur caractère intellectuel sont les seuls traits qui justifient la communauté
du terme employé pour les qualifier. En dehors de cette
ressemblance, il existe entre l'émotion active et le sentiment générique des différences très marquées, et particulièrement celles que nous rangeons sous les trois chefs
suivants :

1) L'émotivité de l'oublié ou « sentiment générique » est
l'équivalent d'un objet déterminé, cet équivalent pouvant
toujours être remplacé par la représentation de cet objet,
Les émotions actives ou celles qui accompagnent des impressions sont au contraire des émotions *sans objet*, puisqu'elles peuvent se lier à des objets différents ;

2) Les sentiments génériques se manifestent sans ame-
ner de perturbation fonctionnelle de l'organisme (sauf dans
certains cas pathologiques de dissociation tenace). Par
contre, les émotions actuelles et actives possèdent leur
type physiologique plus ou moins déterminé et produisent
toujours une perturbation fonctionnelle plus ou moins durable de l'organisme ;

3) Tandis que les sentiments génériques n'ont pas de
phases évolutives, qu'ils sont ordinairement des sentiments
stables et précis dès le moment de leur apparition, les
émotions propres présentent très souvent un accroissement
ou une diminution graduels.

Il existe cependant une classe d'émotions, introspectivement connue comme telles, qui présentent une sorte d'intermédiaire entre l'émotivité de l'oublié et l'émotivité actuelle; ce sont les *émotions des souvenirs et des idées*. Elles se rapprochent des émotions actuelles et actives par leur faculté d'évoluer, de s'accroître, en créant des groupes toujours plus grands d'associations et de pensées, ainsi que par leur faculté de produire les types physiologiques passagers de la joie ou de la tristesse. Il y a même des cas où les limites entre ces deux sortes d'émotivité s'effacent puisque l'une se transforme en l'autre : une émotion de souvenir pouvant, par exemple, devenir émotion active et agir comme telle sur l'organisme et les pensées. Mais, le plus souvent, l'émotion des souvenirs ou des idées, que nous pourrons nommer émotion *mnésique* en général, se limite au souvenir même, à la remémoration d'une émotion active vécue ou rêvée; cette émotion est alors très proche de l'état émotionnel dn *sentiment de l'oublié*.

Cette parenté apparaît plus distinctement si nous prenons en considération les deux faits suivants;

1) que l'émotion qui accompagnait l'objet lorsqu'il était actuel se conserve dans son oublié et se fusionne intimement avec le sentiment générique de cet objet. Ce fait a été démontré dans nos expériences sur la résistance de l'oublié;

2) que l'émotion des souvenirs ou des idées qui accompagne les *mots* qui recèlent ces souvenirs ou ces idées apparaît très souvent sans qu'il y ait une suite d'images, d'associations et de pensées limitées au seul symbole auditif ou visuel du mot; il arrive souvent aussi que l'émotion du mot précède le développement des souvenirs et provoque ce développement. Dans ces cas nous pouvons dire que l'émotion, qui accompagne le mot, n'est qu'un *sentiment générique* plus intense de certains événements passés. De même qu'un sentiment générique intense de l'oublié se transforme après un moment en remémoration

de l'objet oublié, de même aussi cette émotion donne-t-elle ultérieurement naissance, comme phénomène secondaire, à des souvenirs concrets, des images et des pensées.

Pour ces raisons les recherches sur l'émotivité des mots peuvent être considérées, dans une certaine mesure, comme recherches sur l'*émotivité de l'oublié*, et nous ne serons guère éloignés de la vérité en considérant le degré de l'émotivité des mots chez un sujet comme mesure de son émotivité mnésique, autrement dit comme mesure de l'intensité de ses sentiments génériques de l'oublié et du subconscient.

La réaction galvanométrique constitue le moyen par excellence pour ce genre de recherches. C'est en effet la seule réaction externe qui manifeste l'existence des émotions les plus faibles, où l'observation introspective directe ne fournit aucun résultat. Les recherches de Jung, de Peterson, de Veraguth ont démontré que le psychogalvanomètre est exclusivement l'*indicateur des émotions* et qu'il ne révèle pas seulement l'existence des émotions de diverses nature et intensité, mais donne aussi leur mesure par le degré de déviation du miroir galvanométrique.

Grâce à cette méthode, nous avons pu aborder expérimentalement le problème du rapport entre la mémoire et l'émotivité mnésique, puisque les deux éléments de ce rapport pouvaient être *quantitativement* exprimés ; d'un côté, l'*étendue* de la mémoire au moyen du pourcentage des reproductions et reconnaissances des mots ; de l'autre, le *degré de l'émotivité* de ces mêmes mots, ce degré étant exprimé par la mesure de la déviation galvanométrique. Ce rapport peut être considéré de deux manières : soit dans des conditions psycho-physiologiques semblables chez des *sujets différents*, soit dans *différentes conditions psycho-physiologiques* de perception de ces mots chez le même sujet.

Le second problème que nous nous sommes posé dans ces recherches se rapporte aux impressions inconscientes.

Dans un précédent travail concernant l'influence des impressions inconscientes sur le pouls et la respiration, nous arrivâmes à la conclusion que l'impression inconsciente s'exprime par une réaction caractéristique du pouls et de la respiration, et que le type de cette réaction se rapproche le plus de celui de la réaction émotionnelle (des émotions actuelles). Ainsi que nous le démontrâmes alors, cette parenté peut aussi se retrouver dans les divers processus psychiques, notamment dans le caractère émotionnel des sensations organiques, dans l'influence affective qu'ont les impressions inconscientes sur l'objet perçu simultanément, de même que dans l'émotivité de toutes les impressions auxquelles l'attention n'est pas adaptée, et celle de tous les états agnosiques ou dissociés. La réaction galvanométrique nous offrait un nouveau moyen de vérifier cette assertion, d'abord en cherchant si les impressions inconscientes présentent une réaction de ce genre (réaction qui est exclusivement émotionnelle), en second lieu, par la comparaison des réactions galvanométriques des impressions conscientes et inconscientes de la même espèce.

II. — TECHNIQUE DES EXPÉRIENCES. DIFFÉRENCES INDIVIDUELLES. ÉTATS ÉMOTIONNELS ET ÉTATS NON ÉMOTIONNELS

Pour la description du psycho-galvanomètre et son utilisation dans les recherches psycho-physiologiques nous renvoyons le lecteur à l'excellent travail de O. Veraguth : *Das psychogalvanische Reflexphænomen* (Berlin; 1907). Nous nous bornerons simplement à donner ci-dessous la disposition schématique de l'appareil tel qu'il était employé dans nos expériences.

Dans la mesure de la déviation galvanométrique on peut être induit en erreur par des mouvements involontaires du sujet. Il faut savoir que les mouvements des pieds, de la tête, de la parole, du rire, ne provoquent par eux-mêmes aucune réaction. Par contre, les plus petits mouvements des doigts, un changement quelconque dans la position d'une main, même le mouvement des épaules provoque instantanément une déviation du miroir.

Dans les cas d'impressions brusques, d'émotions courtes et intenses, on conçoit qu'il est difficile d'éliminer la réaction *motrice*, qui est l'un des éléments constitutifs du phénomène émotionnel lui-même. Mais cette réaction motrice peut aisément être distinguée de la réaction psychique par le fait qu'elle se produit *immédiatement* après le mouve-

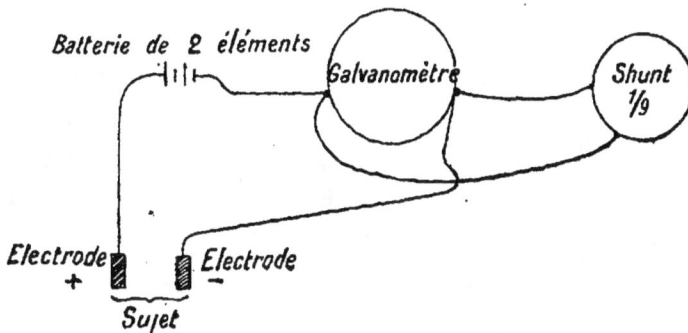

Fig. 11. — Dispositif expérimental.

ment, tandis que la réaction psychique présente toujours un retard, une *période latente*, qui peut durer de trois à dix secondes suivant le sujet et le cas.

Les principales expériences faites par nous furent les suivantes :

1) Un calcul mental consistant en une multiplication de nombres de 2 chiffres, le multiplicande étant donné dès le début de l'expérience et le multiplicateur vingt secondes plus tard. On notait alors la réaction galvanométrique de l'attente et celle de l'effort mental.

2) La lecture d'une série de 20 mots, que le sujet ne devait pas prononcer à haute voix lorsqu'on les lui montrait successivement. Ces mots se suivaient à cinq ou à dix secondes d'intervalle. La série se composait de noms pro-

pres et de substantifs concrets. Il était convenu qu'après le dixième mot, au moment où l'on présenterait au sujet une carte blanche, on lui donnerait le multiplicateur (le multiplicande ayant été donné d'avance) et qu'il commencerait immédiatement son calcul mental, sans cesser de regarder les mots qui se succéderaient. Au moment de l'énoncé du multiplicateur, on faisait un *grand bruit* en jetant à terre une boîte de fer blanc. Ce bruit avait pour but de créer une *impression subconsciente*, qui dans la plupart des cas l'était réellement. On notait les réactions galvanométriques de la série de perceptions des mots, du calcul mental simultané, ainsi que de l'impression auditive inattendue, inconsciente ou consciente. .

3) Venait ensuite la mémorisation des mots retenus, et l'énoncé des associations évoquées par ces mots pendant et après la lecture. On obtenait par là les réactions galvanométriques des *mots isolés* et de leurs *associations*, c'est-à-dire l'*émotivité* de ces mots. Ensuite nous passions à la *reconnaissance* des mots oubliés, ce qui se faisait sans galvanomètre.

4) Comme dans la deuxième expérience, lecture d'une série de 20 mots, perturbée par le calcul mental, mais cette fois sans l'intervention d'aucun bruit, et en employant comme mots des adjectifs et des substantifs abstraits.

5) Cette seconde série de mots était aussi suivie de la remémoration des mots retenus et de l'énoncé de leurs associations. La réaction galvanométrique indiquait l'émotivité de ces mots.

De plus, nous fîmes avec 13 personnes des expériences comparatives après l'ingestion d'un petit verre de *cognac*. L'expérience commençait cinq minutes après l'ingestion et se composait de trois recherches analogues aux précédentes 1) réaction pendant l'attente du multiplicateur et pendant le calcul mental ; 2) réaction pendant la lecture de 20 mots (substantifs abstraits et concrets), perturbée par un calcul mental et par le *son* d'un petit orgue, son qui se prolongeait quelques secondes; on notait enfin la réaction des mots retenus et leurs associations, pour se rendre compte de leur émotivité, et l'on procédait à la reconnaissance des mots oubliés.

Toutes ces expériences avaient lieu en une seule séance avec chaque sujet et toujours dans le même ordre de succession. De plus, nous notâmes les réactions de diverses impressions sensorielles inconnues du sujet, mais attendues, avant et après l'ingestion de cognac; ceci se faisait en prenant la mesure de la période latente de ces réactions.

Nos expériences portèrent sur 20 sujets : 5 hommes et 15 femmes, presque tous étudiants de l'Université. Elles nous permirent de comparer la réaction galvanométrique des processus psychiques suivants :

1) De l'effort mental court et intense, souvent dépourvu de toute émotion (exp. 1);

2) De l'effort mental court et intense, effectué dans des conditions plus compliquées et d'une nature émotionnelle (exp. 2);

3) D'une série de perceptions de mots émotionnels et indifférents se succédant à un intervalle de temps plus petit que la période latente (5 secondes) ou plus grand que celle-ci (10 sec.), (exp. 2 et 4);

4) Des émotions évoquées par les mots isolés et leurs associations (exp. 3 et 5);

5) Des impressions auditives inattendues conscientes;

6) Des impressions auditives inattendues inconscientes;

7) Des impressions intenses d'ordre visuel, auditif et tactile, ces impressions étant attendues, mais inconnues du sujet;

8) De l'attente seule;

9) Enfin de tous ces mêmes processus sous l'influence de l'alcool.

La déviation galvanométrique qui se produit immédiatement après l'application des mains sur les électrodes peut être nommée *déviation individuelle organique*, car elle n'apparaît que sous l'influence de l'organisme seul introduit dans le circuit et correspond probablement au type *chimique* de l'organisme. L'indice de déviation organique varie dans de grandes limites (de 25 à 160 divisions dans de grandes limites (de 25 à 160 divisions dans nos expériences) suivant le sujet. En outre la déviation organique *augmente* après la première et la deuxième expérience psychologique pour se comporter différemment après la troisième, où elle devient tantôt plus petite, tantôt plus grande ou enfin reste immuable. Cette augmentation de la déviation organique, succédant aux processus psychiques, est un fait constant qui se trouve chez tous les sujets. Il présente un intérêt spécial, puisqu'il démontre que la réaction galvanique correspond à un changement durable qui s'est effectué dans l'organisme simultanément aux processus psychiques. Si cette augmentation de l'indice de déviation se conservait encore après les quinze ou vingt minutes qui séparaient deux expériences successives, un changement organique de cette nature, acquis et conservé, peut s'interpréter le plus aisément par l'hypothèse d'une transformation physico-chimique des tissus.

Pendant le repos, Veraguth observa une *diminution* de l'indice de déviation organique. Dans la courbe qu'il donne du repos, on remarque une diminution rapide de cet indice pendant les trois premières minutes, diminution qui devient ensuite de plus en plus lente.

L'abaissement de l'indice organique, que nous notâmes généralement après une heure et demie ou deux heures d'expériences, correspond à la *fatigue* du sujet.

La comparaison des diagrammes de réactions galvanométriques obtenus par nous prouve que les différences individuelles de ces diagrammes dépendent surtout du type émotif du sujet. Dans nos expériences, nous mettons simultanément en jeu deux espèces d'émotions : celle des souvenirs et des idées qui accompagnent les mots, enfin les émotions actuelles provoquées par des impressions brusques ou le calcul mental. La réaction galvanométrique nous montrait que ces deux espèces d'émotivité ne coexistent pas toujours chez le même sujet. Il existe des individus chez lesquels l'émotivité des mots est très émoussée, quoique l'émotivité actuelle soit assez grande, et inversement. Il y a encore un autre facteur qui influe sur la forme de diagramme : c'est la grandeur de la période latente de la réaction, qui change aussi suivant les individus, quoique plus encore suivant la nature de l'excitant psychique. Le facteur se manifeste dans les diagrammes sous forme d'un phénomène spécial dans la réaction psycho-galvanométrique des séries, phénomène qu'on pourrait nommer *interférence des déviations*. Si les excitants psychiques se succèdent à un intervalle de temps plus petit que la période latente de la réaction, alors les déviations qui leur correspondent fusionnent entre elles, et le résultat de cette fusion est le plus souvent une inhibition réciproque, une diminution de l'indice numérique de la réaction ; la déviation composée de deux déviations simultanées ou successives, au lieu de présenter la somme de ses composants, est, dans la grande majorité des cas, beaucoup plus petite que cette somme, et même très souvent plus petite que chacune des réactions prises isolément ; parfois enfin elle est même nulle.

Ce premier coup d'œil sur les différences individuelles de la réaction nous montre déjà que celle-ci peut servir non seulement à la mesure de l'indice d'émotivité en général, mais aussi à déterminer l'espèce de l'émotivité ; c'est une réaction *analytique*. On pourrait supposer théoriquement que les deux espèces principales d'émotivité : actuelle et mnésique peuvent exister indépendamment l'une de l'autre, et constituer un certain type individuel, selon la prédominance de l'une ou de l'autre. Mais pour constater expérimentalement ce fait, il a fallu avoir recours à la réaction galvanométrique, puisque aucune autre (respiratoire ou vaso-motrice) n'est capable de révéler les petites émotions mnésiques normales telles que les *mots* les provoquent.

Veraguth et d'autres expérimentateurs ont énoncé comme résumé de leurs recherches que la réaction psycho-galvanométrique est exclusivement une réaction émotionnelle. Cette assertion se confirme dans nos expériences par les faits suivants, révélés en comparant la réaction des états émotionnels et indifférents de trois espèces : réaction de l'effort mental du calcul, réaction des mots et réaction des impressions extérieures.

La comparaison de la grandeur de la réaction galvanométrique du calcul mental seul et du calcul mental accompagné de la lecture d'une série de mots (voir les deux premières rubriques du Ier tableau), nous montre que, dans la majorité des cas, la réaction du calcul simultané avec la lecture des mots est *plus grande* que celle du calcul seul. Cette augmentation de la réaction apparaîtra d'une manière plus claire encore, si nous prenons en considération l'influence de l'interférence. Car il arrive souvent, dans les expériences de calcul accompagné de la lecture des mots, que la déviation provenant d'un mot émotionnel coïncide avec le commencement du calcul et avec la déviation qui lui correspond; or, cette coïncidence a pour résultat la *diminution* de la déviation, et quelquefois même son annulation. Il faut donc supposer que la réaction du calcul, accompagné de la lecture des mots, serait encore plus grande, s'il n'y avait pas l'interférence des réactions des mots émotionnels, et que les cas (qu'on trouve dans le tableau I) de déviations du calcul pendant la lecture, plus petites que celles du calcul seul, ne constituent pas des exception à la règle, mais sont dus exclusivement à l'interférence des réactions simultanées.

Cette prédominance de la réaction du calcul accompagné de la lecture des mots sur la réaction du calcul seul correspond exactement à une *plus grande émotivité* du sujet lors du premier genre d'expérience. Le premier moment

Tableau I

La réaction du calcul mental et du bruit inconscient ou conscient.

SUJETS	Réaction en mm. du calcul mental.	Réaction du calcul simultané avec la lecture des mots.	Réaction du calcul simultané avec la lecture + bruit inconscient	Réaction du calcul simultané avec la lecture + bruit conscient.
I	60 — 70 = 10	»	60 — 70 = 10	»
II	70 — 85 = 15	»	105 — 120 = 15	»
III	70 — 70 = 0	90 — 100 = 10	»	90 — 90 = 0
IV	60 — 60 = 0	55 — 60 = 5	60 — 70 = 10	»
V	55 — 60 = 5	60 — 65 = 5	»	60 — 70 = 10
VI	160 — 170 = 10	190 — 205 = 15	230 — 225 = — 5	»
VII	25 — 30 = 5	»	»	25 — 35 = 10
VIII	54 — 49 = — 5	60 — 55 = — 5	60 — 64 = 4	»
IX	44 — 55 = 11	36 — 41 = 5	60 — 65 = 5	»
X	50 — 55 = 5	54 — 60 = 6	62 — 64 = 2	»
XI	64 — 66 = 2	67 — 75 = 8	73 — 76 = 3	»
XII	58 — 63 = 5	67 — 75 = 8	»	67 — 74 = 7
XIII	104 — 110 = 6	85 — 90 = 5	»	108 — 114 = 6
XIV	60 — 65 = 5	79 — 90 = 11	»	72 — 77 = 5
XV	72 — 77 = 5	64 — 77 = 13	86 — 101 = 15	»
XVI	61 — 62 = 1	71 — 79 = 8	74 — 80 = 6	»
XVII	81 — 84 = 3	101 — 107 = 6	»	101 — 106 = 5
XVIII	41 — 44 = 3	28 — 27 = — 1	48 — 86 = 38	»
XIX	68 — 71 = 3	63 — 70 = 7	77 — 83 = 6	»
XX	73—72—75 = —1+3	77 — 83 = 6	80 — 86 = 6	»

du calcul mental qui est attendu et qu'on doit exécuter tout de suite, à un moment déterminé, est accompagné toujours d'une émotion plus ou moins forte; il est très rare qu'une telle adaptation soudaine de l'esprit s'accomplisse indifféremment; les témoignages introspectifs des sujets, de même que leur attitude, le changement de leur respiration, les mouvements inconscients qu'ils exécutent alors, confirment l'existence du fait émotionnel. Mais cette émotion est beaucoup plus forte lorsque le calcul mental doit se faire pendant la lecture d'une série de mots. L'attention ne peut alors s'adapter d'avance au problème, puisqu'elle est occupée par la perception des mots qu'on doit retenir. Ce n'est qu'au moment où apparaît le signal de commencer le calcul qu'on se rappelle ce qui était convenu ; le problème à exécuter se pose à la conscience soudainement, surtout lorsque la lecture se fait avec une attention concentrée ; c'est un changement *inattendu*, qui exige un certain temps d'adaptation. Le tonus émotionnel du calcul est, par cela même, plus élevé. La secousse qu'on ressent au début se prolonge quelques instants après, et se renouvelle parfois, à cause d'un certain dédoublement de l'attention, qui reste toujours préoccupée partiellement de la perception des mots ; la vue de ces mots agace et dérange ; dans l'activité mentale du calcul s'introduit un élément émotionnel d'inquiétude. Les personnes fort émotives éprouvent cet état d'une manière très intense, et tâchent de se défendre, contre l'importunité des impressions visuelles et du dédoublement de la conscience, en fermant les yeux ou en détournant la tête par un mouvement inconscient ; l'émotion de l'effort mental est facile à constater dans ces cas. Quand on questionne les sujets sur ce qu'ils ont éprouvé, on apprend, dans la plupart des cas, que le sentiment d'inquiétude caractérise surtout le début du calcul, mais dans la suite il apparaît aussi ; c'est un sentiment pénible de lutte pour conserver une certaine direction de la pensée et pour retenir les images des nombres qui s'enfuient et s'effacent constamment. On peut donc dire que l'émotion de l'effort mental, dans ce genre d'expérience, est *plus intense* que lors du calcul seul, qui n'est perturbé par rien. Et ce fait psychologique, constaté par l'introspection des sujets, se retrouve aussi dans une réaction psycho-galvanométrique *plus grande* du calcul accompagné de la perception des mots.

Par contre, si la personne qu'on observe présente le type
de l'attention qui se concentre sans agitation et une facilité
pour le calcul mental, en sorte que son effort d'esprit est dépourvu de toute émotion, dans ce cas le calcul même assez
difficile, *ne donne aucune réaction galvanométrique*,
quoique l'effort mental existe, et puisse même être assez
intense. C'est ce que nous voyons chez les personnes III, IV
et XVI, dans les expériences avec le calcul seul. Le même
fait se constate aussi dans la manière dont se comporte le
galvanomètre au cours du calcul. Dans les séries des déviations galvanométriques, qui correspondent aux expériences du calcul seul, nous trouvons constamment que *ce
n'est que le début du calcul qui donne une réaction*;
tandis que, pendant tout le temps que le calcul se fait,
jusqu'à la fin, le galvanomètre reste indifférent; une seconde réaction n'apparaît presque jamais; il y a parfois
seulement des oscillations consécutives à la déviation du
début. L'émotion a passé, et quoique le travail mental se
prolonge, le galvanomètre ne réagit plus. Chez les sujets
dont l'effort est tranquille et qui sont sensibles aux mots
(c'est-à-dire aux idées qu'ils évoquent), nous avons constaté que, même dans les expériences de calcul mental accompagné de lecture des mots, il n'y a qu'une seule réaction au début.

Nous pouvons donc conclure *que l'effort mental seul ne
produit aucune réaction galvanométrique; par contre,
celle-ci apparaît toujours lorsque l'effort mental est
accompagné d'une émotion, et sa grandeur croît proportionnellement à l'intensité de l'évolution.*

De même aussi les pensées et les images, qui apparaissent pendant la perception des mots, ne produisent aucune
réaction galvanométrique *s'ils ne sont pas accompagnés
d'une émotion.* Ce fait se constate d'une façon très claire
dans toutes les expériences avec les *mots*, aussi bien dans
les perceptions des séries, que dans les associations des
mots isolés. L'analyse des diagrammes des séries de mots

nous montra que certains mots seulement donnent des déviations, et comme nous pûmes nous en convaincre à l'aide
des associations, ce furent toujours des mots émotionnels,
des mots qui évoquaient d'une manière directe ou indirecte
des souvenirs personnels concrets; tandis que les mots
sans réaction galvanométrique ne donnaient que des associations indifférentes, automatiques, abstraites. La comparaison de la grandeur des réactions galvanométriques
avec le temps d'association présente un seul cas qui confirme la théorie de Jung[1] à savoir que les mots émotionnels ont un temps d'association plus grand que les autres.
La période latente de la réaction galvanométrique ne se
trouve dans aucun rapport déterminé avec la grandeur de
cette réaction.

Les expériences sur la réaction galvanométrique des
impressions extérieures fortes de la vue, de l'ouïe et du
toucher, faites avec 5 personnes (voir tableau IV) démontrent aussi le *caractère exclusivement émotionnel de la
réaction*. Ainsi, par exemple, chez la personne XVI, la
suppression inattendue de la lumière dans la chambre
donne une déviation de 3 millimètres; l'émotion était faible;
l'accord prolongé des orgues donne une déviation de 6;
l'émotion, d'après le témoignage du sujet, était plus forte.
Comme toutes les impressions qui entraient en jeu dans
ces expériences étaient des impressions inattendues, il
devait y avoir un élément émotionnel dans toutes, et la
réaction galvanométrique, plus ou moins forte, apparaissait
constamment. Chez M. R. un fort bruit inopinément fait
près de l'oreille, donne une déviation de 10, tandis qu'un
léger attouchement sur le front, fait inopinément par
Mlle L., donne une déviation de 60; la réaction est ici inversement proportionnelle à l'intensité de l'impression;
mais le phénomène s'explique facilement lorsqu'on prend
en considération l'élément émotionnel de l'impression du

1. *Ueber das Verhalten der Reactionszeit bei Associationsexperimenten*, 1910.

toucher, qui dans ce cas, de l'aveu même du sujet, était très fort et de nature sexuelle; c'est cet élément seul qui provoqua la réaction. L'obscurité inattendue n'a impressionné que fort peu la personne XVII; la déviation était d'un millimètre; l'accord des orgues, qui fut très agréable, donna 10 millimètres; l'attouchement inopiné des genoux en donna 9; l'attouchement *attendu* du front n'en donna qu'*un*. Il faut noter aussi que dans certains cas la grandeur de la réaction ne correspondait pas aux témoignages du sujet sur l'intensité de l'émotion ressentie, l'introspection des faits émotionnels étant le plus souvent fort peu exacte.

III. — RÉACTION GALVANOMÉTRIQUE DES IMPRESSIONS INCONSCIENTES

M. Veraguth a étudié la réaction des états inconscients pathologiques, chez les sujets présentant une hémianesthésie hystérique, et la conclusion de ses recherches fut que l'attouchement ou la piqûre des parties anesthésiées donne une réaction du galvanomètre, et que cette réaction est même *plus grande* que celle qui provient de ces mêmes impressions conscientes agissant sur les parties sensibles de la peau. Par contre, l'anesthésie organique, celle qu'on observe dans le tabès, la syringomyélie, etc., ou bien l'anesthésie provoquée par l'injection de novocaïne-adrénaline supprime toute réaction galvanométrique[1].

Les états inconscients normaux n'avaient pas enco● été étudiés. Pour les obtenir, comme objet d'expérience, nous eûmes recours à une forte distraction du sujet, provoquée par le calcul mental simultané à la lecture des mots. Au moment où le sujet commençait le calcul, immédiatement après avoir entendu le multiplicateur, et concentrait toute

---

1. *Loc. cit.*, pp. 54, 68, 70.

son attention sur celui-ci, il recevait une forte impression auditive, un bruit ou un son, lequel, dans la majorité des cas, fut tout à fait inconscient pour lui, de telle sorte, que questionné à ce sujet, il répondait n'avoir rien entendu. Il y avait même des cas où cette impression auditive produisait l'émotion momentanée de la peur, ce dont on pouvait facilement se rendre compte en observant l'attitude du sujet (mouvements et exclamations), et malgré cela, elle restait inconsciente.

Malheureusement, ces mêmes conditions qui produisent l'inconscience des impressions, à savoir la *simultanéité* de plusieurs processus psychiques, produisent aussi, dans les recherches galvanométriques la simultanéité des réactions et, ce qui en résulte nécessairement, l'interférence des déviations, qui obscurcit la lecture des résultats. De la disposition même de l'expérience il résulte que trois réactions galvanométriques doivent apparaître simultanément : les réactions du mot perçu à ce moment dans la série (le 10 ^{me} ou le 11 ^{me}), la réaction du multiplicateur qu'on entend prononcer et du début du calcul, et la réaction du bruit ou du son qui apparaît à ce même moment. Comme à côté de ces expériences avec le bruit ou le son, nous avons fait les mêmes expériences du calcul pendant la perception des mots, mais sans bruit ni son, il nous a été possible de comparer la réaction du calcul accompagné de la lecture des mots, avec la réaction du même calcul simultané à une impression auditive, inconsciente ou consciente, suivant le cas.

Le tableau I nous présente cette comparaison. Les nombres qu'il contient seraient incompréhensibles ou faussement interprétés, si l'on ne prenait pas en considération le phénomène d'*interférence*. Nous y voyons notamment que sur 16 expériences il y a 5 cas où la réaction du calcul coïncidant avec le bruit ou le son *inconscient* est *la même* que la réaction du calcul sans impression auditive simultanée, et 4 cas où elle est *plus grande* que la réaction du calcul sans cette impression. D'autre part, sur 14 expériences avec le bruit ou le son *conscient* il y a un cas où la réaction du calcul avec impression auditive est la même que la réaction du calcul sans elle, 5 cas où elle est *plus petite*, et 7 cas où elle est *plus grande*. Tous les cas où la réaction galvanométrique *diminue* à cause d'une impression auditive forte, consciente ou inconsciente, qui s'ajoute au calcul seraient paradoxaux, vu la sensibilité du galvanomètre aux émotions les plus petites, sans la connaissance du phénomène d'interférence, étant donné que la diminution de la réaction est parfois considérable et, dans certain cas, comme, par exemple, chez la troisième personne, que la réaction disparaît même complètement.

L'interférence des déviations produit des résultats différents : les déviations simultanées s'inhibent mutuellement et la déviation qui en résulte est beaucoup plus petite que la déviation du calcul seul ; ou bien elle est plus grande que cette déviation, mais beaucoup plus petite que la somme des deux réactions, du calcul et du bruit (ou du son) produites séparément ; ou bien encore, la réaction résultante est égale à la réaction d'une des composantes, par exemple du calcul sans bruit ou son simultané, d'où l'on pourrait faussement conclure que l'impression auditive ajoutée n'a aucune influence sur la réaction, tandis qu'en réalité, ce n'est qu'une des résultantes accidentelles de l'interférence.

Les résultats consignés dans le tableau I prouvent que la *réaction galvanométrique des impressions inconscientes est un fait réel et constant.* Sans s'occuper même des cas où la réaction du calcul est égale à la réaction du calcul accompagné d'un bruit inconscient (ce qui constitue non pas une exception à la règle, mais un accident d'interférence), on est forcé de constater que la *différence* existant, dans la majorité des cas, entre ces deux réactions, différence souvent considérable (par exemple 15 et 5, 8 et 3, 1 et 38), prouve que l'impression auditive inconsciente s'est manifestée par une déviation qui lui est particulière, qu'elle a fourni une des composantes de l'interférence. La comparaison des réactions des impressions auditives conscientes et inconscientes montre que ces dernières sont même plus grandes, qu'elles s'expriment dans une différence plus marquée entre la réaction du calcul seul et celle du calcul accompagné de l'impression. C'est donc le même fait qui fut observé par Veraguth sur les impressions inconscientes des hystériques. Il y a donc ici une proche parenté psychologique entre ces deux espèces d'inconscient : l'inconscient pathologique, provenant d'une distraction constante, et l'inconscient normal, provenant d'une distraction passagère.

Si, maintenant, nous prenons en considération le caractère fondamental de la réaction galvanométrique *en tant que réaction exclusivement émotionnelle*, nous sommes amenés à cette conclusion, que les *impressions inconscientes normales agissent comme des états émotionnels, et que leur tonus émotionnel est plus grand que celui de mêmes impressions conscientes*. Ce résultat est tout à fait d'accord avec le résultat que nous avons obtenu dans nos recherches sur la *réaction respiratoire* des impressions inconscientes, où l'on pouvait constater que le type de la réaction respiratoire de ces impressions ressemble le plus au type respiratoire des émotions. Nous avons donc ici une nouvelle preuve de la théorie énoncée, que les états inconscients, les impressions reçues sans attention, libres d'intellect, sont des états psychiques du type émotionnel, et comme tels agissent sur l'organisme.

IV. — RAPPORT ENTRE L'ÉMOTIVITÉ ET LA MÉMOIRE

Comme nous l'avons dit plus haut, le rapport de l'émotivité des souvenirs et des idées à la mémoire est un rapport *fondamental* ; ce sont deux domaines des phénomènes qui se trouvent dans une liaison causale et immédiate, en ce sens, que cette émotivité constitue le *générateur*, exclusif et unique des souvenirs, dans toutes leurs phases : la mémorisation volontaire, la recherche, la mémorisation spontanée, la reconnaissance, les illusions de la mémoire et la création subconsciente. En d'autres termes, cela veut dire que toute notre mémoire latente, ou cryptomnésie, existe psychiquement en tant qu'une *émotivité sui generis* composée d'une quantité innombrable de sentiments génériques de l'oublié, de sentiments différenciés et présentant la valeur d'*équivalents affectifs* du passé.

Cette assertion, à laquelle nous sommes arrivés à la suite de nos recherches sur la reconnaissance, sur les illusions de la mémoire et sur la résistance de l'oublié, peut être vérifiée aussi d'une autre manière à l'aide de la réaction galvanométrique, en considérant l'émotivité des mots comme très proche de l'émotivité de l'oublié, et en comparant la vivacité de l'oublié chez les différents sujets, observée lors de la reconnaissance des mots, avec le degré de leur émotivité mnésique (émotivité qui se manifeste lors de la perception des mêmes mots qui servaient comme texte à la mémorisation).

Cette comparaison est illustrée par le tableau II. La première colonne y représente l'étendue de la mémoire immédiate de vingt mots (substantifs abstraits et adjectifs), perturbée par un calcul mental simultané. La seconde colonne figure l'étendue de la mémoire immédiate de vingt mots (substantifs, concrets et noms propres), perturbée par un calcul mental simultané et un bruit inopiné, conscient ou inconscient. La troisième colonne montre le degré de la reconnaissance de l'oublié, exprimé par le pourcentage des mots reconnus par rapport aux mots présentés, qui étaient les mots oubliés de deux séries précédentes. La quatrième colonne représente le degré de l'émotivité des mots (c'est-à-dire de l'émotivité mnésique, des souvenirs et des idées). Le degré de cette émotivité fut calculé de la manière suivante :

En prenant pour base la réaction galvanométrique des mots lus dans les deux séries, le degré de l'émotivité des mots doit exprimer les trois données suivantes : le nombre des mots qui ont produit une déviation galvanométrique ; le pourcentage de ces mots, c'est-à-dire des mots émotionnels par rapport au nombre total des mots expéri

TABLEAU II

Le rapport de la mémoire et de l'émotivité des mots.

SUJETS	Étendue de la mémoire immédiate perturbée par le calcul.	Étendue de la mémoire immédiate perturbée par le calcul et le bruit.	P. 100 de la reconnaissance de l'oublié de deux séries.	Degré de l'émotivité mnésique des mots.	Réaction pendant la recherche des mots oubliés.	L'ÉMOTIVITÉ ACTUELLE (en déviations galvanométriques)	
						calcul mental.	impressions.
XI	0,75	0,60	0,83	2,35	3	2 — 8	»
XIV	0,60	0,70	0,78	4,25	3	5 — 11	»
VI	0,30	0,50	0,73	9,03	?	10 — 15	»
XII	0,35	0,40	0,68	6,51	4	5 — 8	»
XV	0,55	0,65	0,68	4,00	3	5 — 15	9 — 14
XVII	0,60	0,60	0,64	1,24	0	3 — 6	1 — 10
XVIII	0,30	0,20	0,51	0,90	0	3 — 38	13 — 41
XVI	0,35	0,55	0,47	4,00	12	1 — 8	2 — 6
XIII	0,55	0,70	0,46	0,39	?	6 — 5	»
IX	0,35	0,35	0,40	0,91	0	11 — 5	»
X	0,55	0,40	0,35	0,60	0	5 — 6	»
XXIX	0,65	0,60	0,33	3,68	24	3 — 7	8 — 16
XX	0,30	0,65	0,14	3,54	13	3 — 6	2 — 7

mentés ; et enfin, la grandeur de ces réactions galvanométriques. Pour exprimer par une seule quantité ces trois données, nous avons fait l'opération arithmétique suivante :

1) Calculer le *pourcentage des mots émotionnels* (= a) par rapport au total des mots de deux séries, dont la réaction galvanométrique était étudiée ; on faisait cette étude en présentant au sujet successivement chacun des mots retenus de la série, mots auxquels il devait répondre par une association quelconque en restant toujours en contact avec le galvanomètre ; les mots, dont la percep-

tion et l'association provoquaient une déviation galvanométrique, étaient notés comme mots émotionnels.

2) On calculait la *somme* de ces déviations, et en divi-
sant cette somme par le nombre des mots qui devaient
donner une réaction, on obtenait la réaction *galvanométrique moyenne* ($= b$).

3) En multipliant le pour-cent des mots émotionnels par
la réaction moyenne, on obtenait le produit $a \times b$, lequel
contenait les trois données des expériences et exprimait,
par conséquent, le degré de l'émotivité mnésique du sujet.

La cinquième colonne représente l'émotivité de l'oublié,
observée immédiatement. Les nombres contenus ici expriment la somme des déviations galvanométriques qui se
sont produites pendant la *recherche* des mots oubliés de la
série, alors que la mémoire immédiate était déjà notée, et
que le sujet faisait des efforts d'attention pour se remémorer d'autres mots encore, dont il sentait le manque. Dans
cette recherche, les réactions sont toujours très petites, de
1 ou 2 m. le plus souvent, rarement de 3 ou 4. Puisque
l'effort mental seul, même très intense, ne donne, comme
nous le savons déjà, aucune réaction galvanométrique, et
puisque, dans ces conditions psychologiques, l'effort de la
recherche des mots oubliés se fait sans aucune émotion, il
faut donc supposer que les déviations, qui apparaissent
alors, correspondent à ces faibles états affectifs, dans lesquels se manifeste l'oublié, lorsqu'il s'approche du seuil
de la conscience.

Les deux dernières colonnes du tableau, qui montrent
l'émotivité actuelle du sujet, contiennent des nombres, qui
expriment les plus petites et les plus grandes déviations
galvanométriques, correspondant au calcul seul et aux impressions extérieures (de la vue, de l'ouïe et du toucher)
attendues du sujet, mais inconnues quant à leur nature. Ces
déviations, comme nous le savons, sont provoquées seulement par l'émotion qui accompagne le calcul ou l'impression. Dans la colonne du calcul, le premier nombre repré-

sente toujours la déviation du calcul seul, le second nombre la déviation simultanée à la lecture des mots (c'est-à-dire plus émotionnel).

Passons maintenant à l'examen du tableau. Comme nous le voyons, l'étendue de la mémoire immédiate, représentée ici, ne se trouve dans aucun rapport déterminé avec le degré de l'émotivité mnésique. Les indices varient ici sans aucune règle, comme s'il n'y avait aucune corrélation entre les deux phénomènes.

Cela résulte de deux conditions. D'abord de ce que les indices de l'étendue de la mémoire représentent ici la mémoire *perturbée* par le calcul, ou le calcul et le bruit. Cette perturbation, de caractère principalement émotionnel, change énormément l'étendue de la mémoire immédiate, en influant sa base même, c'est-à-dire l'oublié, récemment créé, qui attend sa reproduction sur le seuil de la conscience; nous avons les preuves de ce fait dans l'augmentation des illusions de la mémoire et dans le changement de la résistance de l'oublié, lesquels caractérisent les séries perturbées. En second lieu, la mémoire immédiate, que présente le tableau, est la mémoire des petites séries de 20 mots; or, nous savons que la reproduction de petites séries de mots se fait principalement à l'aide d'un automatisme associatif des sens, et plus rarement par les associations intérieures des mots, par leur teneur en images et en sentiments, qui est, par contre, le facteur principal de la remémoration des longues séries. C'est pour ces deux raisons que la comparaison de l'étendue de la mémoire avec l'émotivité mnésique des sujets ne présente ici aucune corrélation entre ces deux facteurs.

Par contre, cette corrélation apparait, lorsqu'on compare l'émotivité des mots avec le degré de la reconnaissance. Nous avons pour faciliter la compréhension du rapport en question arrangé le tableau dans le sens de la diminution de ce degré de reconnaissance. Les six premières personnes, qui présentent le plus grand degré de reconnaissance (au-dessus de 0,51) manifestent aussi le plus grand degré d'émotivité des mots; les nombres en dessous de *un* ne se rencontrent ici qu'une seule fois. Tandis que les sept personnes qui présentent le moindre degré de reconnaissance (en dessous de 0,51) ont aussi les indices d'émotivité des mots les plus faibles.

Toutefois, le rapport ne se manifeste pas d'une façon continuelle, lorsqu'on compare les nombres relatifs à chaque sujet particulier; on rencontre ici les personnes ayant les indices d'émotivité plus grands et les degrés de reconnaissance plus petits, comme par exemple les personnes XIX et XX, ou XVI, comparées aux XI et XVII.

Mais ces exceptions sont compréhensibles lorsqu'on prend en considération que les mots présentés à la reconnaissance étaient souvent perçus dans les séries, pendant une perturbation émotionnelle du calcul ou du bruit, et qu'une perturbation de ce genre invertit aussi les vestiges des perceptions dans la mémoire et les sentiments génériques de l'oublié. Cependant, malgré ce facteur de perturbation, le rapport entre la mémoire et l'émotivité se manifeste assez clairement : *au degré plus grand de l'émotivité mnésique correspond le degré plus grand de la reconnaissance*, c'est-à-dire *la sensibilité plus grande de la mémoire*. La reconnaissance est un phénomène plus essentiel de la mémoire que la reproduction immédiate des mots où s'ajoute encore un autre facteur : l'association motrice automatique. Le degré de la reconnaissance correspond exactement au degré de la vitalité de l'oublié, à son éloignement plus grand ou plus petit du seuil de la conscience, et à la conservation cryptomnésique plus ou moins bonne de ses sentiments génériques, différenciés, dont dépend exclusivement la véracité du jugement de la reconnaissance. Or, le tableau nous montre que cette base de la mémoire, — *le sentiment de l'oublié* — se rétrécit ou s'élargit en rapport avec le degré plus petit ou plus grand d'émotivité des mots présentés par le sujet.

La colonne dans laquelle figure l'émotivité immédiate de l'oublié, comparée à celle de la reconnaissance, nous révèle ce même rapport entre les deux phénomènes, surtout, si nous admettons que les cas des personnes XVI, XIX et XX, qui présentent un pourcentage de reconnaissance trop faible, ne sont que des cas exceptionnels, dus à une forte perturbation, qui empêchait la perception des mots. Exception faite de ces trois cas, on voit, que les réactions galvanométriques de la recherche de l'oublié ne se rencontrent que dans cette partie du tableau où le pourcentage de reconnaissance est plus grand; tandis que dans celle où le pourcentage de reconnaissance est faible, la réaction galvanométrique est *nulle*, ou probablement trop faible pour être observée.

Les colonnes de l'émotivité actuelle ne présentent aucun rapport déterminé avec la reconnaissance.

V. — INFLUENCE DE L'ALCOOL SUR L'ÉMOTIVITÉ DE LA MÉMOIRE

Le rapport entre la mémoire et l'émotivité se manifeste d'une manière encore plus convaincante, lorsqu'on compare les expériences psycho-galvanométriques normales avec les mêmes expériences faites sous l'influence de l'alcool. Dans ce genre de recherches l'alcool apparaît comme un vrai « analysateur » des émotions, au moyen duquel on peut séparer distinctement l'émotivité mnésique de l'émotivité actuelle; il y a là un nouveau moyen d'investigation pour la psychologie expérimentale des émotions.

L'activité élective de l'alcool sur l'émotivité se révèle dans les nombres que présentent les tableaux III et IV.

Le tableau III représente l'influence de l'alcool sur l'émotivité mnésique (des idées et des souvenirs), laquelle se manifeste dans les réactions galvanométriques des mots, et son influence sur l'émotivité actuelle, laquelle se mani-

TABLEAU III

Influence de l'alcool sur l'émotivité des mots et du calcul.

SUJETS	Réaction organique		Réactions des mots dans la série avant calcul (série de 10 mots)	Alcool	Réactions des mots isolés	Alcool	Réaction du calcul mental	Alcool
		Alcool						Alcool
IV	60	55	0	1=—5 m.	Sur 10 mots 1=10mm. 2=10	Sur 5 mots 1=—10+20 2=—10+20	Sans bruit 5	Sans son 10
V	70	55	1=5 2=5	0	1=—20+30 2=10 (sur 10 mots)	1=10 (Sur 3 mots)	Sans bruit 5	Sans son 10
VI	170	200	1=10 2=10	1=10 2=—10	Sur 6 mots 1=—10 2=30 3=30 4=—15 5=30	Sur 4 mots 1=—10 2=40 3=40	Sans bruit 15	Sans son 30
VIII	60	45	1=4 2=3	0	Sur 9 mots 1=8 2=5 3=3 4=6 5=—8 6=10 7=10	Sur 6 mots 1=4 2=2	Bruit 4	Son 5
IX	60	55	0	0	Sur 7 mots 1=3 2=2	Sur 4 mots 0	Bruit 5	Son 3
XI	55	58	1=3	1=2 2=5 3=5	Sur 15 mots 1=5 2=4 3=6 4=9 5=4 6=5 7=4	Sur 7 mots 1=7	Bruit 3	Son 10
XIII	70	65	1=2 2=5	1=5	Sur 11 mots 1=2 2=3	Sur 14 mots 1=2 2=—2 3=5	6	5

Tableau III (*suite*).

Influence de l'alcool sur l'émotivité des mots et du calcul.

SUJETS	Réaction organique	Alcool	Réactions des mots dans la série avant calcul (série de 10 mots)	Alcool	Réactions des mots isolés	Alcool	Réaction du calcul mental Bruit	Alcool son
XIV	80	82	1 = 5 2 = 9 3 = 4 4 = 9 8 = 4	1 = 7 2 = − 3	Sur 12 mots 1 = 3 2 = 16 3 = 8 4 = 4 5 = 3 6 = 12 7 = 5 8 = 7 9 = 3	Sur 7 mots 1 = 3 2 = 6 9 = − 3	5	15
XV	40	46	1 = 3 2 = 4	1 = 3	Sur 13 mots 1 = 2 − 5 2 = 4 3 = 4 4 = 2 5 = 3 6 = 2 7 = 9 8 = 7 9 = 14 10 = 3 11 = 5	Sur 4 mots 1 = 2 2 = 2 3 = 2	15	15
XVI	75	74	1 = 2 2 = 2 3 = 3	1 = 3 2 = 3 3 = 3	Sur 7 mots 1 = 3 2 = 3 3 = 8 4 = 8 5 = 5 6 = 3 7 = 8	Sur 6 mots 1 = 6 2 = 2 3 = 2 4 = 2	6	2
XVII	106	108	1 = 2 2 = 4	1 = 2	Sur 12 mots 1 = 2 2 = 4 3 = 2 4 = 2 5 = 2 6 = 2	Sur 5 mots 1 = 3	5	7
XVIII	52	33	1 = −2 2 = −2	1 = − 5	Sur 6 mots 0	Sur 6 mots 1 = − 2	− 1	− 1

TABLEAU III (*suite et fin*).

Influence de l'alcool sur l'émotivité des mots et du calcul.

SUJETS	Réaction organique	(Alcool)	Réactions des mots dans la série avant calcul (série de 10 mots)	Alcool	Réactions des mots isolés	Alcool	Réactions du calcul mental — Bruit	Alcool son
XIX	65	80	1=—4 2= 3 3= 3 4= 4 5= 3 6= 6	1= 3 2= 12 3= 12 4= 4	Sur 13 mots 1= 9 2= 2 3= 3 4= 2 5= 3 6= 2 7= 3 8= 5 9= 5 10= 6	Sur 8 mots 0	6	17
XX	72	66	1=—2 2= 3	1= 4 2= 8 3= 13 4= 7 5= 13 6= 9 7= 13 8=—29 9= 9 10= 9	Sur 6 mots 1=23 2=14 3= 2 4= 4 5= 4	Sur 5 mots 1= 7 2= 9 3= 3	6	8

feste dans les réactions galvanométriques du calcul mental, ou plutôt du début du calcul, correspondant au signal donné.

Les deux premières colonnes montrent la déviation organique du sujet avant l'alcool et après (le sujet est mis dans le circuit cinq minutes après l'ingestion du cognac). On ne remarque ici aucun changement constant : 7 personnes présentent une déviation plus grande après l'ingestion du cognac, 7 autres présentent une déviation plus petite; parfois la différence entre les deux est très grande (15, 30, 25); d'autrefois elle est très petite (5, 3, 2, 1). Il n'y a aucune conclusion à tirer de ces faits, excepté que l'ingestion seule d'alcool modifie la réaction.

Les réactions psycho-galvanométriques des mots montrent qu'un changement caractéristique s'est opéré sous l'influence de l'alcool. Considérons les séries de 10 mots, qui étaient présentées au sujet comme test de la mémorisation, avant le commencement du calcul. Sur 14 de ces séries (expériences avec 14 sujets) c'est-à-dire sur 140 mots, il y a 31 réactions galvanométriques *sans alcool*; tandis que, *sous l'influence de l'alcool*, il n'y en a que 19 (sans prendre en considération la XXe personne, Mlle Lip. chez laquelle les réactions sont continuelles et évidemment ne correspondent pas aux mots).

Dans les expériences avec les associations des mots isolés, il y a, *sans alcool*, 75 sur 131, c'est-à-dire 0,57 des mots qui produisent une réaction galvanométrique; *sous l'influence de l'alcool* il n'y en a que 27 sur 75, c'est-à-dire 0,36. La grandeur de réactions est aussi *plus petite* après l'ingestion de l'alcool. Sans alcool la déviation de 10 mm. ou plus grande se rencontre 16 fois sur 131 mots (chez 14 sujets), ce qui constitue 0,12; après l'ingestion de l'alcool on ne la trouve que 6 fois sur 75 mots, ce qui constitue 0,08. On voit donc que *l'alcool émousse à un haut degré l'émotivité mnésique.*

Au contraire, la réaction du calcul, laquelle, comme nous le savons, représente l'émotion qui accompagne son début soudain, *augmente* sous l'influence de l'alcool. Sur 14 expériences, nous avons 10 cas où elle est plus grande que sans alcool, 2 cas où elle reste la même, et 2 où elle est plus petite. Mais puisque, dans ces expériences, simultanément à la réaction du calcul (ou plutôt de la perception du multiplicateur) il y a aussi la réaction du bruit ou du son, il faut donc prendre en considération l'influence de l'interférence, qui diminue la déviation composée des deux facteurs.

Le tableau IV, qui représente les réactions correspondant

Tableau IV

Influence de l'alcool sur l'émotivité actuelle des impressions.

SUJETS	Réaction la plus grande du mot	Alcool	Réaction de l'impression visuelle	Alcool	Réaction de l'impression auditive	Alcool	Réaction de l'impression tactile	Alcool	Période latente des réactions des impulsions en secondes	Alcool
XV	14	2	?		14	?	9	?	aud. 6 tac. 8	?
XVI	8	6	3	?	6	10	2	7	vis. 10 aud. 9 tac. 5	? 6 4
XVII	4	3	1	13	10	13	9	10	vis. 8 aud. 14 tac. 10	11 7 9
XVIII	— 4	— 2	13	30	41	45	34	41	vis. 13 aud. 10 tac. 8	9 9 8
XIX	10	13	10	22	7—3+8	16	16	11	vis. 8 aud. 6 tac. 6	6 7 4
XX	23	14	2	5	4	réactions si rapides qu'on ne peut pas les noter.	7	0(¹)	vis. 8 aud. 6 tac. 6	6 ?

1. Le cas de Mlle Lip... (XX), présenté dans ce tableau, offre un intérêt particulier. Sa réaction galvanométrique est très intense ; les déviations se succèdent presque sans interruption et sont si rapides
qu'il est difficile de les noter. Or, au cours de l'expérience avec des
impressions du sens, j'apprends de Mlle L..., qu'elle croit qu'il lui est
possible *d'inhiber la réaction galvanométrique par le seul effort de la volonté*
et qu'elle en faisait déjà des essais. Je lui demande alors d'essayer
l'expérience cette fois, lors des réactions produites par les impressions
tactiles. Je puis alors me persuader qu'une impression intense et inconnue du toucher ne provoque aucune réaction ; la lumière de
l'échelle ne bouge pas quoique le même genre d'impression produisît,
un moment avant, des déviations très fortes. Je relate ce cas sans vou-
loir l'expliquer ; il en faudrait des observations plus nombreuses. Si

aux *impressions extérieures* avant et après l'ingestion, démontre aussi l'augmentation des émotions actuelles après l'ingestion d'alcool.

Les impressions expérimentées étaient visuelles, auditives et tactiles.

Le sujet s'attendait à ce qu'on allait faire quelque chose, mais ne savait pas ce que cela pouvait être. On agissait sur la vue en faisant brusquement l'obscurité dans la chambre ou en approchant tout près du sujet la lumière d'une lampe; sur l'ouïe en plaquant sur le petit orgue un accord harmonieux ou faux; sur le tact en saisissant brusquement la tête, le genou ou le pied du sujet. Dans le tableau IV, nous comparons avec ces réactions les réactions *les plus grandes* produites par les mots chez le même sujet, avant et après l'alcool. A côté nous donnons la grandeur de la période latente des réactions galvanométriques de trois espèces d'impressions correspondantes à ces deux états physiologiques.

Comme nous le voyons, la réaction émotionnelle du mot est partout *beaucoup plus petite* après l'ingestion du cognac, excepté chez la personne XIX. Par contre, la réaction émotionnelle des impressions sensorielles (excepté la réaction tactile de cette même personne) est *partout plus grande* après cette ingestion, et souvent elle est augmentée dans une proportion énorme. La période latente de la réaction *se raccourcit* sous l'influence de l'alcool; il n'y a que deux exceptions : la réaction visuelle chez la personne XVII et la réaction auditive chez la personne XIX.

L'influence de l'alcool est donc très caractéristique: *d'un côté, il émousse l'émotivité mnésique (des mots); de l'autre côté, il augmente l'émotivité actuelle (de*

cette inhibition par la volonté est vraie, cela pourrait signifier, que Mlle L... sait volontairement entraver son émotion, qu'elle connaît le secret de se mettre dans un état d'indifférence complète envers les impressions reçues ; et c'est cette absence d'émotion qui fait cesser toute réaction galvanométrique.

l'action et des impressions) en raccourcissant aussi la période latente de la réaction.

Ce résultat présente un double intérêt : pour la psychologie en général, car il démontre une différence bien marquée entre l'émotivité actuelle et l'émotivité des idées (différence non reconnue jusqu'à présent), ainsi que la possibilité de les séparer expérimentalement à l'aide de l'alcool ; en second lieu, il présente un intérêt pour la psychologie de l'alcoolisme, car il explique beaucoup de faits observés dans ce domaine, à savoir, l'abrutissement moral des alcooliques, leur dégénérescence éthique, qui est le résultat immédiat d'affaiblissement de l'émotivité des idées et des souvenirs ; ainsi que leur sensibilité exagérée dans leurs rapports sociaux, la facilité avec laquelle ils entrent dans les états de colère, de joie, de sentimentalisme, de désespoir, ce qui semble incompatible avec leur abrutissement moral, et qui n'est que l'effet de l'émotivité actuelle, différente de l'autre et exagérée par l'influence de l'alcool.

Cette influence que possède l'alcool de déprimer l'émotivité des idées présente aussi un intérêt spécial pour le problème qui nous intéresse ici, problème du rapport entre l'émotivité et la mémoire, puisque nous savons que l'alcool, même ingéré à petite dose, *émousse aussi la mémoire*. Il y a donc une même influence sur ces deux espèces de phénomènes, ce qui confirme aussi leur *corrélation* et fait admettre une liaison causale entre eux, et supposer que l'alcool émousse la mémoire parce qu'il émousse l'émotivité des idées qui en est la source.

Le tableau V représente le changement de la mémoire qui a lieu sous l'influence de l'alcool ; chez 14 personnes nous avons étudié le changement de la mémoire immédiate et de la reconnaissance. Nous y comparons l'étendue de la mémoire immédiate d'une série de 20 mots, le pourcentage de reconnaissance des mots oubliés de cette série, et le degré d'émotivité de ces mêmes mots, avant et après l'ingestion de cognac. Comme test de la mémorisation dans les expériences avec l'alcool, nous avons employé une autre série de 20 mots, composée de substantifs concrets et abstraits, série qui était lue de la même manière

Tableau V

L'influence de l'alcool sur la mémoire et sur l'émotivité des mots.

SUJETS	Étendue de la mémoire immédiate.	P. 100 de la reconnaissance.	Degré de l'émotivité des mots.	Réaction dans la recherche de l'oublié.	Étendue de la mémoire immédiate.	P. 100 de la reconnaissance.	Degré de l'émotivité des mots.	Réaction dans la recherche de l'oublié.
	Avant l'ingestion de l'alcool				*Après l'ingestion de l'alcool*			
XI	0,60	0,85	1,80	3	0,35	0,45	0,98	0
XIV	0,70	1,00	2,90	3	0,35	0,41	1,45	0
VI	0,50	0,80	6,00	?	0,20	0,68	20,00	0
XII	0,40	0,58	5,80	0	—	—	—	—
XV	0,65	0,85	3,45	2	0,20	0,40	1,00	0
XVII	0,60	0,62	1,06	0	0,25	0,73	1,20	1
XVIII	0,20	0,50	1,75	0	0,30	0,42	0,16	0
XVI	0,55	0,55	2,60	12	0,30	0,38	2,32	4
XIII	0,70	0,50	0,35	?	0,70	0,66	0,84	7
IX	0,35	0,15	9,80	0	0,20	0,81	0	0
X	0,40	0,27	1,25	0	—	—	—	—
XIX	0,60	0,25	3,64	2	0,40	0,58	?	5
XX	0,65	0	1,90	6	0,25	0,26	3,76	59

que la série sans alcool et qui était, de même, perturbée dès le II⁰ mot par le calcul mental et une impression auditive inopinée (l'accord des orgues).

On remarquera que la mémoire immédiate, après l'ingestion de cognac, est presque partout *diminuée*; dans un cas seulement elle est un peu plus grande (XVIII⁰ pers.), et dans un autre cas (XIII⁰ pers.) reste la même qu'avant l'ingestion.

Le taux de la reconnaissance est dans 6 cas *plus petit*, dans 5 cas plus grand qu'avant l'ingestion. Le degré de l'émotivité des mots est dans 6 cas *plus petit* et dans 4 cas plus grand qu'avant l'ingestion. Chez certaines personnes la corrélation entre la mémoire et l'émotivité se manifeste clairement : à une diminution de l'émotivité après l'ingestion de cognac, correspond une diminution de la mémoire immédiate et du pourcentage de la reconnaissance ; nous en avons des exemples chez les personnes XI, XIV, XV et XVI.

En général donc, on peut constater que le cas le plus fréquent est une *diminution corrélative, sous l'influence de l'alcool, de l'émotivité, de la mémoire et de la reconnaissance des mots*. L'émotivité de la mémorisation volontaire, c'est-à-dire de la recherche des mots, est aussi diminuée, si l'on exclut du calcul le cas de la personne XX, chez qui les déviations galvanométriques sont continuelles ; cette émotivité, manifestée dans les réactions, présente une somme de 22, avant l'alcool et de 17 après.

Il y a cependant deux facteurs qui obscurcissent dans ce tableau le rapport de corrélation entre l'émotivité et la mémoire. Le premier facteur résulte de la nature même des expériences ; c'est la perturbation de la mémoire par le calcul, perturbation qui change la perception des mots et par conséquent, change aussi leur mémorisation et la reconnaissance ; les différences des nombres peuvent donc exprimer ici non seulement l'influence de l'alcool sur la mémoire, mais aussi son influence sur la perception et sur toute l'activité mentale du sujet ; l'émotivité du calcul, qui augmente sous l'influence de l'alcool, peut surtout jouer un rôle important, comme agent d'amnésie. Pour résoudre le problème de corrélation qui nous occupe, il faudrait donc refaire encore une seconde série d'expériences, éliminant le facteur perturbateur.

Un deuxième facteur, qui embrouille les résultats des expériences, c'est le *hasard*. Il arrive quelquefois que, dans une même série, un sujet rencontre des mots qui sont pour lui particulièrement émotionnels, tandis qu'ils sont indifférents pour les autres. Ce sont des accidents qu'on ne peut pas prévoir et qui influent notablement sur l'expression quantitative de l'émotivité du sujet; dans ce cas, la comparaison de son indice émotionnel avec les indices des autres sujets, qui n'ont pas rencontré de tels mots, ou bien avec son propre indice, pris dans les autres conditions, présente un caractère exceptionnel et ne peut servir de point de comparaison normal. Prenons, par exemple, la personne VI, chez laquelle, sur 4 mots retenus de la série, il y en a 2 fortement émotionnels (le lit et la certitude), en raison de quelques associations tout à fait personnelles, mots qui donnent des déviations galvanométriques beaucoup trop exagérées (de 40 degrés chacune), d'où il s'ensuit que l'indice émotionnel de cette personne, calculé d'après la méthode dont nous parlons plus haut, est représenté par *20,00*, chiffre tout à fait exceptionnel dans les expériences. Ce cas se rencontre dans les expériences sous l'influence de l'alcool. Dans les expériences sans alcool, chez cette même personne, il y a 4 mots émotionnels sur 10 retenus de la série, mais les déviations galvanométriques, qui leur correspondent, sont beaucoup plus petites et l'indice émotionnel ne présente que le nombre *6*. Évidemment, il serait difficile de conclure que cette hausse de l'émotivité soit due à l'influence de l'alcool; ce n'est que le fait d'un hasard, que le sujet ait rencontré, dans une série d'expériences, des mots très émotionnels et, dans une autre, des mots plutôt indifférents.

C'est pourquoi, pour juger de l'influence de l'alcool sur l'émotivité, il ne faut considérer que la somme des résultats individuels, l'aspect général du tableau comparatif, sans s'attacher aux cas particuliers, qui sont toujours en butte à l'influence du hasard dans le choix des mots présentés. Les résultats généraux des quatre tableaux présentés ici, plaident manifestement en faveur de cette thèse, *qu'il y a une corrélation causale entre la mémoire et l'émotivité des idées, et que l'alcool, émoussant cette émotivité, abaisse aussi la mémoire.*

VI. — CONCLUSIONS

Les résultats obtenus dans nos expériences peuvent être consignés dans les propositions suivantes :

1) La déviation organique du galvanomètre (c'est-à-dire sans réaction psychique) varie dans des limites assez grandes, selon l'individu.

2) La réaction psycho-galvanométrique varie aussi dans des limites assez grandes, selon le type individuel du sujet. La déviation du galvanomètre sous l'influence d'un stimulus psychique se conserve pendant un certain temps, manifestant par là une modification acquise de l'organisme. C'est surtout le type individuel de l'émotivité qui s'exprime dans cette réaction, aussi bien au point de vue de l'intensité que de la qualité de l'émotivité, démontrant la prédominance des émotions actuelles ou des émotions mnésiques.

3) Les états psychiques non émotionnels, que ce soient des impressions, des perceptions ou des efforts de la pensée, ne donnent aucune réaction galvanométrique; par contre, cette réaction apparaît dès que ces états sont accompagnés d'une émotion quelconque, même très faible, et elle est d'autant plus grande que l'émotion est plus intense.

4) La réaction psycho-galvanométrique est toujours précédée par une *période latente*, qui varie dans les limites de cinq à quatorze secondes, selon l'individu et le caractère psychique de la réaction. S'il y a plusieurs processus psychiques simultanés ou qui se succèdent à des intervalles de temps plus petits que la période latente du sujet, alors dans leur réaction commune, se manifeste le phénomène d'*interférence* des déviations, qui s'inhibent mutuellement.

5) Les impressions *inconscientes* normales ont une réac-

tion galvanométrique, et elles présentent une tension émotionnelle plus grande que les mêmes impressions conscientes ; cela plaide en faveur de l'hypothèse, que les états inconscients existent psychiquement en tant qu'émotions.

6) L'émotivité des idées, dont le degré individuel peut être calculé sur la base de la réaction galvanométrique des mots, présente un rapport corrélatif avec les phénomènes de la mémoire, surtout avec la reconnaissance ; les sujets qui possèdent une émotivité des mots plus faible présentent aussi, dans la majorité des cas, un pourcentage plus petit de reconnaissance de l'oublié.

7) La recherche des mots oubliés, faite après la mémorisation spontanée immédiate et accompagnée du sentiment du manque, produit aussi quelquefois des réactions galvanométriques faibles, qui correspondent probablement aux sentiments génériques de l'oublié, réfugié sous le seuil de la conscience ; c'est ce qu'on peut, du moins, supposer, en prenant en considération le caractère exclusivement émotionnel de cette réaction.

8) L'émotivité des idées (c'est-à-dire des mots) la plus rapprochée de l'émotivité subconsciente de l'oublié est, par sa nature même, quelque chose de différent de l'émotivité actuelle et active. L'alcool est un réactif sensible de ces deux espèces d'émotions : il émousse les émotions des idées et exagère les émotions actuelles des impressions et des efforts.

9) A la baisse des émotions des idées, sous l'influence de l'alcool, correspond aussi l'abaissement de la mémoire immédiate et de la reconnaissance, ce qui est probablement aussi une des manifestations de la liaison causale, qui existe entre la mémoire et l'émotion de l'oublié.

La réponse au problème, que nous nous sommes posé au commencement de ce chapitre, peut donc être résumée en ces termes : les recherches psycho-galvanométriques, qui permettent d'exprimer par des nombres les divers degrés de l'émotivité des idées, la plus semblable à l'émotivité de l'oublié ou du subconscient, confirment, en somme, cette thèse qu'à la base des phénomènes de la mémoire il y a l'émotivité de l'oublié, un *agglomérat de sentiments* des choses passées et subconscientes, qui est un *générateur du souvenir* sous toutes ses formes, ainsi que la *réalité psychique* de la cryptomnésie ou du subconscient. Ce résultat est en accord avec les expériences que nous fîmes dans le domaine de la mémoire et de la cryptomnésie, et qui nous ont permis de démontrer que, dans les lacunes de la mémoire active, aussi bien que dans la mémoire latente, dans le subconscient normal, il y a une vie psychique intense et accessible à l'expérimentateur.

CHAPITRE VII

LE PHÉNOMÈNE CRYPTOMNÉSIQUE DANS LES SENTIMENTS ESTHÉTIQUES ET DANS LES SENTIMENTS D'ÉTRANGETÉ

I. — LA RECONNAISSANCE DES SOUVENIRS ANCIENS ET LEUR COMPARAISON AVEC LA RÉALITÉ

Dans les chapitres précédents, nous avons obtenu, comme résultats des expériences, cette conclusion que la « subconscience » normale, dont l'origine se trouve dans les oublis des choses conscientes, ainsi que dans les impressions inconscientes, que cette « subconscience » se compose des états affectifs, d'un caractère spécifique, que nous avons appelés « sentiments génériques ». Le caractère descriptif fondamental de ces « sentiments génériques », par lequel ils diffèrent de tous les autres « sentiments », consiste en ce qu'ils *équivalent*, dans notre expérience interne, avec ces représentations dont ils tirent leur origine ; dans ce « sentiment » nous possédons en même temps le *genre* de la représentation qui était ou qui pouvait être, la trace immédiatement sentie, de son passage ou bien la possibilité proche de son retour. Ce sont les *réductions émotionnelles* des représentations.

Dans la période de cryptomnésie, les sentiments génériques, comme nous l'avons vu, constituent une masse vivante et créatrice, laquelle, dans certaines parties, se rapproche du seuil de la conscience, dans les autres s'en éloigne. Les parties qui sont les plus rapprochées du seuil présentent, dans les lacunes de la mémoire, une résistance positive envers les suggestions fausses, d'un degré varié de l'intensité. Les parties qui sont plus éloignées du seuil, de même que celles qui proviennent des perceptions émotionnellement perturbées, présentent le phénomène de la résistance négative envers ses équivalents représentatifs. Les sentiments génériques, émotionnellement pervertis, lorsqu'ils proviennent d'un événement troublant de la vie personnelle, présentent le phénomène pathologique de la « dissociation hystérique », d'un souvenir qui, ayant perdu toute liaison avec la conscience représentative, agit sur l'organisme comme un fait exclusivement émotionnel.

Dans les expériences que j'ai faites sur la transformation du subconscient dans la cryptomnésie, j'ai pu observer deux sortes de faits, qui révèlent un nouveau caractère des sentiments génériques et dont je veux présenter l'analyse dans ce travail.

Ces expériences consistaient en deux descriptions du dessin, perçu dans des conditions différentes. Il y avait six dessins différents, qui présentaient la série suivante de perceptions : Dessins I et II étaient perçus librement pendant 5 minutes ; III et VI étaient perçus librement pendant 1 minute ; l'interruption fut inattendue ; IV et V étaient perçus 5 minutes pendant le calcul mental. Dans une seconde série des expériences, la durée de la perception est partout plus faible : Dessins I et II sont perçus librement pendant 1 minute (c'est-à-dire qu'ils ne peuvent être étudiés) ; III et VI sont perçus pendant 15 secondes (l'interruption est aussi inattendue) ; IV et V sont perçus 1 minute pendant le calcul mental. La première description du dessin fut immédiate après la vision ; la seconde description était faite huit jours plus tard.

En rapport avec ces perceptions de dessins, nous avons fait une autre série d'expériences sur la *reconnaissance* des détails des dessins qui furent oubliés dans la seconde description, et sur l'*impression* qu'on reçoit lorsqu'on compare le souvenir d'un dessin avec le dessin lui-même. Ces expériences furent séparées de la dernière description par un intervalle de temps très long ; 50 jours en moyenne pour les uns, 25 jours en moyenne pour les autres sujets. Le souvenir, qu'on devait reconnaître a comparer, avait donc une longue période de l'histoire cryptomnésique. Il n'était pas soumis à l'épreuve de la reproduction : je demandais seulement aux sujets si les dessins des expériences passées étaient encore conservés dans leur mémoire, et je me contentais de leur réponse affirmative générale. Par conséquent, nous ne savons pas quelles sont les pertes que l'image a subies pendant ce temps, ni ce qu'elle pouvait gagner ; nous ne savons pas, de même, dans quelle mesure le subconscient non représenté du souvenir s'était éloigné ou rapproché du seuil de la conscience. La reconnaissance nous a démontré seulement que le côté représentatif du souvenir (c'est-à-dire l'image propre) n'était pas encore anéanti, qu'il était partiellement conservé (à en juger par ce que les sujets racontaient du dessin pendant la reconnaissance des détails qu'on leur présentait), et que le côté subconscient du souvenir était aussi partiellement conservé dans les sentiments génériques correspondants, puisque les détails des dessins faux (pris dans les dessins inconnus pour les sujets, mais de même teinte) évoquaient une résistance positive, plus ou moins forte, et les détails vrais (qui furent oubliés encore dans la seconde description), étaient souvent reconnus sans aucune hésitation[1]. Nous

1. La reconnaissance se faisait de la manière suivante : les différents détails du dessin, les têtes, les figures, etc., appartenant aux dessins connus ou inconnus, on les montrait aux sujets dans les petites ouvertures de la grandeur appropriée, découpées dans une feuille de papier noir, qui cachait entièrement le dessin ; l'ordre, dans lequel on présen-

avions donc affaire avec une image partielle, incomplète, dans les profondeurs de laquelle vivaient encore les sentiments génériques de l'oublié, comblant les lacunes représentatives.

C'est dans la comparaison du souvenir avec la réalité qu'apparaissent les phénomènes dont je veux m'occuper ici. Le premier d'entre eux peut être nommé « l'illusion de l'espace » ; le second sera considéré sous le titre de « jugement esthétique ».

Les expériences de la comparaison étaient faites de la manière suivante : je demandais au sujet d'évoquer dans sa mémoire le souvenir d'un des dessins connus lors des expériences anciennes, dessins que je nommais par le titre et un moment après je présentais au sujet le dessin lui-même, en demandant en quoi il différait du souvenir. Les réponses constatent principalement deux impressions : 1º l'étonnement que le dessin est tellement encombré, qu'il présente si peu de place libre, d'espace et de perspective ; on énonce que dans l'image mentale on voyait beaucoup plus d'espace, que les figures étaient plus petites, tenaient moins de place et étaient plus éloignées les unes des autres. C'est l'*illusion spatiale* du dessin ; 2º la seconde catégorie des réponses renferme un jugement *esthétique* : le dessin semblait être *plus joli* dans le souvenir ; il semblait être plus « impressionnable », plus « riche », plus « élégant », plus « expressif », etc.

Ces deux genres de réponses apparaissent très souvent. Sur 70 comparaisons du souvenir avec le dessin nous avons 29 illusions spatiales (0,41 p. 100) et 22 jugements esthétiques que le souvenir fut plus joli (0,31 p. 100). Une telle fréquence du phénomène prouve que ce n'est pas un fait accidentel, mais qu'il doit provenir d'une cause fondamentale, intimement liée avec la nature même du souvenir.

En dehors de ces deux catégories de réponses, nous en

tait les dessins connus ou nouveaux était variable et excluait toute possibilité de deviner.

rencontrons aussi d'autres : l'image semblait être plus claire, plus sombre ou plus serrée; ou bien encore le dessin est plus joli qu'il ne l'était dans le souvenir; mais ce sont des réponses peu nombreuses, plutôt accidentelles, dont il n'est pas nécessaire de s'occuper ici.

II. — ILLUSION DE L'ESPACE

Il semblerait, de prime abord, que l'illusion de l'espace tienne seulement à ce que l'image mentale, par suite de l'oubli contienne moins d'objets que le dessin et que, par conséquent, elle possède plus de place libre. Quoique cette explication soit très simple, elle n'est pas cependant tout à fait exacte et suffisante. Parmi les dessins, nous avons, par exemple, le VIe (*Sujet pastoral*, de Boucher), où il n'y a que deux personnes sous un grand arbre; ces personnes et ces arbres sont parfaitement conservés dans la mémoire de tous les sujets, comme nous avons pu le voir lors de la reconnaissance, où l'on présentait des petits détails oubliés du dessin. Il n'y avait donc pas ici dans l'image mentale de place libre du manque, de l'espace vide correspondant aux lacunes de la mémoire; et pourtant le dessin présente dans la comparaison, cinq fois sur onze, l'illusion qu'il y avait plus d'espace, plus de perspective, plus de ciel. En outre, par les énoncés des sujets, nous voyons que cette illusion ne consiste pas toujours en ce qu'il y a plus de place entre les figures du dessin; souvent, c'est le contraire qui a lieu : les figures semblent être même, dans le souvenir, plus rapprochées entre elles, plus concentrées, mais plus petites, ayant derrière elles une perspective plus grande et au-dessus un ciel plus vaste. C'est donc plutôt l'impression d'un agrandissement absolu de l'espace que d'un agrandissement relatif, par suite du manque d'objets. Les variations de la fréquence de l'illusion plai-

dent dans le même sens, puisqu'elles nous montrent que
le nombre de ces illusions n'est pas plus grand dans les
dessins où il y avait plus d'objets oubliés. Nous n'avons
pas pu calculer le pourcentage relatif des détails oubliés
dans cette phase du souvenir, puisque la reproduction du
dessin ne pouvait pas être faite avant l'expérience, mais
nous pouvons admettre facilement *a priori* que dans les dessins plus compliqués, où il y avait beaucoup de figures
(comme les dessins I et II de la première série et le Ve des
deux séries), après quelques semaines de cryptomnésie, il
doit exister des lacunes plus grandes de la mémoire et
une perte plus considérable des figures que dans les dessins relativement simples, contenant un petit nombre de
figures (comme les dessins III, IV et VI des deux séries).
Eh bien, nous voyons que les dessins où la perte de la
mémoire des objets signifiants est plus petite ne présentent pas cependant le nombre d'illusions de l'espace plus
petit que les autres dessins, dans lesquels les pertes de la
mémoire devaient être plus grandes. Le Ier dessin présente
l'illusion 2 fois sur 5 ; le IIe, de même 2 sur 5 ; le Ve, 5
sur 12 ; le IIIe, 3 sur 8 ; le IVe, 6 sur 12 ; le VIe, 5 sur 11.

A côté des oublis qui agrandissent l'espace libre du dessin, il faut donc admettre encore l'existence d'un autre
facteur, agissant dans le même sens, et ce facteur, ce sont
les « sentiments génériques » de l'oublié, conservés dans
l'image mentale.

Cette influence peut être facilement expliquée. Les sentiments génériques qui comblent les lacunes de la mémoire
sont le plus souvent *localisés* dans l'image mentale, comme
nous avons pu nous en persuader dans les expériences
sur la transformation du souvenir, dans lesquelles l'image
était reproduite par le dessin et la parole. Ces sentiments,
en tant que *génériques*, sont en outre très *différenciés* et
individualisés, comme on peut le voir dans l'étude de la
résistance de l'oublié. Il faut prendre aussi en considération le fait que ces sentiments se produisent non seule-

ment après l'oubli complet d'objets du dessin, mais là aussi où la reproduction de l'objet fut insuffisante, schématique ou illusoire. Toute cette hétérogénéité des sentiments localisés de l'« oublié », aussi bien que les représentations, constitue, dans l'image mentale, son espace, lequel, puisqu'il correspond aussi aux objets qui ne sont pas tout à fait oubliés, doit exiger une appréciation plus grande de l'espace général et évoquer l'impression de l'espace plus petit dans la comparaison.

Il en résulterait que l'illusion de l'espace doit se rencontrer plus fréquemment dans ces dessins, dont le souvenir possédait un subconscient plus vif, plus riche en sentiments génériques. Nous ne pouvons pas malheureusement vérifier cette supposition par les nombres, puisque l'étude de l'oublié par la reconnaissance n'était que partielle et ne se rapportait qu'aux détails oubliés dans la dernière description du dessin, tandis qu'il est certain que, pendant une période de cryptomnésie aussi longue, d'un mois et même de deux mois, beaucoup d'autres parties encore de l'image mentale ont perdu leur représentation. Mais il était impossible de présenter à la reconnaissance tous les détails du dessin ou même leur majorité seulement, puisque dans ce cas le souvenir serait renouvelé et l'illusion n'aurait plus lieu. Nous devons donc nous contenter, nécessairement, de nombres qui n'expriment pas d'une manière exacte le degré de vitalité du subconscient.

La comparaison de la fréquence de l'illusion de l'espace, dans les différents dessins, avec la fréquence de la reconnaissance de l'oublié, se présente ainsi :

Illusions.   *Reconnaissances.*

Dessin I (1re série) :

2 sur 5 expériences. 2 sur 3 présentations des oubliés.

Dessin II (1re série) :

2 sur 5 expériences. 6 sur 7 présentations des oubliés.

faits analogues, où on passe aussi du souvenir à la réalité. Nous les avons déjà analysés dans le travail précédent, sur la résistance de l'oublié. Lorsque, par exemple, nous racontons un rêve, en tâchant d'exprimer tout son contenu dans le langage des représentations, nous avons le plus souvent une déception désagréable que ce n'est que cela, et nous sentons une discordance très accentuée entre notre expérience onirique et son exhibition représentative. — La même chose se passe dans le phénomène des « pensées hypnoïques », qui se produisent pendant l'état de somnolence, d'un demi-sommeil ; lorsque nous arrivons à nous rappeler ces pensées, nous sommes étonnés que ce qui semblait être d'une haute importance est le plus souvent très banal. — L'analogie avec le fait esthétique (discuté ici) est encore plus grande dans la déception, qui apparaît lors de la rencontre des anciens souvenirs avec la réalité qui leur correspond, comme cela arrive presque constamment lorsque nous retournons dans une localité, une maison, une société de personnes, que nous avons connues anciennement et dont nous avons conservé un vif souvenir (cela se rapporte même quelquefois aux objets et aux livres lus auparavant) ; il arrive souvent dans ces cas que cette nouvelle rencontre nous donne une forte déception, qu'elle produit un sentiment de désenchantement, quoique nous n'y puissions retrouver aucune cause objective suffisante pour l'expliquer ; la déception est purement affective ; nous savons seulement que le souvenir était plus beau ; qu'il possédait un certain charme, quelque chose qui nous intéressait et qui nous attirait, et que nous n'avons pu retrouver dans la réalité.

Dans tous ces faits, il y a, au fond, la même *comparaison* que celle que nous avons reproduite dans les expériences ; comparaison d'un certain passé, en grande partie subconscient, avec son équivalent réel et complètement intellectualisé, avec la perception des choses. Le sentiment de déception, qui apparaît dans les expériences avec

les dessins, n'est qu'une reproduction artificielle, en petit,
du même phénomène qui apparait souvent dans la vie et
qui peut y jouer quelquefois un rôle important.

Comment peut-on expliquer ce sentiment de déception
et le jugement esthétique qui en découle? Toute explication se renferme ici dans la description même du phénomène et de ses conditions expérimentales ; on la facilite
en posant la question : quelle est la différence entre le
souvenir et la perception du même objet? — La ressemblance qui existe entre ces deux états, leur identité partielle se ramène totalement au côté représentatif du souvenir, à l'image, qui tend à copier l'objet ; la ressemblance entre la perception et son fait de la mémoire est
d'autant plus grande que le côté représentatif du souvenir
est plus développé. Par contre, la différence entre ces deux
états de conscience ne se rapporte qu'au côté subconscient,
du souvenir, lequel représente la réduction émotionnelle
des anciennes représentations, l' « oublié » du dessin,
vivant encore, plus ou moins totalement, dans les différents « sentiments génériques », qui ne se laissent pas
intellectualiser et dont l'image mentale est saturée dans
toutes ses parties. C'est cette réduction émotionnelle du
passé, l'équivalent de sa représentation ancienne est possible, qui constitue ce caractère du souvenir, par lequel il
diffère essentiellement de la réalité, et qui se perd lorsque
le souvenir se rencontre avec cette même réalité dont il
provient. Ce subconscient se perd dans cette rencontre,
parce qu'il retrouve ses termes représentatifs dans la perception et à partir de ce moment cesse d'être le sentiment
générique, le subconscient impensable. — Puisqu'en même
temps se perd aussi cet élément du « beau » qui était dans
le souvenir, et apparait le sentiment de déception, on peut
conclure que *c'est dans les sentiments génériques de l'oublié que se trouve l'élément esthétique.*

En posant cette thèse, nous ne faisons que constater une
corrélation de deux faits, telle qu'elle se manifeste dans les

expériences. Les recherches ultérieures, tendant à la solution du problème : Pourquoi les sentiments de l'oublié ont-ils un élément esthétique ? Sont-ce deux faits différents ou bien une seule chose essentielle, présentant deux aspects différents seulement ? n'appartiennent plus déjà à la psychologie, mais à la métaphysique.

La fréquence de la déception esthétique varie suivant le dessin qui servait comme objet de l'expérience. Cette fréquence est la suivante : dessin I (1re série), 1 fois sur 5 expériences ; II (1re série), 0 sur 5 ; I (2e série), 2 sur 6 ; II (2e série), 1 sur 6 ; III (des deux séries), 5 sur 12 : IV (idem), 4 sur 12 ; V (idem), 1 sur 12 ; VI (idem), 8 sur 12. — Par rapport aux individus, la fréquence du phénomène est presque égale ; il apparait, dans la majorité des cas, deux ou trois fois chez la même personne. Parmi les 12 personnes étudiées, nous en avons rencontré 3 chez lesquelles il n'y avait pas de déception esthétique (parmi elles un artiste-peintre), et une personne qui en avait quatre fois.

La variation de la fréquence d'après les dessins ne donne pas des indications sur lesquelles on pourrait se baser pour tirer des conclusions psychologiques exactes, puisque le degré de vitalité du subconscient dans leurs souvenirs ne pourrait être étudié. Nous voyons seulement que les dessins qui étaient auparavant étudiés par cœur, comme objet d'une perception libre et de longue durée (I et II de la 1re série), présentent *la plus petite* fréquence du phénomène (1 sur 5 et 0 sur 5) ; d'autre part, nous voyons que les dessins qui étaient perçus avec une interruption inattendue (III et VI), c'est-à-dire où une certaine partie du dessin ne pouvait être intellectualisée et s'était conservée dans la mémoire comme une impression générale non perçue et non représentée, présentent *la plus grande* fréquence du phénomène.

Ce résultat s'accorde avec notre thèse et donne une indication intéressante pour les recherches ultérieures, car

qui influe sur le jugement esthétique, dans le sens inverse de ce qu'il est d'habitude. Mais ces conclusions sont prématurées, puisque les faits sont trop peu nombreux ; ce ne ne sont que des indications pour les recherches à faire dans le domaine de l'esthétique expérimentale.

IV. — LE SOUVENIR ET L'ART

La liaison intime entre le souvenir et le beau n'est pas une idée entièrement nouvelle. Les philosophes qui recherchaient l'origine du beau ne l'ont pas remarquée : c'est dans les rapports réciproques des impressions et dans l'intellect qu'ils ont voulu trouver sa base psychologique. Mais les artistes connaissent cette idée depuis longtemps, par leur propre expérience, et c'est à *Schiller* que revient l'honneur de l'avoir formulée pour la première fois, dans ces vers :

> Was unsterblich im Gesang soll leben,
> Muss im Leben untergehen.

Les études ethnographiques sur les origines des arts indiquent souvent les souvenirs comme leur source naturelle, aussi bien dans la phase primitive du développement, lorsque la danse, la poésie et la musique ne constituaient encore qu'une « unité » de l'art spontané, que dans la phase ultérieure, où il y avait déjà une différenciation des formes. — Les danses des peuples primitifs, comme le dit *Grosse*[1], représentent toujours une mimique des scènes de la vie humaine, ou animale. Chez les Esquimaux, c'est une pantomime de l'amour, de la haine ou de la joie, reproduisant les scènes correspondantes de la vie ; les danses d'Australie imitent les faits de la vie des animaux. Dans la Nouvelle-Calédonie on a des danses qui représen-

---

1. *Die Anfänge der Kunst*, pp. 209 et suiv. Trad. franç., Paris, F. Alcan.

tent les travaux agricoles, la pêche, les luttes victorieuses, l'hécatombe, etc. *Letourneau*, qui les décrit, ajoute que « chaque fait important de la vie publique a son imitation chorégraphique [1] ». Ce même élément du souvenir se retrouve aussi dans les danses des Peaux-Rouges, en Amérique ; la danse des guerriers au Nouveau-Mexique reproduit tous les moments caractéristiques de la lutte, le scalpement, le départ des guerriers, l'attaque, la fureur de la lutte, etc.; les danses de chasse imitent les animaux, leurs mouvements, fuite et mort [2].

L'origine mnésique de la poésie se révèle clairement dans son caractère primitif religieux, puisque toute l'essence de la religion primitive se basait sur le culte des morts. Les narrations, accompagnées d'une musique et d'un rythme, se rapportaient principalement à la vie des défunts, aux souvenirs anciens de la tribu, et présentaient toujours un caractère religieux. *Mallet* dit des mages scandinaves qu'ils avaient recours à la poésie pour conjurer les esprits. Dans la Grèce des premiers temps, le poète est en même temps un prêtre; le mystique Olen est représenté dans les légendes en qualité de prêtre et de poète d'Apollon des Delphes. *Mahoffy* énonce cette opinion que tous les poèmes de l'époque avant Homère étaient exclusivement religieux ; l'hexamètre fut découvert par les prêtres de Delphes [3]. *Ehrenreich* raconte des Botocudos qu'ils improvisent les chants du soir, en remémorant les événements du jour. La même chose, rapporte *Grey*, se passe chez les Australiens, qui chantent pendant les soirées les souvenirs de la chasse. Dans les chants des Esquimaux, *Boas* trouve principalement les contes sur la beauté de l'été ou sur les événements vécus pendant la chasse et les voyages lointains. Des choses analogues sont racontées par *Henri Morley*,

1. Voir LETOURNEAU : *Évolution littéraire*, pp. 39 et suiv.
2. Voir LETOURNEAU : *Évolution littéraire*, pp. 113 et 114.
3. Voir SPENCER, *Sociologie descriptive* et *Principes de sociologie*, p. 518. Trad. franç., Paris, F. Alcan.

dans son *Histoire de la littérature anglaise*, sur l'origine des ballades, qui furent une narration, accompagnée du rythme, de la musique et des gestes, présentant ainsi le drame primitif, qui reproduisait un certain passé lointain [1].

Dans les débuts des arts plastiques, on peut retrouver le même élément mnésique. « Les statues des dieux dit *Spencer*, n'étaient primitivement que la représentation d'un défunt, où habitait constamment ou passagèrement son âme... La sculpture des portraits de défunts commence déjà sur les bas degrés de la civilisation, en même temps que les autres éléments de la religion primitive, en raison de quoi la source de la sculpture se trouve dans le culte des morts, et le sculpteur primitif est un de ceux qui exercent ce culte... Le prêtre, s'il n'est pas lui-même sculpteur, comme c'est le cas chez les peuples sauvages, dirige en tous cas l'exécution du travail » (*l. c.*, § 50). — Toute ornementation primitive est une imitation des animaux, ou plus rarement des plantes ; ce sont surtout les animaux les plus importants dans la vie du peuple, qui servent comme motifs. « Les dessins, dit Grosse [2], qui nous semblent être artificiels, sont pour eux une représentation conventionnelle des quadrupèdes, des serpents ou de leurs peaux. » La prédominance des modèles du monde animal tient au genre de vie de ces peuples primitifs, qui étaient des peuples chasseurs, les plantes présentaient encore un intérêt moindre et, par suite, tenaient moins de place dans les souvenirs. Le passage de l'ornementation animale à l'ornementation végétale marque en même temps le passage de la civilisation de l'époque de la chasse à l'époque de l'agriculture.

Dans la production individuelle des œuvres d'art, on peut aussi retrouver une prédominance du souvenir. Chaque création artistique exige deux conditions psychologiques fondamentales, sans lesquelles, malgré la technique

---

1. Voir Grosse., *l. c.*, pp. 225-230 : Spencer, *l. c.*, pp. 521. 550.
2. *L. c.*, pp. 133-149.

la plus parfaite, il n'y a pas d'œuvre d'art. Ces conditions, c'est, en premier lieu, *d'avoir vécu personnellement*, ce qui constitue l'objet de la création ; et, en second lieu un sentiment de *languissement*, une sorte de *nostalgie*, qui se rapporte à des objets souvent indéterminés [1]. Toutes les deux se basent sur une vie intense des souvenirs. Le fait d'avoir vécu un certain événement de la vie individuelle ou collective, d'une manière intense, c'est en même temps une profonde entrée de cet événement dans la mémoire du sujet et dans son affectivité, dans la pensée et dans l'organisme ; il se produit un souvenir qui possède une riche ramification dans les voies associatives des idées et des émotions, un souvenir qui occupe de larges couches du subconscient et qui reste perpétuellement vivant et créateur aussi bien dans sa cryptomnésie que dans ses manifestations conscientes. — L'origine de la « nostalgie » est la même. Ce n'est autre chose que l'*émotivité des souvenirs*, parfois même de tels souvenirs, dont la représentation est déjà tout à fait perdue, mais qui vivent encore, d'une manière intense, par leur côté affectif, par leur « réduction émotionnelle » subconsciente, en recherchant dans la création artistique, dans les efforts de l'inspiration, leur monde représentatif perdu. Cette « émotivité » de l'artiste provenant des événements anciennement vécus, peut-être même des événements qui étaient vécus par les ancêtres encore, cette « émotivité », lors de la création de l'œuvre, accomplit un processus psychologique essentiellement le même que celui de la rémémoration, lorsqu'une chose oubliée et sentie seulement comme genre retrouve son aspect représentatif véritable, ou bien analogue seulement, comme dans la paramnésie, ou bien encore ne retrouve qu'un symbole, dissimulant profondément l'objet réel, comme dans les hallucinations de la mémoire. Le même processus se

1. Je ne trouve pas de mot français qui corresponde exactement à ce sentiment ; en allemand c'est « Sehnsucht », en polonais « tesknota ».

répète dans la création de l'artiste. Depuis les images concrètes jusqu'aux symboles hallucinatoires, nous retrouverons ici toute l'échelle de la reproduction mnésique, à l'aide de laquelle tend à s'intellectualiser et à se réaliser un « oublié » de l'artiste qui ne peut pas mourir. — L'œuvre d'art, en définition psychologique, ce n'est donc qu'un *souvenir incorporé* dans une matière quelconque, un souvenir qui a retrouvé plus ou moins ses équivalents représentatifs et conceptuels, *mais qui n'est jamais entièrement intellectualisé.*

Même dans la reproduction la plus réelle de ce qu'il a vécu, l'artiste n'exprime jamais tout ce qu'il possède dans le souvenir. Il en reste toujours une partie *irréductible*, qui malgré tous ses efforts pour la traduire en expressions représentatives, reste à l'état de sentiment générique de l'oublié. Cette partie, c'est la « beauté » même. Elle existe chez l'artiste pendant la création, et se transmet, par son œuvre, aux auditeurs ou spectateurs qui prennent part à cette création, en évoquant chez eux aussi le sentiment de quelque chose de réel et non représentable. Ce sentiment est très analogue à ce que nous ressentons dans le souvenir d'un rêve; dans les deux cas on y rencontre une certaine émotion qu'on ne peut exprimer ni saisir par la pensée et qui se perd lorsqu'on arrive à rémémorer ce qu'elle était comme représentation.

De là provient que toute traduction des œuvres d'art en langage des idées donne toujours des résultats assez pauvres et laisse après une déception analogue à celle qu'on éprouve lorsqu'on a raconté son rêve, qui semblait être très important. La philosophie des poètes, des peintres, etc., que leurs commentateurs construisent, est toujours très médiocre en comparaison des œuvres elles-mêmes, en comparaison avec ce « résidu » qui a résisté à la philosophie; n'importe quel professeur de philosophie peut facilement créer un système des idées comparable ou même meilleur que ceux qu'on attribue, par exemple, à

Shakespeare, Dante, Mickiewicz, da Vinci et d'autres ;
mais les artistes, aussi bien que leurs commentateurs,
savent très bien que la valeur réelle de la chose réside
dans ce qui ne pouvait être dit.

V. — DYSGNOSIES ARTIFICIELLES

Les expériences dont je vais parler ici ne se rapportent
pas à la mémoire ; c'est une perturbation de la *perception*.
Mais cette perturbation présente une curieuse parenté
psychologique avec les phénomènes de l'*oubli*.

M. Janet décrit sous le nom de « dysgnosie » certains
sentiments pathologiques des « psychasthéniques », qui se
développent lors de là perception des objets extérieurs. La
perception a lieu, mais elle est incomplète. Les objets
semblent changés et étranges et on a l'impression comme
si on les voyait pour la première fois. Ou bien encore ils
semblent être petits et éloignés, ce qui tient aussi à leur
« éloignement moral » et résulte de l'isolement mental des
objets, de la « fuite du monde » (Bernard-Leroy). « Ces
sujets, dit M. Janet, ne reconnaissent plus le monde ordinaire, ils le sentent disparu, éloigné d'eux par une bar-
rière invisible, par ce voile, ce nuage, ce mur dont ils
parlent constamment. » Ce ne sont plus des objets réels,
mais des objets imaginaires ; la distinction entre la vie et
le rêve s'efface. — Ce même sentiment d'*étrangeté* peut
accompagner aussi les perceptions internes, somatiques.
La perturbation de la perception se rapporte non seulement au monde extérieur, mais aussi à la personne même
du sujet ; on a le sentiment d'être irréel, anéanti, amoindri.
Le sujet dit qu'il ne peut plus se retrouver, qu'il ne comprend pas ce qu'on appelle existence et réalité. La dysgnosie devient alors une « dépersonnalisation ».

Ce même phénomène de dysgnosie se rencontre aussi
chez les personnes normales, avec cette différence seule-

ment qu'il est passager et dure peu de temps. D'après les observations que j'ai recueillies, il apparaît plus souvent lors d'une fatigue mentale, après un travail intense, ou bien lorsqu'on fixe longtemps, sans y penser, un objet quelconque. En reproduisant ces conditions dans les expériences, on peut même évoquer le phénomène volontairement. Les expériences que j'ai faites sur ce sujet, avec onze personnes, l'ont prouvé. Sur 15 cas il n'y en avait que trois où le phénomène de dysgnosie n'a pas paru.

Les expériences, faites avec sept femmes et quatre hommes, tous étudiants de l'Université, étaient menées de la manière suivante : je demandais au sujet d'accomplir deux choses : 1° concentrer, pendant un certain temps, toute son attention sur un mot présenté, en le répétant mentalement sans cesse, et 2° éloigner toutes les pensées qui peuvent venir, en revenant toujours à la même perception du mot. Le mot, que je présentais comme objet de l'expérience, était un mot tout à fait ordinaire, le nom d'une chose bien connue, ou bien le prénom de la personne même. La perception durait cinq minutes, pendant lesquelles je laissais le sujet seul, en le priant de fixer le mot sans relâche jusqu'à mon retour. Le sujet ne connaissait pas d'avance combien de temps l'expérience allait durer; je le rassurais seulement en lui disant qu'elle serait très courte. Il ne savait pas non plus, évidemment, quel était le but de l'expérience et ce qu'on pouvait en attendre. Après la perception finie, je demandais comment la chose s'était passée; on me racontait l'histoire introspective de ces cinq minutes. Dans ces énoncés il y avait beaucoup de choses se rapportant aux pensées et aux associations qui arrivaient, aux impressions auditives que procurait la répétition du mot, etc.; mais, parmi toutes ces observations, on disait aussi que, par moments, le mot devenait incompréhensible, qu'il perdait toute signification, qu'il semblait être étrange, inconnu, lointain, nouveau ou mystérieux, signifiant quelque chose d'autre. C'était donc une « dysgnosie » sous son aspect bien caractéristique.

Dans les premières expériences, je donnais le mot écrit en grandes lettres sur une carte blanche et je demandais de le lire à haute voix, en se concentrant. Mais je me suis aperçu plus tard que ce n'était pas une bonne méthode pour évoquer le phénomène, puisque le son de sa propre voix amène toute sorte de pensées et des associations qui empêchaient la concentration. C'est pourquoi, dans les autres expériences, je demandais seulement au sujet de se concentrer mentalement sur le mot.

Les résultats obtenus démontrent que chaque fois que la condition fondamentale d'*une concentration prolongée de la pensée sur la perception même* était accomplie, chaque fois apparaissait aussi le phénomène de dysgnosie, avec une intensité variable, suivant le cas et la personne.

Ainsi, par exemple, il n'apparaît pas chez M. Mar…, qui dit que, malgré toute sa bonne volonté, il ne pouvait pas se concentrer sur le mot lui-même et se débarrasser des pensées qui l'assaillaient. De même, chez Mlle Bor…, laquelle regardait le mot en s'intéressant aux illusions de la vue produites par la fatigue, puis en s'occupant du son de sa voix et des associations qui arrivaient, il n'y avait pas de fatigue de l'attention ; « ce qui m'empêchait le plus, dit-elle, pour me concentrer, c'était que j'avais les yeux ouverts ; je ne puis bien me concentrer qu'avec les yeux clos. »

Chez Mlle Nel…, dans la première expérience : fixation de son prénom écrit (sans lire à haute voix), il y a une distraction par suite de la tempête ; pour mieux se concentrer, elle prononce le mot à voix basse, et son attention s'occupe du rythme de cette prononciation ; pendant un moment elle a l'impression que le mot est étranger et qu'il n'a aucun rapport avec sa personne.

Dans la deuxième expérience (la fixation du mot « mouche », sans prononcer), l'attention est bien concentrée dès le commencement et le sentiment d'étrangeté du mot apparaît très intense. « Cette étrangeté, dit Mlle N..., se rapporte principalement à l'écriteau, à la forme des lettres; le mot devient étranger, devient quelque chose d'indépendant de tout contenu; il ne se laisse associer avec aucune représentation, et surtout avec la représentation de ce petit insecte; ce n'est qu'avec un effort mental que je pouvais penser l'insecte dans le mot. Plus tard, j'ai remarqué que ce sentiment d'étrangeté changeait avec la position de la tête; il disparaissait lorsque, sans cesser de fixer le mot, j'inclinais la tête de ce côté, le mot devenait alors ordinaire et s'associait facilement avec la représentation de la mouche. Chaque fois que je voulais ramener la sensation normale, je changeais seulement la position de la tête ou du cou; je commençais à regarder d'une autre façon, d'en haut ou de côté. Il me semble que c'est la syllabe « ch » du mot qui influait le plus sur l'apparition d' « étrangeté ».

Chez Mlle Sz..., dans la première expérience, la lecture de son prénom à haute voix empêche l'apparition du phénomène; il y a différentes pensées et images qui l'absorbent; néanmoins, pendant un moment, le mot « semble étrange et dépourvu de sens ». Dans la seconde expérience (fixation mentale seulement du mot « mouche »), ce sentiment apparaît beaucoup plus intense. « L'état normal, dit Mlle Sz..., revenait dès que je commençais à penser à quelque chose d'autre; le mot devenait tout de suite ordinaire et reprenait ses associations. »

Chez Mme Bar..., (fixation mentale de son prénom) « le mot s'était divisé en deux sons, dont chacun évoquait ses propres associations; j'avais le sentiment que c'est un nom étranger, qui ne m'appartient pas et qui ne représente en général rien; ce sentiment durait longtemps ».

Chez Mlle Sar..., (d'abord la fixation de son prénom écrit, puis la fixation mentale seule), « il y avait des moments de concentration sur le mot même, mais il y avait

aussi d'autres pensées ; après un temps assez long le mot
est devenu étrange, puis cette impression a disparu d'autres
pensées sont venues ; puis encore une fois je me suis concentrée sur le mot et la même impression est revenue ; cela
se répétait plusieurs fois ».

Chez Mlle Neu... (lecture de son prénom à haute voix),
le sentiment d'étrangeté se transmet sur sa personne et
d'autres sentiments apparaissent, qui dérobent la dysgnosie du mot, aperçue cependant quelquefois par le sujet. Le
son de sa voix, qui prononçait son nom, a créé chez cette
personne une certaine auto-suggestion (qui se répète chez
elle de temps en temps), et cette idée a provoqué un état émotif intense. « Après quelques répétitions de mon prénom,
dit Mlle Neu..., j'ai ressenti la peur ; j'avais l'impression
d'une autre personne, plus forte que moi, qui était émanée
de mon corps et qui m'appelait. Il y eut un moment d'inquiétude telle que je voulus interrompre l'expérience et
sortir. Ce phénomène de duplication en personne faible et
forte m'arrive de temps en temps, et ce sont des états très
pénibles ; maintenant cela est arrivé d'une manière impré-
vue, sans que j'y pensasse ».

Chez M. Bud... (fixation de son prénom, sans prononcer), il y a un intérêt spécial pour les associations qui arrivent, parce qu'il croit que c'est le contenu des associations qui est le but de l'expérience. Malgré cela, il y a des
moments de concentration, où le phénomène de dysgnosie
apparaissait très intense. « Lorsque l'attention était concentrée sur le mot lui-même, dit M. Bud..., le prénom me
semblait être tout à fait étranger, comme si je l'entendais
pour la première fois ; puis revenaient de nouveau les associations, et lorsqu'elles s'arrêtaient, l'impression étrange
reparaissait. Cela se répétait trois ou quatre fois. C'était un
sentiment comme si tout le contenu de la pensée se vidait.
Cela m'est arrivé souvent dans la vie ; par exemple, avec le
mot « cirque » quand j'étais enfant ; j'avais alors une telle
impression comme si je perdais connaissance. Cela se ré-

pète encore quelquefois maintenant, avec certains mots ; un mot commence tout à coup à m'obséder et c'est alors qu'il devient vide de sens. J'éprouve alors une certaine émotion de peur, ce qui se produisit aussi pendant l'expérience. »

Dans une autre séance (fixation du mot « mouche », sans prononcer), le sentiment d'étrangeté apparut chez M. B... avec une grande facilité, il est intense et dure longtemps ; cela se répète plusieurs fois. Le dernier passage de l'état normal à la dysgnosie est marqué, d'après un énoncé, « par une ligne démarcative très accentuée ». « Le mot semblait représenter quelque chose d'inconnu, perdait son caractère ; soudainement revenait le contenu ordinaire et le mot cessait d'étonner. Une fois se produisit un vide complet dans la pensée ; je voyais encore le mot, mais il ne possédait même aucun son d'articulation. » (Le sujet est un auditif très accentué.)

Chez M. Sl... (fixation mentale de son prénom), « le sentiment d'étrangeté est apparu au premier moment ; c'était l'impression d'éloignement du mot et la perte de toute liaison avec lui ; cela est arrivé quatre fois pendant l'expérience ».

D'après ces descriptions, nous voyons que la condition *sine quâ non* de ce phénomène d' « étrangeté » *est la perception de l'objet inhibée du côté représentatif et simultanée avec une fatigue de l'attention.* Chaque changement dans la perception, comme par exemple un changement musculaire, lors d'une nouvelle position de la tête, du cou et des yeux, ou bien un changement représentatif, par une nouvelle association, et, en général, *tout ce qui renouvelle l'activité de l'attention* fait disparaître en même temps le sentiment dysgnosique. Le mouvement de la pensée qui se développe normalement sur la perception d'un objet et qui assimile cette perception aux différents rapports associatifs, est ici inhibé par l'effort de la volonté. Il s'y produit une lutte avec une habitude intellectuelle la plus pro-

fondément enracinée, avec la libre variation de la pensée;
on s'efforce de chasser les associations qui arrivent ou
bien d'entraver leur développement, et simultanément on
tâche de retenir une seule direction à la pensée, en répétant sans relâche un acte de perception le plus simple. Le
résultat d'une telle situation psychologique doit être une
fatigue de l'attention élective, dans un sens déterminé,
c'est-à-dire un arrêt momentané de l'activité intellectuelle
dans ce sens. Puisque dans chaque acte de l'attention, qui
perçoit un objet, il y a toujours un groupement des expériences antérieures semblables autour de l'impression,
groupement qui constitue la base de sa connaissance en
tant que l'objet, il en résulte que l'arrêt de cette identification de l'impression avec le passé, provenant de la fatigue
des centres, *transforme la perception en une impression
isolée du passé et des associations*, c'est-à-dire en une
impression de la même valeur que celle qui apparaît pour
la *première fois*. Une telle impression isolée est en même
temps une impression *désintellectualisée*, une impression
pure et ineffable, puisque sans l'identification avec les
passé elle ne peut prendre part dans aucune activité de la
pensée et du raisonnement, elle ne constitue pas encore
(ou bien déjà) un objet, une connaissance déterminée.

Cet état d'impression est essentiellement le même que
dans la *distraction*, où l'impression qu'on reçoit est aussi
dépourvue de l'identification et constitue quelque chose
d'indéterminé pour la pensée et pour le langage. La différence existe seulement dans le processus de la production
du même phénomène : au lieu de l'inhibition de l'activité
intellectuelle par la fatigue de l'attention dans une direction déterminée, nous avons ici l'inhibition par l'absorption
de l'attention dans un autre sens. L'impression qu'on reçoit dans cet état de distraction est une *agnosie* passagère,
une impression « pure », étrangère pour la pensée et qui
se révèle dans notre introspection plutôt en caractère d'un
état émotif.

Les impressions inhibées intellectuellement constituent une couche du subconscient très vive et se conservent dans la mémoire comme sentiments génériques très intenses. En outre, ce qui est très caractéristique, elles peuvent jouer le rôle d'un souvenir et produire une *paramnésie*, immédiatement après leur existence sensorielle, comme je l'ai démontré dans les expériences sur la fausse reconnaissance. — Or, cela nous démontre que le processus de l'oubli est aussi une « désintellectualisation » de l'impression ou plutôt de son vestige, et que l'oublié est une réduction de la représentation du même genre que la réduction de la perception lors d'une distraction, c'est-à-dire un sentiment générique de quelque chose d'indéterminé pour la pensée, de quelque chose qui est « encore » ou « déjà » ineffable.

Un caractère intéressant de la dysgnosie artificielle se manifeste dans ses disparitions et apparitions *alternatives*. Pour connaître des durées des temps correspondants, j'ai refait une série des mêmes expériences en prenant la mesure de temps. Je me suis servi dans ce but d'un cylindre rotateur, sur lequel étaient marquées d'avance les secondes, et d'un appareil ordinaire d'inscription, relié avec une petite ampoule de caoutchouc. Le sujet, qui savait déjà de quelle impression il s'agissait, devait presser légèrement avec le doigt l'ampoule au moment où l'impression d'étrangeté commençait et lâcher l'ampoule au moment où elle se terminait. Ces deux mouvements s'inscrivaient donc sur le cylindre par un élèvement ou un abaissement de la ligne droite. Puisque le cylindre faisait sa rotation la plus lente en deux minutes, afin de ne pas déplacer l'appareil au début de l'expérience, il fallait commencer la mesure avec la première impression d'étrangeté et laisser de côté la première période normale, qui d'habitude était la plus longue. Je mettais donc le cylindre en mouvement à l'instant même où j'apercevais le premier soulèvement de la plume de l'appareil d'inscription.

Voici comment se présentent les temps de ces oscillations :

Sujets	Mᴸˡᵉ Sz...	M. Bud...	Mˡˡᵉ Nel...	
	10 sec.	20 sec.	18 sec.	1ʳ étrangeté
L'objet des expérien-	14 »	32 »	2 »	État normal
ces est le même pour	7 »	10 »	5 »	2ᵉ étrangeté
tous : penser le mot	29 »	Intervalle	3 »	État normal
écrit « mouche » sans	12 »	22 sec.	21 »	3ʳ étrangeté
prononcer.	35 »	24 »	6 »	État normal
	16 »	10 »	37 »	4ᵉ étrangeté
	48 »		4 »	État normal

Avec Mlle Nell..., chez laquelle le sentiment d'étrangeté était très marqué, j'avais fait encore une seconde
série de mesures, qui se présente ainsi (les nombres en
grasses signifient les durées du sentiment d'étrangeté en
secondes; les autres nombres indiquent les durées de l'état
normal) :

11, 11, **10**, 10, 8, 3, **3**, 2, 7, 2 1/2, **3** 1/2. 2, 4, 2, 8, 4 1/2,
4, 1 1/2, **12**, 1 1/2, **2** 1/2, 1, **2**, 1 1/2, 3, 1. **1** 1/2

Ces séries nous montrent que le premier sentiment
d'étrangeté, lequel exige ordinairement le temps le plus
long pour apparaître, *facilite les apparitions suivantes*
du même sentiment; les intervalles *normaux* sont ordinairement beaucoup plus courts que la première attente
de l'apparition du phénomène dysgnosique; le retour de
ce sentiment devient de plus en plus fréquent et tend même
à une certaine régularité, lorsque l'expérience est un peu
plus longue, comme nous le voyons dans la seconde série
des mesures, chez Mlle Nel... On voit donc que *le sentiment dysgnosique se comporte de la même manière que
la fatigue;* la période la plus longue de son incubation
primitive correspond au premier développement de la fatigue de l'attention; lorsque cette fatigue est déjà produite, l'attention se fatigue de plus en plus facilement,
après chacun des courts intervalles de repos (correspon-

dant aux moments de la distraction), et le phénomène de dysgnosie apparaît de plus en plus fréquemment[1].

On peut remarquer ici facilement une ressemblance de ces alternatives d'étrangeté et de perception normale avec l'alternative de deux représentations, par exemple, dans la perception d'une ligne de cette forme, que nous pouvons voir tantôt comme un « escalier », en fixant le point a, tantôt comme un « mur » découpé, en fixant le point b. L'alternative se produit ici très facilement et, après un certain temps, manifeste aussi une tendance marquée à la régularité. C'est la fatigue de l'attention dans la direction d'une représentation ou d'une autre qui alternent ici successivement; lorsque la première façon de représenter est « fatiguée », survient une deuxième façon de concevoir l'impression, qui est préparée d'avance et qui n'attend qu'un moment favorable pour envahir la conscience. Dans l'alternative dysgnosique, il se passe quelque chose d'analogue, mais avec cette différence fondamentale que ce n'est pas la lutte de deux représentations d'un même signe sensoriel qui a lieu, mais la lutte de deux états de conscience essentiellement opposés; après la fatigue d'une représentation de l'objet, ce n'est pas une autre représentation normale du même objet qui apparaît ici, mais *son noyau a-intellectuel* de l'impression pure, c'est-à-dire un état de conscience normalement assez rare, surtout à l'époque postérieure de la période de l'enfance. Lorsque la fatigue passe, ce « noyau » isolé reprend de nouveau son caractère représentatif habi-

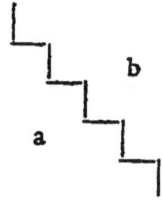

1. Il serait intéressant de comparer les oscillations dysgnosiques aux oscillations de l'attention concentrée sur les sensations sensorielles minimes. Ne pouvant étudier ici ce problème, je ferai remarquer seulement, que, d'après les mesures qu'en font Lehmann (*Phil. St.*, IX) et Eckener (*Phil. St.*, VIII), les durées de ces oscillations sont en général beaucoup plus petites et plus régulières que les oscillations dysgnosiques au début, mais elles se rapprochent de ces dernières lorsqu'il y a chez le sujet un entraînement de dysgnosie, comme dans le cas de Mlle N.

tuel, pour le perdre encore une fois, lorsque la fatigue
revient. Le sentiment d' « étrangeté » de l'objet n'est qu'une
définition, par un terme du langage très général, de cette
nouveauté de l'état de conscience, par laquelle se manifeste à notre introspection une impression dissociée de
l'intellect.

VI. — LES ÉTATS « A-INTELLECTUEIS » ANALOGUES

L'émancipation de l'impression de l'intellect par la fatigue de l'attention n'est qu'un cas particulier de toute une
catégorie d'états psychiques « émancipés », qui constituent
un vaste domaine de notre vie intérieure. On peut les appeler des « états impensables et ineffables », ou bien des
états *a-intellectuels,* en opposition à tous les autres états
de conscience qui sont intellectuels et qui constituent notre
domaine ordinaire de la pensée. Tous les « sentiments génériques » de l'oublié, des rêves, des pensées hypnoïques
et des états esthésiques appartiennent à cette catégorie.
Leur caractère commun et principal consiste en ceci : ce
sont *des états psychiques isolés de l'intellect, recher-*
chant leurs équivalents représentatifs, et qui, *étant rap-*
prochés du seuil de la conscience, se révèlent pour notre
introspection par un sentiment spécifique de quelque
chose de déterminé et proche et en même temps d'insai-
sissable pour la pensée.
Dans ce sentiment, nous rencontrons encore un trait
caractéristique, qui se manifeste dans les états forts de
sentiments génériques, à savoir qu'il nous semble être
quelque chose d'*important*, quelque chose qui surpasse le
monde des expériences connues. Et lorsque nous retrouvons l'équivalent conceptuel de ces états, nous éprouvons
une déception, et nous voyons que ce n'était pas la même
chose, et *que nous ne pouvons pas retrouver l'équiva-*

lence intellectuelle. Ce résidu des sentiments génériques irréductibles intellectuellement, est, comme nous l'avons vu, l'élément commun des souvenirs anciens, des états esthétiques, des pensées hypnoïques et des rêves.

Mais il y a encore deux espèces d'états qui présentent ce même élément : ce sont les états des « révélations anesthétiques », comme les appelle James, et les états mystiques.

Dans les *révélations anesthétiques* (les états provoqués par l'action de l'éther, du chloroforme, du protoxyde d'azote, etc.), d'après les récits d'expériences personnelles, recueillies par James et Jastrow [1], le sentiment qu'on éprouve alors est d'un caractère *générique* très accentué ; c'est un sentiment qui recherche assidûment ses représentations, qui crée des symboles dans les métaphores et les mots bizarres, et qui est considéré par le sujet comme une chose de la plus haute importance. La conformité de ce sentiment avec une représentation ne se laisse jamais retrouver et les formules représentatives qu'on construit donnent une profonde déception. Le nouveau sentiment se comporte d'une manière analogue à un ancien souvenir émotionnel, qu'on ne peut pas remémorer, ou bien à un rêve intéressant, qui n'a laissé que quelques débris d'images. Tous les essais pour exprimer en termes intellectuels ces « révélations » ressemblent à la *remémoration* d'une chose importante, qu'on a oubliée. On tâche de saisir l'inconnu par les mêmes procédés : par les *symboles* (à quoi correspondent dans la remémoration les hallucinations symboliques de la mémoire normale et les symboles pathologiques des « émotions emprisonnées » dans le cas de la dissociation hystérique) ; et par la *négation* : « que ces n'est ni ceci ni cela », ce qui correspond au phénomène de la résistance positive dans la recherche normale d'un oublié.

---

1. Voir James, *Expérience religieuse* (Paris, F. Alcan). Jastrow, *la Subconscience* (Paris, F. Alcan).

Absolument la même chose se rencontre dans les expériences *mystiques*. Dans les écrits des grands mystiques, tels que sainte Thérèse, Boehme, Ruysbroeck, Mme Guyon et d'autres, nous y voyons la même symbolistique se mettre à la place de la description ou de l'explication du mystère qui fut révélé. Cette symbolistique se crée par les images mentales venues spontanément, en tant que corrélatifs de la chose possédée en sentiment, ou bien elle se crée au moyen des images construites artificiellement à l'aide du raisonnement, dans la recherche désespérée d'exprimer la chose par analogie. Les essais d'une conception purement intellectuelle ne constituent qu'un travail secondaire et plutôt conventionnel, qui donne des résultats assez pauvres. Il faut croire sur parole que le mystère fut révélé et possédé puisque rien ne prouve sa révélation dans les pensées formulées. Les mystiques eux-mêmes n'accordent pas une grande importance à ce qu'ils ont expliqué comme révélation, et ils ne voient la valeur de leur expérience personnelle que dans la force morale de la vie qu'ils ont acquise.

La négation tient aussi beaucoup de place dans la description des états mystiques. Dans la recherche d'une formule définitive de la chose révélée, on arrive seulement à une pure et simple négation. Ainsi, par exemple, Denis l'Aréopagite dit de la cause suprême que ce n'est ni âme, ni intelligence, ni vérité, ni bonté, ni unité, etc. Les Oupanichades posent la formule que « Lui, le Moi, l'Atman, ne peut être exprimé que par : non, non ». Angelus Silesius dit que « Dieu est un pur néant », et Boehme que « l'Amour n'est rien[1] ». — Même dans les concepts de la morale, acquis par cette voie, dans les notions du bien et du mal, se manifeste la négation et la ligne de démarcation s'efface ; on pourrait croire que la morale ne peut dépasser le seuil mystique ; le bien et le mal se transforme

---

1. Voir JAMES, *l. c.*, pp. 353 et suiv.

en apparences illusoires de la chose elle-même qui les dépasse et les absorbe [1].

Il nous reste encore un point très important de la question, sur lequel je voudrais attirer l'attention. Cela concerne le caractère des états esthétiques et mystiques (religieux) en tant que *sentiments*. Je pense que la psychologie est en erreur lorsqu'elle classe ces états parmi les sentiments en général. Entre ces états et ce que nous appelons les sentiments (le plaisir, la tristesse, l'enthousiasme, la joie, etc.), la ressemblance n'est que superficielle. On peut seulement admettre que ces sentiments de joie, de tristesse, etc., *accompagnent* presque toujours les états en question, qu'ils se développent à côté d'eux et fusionnent avec eux ; mais l'état esthétique ou religieux n'est pas un sentiment de la même espèce. C'est quelque chose d'essentiellement différent. — Les états esthétiques et religieux ne présentent jamais le caractère de continuité et de persévérance des sentiments ordinaires, ni leur faculté de développement. Ils apparaissent, au contraire, d'une manière soudaine et disparaissent de même, ayant ordinairement une durée courte.

En second lieu, ces états ne présentent pas cette conversion organique caractéristique et bien accentuée, laquelle se manifeste toujours dans les sentiments typiques, par exemple, dans la colère ou la tristesse. On ne connaît pas d'observations qui auraient constaté un type physiologique correspondant à l'état de contemplation esthétique ou religieuse, quoique cet état soit assez fréquent dans l'expérience humaine.

Enfin, et c'est la différence capitale, les sentiments *sont sans objet* ; au moment de l'existence d'un sentiment il se trouve partout et dans toutes choses ; nous le sentons en nous-mêmes et dans le milieu ambiant ; il donne une certaine teinte, qui lui est propre, aussi bien à nos pensées et

1. Consulter sous ce rapport les *Mémoires d'Agnès de Foligno* (trad. d'Ev. Hello).

volontés, qu'aux objets extérieurs. C'est un état *diffus*, le fond général de tout ce que la conscience reçoit et assimile pendant cette période. — Inversement, les états de l'expérience esthétique et religieuse se concentrent sur un seul point de la conscience ou plutôt de la subconscience. Ce sont les états *où le sentiment dissimule et renferme un certain objet*, qui est recherché par la pensée sans résultat, et qui tend lui-même à devenir conscient. Cette « chose » dissimulée dans le sentiment se comporte de la même manière qu'une chose oubliée, mais proche du seuil de l'intellect : 1° elle *résiste* aux représentations fausses suggérées, démontrant ainsi son individualité bien définie, son existence positive dans les lacunes de la conscience intellectuelle, et 2° elle *crée des symboles* : par lesquels elle manifeste ses tendances représentatives, qui, cependant, ne peuvent être satisfaites. En un mot, *c'est un sentiment générique de l'oublié*. Les états esthétiques et religieux *correspondent à certaines choses réelles oubliées*, qui tendent à se remémorer, et produisent ainsi une vie intense spécifique, le domaine de l'art et de la religion.

VII. — L'ORIGINE DES SENTIMENTS GÉNÉRIQUES DE L'ART ET DE LA RELIGION

Nous arrivons maintenant à la question suivante : Que peuvent être ces *choses oubliées*, dont les sentiments génériques nous sont donnés dans les expériences esthétiques et religieuses ? Quelle est la réalité objective qui leur correspond ?

Nous pouvons admettre cinq espèces de ces choses :

1° *Les événements de l'enfance* ; c'est un monde des souvenirs à part, puisqu'ils se rapportent aux impressions reçues *pour la première fois* ou bien très nouvelles encore, où l'identification primaire et secondaire fait défaut ou n'est que très imparfaite. Les objets de ces souvenirs, c'étaient souvent des impressions pures, libres de l'intellect, et c'est dans ce caractère qu'ils se sont conservés dans la mémoire. Ce sont les « agnosies » des premiers jours de la vie ; on peut facilement admettre qu'elles se conservent dans la subconscience, puisqu'on sait, d'autre part, que les impressions inconscientes ne se perdent pas toujours, mais, au contraire, qu'elles forment souvent une couche du subconscient très vive. — A côté de faits de ce genre, il y a des souvenirs de l'enfance qui étaient des événements conscients et fortement émotionnels, et qui n'ont laissé dans la mémoire que quelques images partielles et incertaines, mais imprégnées d'un charme particulier, d'une émotion mystérieuse et riche ; chacun presque retrouve de tels souvenirs dans son for intérieur. Parmi eux, il y a souvent, comme l'ont démontré Janet et Freud, des événements pathologiques, qui forment une dissociation et une conversion hystériques. D'autre part, il y en a parfois qui sont les sources d'une création artistique ou d'une vie héroïque postérieure, comme le démontre, dans beaucoup de cas, la critique littéraire et biographique. Ces derniers souvenirs ont ceci de commun avec les souvenirs pathogéniques qu'ils ne peuvent être remémorés que partiellement, avec difficulté et par symboles : leur plus grande partie vit sous le seuil de la pensée, en tant que sentiment intense de l'oublié.

Dans la recherche des origines enfantines des états en question, on pourrait aller plus loin encore et admettre que, même les impressions ressenties avant la naissance, intra-utérines, peuvent se conserver dans le subconscient de l'individu, imitant l'oubli des événements. Cette supposition s'accorde avec des faits observés d'une hérédité des émotions vécues par la mère dans la période de la grossesse.

2° *Les rêves* constituent une deuxième source. Nous savons qu'il y en a qui sont des événements très intenses, qu'on oublie après le réveil, mais dont l'émotivité persiste. Les aliénistes ont souvent attiré l'attention sur l'empiète

ment des rêves dans la veille et sur leur influence sur le développement des obsessions et des délires (de Sanctis, Janet,
Tissié, et d'autres). Les rêves normaux peuvent aussi jouer
un grand rôle dans la vie, ce que nous voyons dans l'influence des rêves sur le développement des sympathies ou
des antipathies envers certaines personnes, surtout dans le
domaine sexuel, dans le rôle qu'accomplit souvent le rêve
dans la genèse d'un amour ou d'une perversion. Il y a des
rêves dont on ne se souvient plus, même immédiatement
après le réveil, mais qui laissent quelques débris d'images
tellement émotionnelles que la mémoire affective de cet
événement hypnoïque peut durer des années entières; on
connaît des rêves, éprouvés dans l'enfance, dont on se souvient toute la vie et qui viennent à la mémoire, dans les
différentes occasions, en renouvelant leur émotion particulière. Les rêves oubliés de cette espèce, s'approchant de
temps en temps du seuil de la conscience, sous l'influence
des associations évocatrices, et se manifestant en sentiments génériques particuliers, en caractère d'un souvenir
émotionnel inconnu, peuvent constituer aussi la source des
états esthétiques et religieux et être cette « chose » qu'ils
dissimulent en eux.

3° *Les impressions non percevables et non perçues* sont
une troisième source. Puisque, simultanément, il ne peut
être qu'un seul parcours de la pensée et qu'une seule représentation dans l'acte de l'attention, pendant que l'hétérogénéité des excitations est un milieu constant de l'individu,
il s'ensuit qu'à chaque moment de la vie une grande partie
du monde extérieur est en dehors de la perception et constitue une seule impression générale de tout, inconsciente
et non différenciée en objets et rapports : ce n'est qu'un
fond nébuleux du fait qu'on perçoit. Beaucoup d'aspects du
monde et de moments de la vie passent dans la mémoire
dans ce caractère des choses inaperçues. Ils constituent une
couche du subconscient très vive et créatrice, comme je
l'ai démontré dans les expériences sur la transformation

des souvenirs. Dans la période de cryptomnésie, elle s'approche du seuil de la conscience et dépasse souvent ce seuil en devenant conscient comme souvenir, quoiqu'il n'en était rien comme fait. Les sentiments génériques sont ici très intenses et la symbolisation apparaît très souvent dans les hallucinations de la mémoire. On peut donc admettre que les moments inconscients de l'existence laissent après eux aussi des souvenirs, qui vivent dans leur « réduction émotionnelle » et recherchent leur représentation.

Ce concept des moments inconscients des excitations hétérogènes peut être encore élargi, lorsqu'on prend en considération de telles excitations aussi, qui ne se perçoivent jamais normalement et qui n'ont élaboré ni son langage ni ses objets. Ce sont en premier lieu les sensations organiques de toute sorte, la « cénesthésie » ainsi nommée, laquelle passe ordinairement sous le seuil de la conscience. Le phénomène des rêves « diagnostiques[1] », connu depuis longtemps, et le phénomène d' « autoscopie[2] », observé chez les hystériques, pendant l'hypnose, montrent pourtant que cette « cœnesthésie » peut constituer aussi une « chose » représentative et que, par suite, elle se comporte de la même manière que les autres impressions inconscientes. La symbolistique qu'elle crée, par exemple dans les rêves diagnostiques, ressemble à la symbolistique des souvenirs des impressions externes, reçues pendant la distraction. Or, partout où apparaissent les images symboliques spontanées, on peut toujours supposer l'existence des sentiments génériques d'un objet oublié ou inaperçu.

4° Nous arrivons maintenant à une source hypothétique, mais qu'on peut admettre sans peur de contradiction scientifique, à savoir : aux *souvenirs-hérédités*. Cette hérédité n'est pas plus difficile à comprendre que toute autre, surtout si nous ne considérons que les souvenirs *émotionnels*, provenant des événements perturbateurs de la vie. De tels

1. Voir Vaschide et Piéron, *la Psychologie du rêve*, 1902.
2. Voir Sollier, *les Phénomènes d'autoscopie*, 1903 (Paris, F. Alcan).

événements descendent jusqu'au bas-fond de l'organisme et peuvent produire, comme on le sait, chez certaine catégorie de personnes, une perturbation persistante de l'organisme, connue sous le nom d'hystérie. On peut même dire, en se basant sur les études de Janet, que l'hystérie n'est que l'histoire d'un souvenir émotionnel dans l'organisme ; les perturbations fonctionnelles ne sont pas ici l'effet d'une chose qui a passé, mais l'expression d'une chose qui vit toujours. Or, nous sommes habitués à voir que les faits pathologiques ne diffèrent des faits normaux que par le degré de leur développement, et nous savons aussi qu'une émotion vécue, lors même qu'elle ne rencontre pas un terrain hystérique, produit néanmoins une certaine conversion organique passagère. Il est donc facile à admettre que ces perturbations émotionnelles atteignent aussi les cellules germinatives, c'est-à-dire qu'elles deviennent caractères *hérédités*. Ce n'est pas évidemment le côté représentatif du souvenir qui se conserve dans l'organisme et qui se transmet aux descendants ; c'est son côté *émotif*, la partie la plus importante et la plus essentielle du souvenir, la même partie qui, dans l'expérience individuelle, se manifeste par les sentiments génériques de l'oublié.

Il est possible que l'étude des rêves, mieux faite que jusqu'à présent, permettra un jour de constater exactement l'existence des *rêves héréditaires*, dont parle, par exemple, *Debaker*, au sujet des alcooliques (cité chez Vaschide, *l. c.*), et que suppose *Letourneau*, dans sa théorie des « rêves ancestraux », reproduisant les événements de la vie des ancêtres [1]. — Mais même ce que nous savons déjà sur l'hérédité psychologique, à savoir : *l'hérédité de l'émotivité*, du tempérament, si marquée dans les mala-

---

1. De là proviendrait, dit Letourneau, non seulement la reconnaissance fortuite de lieux qu'on n'a jamais vus, mais surtout toute une catégorie de rêves particuliers. admirablement coordonnés ; et il cite le rêve rapporté par Abercrombie, par lequel on a retrouvé les documents importants que le père seul du rêveur pouvait connaître (*Bulletin de la. Société d'Anthropologie.*)

dies mentales, nous permet de conclure sur la possibilité de l'hérédité des souvenirs. La liaison des souvenirs des événements vécus avec le type d'émotivité de l'individu est si intime qu'en réalité il est même impossible de séparer ces deux catégories de faits. Le type émotif se forme au cours de la vie personnelle, sous l'influence du souvenir des événements qu'on a vécus, et chaque changement dans les émotions provoque toujours un changement des souvenirs. Pour dire exactement, ce ne sont que deux aspects différents d'un même fait, puisque l'oubli d'un événement est en même temps sa réduction émotionnelle, conservée dans le subconscient et dans l'organisme.

Cette réduction, dans les cas d'événements perturbateurs peut se transmettre à l'organisme de la progéniture et devenir leur émotivité héréditée. C'est alors une émotion innée, qui n'a pas son corrélatif objectif dans la vie personnelle de l'individu; son objet appartient à un passé lointain de la vie ancestrale. Mais de même que toute réduction émotionnelle de l'oublié, de même celle-ci tend. par sa nature même, à regagner son aspect représentatif et se débat sous le seuil de la pensée en tant que sentiment générique de l'*inconnu*. Il se peut que beaucoup d'inspirations artistiques, religieuses ou héroïques ne sont que cette sorte de rappel et de réminiscence des souvenirs hérédités, et qu'on pourrait souvent retrouver dans les visions de l'artiste ou du mystique les *symboles* et les *hallucinations de la mémoire*, s'efforçant de reproduire partiellement un certain événement important de la vie des ancêtres.

Je dois ajouter ici que les souvenirs hérédités me semblent être aussi le phénomène fondamental de la *psychologie de la nation*, laquelle, sans eux, n'est pas même compréhensible. La facilité et la force spontanée avec laquelle les individus et les peuples dénationalisés reviennent à leur culture ; la continuité profonde de la culture nationale conservée malgré toutes les entraves et tous les systèmes tendant à la détruire, comme cela se fait dans les pays conquis (par exemple la Pologne); tout cela nous prouve que dans ce que nous appelons une « nation » il y a un noyau individuel et naturel, les « âmes » des ancêtres, conservées dans les organismes des descendants, et constituant en même temps leurs propres individualités aussi. Les manifestations externes de la culture nationale, qui se développent dans la littérature, les arts et les institutions, ce sont déjà les phénomènes secondaires de ce noyau individuel des souvenirs hérédités; c'est sa réalisation au dehors, sa vie naturelle dans la collectivité.

Cela nous explique aussi pourquoi la création des vrais artistes a toujours un caractère national, quoique du côté idéologique elle peut intéresser l'humanité entière; et pourquoi dans la psychologie des héros des luttes pour l'indépendance nationale ou rencontre tant de caractères communs avec la psychologie des grands artistes et des mystiques.

5ᵉ La dernière source de l'expérience esthétique et religieuse, dont je veux parler, présente aussi un caractère hypothétique, quoiqu'elle se rapporte à des faits bien établis. C'est la *télépathie*. Les enquêtes organisées par la Société psychologique de Londres et dont une partie fut analysée par Myers, Gurney et Podmoore [1], ont constaté la réalité du fait télépathique dans la vie. A la même conclusion ont abouti les essais expérimentaux d'Ochorowicz et de Richet. — Dans la description des faits recueillis par l'enquête mentionnée, on peut remarquer, comme un trait assez fréquent, une certaine *symbolisation* de l'événement, qui arrive à la conscience du sujet par cette mystérieuse voie et, d'un autre côté, le fait qu'on reçoit souvent la nouvelle de cet événement sous l'aspect du *pressentiment* inquiétant. La nouvelle reçue se limite le plus souvent à cet état purement affectif du pressentiment; mais, dans d'autres cas, l'état affectif se développe en certaines images

---

1. Voir *les Hallucinations télépathiques* (trad. franç., Paris, F. Alcan).

hallucinatoires de différents sens, qui reproduisent partiellement ou d'une manière symbolique seulement le fait lointain réel. Plus fréquents encore sont les cas où le pressentiment reste subconscient et au lieu de produire les hallucinations tend à se représenter dans les rêves ; c'est une catégorie spéciale des *rêves télépathiques*, qui coïncident avec les événements inconnus du sujet.

On voit donc que l'expérience télépathique ressemble beaucoup à la remémoration d'un fait oublié et émotionnel nous avons de même un sentiment générique intense du fait, qui est ici le pressentiment, et nous avons aussi des essais de reproduction du fait dans les images symboliques ou partiellement réels (hallucinations et rêves). La ressemblance existe même avec l'oubli des faits ordinaires. Ainsi par exemple, lorsque nous percevons une chose d'une manière incomplète, ou inconsciemment, pendant une distraction, la notion de cette chose se conserve souvent dans le subconscient et nous annonce son existence par un sentiment obscur ; après un certain temps, elle se reproduit tout à coup dans une image mentale, une hallucination hypnagogique ou un rêve. Le journal de la « Society for psychical research » (1889) présente la description des rêves qui ont indiqué le lieu des objets perdus, à cause d'une distraction. On connaît aussi des visions en cristal qui produisent des phrases lues dans la distraction et tout à fait oubliées du sujet. Les événements en ce genre ressemblent tellement aux événements télépathiques qu'ils sont souvent considérés comme pressentiments et visions télépathiques, et ce n'est qu'après qu'on retrouve leur origine mnésique.

La différence qui existe entre la remémoration de l'oublié et le phénomène de télépathie n'est pas dans le processus psychologique, lequel, dans les deux cas, est presque le même, mais seulement dans la *voie* par laquelle la nouvelle arrive au sujet. Dans la télépathie, cette voie est encore inconnue, et le phénomène laisse supposer l'existence d'une transmission en dehors des voies sensorielles. Mais le fait psychologique de la télépathie peut être considéré comme tout autre fait psychologique, sans se préoccuper de la nature de cette transmission mystérieuse. Ce qui nous intéresse ici, c'est ce fait qu'un *événement lointain* (se passant en dehors des sens du sujet) *se manifeste dans son expérience interne d'une manière analogue aux impressions non perçues, qu'il crée un sentiment générique qui recherche son objet et qui se symbolise ensuite.*

Il est facile de supposer que le phénomène de manifestation des événements lointains dans le subconscient du sujet, dans les sentiments génériques particuliers, est beaucoup plus vaste et plus fréquent que les hallucinations télépathiques. Ces hallucinations ne sont peut-être qu'un cas particulier du phénomène, un cas pathologique et relativement rare. Et toute la « télépathie » normale et ordinaire ne se limite peut-être qu'à la première phase du phénomène, aux *pressentiments*, lesquels, au lieu d'évoquer les hallucinations et les rêves, produisent seulement une *symbolistique des images mentales* et prennent part, comme tous les autres sentiments génériques intenses, dans les expériences esthétiques et religieuses, dans la création des artistes et des mystiques.

Ainsi se présentent ces *choses oubliées*, dont la recherche et la remémoration produisent l'art et la religion. Je n'affirme pas qu'il n'y en a pas d'autres. Au contraire, je suppose plutôt que je n'ai pas nommé toutes les sources, et qu'il en existe encore de très importantes, mais inconnues. Celles que nous avons considérées appartiennent en partie à la vie personnelle de l'homme, en partie sont hors d'elle. Mais, dans tous les cas, ce sont des choses réelles, des objets qui existent ou qui ont existé en dehors de l'expérience subjective et indépendamment d'elle. Par rapport à l'individu du *moment actuel*, ce sont toujours des « Idées platoniciennes », attirées dans le monde de l'expérience.

CHAPITRE VIII

LE PHÉNOMÈNE CRYPTOMNÉSIQUE DANS LA TÉLÉPATHIE

I. — LE PROBLÈME ET LES EXPÉRIENCES

Dans le chapitre précédent nous avons énoncé cette hypothèse, que les sentiments génériques de l'oublié jouent un rôle prépondérant dans la télépathie; que les états représentatifs émotionnels forts des personnes, qui agissent mentalement, se transmettant au récepteur par cette mystérieuse voie, apparaissent d'abord dans sa conscience sous l'aspect des « pressentiments », sous l'aspect des états émotionnels génériques, qui ressemblent beaucoup aux sentiments des choses oubliées.

Nous avons rappelé alors, comme preuve de cette hypothèse, le caractère psychologique le plus fréquent du processus télépathique, dont la première phase présente le plus souvent un état émotif et concentré sur un point de repère quelconque. L'objet de pressentiment est d'abord indéterminé, inconnu pour la pensée, ou bien très vague; on sait seulement, jusqu'à un certain degré, qu'il ne peut être ceci ni cela; et surtout, on reconnaît facilement, que ce n'est pas un état ordinaire d'inquiétude et d'énervement, se rapportant également à tous les objets. Dans cette inquiétude ou tristesse, qu'on ressent sans aucune cause déterminée et réelle, on reconnait quelque chose de précis, un objet particulier qui se recèle dans l'émotion éprouvée, de la même manière qu'on ressent le genre de l'oublié dans les lacunes de la mémoire, surtout lorsque c'est un oublié plus intense; ou bien encore de la même manière qu'on possède un rêve émotif après qu'il s'est déjà évanoui dans la conscience. Ce n'est que plus tard que le pressentiment télépathique commence à s'intellectualiser : dans le sommeil ou pendant la veille, dans les moments hypnoïques passagers, d'une rêverie ou d'une fatigue, apparaissent soudainement les images très claires et qui sont reconnues par le sujet tout de suite en tant que ce qui était pressenti. Cette intellectualisation du pressentiment, à son degré le plus faible, ne produit que la pensée d'un certain événement qui se passe quelque part; à un degré plus fort elle produit des rêves télépathiques ou bien des hallucinations pendant la veille. — Ce passage de l'état affectif à l'état représentatif, qui lui correspond et qui le complète, ressemble aussi au processus de la remémoration soudaine d'une chose oubliée ou de la chose possédée seulement à l'état hypnoïque.

Pour vérifier cette théorie et pour se convaincre du rôle que jouent dans les phénomènes télépathiques les sentiments de l'oublié — nous avons entrepris une série spéciale d'expériences. Évidemment, il fallait éliminer la télépathie spontanée, hallucinatoire et en rapport avec des événements extraordinaires de la vie. La méthode des enquêtes, qu'on emploie d'habitude dans cette catégorie des phénomènes, ne saurait nous donner aucun résultat précis, cette méthode étant trop peu exacte. Elle ne permet jamais de bien déterminer les conditions de l'expérience et même les documents descriptifs qu'elle procure ne présentent pas une grande valeur : dans ces descriptions on ne sait jamais quelle part appartient à l'observation seule et quelle autre n'est que le produit ultérieur d'un travail intellectuel du sujet, de son savoir, de ses opinions, de ses habitudes de style, de ses tendances, etc. Pour mener à bonne fin des expériences sur ce sujet il fallait les limiter à la télépathie normale, à la transmission de la pensée qui peut être reproduite aisément dans le laboratoire, avec toutes sortes de personnes, et qui peut s'adapter facilement à tel but que l'étude exige.

La méthode de la *télépathie expérimentale* devait donc être différente de celle qu'on employait jusqu'à présent dans les recherches sur la « suggestion mentale »; (voir les expériences de Richet et d'Ochorowicz). Car, ce qui nous intéressait, dans le problème posé, ce n'étaient pas des phénomènes rares, extraordinaires, des phénomènes qu'on rencontre seulement chez des sujets exceptionnels, ou dans des circonstances exceptionnelles, mais des phénomènes ordinaires, appartenant à la vie de tous les jours. C'est pourquoi je ne cherchais pas à faire passer les sujets dans « l'état second » de l'hypnose, ni même à m'attacher exclusivement à la recherche de la transmission d'une pensée tout à fait *inconnue* pour le récepteur. Les expériences poursuivies par nous consistaient principalement sur le *choix* d'un certain objet, le choix effectué sous l'influence de la suggestion mentale, ainsi que sur la *remémoration* d'un certain « oublié », provoquée par la même influence. On disait au sujet un certain nombre des mots, trois ou cinq, suivant les expériences; je choisissais un de ces mots comme objet de l'activité télépathique, c'est-à-dire que je le pensais d'une manière intense. Le sujet devait dire quel était le mot choisi par moi. Dans d'autres expériences, je présentais au sujet une série de vingt mots, qu'il lisait une seule fois, à voix haute; après la lecture il écrivait les mots qu'il avait retenus, ayant bien cherché dans sa mémoire; c'est parmi les mots *oubliés* que je choisissais un mot comme objet de la suggestion mentale, et le sujet devait me dire tout ce qui lui venait à l'esprit pendant cette suggestion. — L'activité télépathique, ainsi limitée, donne des résultats positifs beaucoup plus fré-

quents que la télépathie de l'inconnu indéterminé et ces
résultats apparaissent si facilement, qu'ils peuvent devenir
l'objet d'une étude expérimentale et exacte, puisqu'on peut
les reproduire à volonté, dans des circonstances diverses
et dans les conditions voulues. Les facteurs de variation
faciles à introduire dans les expériences de cette sorte,
nous permettent de poser les divers problèmes de recherches. Nous pouvons changer la nature des objets qu'on
présente au choix, ainsi que le nombre de ces objets, en
élargissant le champ de choix. Nous pouvons aussi varier
la nature de l'oublié, sur lequel doit agir la suggestion
mentale, son caractère psychologique et sa provenance.
Quant aux réponses des sujets on peut les analyser d'une
part au point de vue *statistique;* d'autre part, au point de
vue *introspectif*, en étudiant les observations des sujets
eux-mêmes et leurs divers genres de réponses; c'est surtout dans le caractère de ces réponses que nous avons
trouvé des indices pour comprendre la psychologie du fait
télépathique.

Avant d'exposer en détail la méthode et les expériences,
nous voyons d'abord comment se présente la réalité même
du fait télépathique, encore niée par la majorité des psychologues; on rencontre souvent encore cette opinion que
la télépathie n'est qu'une fiction, qui provient d'erreurs
d'observation ou bien d'une interprétation illégitime de
simples coïncidences. Eh bien, nous pouvons assurer, que
chacun, en suivant la méthode exposée ici, se convaincrait
facilement, que la télépathie est un phénomène universel,
fréquent, qu'on peut constater chez les sujets les plus différents, et en plus, observerait aussi, que la faculté télépathique *peut se développer*, comme toute autre faculté psychique, à l'aide d'exercices et par l'habitude, que les sujets
qui devinent difficilement au cours de la première expérience, le font beaucoup mieux dans les suivantes.

La réalité du fait télépathique se manifeste clairement
dans les résultats suivants de nos expériences.

Choix d'un mot sur trois (1ʳᵉ série) — 31 sujets — 142 suggestions — 71 divinations = 0,50.

Choix d'un mot sur trois (2ᵉ série) — 11 sujets — 54 suggestions — 34 divinations = 0,62.

Choix d'un mot sur cinq — 10 sujets — 38 suggestions — 10 divinations = 0,26.

Choix d'un dessin sur trois — 9 sujets — 9 suggestions — 3 divinations = 0,33.

Choix d'un mouvement des doigts sur dix — 10 sujets — 10 suggestions — 3 divinations = 0,30.

Télépathie de l'oublié — 21 sujets — 61 suggestions — 37 divinations = 0,60.

Télépathie de l'inconnu — 7 sujets — 8 suggestions — 4 divinations = 0,50.

En somme, sur 324 suggestions mentales nous avons 154 divinations, soit **0,50** pour cent.

Il est tout à fait légitime de se demander ici, si la divination du mot pensé par quelqu'un peut être identifiée avec ces phénomènes de pressentiments, de rêves et d'hallucinations qui constituent la télépathie d'ordre supérieur. Il est évident que la différence est assez grande, aussi bien dans l'objet de la transmission, qui est un événement émotionnel au lieu d'un mot indifférent, de même que dans l'état du récepteur, lequel, dans la télépathie anormale, est toujours un état second, la divination présentant le caractère d'un fait pathologique. En outre, le rapport de la suggestion mentale à la réaction est différent dans les deux cas : dans la télépathie anormale l'objet de la suggestion est tout à fait inconnu et la réaction de la conscience du récepteur ne trouve aucun point de départ déterminé dans cette conscience; dans la télépathie expérimentale, par contre, la réaction de la conscience du récepteur possède un point de départ tout à fait positif, qui se trouve dans des perceptions ou bien dans la cryptomnésie du récepteur. Dans le choix des mots il ne s'agit même pas de connaître l'objet de la suggestion, qui est connu dès le début, en tant que perception, mais de reconnaître seulement et de percevoir un certain *supplément*, que possède l'objet de la suggestion.

Mais malgré toutes ces dissemblances, il y a aussi une identité essentielle entre la télépathie expérimentale et la télépathie anormale : c'est la « transmission » elle-même; quoique, dans la télépathie expérimentale du choix, ce qui se transmet ce n'est pas l'objet de la perception mais quelque chose qui s'ajoute à lui, un *cachet télépathique* spécial, tout à fait nouveau pour l'introspection du sujet et qui lui sert à reconnaître l'objet suggéré parmi les autres. Mais dans la télépathie anormale est-ce que la chose se passe d'une autre manière ? Je ne le crois pas. L'objet des hallucinations ou des rêves télépathiques, le contenu même d'un événement, est toujours plus ou moins connu pour le sujet; l'événement en question pouvait toujours être pensé comme une chose possible, comme on se représente souvent en imagination des événements de toute sorte, qu'on n'attend pas. Dans notre subconscience il existe toujours certaines tendances émotives, provenant de situations antérieurement vécues, lesquelles sous l'influence d'une occasion quelconque, se transforment facilement en pensées inquiétantes, en anticipation de nouveaux événements analogues. Les images « imaginaires », liées momentanément et passagèrement avec la pensée concernant une personne qui nous intéresse spécialement, sont très fréquentes et communes, et on peut dire avec beaucoup de vraisemblance, que dans chaque cas de télépathie anormale l'événement en question, l'objet d'une hallucination ou d'un rêve, correspondant au fait réel, fut souvent *pensé* plus ou moins consciemment et *repoussé* en tant qu'une représentation pénible, superflue et sans valeur réelle. Cependant, lorsque cette même représentation revient comme fait télépathique, on est saisi par son caractère nouveau; ce n'est plus seulement une pensée, mais aussi quelque chose de très concret, quelque chose qui a le cachet spécial d'une vérité: la représentation produit maintenant une impression toute différente de ce qu'elle était autrefois, comme fruit d'imagination, et on reconnait subitement, sans raisonner, que c'est une représentation d'une valeur nouvelle, d'une valeur objective, indépendante de nos états psychiques. Dans les deux cas, c'est donc un certain supplément à l'objet lui-même qui est le plus important, supplément d'une nature indéterminée pour l'intellect, un nouveau cachet affectif de l'objet, par lequel cet objet diffère non seulement de toutes les autres représentations, mais aussi de ses propres répétitions antérieures non télépathiques.

C'est pourquoi on peut dire qu'entre la télépathie normale, que nous allons étudier, et la télépathie anormale, impossible à expérimenter, il n'y a aucune différence essentielle au point de vue psychologique. C'est un même processus fondamental élémentaire, qui apparait seulement sous les divers aspects, en s'associant aux différentes « constellations » de nos états psychiques secondaires, selon les circonstances dans lesquelles le processus s'effectue et selon l'objet qui lui sert. Sous son aspect normal et journalier c'est seulement un certain cachet affectif qui s'ajoute à un objet de la pensée, à une représentation, en l'accentuant par cela même : c'est une sorte de nouvel afflux d'une énergie, qui renforce et vivifie cet objet, indifférent par lui-même, et qui change en même temps, d'une manière très subtile et indéterminée intellectuellement, la qualité émotive de l'objet, la manière dont nous le ressentons. — Dans la télépathie anormale cet afflux émotif et intellectuel est probablement très intense; pour réaliser le processus télépathique il lui faut agir au moment où l'état du récepteur est un état anormal de sommeil ou d'auto-hypnose, ou bien, il provoque lui-même cet état par son action sur l'organisme, et profitant de cette circonstance il transforme l'objet de la pensée en une hallucination sensorielle.

Nous ne pouvons pas non plus considérer comme une différence essentielle ce fait, que dans les cas de télépathie anormale, l'objet est inconnu pour le sujet. Ce n'est qu'une ignorance apparente. Le fait même que ce sont toujours les personnes et les événements très intéressants pour le sujet qui s'annoncent par la voie télépathique, ce fait nous prouve déjà, que l'objet de la télépathie devait être présent au moins dans la subconscience, si ce n'est dans la pensée, et qu'il devait être non pas un état faible mais au contraire un état très fort et très proche du seuil de la conscience. Or, nous verrons dans les expériences étudiées ici, que la télépathie normale se manifeste aussi par des représentations qui furent subconscientes chez le sujet, qui furent des choses *oubliées* et inconnues pour le moment; et que ces « oubliés » ont alors aussi cette tendance de se manifester dans la conscience à l'aide d'*images* concrètes, souvent imaginaires mais qui leur correspondent par leur contenu et auxquelles il ne manque qu'un état anormal du sujet pour qu'elles se transforment en hallucinations sensorielles. Nous pensons qu'on pourrait même retrouver, par la voie expérimentale, toute une échelle des différents degrés de l'activité télépathique, reliant le simple phénomène du choix d'un mot suggéré avec les accidents extraordinaires des pressentiments et des visions des faits lointains.

Il nous reste à comparer l'aspect psycho-physiologique du fait dans la télépathie normale et anormale, c'est-à-dire leur mécanisme de « transmission ». Je dois dire d'avance que ce problème n'est pas l'objet de ces recherches, qui envisageaient seulement le côté psychologique du phénomène et n'avaient d'autre but que de donner une réponse à la question suivante : en quel état subjectif du récepteur se transforme une simple concentration de la pensée chez la personne qui suggère; ou autrement dit, quel est l'aspect que prend une perception ou une représentation si au lieu de parvenir au sujet par la voie ordinaire des sens et des mots, elle lui arrive par cette voie inconnue de la suggestion mentale ? Le problème de la nature de cette voie extra-sensorielle n'a pas été posé par nous dans ce travail. Il nous suffit pour le moment de constater seulement, par le pourcent des résultats positifs, que cette voie existe réellement en tant qu'une chose normale et universelle dans la vie des hommes. La connaissance du côté psychologique du phénomène ne souffre rien par cette élimination de l'autre problème ; par contre, quelques acquisitions psychologiques nouvelles, que nous avons obtenues dans ce domaine, peuvent aider peut-être, dans l'avenir, à comprendre mieux l'hypothèse de la transmission. En attendant nous pouvons supposer par exemple, que les centres nerveux, pendant leur activité, sont des foyers d'une énergie spécifique, encore inconnue, qui possède la propriété d'exciter à distance les autres centres nerveux, qu'elle rencontre sur sa voie ; une énergie analogue à la lumière ou à la chaleur rayonnante, qui peut aussi mettre en activité les systèmes potentiels qu'elle trouve sur son passage. Ou bien encore, nous pouvons imaginer qu'une pensée intense, qui est toujours une certaine réaction chimique dans l'organisme du sujet, produit dans notre milieu, commençant par cette première réaction, toute une série des changements moléculaires qui se suscitent successivement l'un l'autre et se transmettent ainsi finalement à un autre organisme, qui répète le changement primitif de la série, en provoquant en même temps son corrélatif subjectif, plus ou moins changé.

Dans la télépathie expérimentale, telle que nous l'avons étudiée, il existe aussi un médiateur tout à fait réel, qui manque dans la télépathie anormale, notamment, *le contact de la main* du sujet qui reçoit la suggestion. Toutes les expériences se faisaient de cette manière : pendant la suggestion mentale je tenais la main du sujet ou bien je la mettais en simple contact avec la mienne. C'est un facteur très important ; il se peut même qu'il soit décisif pour

obtenir les grands pourcentages des divinations. On pourrait facilement résoudre cette question en faisant deux séries d'expériences télépathiques : une série avec le contact
de la main, une autre sans contact. Malheureusement nous
n'avons pu jusqu'à présent faire ces expériences faute du
temps nécessaire. Le médiateur, qui intervient ici, concerne avant tous les sensations kinesthétiques du récepteur, provoquées par les mouvements inconscients des
doigts de la personne qui suggère. On peut facilement
supposer que ces mouvements constituent un certain corrélatif générique de l'objet suggestionné et que parvenant
au récepteur, ils renforcent, par son élément réel, certaines parties correspondantes de son subconscient, d'une
manière analogue à ce qui se passe lors des séances typto-
logiques avec la table spirite. Cependant, on commettrait
une grande erreur en voulant réduire à ce seul facteur tout
le processus de la transmission. Lorsqu'on a affaire au
pendule de Chevreul, à la baguette divinatoire ou bien au
« Cumberlandisme » où il s'agit seulement de suggestions
de mouvements et de directions, alors, l'explication des
faits par l'agent kinesthétique et les mouvements inconscients se présente comme la plus simple ; ces mouvements,
étant la réalisation musculaire indispensable de toute représentation spatiale, se communiquent à l'objet physique
(baguette, table) ou bien au sujet, et, dans ce dernier
cas, surtout lorsque le sujet a l'esprit concentré sur ses
sensations tactiles, ils peuvent provoquer les représentations, qui leur correspondent, et faciliter ainsi la divination d'une pensée. Lorsqu'il s'agit de la divination des
mots, l'influence de ces mouvements est beaucoup moins
importante, parce qu'il y a des mots, qui, ni comme articulation ni comme idée, ne présentent un élément moteur
particulier pouvant être copié par les contractions ou les
tensions musculaires de la main ; si une telle correspondance existe quelquefois c'est peut-être pour une certaine
catégorie de mots, concernant les idées d'espace et leurs

rapports. Dans les autres cas, ce qu'on pourrait sugges-
tionner au sujet à l'aide des mouvements, ce serait seulement le nombre des syllabes qui composent le mot ou
bien le rythme, l'accent de la prononciation; la divination ne serait donc possible que dans les cas où les mots
présentés différeraient entre eux sous ces rapports, ce qui
n'était pas le cas dans la majorité des expériences avec le
choix. L'intervention des mouvements est encore plus difficile à admettre dans la télépathie des mots oubliés, où il
y avait toujours beaucoup de mots identiques quant au
nombre des syllabes et où la divination se faisait très
souvent par les synonymes et les associations [1].

Malgré toutes ces restrictions, prenant en considération
que l'élément musculaire est un corrélatif presque universel de tous les états psychiques et qu'il peut se différencier facilement, conformément à la qualité de l'état qu'il
accompagne, nous pouvons supposer qu'il joue un certain
rôle dans le processus de la transmission, notamment, le
rôle d'un signe sensoriel qui excite à l'activité et pousse
certains éléments du subconscient à franchir le seuil de la
pensée, parce qu'ils ont avec eux quelque parenté. Mais
ce facteur musculaire laissé à lui seul, serait incapable de
créer une médiation suffisante entre les deux consciences,
de créer la voie par laquelle se transporteraient non seulement les représentations concrètes, mais aussi les idées
et non seulement les mots mais aussi le caractère émotionnel de leur contenu, comme cela se manifeste souvent
dans la télépathie par les images et les synonymes. En
outre, on rencontre aussi dans la télépathie expérimentale des cas, qu'on ne pourrait pas adapter à la théorie de
la transmission par les mouvements inconscients; ainsi
par exemple la transmission d'une représentation imagi-

---

1. Une des personnes sur lesquelles ont porté les expériences, M. Sil.,
lors du choix des mots, tâchait de deviner les mots suggérés en faisant attention aux petites secousses de ma main, correspondantes au
rythme de la prononciation; sauf un seul cas il donnait toujours des
réponses fausses, même sous le rapport du rythme.

naire compliquée, à laquelle ne correspond aucun mot particulier ; ou bien la difficulté assez grande de la réussite des suggestions de mouvements très simples (comme le soulèvement d'un doigt), ce qui d'après cette théorie devrait être au contraire très facile. De même aussi, nous pouvons voir dans la statistique des expériences, que la divination d'un nombre est plus difficile que celle d'un objet concret, quoique l'élément moteur soit plus expressif dans le premier cas ; et encore, nous rencontrons beaucoup de cas où la divination d'une idée abstraite se fait par des synonymes, quoique d'après la théorie des mouvements inconscients il semble plus facile de transmettre le mot lui-même, qui a une motricité déterminée et particulière que de transmettre une ressemblance conceptuelle très subtile. Tous ces faits plaident en faveur de la supposition que *la voie de la transmission ne se limite pas au facteur moteur*, quoique ce dernier puisse jouer un certain rôle dans des cas particuliers.

La fréquence du phénomène télépathique, dans sa forme expérimentale la plus simple, fait beaucoup réfléchir. Le fait, qu'on considérait jusqu'à présent comme un fait exceptionnel et anormal, se présente en réalité comme un phénomène ordinaire et normal, un phénomène qui constitue un élément universel et constant de la vie de l'homme. Le milieu de l'individu s'élargit de tout un nouveau et grand domaine ; à côté du monde des excitations extérieures et du monde des excitations organiques, à côté des couches stratifiées de la cryptomnésie individuelle et héréditaire, nous découvrons encore un autre milieu très vaste, celui des excitations « télépathiques », milieu commun, qu'on ne prenait pas en considération jusqu'à présent. L'organisme humain (dans sa double signification de l'âme et du corps) se présente alors non seulement en tant qu'un système récepteur, dans lequel les formes plus simples de l'énergie (les stimulants) se transforment en formes plus élevées biologiques, mais il se présente

aussi en tant qu'un foyer de secousses, qui donnent naissance à de nouvelles séries de changements physico-chimiques dans le milieu ambiant, à de nouvelles ondes
d'excitations, qui se transforment, dans les organismes
vivants, en corrélatifs, subjectifs, spécifiques et, différents
de tous les autres, en phénomènes télépathiques. C'est
une seconde nature extérieure, invisible, inconnue, qui
entoure chacun de nous, et dont nous subissons l'influence
d'une manière aussi nécessaire et continue que celle de
la nature visible et connaissable. Et de même que cette
dernière tend à exprimer dans nos états de conscience et
dans notre subconscient le milieu *cosmique* entier, de
même l'autre tâche continuellement de manifester dans
les états subjectifs spécifiques de l'individu tout le milieu
humain qui l'entoure. Or, nous verrons dans l'analyse
des expériences, que ces états d'origine télépathique présentent un caractère psychologique propre, un certain
genre très particulier, qui les rapproche essentiellement
de ce que nous connaissons comme « sentiments génériques » de l'oublié.

II. — LES CONDITIONS PSYCHOLOGIQUES
DE LA TÉLÉPATHIE EXPÉRIMENTALE

Les expériences, que je présente ici, se rapportent aux
différents degrés de la télépathie. Les plus simples parmi
elles constituent *le choix* d'un mot, ou bien d'un dessin,
parmi trois autres. Puis nous avons successivement des
expériences plus difficiles : le choix d'un mot parmi cinq ;
le choix d'un mouvement parmi dix autres possibles (le
soulèvement d'un des dix doigts de la main) ; la divination
d'un mot suggéré, pris parmi plusieurs mots oubliés par
le sujet, après la lecture d'une série de vingt mots ; enfin,
la divination d'une pensée ou plutôt d'une représentation
tout à fait inconnue au sujet, et sur laquelle je concentrais

mon attention, sans rien dire du genre de cette représentation.

Dans toutes ces expériences, nous avons suivi la même
méthode. Pour connaître l'aspect introspectif de la divination de la pensée, j'ai fait une série d'expériences dans
lesquelles j'étais moi-même le récepteur, tandis que la
suggestion venait de différentes personnes. Cela m'a permis de connaître les conditions psychologiques qui favorisent la divination et de me convaincre que la faculté
télépathique peut *se développer*, comme toute autre faculté mentale. Ce développement consiste à apprendre certaines règles de la manière d'être pendant la suggestion
mentale pour recevoir son influence. Ces règles peuvent
être formulées de la façon suivante :

Lorsqu'il s'agit de deviner un certain objet présenté
parmi d'autres, il faut d'abord bien mémoriser ces objets,
en les percevant avec attention plusieurs fois de suite ;
puis après il faut les éloigner de la conscience, les *oublier*
pour le moment et cesser d'y penser. C'est le premier acte
du processus télépathique, l'acte d'introduction. — Après
cela, lorsque la personne qui suggère, tient ma main en
se concentrant sur l'objet choisi, je dois conserver alors,
autant que possible, la *passivité* la plus grande, un état
d'*indifférence* et d'*inhibition de pensée*, analogue à l'état
qui précède le moment où l'on va s'endormir. Et avant tout
il faut s'efforcer de ne pas s'intéresser à l'expérience, ni
à la personne qui suggère, ni au résultat ; chaque fois
qu'on pense aux mots à choisir on est disposé à deviner au
hasard, ou bien on commence à rechercher consciemment
un élément quelconque, étranger à la télépathie, sur lequel
on pourrait baser son choix, et on donne la réponse inférée et raisonnée, étant incapable de réaliser le vrai phénomène télépathique. De même aussi toute émotion, de
quelque source qu'elle provienne, comme par exemple l'intérêt que provoque la personne avec laquelle on expérimente
ou le désir trop vif que l'expérience réussisse, tout cela,

fait obstacle à l'influence télépathique ; l'émotion obscurcit ce cachet spécifique et subtil, qui s'ajoute au mot suggéré par autrui, elle le couvre, pour ainsi dire, s'entrepose entre lui et l'observateur, de même que cela se fait dans la reconnaissance, où le facteur émotif produit toujours une certaine perturbation ou un affaiblissement du sentiment de connu ou de nouveau. C'est le second acte du processus télépathique, la période du temps pendant lequel s'accomplit cette mystérieuse « transmission », qui donne son cachet spécial à l'un des mots, oubliés volontairement mais tout frais encore dans le subconscient, sous le seuil de la pensée.

Puis vient le troisième acte du processus, le plus important. La période de passivité ne doit pas être trop prolongée ; après une minute, et tout au plus deux ou trois, il faut se rappeler les mots présentés et choisir le mot qu'on croit être suggéré, en ne se servant, dans ce choix, que de la *première impression* qu'on reçoit des mots.

Le mot suggéré paraît dans la conscience d'une certaine manière différente des autres ; il paraît, pour ainsi dire, plus proche, plus intense, souvent associé à une image concrète qui lui correspond, et ce qui est le principal, il présente un certain *cachet* spécial, indéfini pour l'intellect, de caractère affectif, par lequel il diffère de tous les autres mots présents. Parfois aussi surgit une vision antérieure distincte de l'écriteau lui-même, tandis que la vision des autres est obscure, ou bien, apparaît l'audition intérieure du mot, tandis que les autres ne sont que pensés. Ces images sont pourtant assez rares, et le mot d'origine télépathique se reconnaît le plus souvent par ce cachet affectif seul, dont il est marqué et dont on ne peut rien dire de précis, lorsqu'on relate l'expérience passée. Les personnes questionnées sur ce point répondent qu'elles ne savent pas comment elles ont reconnu le mot suggéré ; il était différent des autres, mais en quoi consistait au juste cette différence c'est ce qu'on ne peut pas préciser dans la majorité des cas. Dans ce troisième acte de la télépathie il est très important de ne pas prolonger la reconnaissance du mot ; *la réponse doit être donnée en peu de temps* et basée seulement sur la première impression reçue au moment de la répétition intérieure des mots présentés au choix. Lorsque la perception de ces mots devient plus longue la première impression s'efface vite et cède la place à l'activité intellectuelle : on commence à méditer, à comparer, à choisir plusieurs fois, l'incertitude augmente, l'influence de la pensée et des associations verbales prédomine et finalement l'impression du cachet télépathique se perd tout à fait. La même chose se passe également lors de la reconnaissance ordinaire, où l'activité intellectuelle et le retard du jugement augmentent d'une façon notable les erreurs.

En commençant donc les expériences avec une personne, je lui disais d'abord comment elle devait se comporter pour que l'expérience réussît. Il faut, disais-je, après avoir appris les mots présentés au choix, les oublier ensuite et ne plus y penser. Pendant la suggestion, il faut se disposer de la même manière qu'on se dispose au sommeil, rester passif, indifférent, ne s'intéresser à rien, et autant que possible ne penser à rien, fixer ou bien choisir seulement un certain point de repère pour l'attention sur un objet indifférent et suggérant peu. Il faut enfin ne pas tarder à répondre, mais après une ou deux minutes se rappeler les mots donnés au choix et dire celui qui paraîtra se distinguer d'une certaine manière des autres, qui provoquera un certain intérêt intuitif, sans raison consciente. Après cette explication, je demandais au sujet de s'asseoir commodément sur un canapé, je prenais sa main et je fixais pendant quelques secondes ses yeux ; après quoi je lui disais de fermer les yeux et je commençais à penser le mot qui devait être deviné, en me représentant d'une manière intense le mot écrit et souvent aussi l'objet qui lui correspond. La fixation du regard, au commencement de la télépathie, aidait la personne à se concentrer et à se disposer à un état analogue à la somnolence ; ce n'est que dans quelques cas que la fixation a produit un léger état d'hypnose. L'état de mon esprit, pendant la télépathie, était une sorte d'autosuggestion par le mot choisi, auto-suggestion, qui, après le premier effort pour obtenir une représentation intense, devenait une concentration pas-sive de l'attention, une monoïdéisation à peu près stable, que je n'avais pas besoin de soutenir par l'action de ma volonté.

Dans les expériences de la télépathie plus compliquée, où il s'agissait de deviner un mot parmi plusieurs autres qui furent oubliés, les conditions de l'expérience restaient les mêmes. Je montrais au sujet une série de vingt mots, écrits chacun sur une carte à part et qu'il devait lire suc-cessivement, à haute voix, avec attention. La lecture finie, il écrivait les mots qu'il avait retenus. Le reste constituait le champ de l'oublié sur lequel devait agir l'influence télé-pathique. Cette influence s'exerçait dans les mêmes condi-tions que lors des expériences sur le choix ; le sujet devait être passif et indifférent et les circonstances (comme la position commode sur le canapé, l'obscurité de la chambre, la fixation momentanée du regard et les yeux clos) devaient le disposer à l'état de somnolence. Avant de commencer la suggestion, je disais au sujet de ne rien raisonner ni chercher au hasard, mais de me dire tout simplement chaque mot, image ou pensée qui lui viendrait en tête. Ne me contentant pas de ce que le sujet m'avait dit pendant la télépathie, je le questionnais encore immédiatement après la séance sur tout ce qui lui était alors venu à l'esprit, afin de pouvoir retrouver tous les vestiges de la sugges-tion télépathique, même dans les pensées non inachevées et dans les images à peine naissantes. Dans ces expé-riences, l'influence télépathique, au lieu de s'ajouter à un objet conscient, revêtant pour le sujet récepteur l'aspect d'une certaine teinte affective *sui generis*, s'introduit dans les couches d'une cryptomnésie fraîchement acquise, où elle vivifie certains de ses éléments et les pousse à franchir le seuil de la pensée ; de cette manière on devine le mot oublié et suggéré lui-même, ou bien on dit d'autres mots qui lui ressemblent au point de vue conceptuel ou émotif. — Dans les autres expériences, où l'objet de la suggestion était tout à fait inconnu pour le sujet, une représentation quelconque choisie au hasard parmi des milliers d'autres, l'influence télépathique, au lieu d'agir sur les couches nouvelles de la cryptomnésie, s'exerce d'une manière indéfinie sur tout le subconscient du sujet, en excitant à surgir ceux de ses éléments qui présentent en commun avec l'objet suggéré quelque qualité psychique. Il est évident que dans ce cas l'influence télépathique a' une tâche plus lourde à remplir, et que la concordance entre la réponse et la suggestion doit se rencontrer moins souvent.

Il faut noter encore, comme une règle nécessaire pour la réussite des expériences, cette condition, que le sujet ne doit pas savoir s'il a deviné ou non la suggestion, jusqu'à la fin des expériences qu'on s'était proposé de faire avec lui. Comme j'ai eu souvent l'occasion de l'observer, le sujet, ayant appris le résultat positif ou négatif de l'expérience, s'efforce plus tard de maintenir son esprit dans une certaine attitude artificielle pour se garantir de commettre la faute ; il s'observe pour savoir si la chose se fait bien et il s'inquiète ; il devient un témoin trop conscient et trop actif du processus, ce qui trouble sa passivité et entrave l'influence de la suggestion.

Au cours de ces expériences j'ai souvent eu l'occasion de me convaincre que tout ce qui empêche le maintien des conditions exposées plus haut empêche aussi la réussite de la suggestion mentale.

Voici quelques exemples :

Mme *Bor*..., sur quatre expériences (dont trois concernent le choix d'un mot et une le choix d'un nombre), ne devine qu'une seule suggestion, celle du nombre. C'est une personne qui pense souvent en images symboliques colorées et chez laquelle la « synesthésie » est très fréquente ; lorsqu'elle a les yeux fermés, ces images colorées se pressent en grande abondance ; chaque idée ou représentation concrète est accompagnée chez elle d'une couleur, et si elle concentre quelque temps son attention sur cet objet, il surgit toujours, à côté de la couleur, toute une série de représentations symboliques, imaginaires, très vives. Lors de la télépathie, ce processus est très intense, et les mots qui sont donnés au choix deviennent le foyer d'une « imagerie » colorée et changeante, ce qui empêche le sujet de se maintenir dans un état passif et apathique pendant la suggestion, ainsi que de ressentir dans les mots évoqués le cachet télépathique de la suggestion.

Avec M. *Silb...*, j'ai commis cette imprudence de lui dire, après les deux premières expériences, qu'il a deviné toutes les deux fois juste ; et voilà qu'il commence à s'inquiéter, dans les expériences suivantes, à se demander s'il réussira à se disposer aussi bien et à contrôler l'attitude de son esprit ; en conséquence de quoi il ne peut deviner aucune des quatre suggestions suivantes.

Mlle *Szum...*, sur six expériences de choix, ne devine qu'une seule suggestion de nombre : plus tard elle me raconta qu'il lui était impossible de se maintenir dans l'état passif, son esprit étant occupé tout le temps par divers soucis qui la préoccupaient ce jour-là.

Mme *Lu...*, ne devine que deux fois sur quatre expériences ; interrogée sur son état, elle me dit qu'elle ne se sentait pas tranquille et qu'elle pensait à des choses qui l'intéressent vivement.

Mme *Bal...*, dans les expériences sur le choix des mots et des nombres, ne devine qu'une seule fois, tandis que la télépathie de l'oublié, avec cette personne, donne des résultats très intéressants. La cause en est que les mots présentés au choix restent opiniâtrement dans son esprit, sans qu'elle puisse les chasser et les oublier pour le moment ; dans la télépathie de l'oublié, par contre, il n'y a rien qui

s'impose à la pensée et le vide intellectuel peut se maintenir quelque temps.

Mlle *Gos...* devine seulement une fois sur quatre expériences de choix. Pendant tout le temps elle se sent émue,
parce qu'elle se trouve pour la première fois dans un laboratoire de psychologie, et cette émotion se manifeste même
dans sa manière d'être. Après la première expérience, ayant
appris qu'elle a deviné, ce qui lui fait un plaisir assez vif,
elle commence à s'inquiéter, à se demander si elle réussira
aussi bien dans les expériences suivantes, et s'efforce de
remplir toutes les conditions nécessaires, évidemment sans
aucun résultat.

M. *Jroi...* ne devine non plus aucune suggestion, et la
raison en est qu'il a peur d'oublier les mots qui sont donnés
au choix (il y en a cinq dans chaque expérience) et que par
conséquent il les répète constamment dans son esprit, ne
permettant pas qu'ils submergent dans le subconscient.

Cette influence pernicieuse qu'exercent sur le processus
télépathique les *émotions* et l'*intellectualisation*, et qui
rappelle si vivement l'influence analogue de ces mêmes
facteurs sur la reconnaissance de l'oublié, exige un examen
spécial, car elle peut nous aider à comprendre la nature
de la télépathie. Nous y reviendrons lors de l'analyse des
expériences.

III. — TÉLÉPATHIE DU CHOIX

La plus grande partie des expériences télépathiques consistait en choix d'un mot, suggéré mentalement et présenté
au sujet avec deux autres. Nous avons fait deux séries de
ces expériences, chacune avec des personnes différentes.
Dans la première série il y avait 31 personnes, 142 suggestions et 71 divinations. Dans la seconde série, 11 personnes, 54 suggestions et 34 divinations. Le pourcentage
de divinations est 0,50 pour la première série et 0,62 pour

la seconde. La méthode adoptée était toujours la même. Avec chaque personne nous faisions le plus souvent quatre expériences de choix : plus rarement 5, 6 et même 8 expériences. Les mots présentés au choix étaient presque toujours les mêmes : trois *noms propres* : Jean, Pierre, Paul; trois *substantifs concrets* : hibou, lune, croix; trois *abstractions* : cause, effet, principe; et trois *nombres* : 5, 7 9. Cet ordre de succession fut maintenu dans toutes les expériences de la prèmière série.

Grâce à ce système nous avons recueilli quelques indices sur le rôle que peut jouer, dans le phénomène télépathique, la *qualité* de l'objet suggéré, le contenu du mot. D'après les résultats obtenus, le pourcentage des divinations dans la première série varie de la manière suivante : d'après la qualité des mots qui sont présentés aux choix pour les noms propres il est égal à 0, 37; pour les substantifs concrets = 0,63; pour les abstractions = 0,48; pour les nombres = 0,48.

Le pourcentage plus petit pour les noms propres provient principalement de ce que ces noms sont toujours au commencement des expériences, c'est-à-dire que le sujet n'est pas encore disposé, comme il le faut, pour recevoir l'action télépathique, ce qui l'empêche alors de la recevoir, c'est une certaine émotion, qui apparaît très souvent au début des expériences, l'attente de quelque chose d'inconnu et de nouveau, ainsi que l'intérêt qu'il porte aux diverses circonstances de l'expérience et la difficulté qu'il éprouve au commencement à se maintenir dans un état passif. Mais les autres pourcentages de divination, comparés avec ce premier choix et entre eux, laissent supposer qu'il y a encore un autre facteur, qui favorise ou inhibe le processus télépathique. Nous voyons notamment une grande prédominance du pourcentage de la divination des substantifs concrets sur toutes les autres catégories de mots, quoique l'habitude des expériences télépathiques et l'aptitude à les réussir doive augmenter avec chaque expérience nouvelle, de sorte que le dernier choix, celui des nombres, se fait en général dans les conditions psychologiques les plus favorables.

Si malgré cela les mots désignant les choses concrètes, présentés au choix dans la deuxième expérience, se devine plus facilement et plus souvent, il faut supposer que c'est la *qualité* même de l'objet suggéré, c'est-à-dire le contenu du mot, qui en est la cause, ce contenu, qui, contrairement à celui des abstractions et des nombres, présente des images et des associations concrètes, pourvues souvent de teintes émotionnelles caractéristiques. L'état de la personne qui agit ne peut influencer ici la divination puisque dans la suggestion des substantifs concrets, de même que dans celle des abstractions et des nombres, on conservait toujours la même concentration d'esprit sur le mot, la même monoïdéisation sur son aspect visuel et sur son articulation. Lors des mots concrets, je tâchais de représenter, à côté du mot, la chose même que le mot symbolise, mais cependant la concentration de ma pensée sur les abstractions et les nombres n'était pas moins forte; le mot-pensée remplissait tout le champ de ma conscience, ne disparaissant que dans les interruptions périodiques courtes, provenant de la fatigue, de même que dans les cas de substantifs concrets.

L'influence télépathique plus forte du mot concret nous rappelle un phénomème analogue dans le domaine de la mémoire ou plutôt de la cryptomnésie; car, nous voyons la même prédominance des mots, représentant des choses concrètes, se manifester aussi lors de la *reconnaissance* de l'oublié et dans la *résistance* qu'il présente. Des substantifs concrets, passant dans l'oubli, laissent après eux des vestiges plus vifs et plus individualisés que les mots abstraits. Lorsqu'on y substitue des représentations fausses, ces mots oubliés concrets réagissent par une résistance positive plus forte que les mots oubliés abstraits, étant donné qu'ils étaient perçus sans aucune perturbation; ils constituent des points de la cryptomnésie qui agissent surtout lors de la remémoration et qui conservent le plus longtemps leur individualité sans nom, individualité de quelque chose qu'on ressent distinctement, sans pouvoir le déterminer et le nommer. En un mot, *les représentations des choses concrètes ont des sentiments génériques de l'oublié plus forts et plus durables que les représentations abstraites*, et d'autant plus fortes et plus durables qu'elles possèdent des associations plus riches et plus étendues. Ceci est clair lorsqu'on se rappelle que la réduction subconsciente des perceptions et des représentations conserve surtout leur caractère émotif, qui peut durer, sans être détérioré et affaibli, alors même que les représentations elles-mêmes se sont déjà depuis longtemps effacées dans la conscience, comme cela a lieu par exemple dans le cas des idées pathogéniques de l'hystérie.

L'étude de la résistance de l'oublié, que nous avons faite avec dix personnes pour pouvoir comparer l'état cryptomnésique des substantifs concrets et abstraits, nous a montré très clairement la différence en question. Une série de 40 mots, lue à haute voix, chaque mot se trouvant sur une carte à part, était composée comme suit : 10 noms propres, 10 substantifs concrets, 10 adjectifs et 10 abstractions. On inscrivait d'abord la mémoire immédiate de la série, puis, après dix jours d'intervalle, on demandait au sujet les mots dont il se souvenait encore; c'était la mémoire de conservation. Les mots oubliés cette fois étaient soumis à un examen, pour connaître leur résistance, d'après une méthode que je décris ailleurs. De cette manière nous avons pu voir qu'elle est l'intensité des sentiments génériques de l'oublié provenant des perceptions anciennes, quelle est la vivacité de la cryptomnésie après dix jours d'oubli. Le tableau I nous présente les résultats de cet examen concernant les substantifs concrets et les abstractions.

Nous voyons donc d'après ces nombres, que l'oublié **des** représentations concrètes présente une résistance positive

plus forte que l'oublié des idées abstraites ; et nous voyons
aussi que la négation forte est plus fréquente dans le premier que dans le second, ce qui plaide aussi en faveur
d'une meilleure conservation dans le subconscient d'un
oublié concret, de son individualité, même dans le cas où
il fut détérioré par une perturbation de la perception. En
général, les pourcentages obtenus nous démontrent clairement que *les sentiments génériques des choses concrètes*

Tableau I

Résistance des oubliés concrets et abstraits.

POURCENTAGE DE LA RÉSISTANCE	SUBSTANTIFS CONCRETS	ABSTRACTIONS
Résistance positive forte	0,57	0,37
— positive faible	0,25	0,49
— négative forte	0,12	0,08
— négative faible. . . .	0,03	0,05

sont plus fortes que ceux des abstractions ; et en examinant les réponses particulières des sujets, la manière
dont ils réagissent à des suggestions qu'on leur présente
à reconnaître, lors de l'examen de la résistance, on peut se
convaincre aussi, que les mots oubliés, qui présentaient
pour le sujet un certain intérêt, à cause de ses associations
plus ou moins émotionnelles, constituent des points de
cryptomnésie plus vifs et plus proches du seuil de la pensée
que les mots indifférents ; il arrive souvent, lors de l'examen
de l'oublié de tels mots, que des suggestions même éloignées réveillent déjà, par leur parenté avec l'oublié, sa
remémoration partielle et qu'il se produise une ou deux
paramnésies, qui, tout de suite après, sont remplacées par
le mot propre, revenant spontanément à la mémoire.

Cette même prédominance de la vivacité subconsciente
des représentations concrètes se manifeste aussi, comme

nous l'avons vu, dans le processus télépathique où tout le mécanisme de la reconnaissance du cachet télépathique est aussi dissimulé devant la conscience du sujet et où il craint toute intervention de l'intellect, comme la plus pernicieuse pour cette reconnaissance. La ressemblance est très profonde de ce cachet télépathique, du caractère affectif et innomé, qui s'ajoute au mot suggéré mentalement, avec cet autre cachet affectif de la reconnaissance ordinaire des choses oubliées. Elle se manifeste non seulement dans les aspects introspectifs de ces deux phénomènes, qui dans les deux cas présentent toujours pour le sujet la même valeur *d'un état qu'on ressent distinctement mais dont ne peut dire exactement en quoi il consiste*, — mais elle se manifeste aussi clairement dans la manière dont ces reconnaissances se manifestent dans différentes conditions psychologiques.

Ainsi par exemple l'*influence perturbative des émotions* sur les oubliés, que nous avons eu souvent l'occasion d'observer, aussi bien que dans la reconnaissance des impressions que dans l'examen de la cryptomnésie, se manifeste aussi dans le processus télépathique; une émotion quelconque, même de provenance intellectuelle, comme par exemple un intérêt plus vif pour l'expérience, empêche de percevoir le cachet télépathique dans les mots présentés au choix, de même qu'elle empêche de reconnaitre la chose oubliée. L'*activité intellectuelle*, lorsqu'elle précède la perception du cachet affectif, l'activité consciente, qui compare et analyse, exerce aussi une influence pernicieuse sur les deux processus en question; c'est pourquoi le jugement de la reconnaissance basé sur la *première impression* est toujours le plus juste, dans la télépathie, de même que dans la reconnaissance ordinaire. Enfin, nous voyons aussi, que la télépathie des choses concrètes est plus facile que celle des abstractions, de même que la reconnaissance des oubliés concrets est plus facile que celle des oubliés abstraits, ce qui s'explique par les sentiments génériques plus vifs des premiers.

Les résultats des autres expériences télépathiques du choix, où les objets présentés à choisir étaient plus nombreux, plus compliqués ou au contraire trop simples, peuvent s'expliquer par le même caractère psychologique du phénomène en question. Ainsi, dans *le choix de 5 mots* (10 personnes — 38 suggestions — 10 divinations = 0, 26) le pourcentage des reconnaissances télépathiques diminue presque de la moitié, comparativement à celui des expériences sur trois mots; dans ce cas, au moment de la reconnaissance du cachet télépathique, une activité intellectuelle plus intense et plus longue doit intervenir, puisqu'il faut reproduire et comparer successivement un nombre de mots plus grand; le premier moment de l'impression, qu'on reçoit alors, peut donc être facilement perturbé par cette activité, et c'est pourquoi la divination est moins fréquente. Dans le *choix des dessins* le pourcentage des divinations est aussi plus petit que dans le choix de trois mots (9 personnes — 9 suggestions — 3 divinations = 0,33), quoiqu'il n'y eût que trois dessins présentés; cela tient probablement à ce que l'objet est ici plus compliqué que le mot et qu'il exige une activité mentale plus grande pour être évoqué; en outre, la comparaison des dessins prédispose l'esprit à la remémoration de divers détails, ce qui conduit souvent à l'analyse du souvenir et obscurcit la première impression. La télépathie du *mouvement* se réalise plus difficilement que les autres. L'expérience consistait en ce que le sujet devait mouvoir un des doigts suivant l'*envie* qui lui viendrait. La suggestion mentale était une représentation intense du mouvement d'un certain doigt; la transmission de cette représentation dans la conscience du sujet éveillait, en même temps, que chaque représentation de mouvement, une envie de l'exécuter. Sur 10 suggestions de ce genre, avec 10 personnes, il n'y eut que 3 divinations (= 0,30) complètes; dans 5 cas on devinait seulement la main, mais pas le doigt. La cause de la difficulté comparativement plus grande de cette télépathie, malgré les conditions favorables de la transmission à l'aide des mouvements inconscients, consiste probablement *dans la faiblesse du cachet télépathique lui-même ;* les différences entre les mouvements présentés au choix étant très faibles et peu caractéristiques, elles ne peuvent s'accentuer que faiblement dans des réductions subconscientes de ces représentations. Prenant en considération, que toute représentation, devenant subconsciente, se transforme en un sentiment générique plus ou moins fort ou faible, suivant ce qu'elle fut dans la conscience du sujet et suivant le degré d'intensité qu'elle y possédait, — nous pouvons supposer que, lors du processus télépathique, qui est un processus de l'activité subconsciente, les représentations des mouvements simples et ordinaires se réduisent en sentiments génériques beaucoup plus faibles que les représentations conceptuelles des mots, et c'est pourquoi leur cachet télépathique est plus difficile à reconnaître.

Pour se convaincre à fond de la ressemblance qui existe entre le cachet télépathique et la réduction cryptomnésique de la représentation, nous avons fait une série spéciale d'expériences (la seconde série des choix avec 3 mots) ayant pour but la *comparaison introspective* de la reconnaissance de l'oublié avec la reconnaissance télépathique. Les expériences étaient faites de la manière suivante : je donnais au sujet à lire, à haute voix, une série de 40 mots, présentés successivement sur les cartes ; la série se composait de noms propres, de substantifs concrets, d'adjectifs et d'abstractions en nombre égal. Après la reproduction des mots retenus j'examinais à part les oubliés de chaque catégorie. Parmi ces oubliés il y avait souvent des mots dont le sujet ne pouvait dire s'ils étaient ou non dans la série lue, et il répondait avec incertitude, ne pouvant se décider, ou bien il niait avec conviction qu'un tel mot fût dans la série. Les mots faux, présentés au sujet à reconnaître, les suggestions éloignées ou proches des mots oubliés, étaient comme toujours accueillis, par les sujets, de différentes manières, les uns indifféremment et avec une reconnaissance incertaine, d'autres avec négation, d'autres encore étaient reconnus et faisaient naître des paramnésies. Après chacun de ces examens, je choisissais un mot vrai, qui n'avait pas été reconnu, et je le présentais avec deux mots faux, qui créaient des paramnésies, en demandant au sujet de bien se rappeler lequel des trois était dans la série ; s'il n'avait aucune conviction précise, il devait indiquer le mot qu'il serait le plus disposé à admettre. Puisque le mot vrai, que je présentais, était toujours un mot non reconnu, complètement oublié, il en résultait que les réponses qu'on me donnait après un recueillement de la mémoire, furent le plus souvent fausses : un des mots faux était considéré comme oublié, tandis que le mot oublié vrai était rejeté avec une conviction plus ou moins grande. Après ce premier choix qui représentait la disposition cryptomnésique naturelle du sujet, venait le choix télépathique de ces mêmes mots. Je ne disais pas au sujet si son premier choix était juste ou non, je lui demandais seulement de fermer les yeux, de rester un moment tout à fait passif et de me répondre encore une fois lequel des trois mots présentés lui semblait pris dans la série. En même temps je touchais sa main et je pensais fortement le mot rejeté auparavant. Eh bien, dans la majorité des cas, le sujet changeait son opinion d'une manière décisive : *le mot suggéré mentalement et rejeté auparavant fut maintenant reconnu en tant que pris dans la série ;* tandis que le mot retenu dans le premier choix perdait maintenant tout son caractère paramnésique. Il arrivait aussi qu'après l'expérience télépathique, lorsque le sujet se demandait encore une fois lequel des mots appartenait à la série, la paramnésie précédente lui revenait, et que la reconnaissance du mot oublié, qui est venu seulement sous l'influence télépathique disparaissait complètement lorsque ce mot était perçu normalement, sans le supplément télépathique. Si au contraire le processus télépathique ne s'effectuait pas faute des conditions psychologiques indispensables, alors le jugement du sujet restait le même que dans le premier choix et la paramnésie d'alors se conservait sans changement. Dans les cas où l'influence télépathique est faible ou perturbée chez le sujet, la paramnésie précédente se conserve, mais à côté d'elle, le mot suggéré par la pensée et aussi reconnue comme appartenant à la série, de sorte que les deux présentent le même cachet de reconnaissance et que le sujet ne peut se décider à choisir l'un plutôt que l'autre. Enfin, il y a aussi des cas, où la paramnésie précédente est conservée, mais devient seulement moins sûre, et coexiste avec une reconnaissance nouvelle, qui non plus n'est pas tout à fait certaine.

Nous allons citer quelques exemples :

Chez *M. Bud.*, — le mot oublié est l'adjectif « bleu », qui est rejeté sans hésitation lors de l'examen ; parmi les suggestions on admet, sous la forme « il me semble », les mots « rouge » et « doux ». Je présente pour le choix ces trois mots : rouge — doux — bleu, en demandant lequel d'entre eux appartient à la série. La première réponse fut que c'était probablement le mot : « rouge » ; le mot : « bleu » est rejeté décisivement. La deuxième réponse, après l'action télépathique, est que c'est le mot : « bleu » qui faisait partie de la série. — Chez la même personne, le mot oublié est un substantif abstrait : « but » ; lors de l'examen il n'est pas reconnu et il est rejeté par le sujet sans hésitation ; parmi les mots faux sont admis le mot « vent » et le mot « mer », ce dernier avec une certitude plus grande. La première réponse sur le choix : vent — but — mer, après un recueillement assez long, fut le mot « vent » jugé comme reconnu d'après le son (le sujet se sert le plus souvent des images auditives). La deuxième réponse, après l'action télépathique, fut la suivante : « le mot « vent » était dans la série, quoique le mot « but » semble maintenant appartenir aussi à la série, je me le rappelle en sons, en tant que lu alors. »

Chez M. *Sla.*, le mot oublié « coopération » est rejeté décisivement lors de la reconnaissance; les suggestions fausses « lutte » et « amitié », sont admises, ce dernier mot comme le plus certain. Après la télépathie (suggestion mentale du mot « coopération ») on rejette sans hésitation le mot « amitié », mais le jugement reste indécis.

Chez M. *Sam.*, le mot oublié « croix » est rejeté décisivement; les suggestions fausses « neige » et « église » sont admises en tant que possibles; lors du premier choix après un recueillement, on admet ces deux mots faux comme appartenant à la série; après la télépathie le jugement est changé et c'est le mot « croix » qui est reconnu.

Sur le nombre total de ces expériences (54), avec 11 personnes, nous avons 34 cas de jugement changé et de reconnaissance du mot télépathique *en tant qu'appartenant à la série;* dans les 20 autres cas les sujets n'ont pas reçu l'influence télépathique et la paramnésie précédente s'était conservée.

De ces résultats nous pouvons conclure, *que le cachet télépathique qui s'ajoute au mot suggéré mentalement est équivalent, l'introspection du récepteur, avec le sentiment de la reconnaissance;* le mot qui était auparavant non reconnu et même rejeté décisivement devient un *souvenir localisé,* pour cette raison seulement, qu'à la représentation de ce mot s'associe ce « quelque chose » de nature affective qui provient de l'activité télépathique. — Nous avons ici une analogie avec ce qui se passe dans les paramnésies, artificiellement créées, au moyen de la double réception d'un même mot, d'abord dans une distraction profonde, et tout de suite après consciemment, avec l'attention. Dans ce cas, comme nous l'avons démontré ailleurs, c'est l'impression désintellectualisée du mot, sa réduction subconsciente, qui joue ici le rôle du souvenir, le rôle de la réduction cryptomnésique et qui, en se fusionnant avec la perception propre du mot, lui donne le cachet caractéristique du passé reconnu et crée une paramnésie.

Ce même processus se répète aussi dans le cas en question : la suggestion télépathique arrive aux récepteurs non pas sous l'aspect de la représentation, qui constitue l'objet de la suggestion, mais en tant que *la réduction subconsciente, a-intellectuelle de cette représentation ;* cette réduction étant, comme toute autre, l'équivalent émotionnel de la représentation, son sentiment générique, en s'ajoutant à la représentation, même, à l'un des mots présentés au choix, lui confère ou le cachet télépathique de la divination ou bien le cachet de la reconnaissance, le caractère du souvenir, si l'esprit du récepteur est disposé dans la direction de la recherche du passé. Ce caractère du souvenir, provenant de la télépathie, est si fort, qu'il l'emporte sur toutes les autres influences qui s'opposaient à la reconnaissance du mot, et fait que les mots auparavant rejetés, d'une manière très décisive, sont admis et reconnus comme appartenant à un certain passé systématisé.

Nous voyons donc que les différents processus psychologiques donnent comme résultat le même phénomène subconscient : la réduction émotionnelle des états intellectuels, réduction qui forme ainsi en même temps leurs équivalents. Dans le processus de l'oubli, c'est la lacune de la mémoire, remplie par le sentiment générique de l'oublié et qui présente une résistance envers les substitutions fausses. Dans le processus de la reconnaissance — ce même sentiment générique, le côté a-intellectuel du souvenir, s'ajoute à la perception répétée, sous l'aspect d'une teinte émotionnelle spécifique, par laquelle la chose qui était se distingue de la chose nouvelle. Dans le processus de la paramnésie, artificielle ou naturelle, provoquée par la double perception d'un même objet, le sentiment générique de cet objet se crée au moment même de la distraction, et cette réduction momentanée de l'objet à son aspect non représentatif, réduction identique à l'oubli s'ajoutant tout de suite après à la perception de l'objet, agit de la même façon que le souvenir réel, en colorant

l'objet du sentiment de la reconnaissance. Enfin, dans le
processus télépathique, l'objet de la pensée d'autrui, en se
transmettant à la conscience du récepteur, subit un changement analogue au précédent, et, pour être deviné doit
se désintellectualiser. Ce processus « d'affranchissement »
qui, lors d'une réception normale, se fait par la *distraction*
ou par l'*oubli*, en changeant les objets représentatifs et
nommés du monde intellectuel en états émotifs seulement
et innomés de la subconscience, ce même processus se
répète aussi dans la transmission de la pensée d'un organisme à un autre. Ce n'est pas l'objet de la pensée lui-
même qui se transmet comme tel, mais seulement sa réduction a-intellectuelle, son équivalent émotionnel ; le récepteur reçoit la représentation suggérée de la même
manière qu'il la recevrait dans une profonde distraction,
ou bien de la même manière qu'il la remémorerait, en
explorant les couches vives encore de l'oublié. Au lieu de
recevoir la représentation déterminée, l'état de pensée
distincte, que possède la personne qui agit, le récepteur ne
reçoit qu'un « pressentiment », comme dans les cas de télépathie des événements réels, ou un cachet affectif, indé-
terminable, d'un objet, comme dans la télépathie du choix,
ou bien — des symboles et des synonymes, le plus souvent émotionnels, de l'objet suggéré, comme nous le verrons dans les expériences sur la télépathie des oubliés.

C'est de cette nature *cryptomnésique* de l'état télépathique que provient aussi sa manière d'être, si analogue
au processus de la reconnaissance, dont nous avons parlé
plus haut. Cette ressemblance se retrouve encore dans un
autre phénomène de la télépathie, que nous pouvons nommer l'*imagerie* du cachet télépathique. Il arrive notamment assez souvent (onze fois sur 40 suggestions concrètes
devinées, chez 8 personnes), qu'un moment après la reconnaissance du cachet télépathique du mot suggéré, lorsque l'attention du sujet est encore retenue par ce mot, à
côté du sentiment télépathique spécial, apparaisse aussi

l'image de la chose que le mot représente. Cette image n'est jamais recherchée par le sujet; elle est d'habitude inattendue et son apparition est soudaine; c'est ce qui fait que l'image attire spécialement l'attention du sujet; d'autre part, elle n'apparaît que lorsque le cachet télépathique du mot est assez fort, de sorte que son choix se fait sans aucune hésitation. Ces images présentent souvent une parenté proche avec les images qui figuraient dans la suggestion mentale de la personne qui agit, c'est-à-dire avec la représentation concrète que j'imaginais moi-même : ce n'est donc pas seulement une représentation générale de l'objet, que le mot symbolise, mais une représentation qui contient aussi les éléments *individuels* de *ma* représentation personnelle. Ainsi, par exemple, le mot deviné « croix » éveille chez Mme Nel. l'image d'une croix *sur la colline*; Mlle Mac. avec le nom deviné « Sophie » se représente une jeune femme *en robe blanche;* chez Mlle Gr. le mot deviné « Genève » éveille la vue de cette ville *du côté du lac*, représentée *sur une carte postale*; les caractères des images, qui sont soulignés, se retrouvaient aussi dans ma représentation de ces suggestions.

Ces deux propriétés des images télépathiques dans le choix — leur apparition indépendante de l'activité mentale du sujet et les éléments représentatifs de la suggestion qu'elles contiennent — ces deux propriétés nous permettent de supposer, que *le cachet télépathique n'est autre chose que le sentiment générique de la représentation qui est suggérée au sujet*, et que les images qui apparaissent ici constituent le développement représentatif de ce sentiment, développement qui surgit sous l'influence de l'attention concentrée du sujet, et qui est analogue au développement représentatif de l'oublié, lorsqu'il s'approche du seuil de la pensée, ou bien encore à l'apparition des images et des souvenirs qui suit la reconnaissance d'un objet. — Ce nouveau caractère du fait télépathique sera plus évident encore dans la télépathie de l'oublié, où on pourra observer immédiatement les diverses phases du développement que subit l'élément cryptomnésique provenant de la télépathie.

IV. — TÉLÉPATHIE DE L'OUBLIÉ

Les expériences concernant cette télépathie étaient faites de la manière suivante : le sujet lisait à haute voix une série de mots, inscrits chacun sur une carte à part. La première série se composait de 10 mots abstraits ; la seconde — de 20 mots concrets ; la troisième de 10 adjectifs ; cette dernière série était lue sans prononcer les mots, puisque en même temps le sujet faisait un calcul mental à haute voix ; c'était la série perturbée, lue sans attention. Après chaque lecture le sujet inscrivait les mots qu'il avait retenus ; il lui restait toujours une certaine quantité de mots oubliés, qu'il ne pouvait plus remémorer, 3 ou 4 mots abstraits, 7 ou 8 mots concrets, 6 ou 7 adjectifs, en moyenne. Cette couche de l'oublié fraîchement acquis, de qualité différente, constituait le champ d'action pour la suggestion télépathique. Je choisissais un de ces mots oubliés et je le représentais fortement en tant qu'objet de la suggestion mentale ; souvent, à côté du mot, je me représentais aussi la chose signifiée par le mot, ou bien un symbole quelconque de l'idée abstraite. Le sujet, subissant cette influence par le contact de la main, restait toujours dans les mêmes conditions que lors des expériences précédentes : il avait les yeux fermés, se disposait passivement et devait me dire les mots qui lui venaient à l'esprit.

Le résultat de ces expériences sur 21 personnes fut le suivant :

Sur 61 suggestions de mots oubliés il y eut 37 divinations, soit 0,60. Dans l'oublié abstrait (qui comprend aussi les adjectifs), sur 28 suggestions il y eut 20 divinations soit 0,71.

Dans l'oublié concret, sur 33 suggestions il y eut 17 divinations, soit 0,51.

Le tableau II nous présente les différents genres de réponses dont se composaient les divinations.

TABLEAU II

	MOTS ABSTRAITS	MOTS CONCRETS	TOTAL
Réponses exactes (on dit le mot suggéré lui-même)	4	4	8
Réponses qui ressemblent à la suggestion par l'image affective accompagnant le mot.	9	8	17
Réponses qui ressemblent par le contenu du mot.	4	0	4
Réponses qui ressemblent par les lettres qui composent le mot	3	5	8
Total.	20	17	37

Nous voyons dans ce tableau, que les réponses exactes, c'est-à-dire la divination du mot même, sont les plus rares ; tandis que la forme de télépathie la plus fréquente, qui apparaît ici, c'est la transmission de *l'image* et *du ton affectif*, qui caractérisent le contenu du mot suggéré. Cette image affective, transmise à la conscience du récepteur, recherche dans cette conscience son expression symbolique et se complète par un mot quelconque, qui est le plus proche de lui ; parfois aussi cette image retrouve le mot même qui était suggéré, comme cela est arrivé dans quelques cas qui figurent parmi les réponses exactes. A la même catégorie psychologique de la « transmission » appartiennent aussi les réponses qui ressemblent aux suggestions par le *contenu conceptuel* du mot, c'est-à-dire les réponses par les synonymes, où nous trouvons aussi une certaine dissociation entre le contenu et la forme du mot suggéré, après quoi, l'idée du mot, ainsi émancipée de sa forme, retrouve dans la conscience du récepteur une expression différente, un autre mot équivalent. Cela arrive seulement avec des mots abstraits, et, comme nous le verrons plus loin, l'existence d'une telle idée, dissociée du mot, et qui recherche un nouveau mot, — est très analogue à l'image affective qui recherche un symbole quelconque pour s'y fixer. — L'activité télépathique la plus faible se manifeste dans les réponses qui ressemblent aux suggestions par les lettres seulement contenues dans le mot, comme si ce n'était que le côté extérieur du mot, sans son contenu, sa représentation visuelle ou auditivo-motrice, qui subissait la réduction subconsciente, nécessaire à la transmission par la voie télépathique; cependant, dans cette catégorie nous rencontrons aussi quelques cas, où, à côté des lettres, apparaissent aussi, dans la conscience du récepteur, certaines images, qui par leur ton émotionnel sont très proches des mots suggérés. — En général donc, on peut dire, qu'aucune de ces catégories de réponses télépathiques n'est nettement séparée des autres, et que dans toutes se manifeste le même processus *de la transmission, à la conscience du récepteur, d'un certain trait émotionnel principal du mot suggéré, lequel trait y retrouve une image, plus ou moins déterminée, d'un souvenir ou d'un symbole; et souvent aussi le mot qui correspond à cette image.*

Des exemples choisis parmi les expériences vont mieux nous montrer quel est le caractère de ce processus dans ses différentes variétés.

Dans la première catégorie des réponses exactes, sur huit cas, nous avons d'abord 6 cas, avec 5 personnes, qui présentent la forme la plus simple, et dans lesquels le processus fondamental ne se manifeste pas. Les mot suggérés : croix, Wanda, conscience, blanc. bleu — se retrouvent dans l'esprit du récepteur immédiatement et après un temps assez court, le plus souvent sans aucune image associée (excepté le nom Wanda, accompagné d'une image de la femme); ils apparaissent d'emblée comme des représentations visuelles ou auditivo-motrices bien distinctes; parfois ils sont reconnus comme des mots oubliés de la série, parfois non. Ce sont les meilleurs cas de télépathie, mais aussi les moins intéressants pour l'observateur. Dans cette catégorie nous trouvons aussi deux cas, qui se rapprochent déjà des autres formes de divinations, et où le mot suggéré, au lieu de se reproduire chez le récepteur d'une manière prompte et immédiate, subit un processus ralenti, qui montre les différentes phases de la transmission : d'abord les images symboliques et puis seulement la reproduction du mot même. Ainsi par exemple, chez Mlle *Kraus.*, lors de la suggestion du mot oublié « dents », il y a d'abord le sentiment agaçant d'un mot présent, mais qu'on ne peut pas se rappeler; on sait seulement que ce mot commence par D; puis apparaissent les images suivantes : un « œil », les « ailes », puis « les ailes d'un papillon », puis les « ailes qui sont *dentelées* », puis l'image d'une *dentelle*, et enfin apparait le mot « dent ». Chez M. *Troj.*, lors de la suggestion du mot « espace », apparait d'abord l'image ou représentation d'un grand espace nébuleux et obscur (que je me représente aussi dans la suggestion) et tout de suite après vient le mot « espace ».

Une telle dissociation du mot télépathique se manifeste plus clairement encore dans la deuxième et la troisième catégorie des réponses. Dans les cas précédents on peut encore supposer que l'image symbolique est apparue avec le mot et que son antériorité n'est qu'une illusion introspective du sujet. Mais dans les observations suivantes, la dissociation télépathique du mot se constate sans aucun doute. Parmi les 17 réponses qui ressemblent par l'image affective et 4 réponses qui ressemblent par leur contenu conceptuel aux suggestions, nous allons choisir quelques exemples seulement des plus caractéritisques. Il faut aussi prendre en considération, que les mots faux mais ressemblants aux mots suggérés, qui apparaissent dans les réponses des trois dernières catégories, sont toujours des mots nouveaux, qui ne figuraient pas dans les séries lues et qui par conséquent n'appartient pas à l'oublié; malgré cela, il arrive souvent qu'ils sont considérés par le sujet comme des mots oubliés, c'est-à-dire qu'ils créent des *paramnésies*.

Chez M. *Ban.*, lors de la suggestion du mot « espace », que je me représente aussi par la vision intérieure d'un grand espace sombre, — apparaît l'image d'un vaste terrain gris, couvert de neige qui fond, et en même temps le souvenir de la peur du vide, qui donne à l'image un ton émotionnel caractéristique ; comme résultat il dit le mot « peur ». Chez la même personne, lors de la suggestion du mot « conscience », dans laquelle je m'imagine la figure d'un homme tourmenté par les remords, — apparaît le souvenir général des états affectifs déprimants, lequel s'exprime par les mots « misère », « méchanceté », « douleur ».

Chez Mme *Lew.*, la même suggestion du mot « conscience », accompagnée de la même représentation, évoque le souvenir affectif analogue « de quelque chose qui pèse, « le sentiment d'une douleur dans le creux de l'estomac », et en même temps l'image « d'une main indiquant le ciel; le mot qu'on dit est « destin ». Chez la même personne, la suggestion du mot « fumée » évoque « l'impression de quelque chose qui s'envole, un sable que le vent emporte dans le désert »; elle ne dit aucun mot.

Chez Mlle *Lucie* (jeune fille de quinze ans), la suggestion du mot « Sigismond » (dans laquelle je me représente son oncle qui porte ce nom) n'évoque aucune réponse immédiate ; c'est seulement après la télépathie qu'elle me dit avoir pensé à son cousin (le fils de Sigismond) et à la maison où il habite avec son père. Cette même personne suggestionnée par le mot « croix », avec la représentation d'une croix noire pendue sur le mur blanc d'une chambre, — répond par les mots sans aucune signification télépathique « thé », « arbre », « huile », mais en même temps elle me dit avoir pensé aux images de la sainte Vierge et de Jésus sur la croix, qui sont dans sa chambre et devant lesquelles elle a l'habitude de prier.

Chez M. *Ad.*, la suggestion du mot « fumée », accompagné de la représentation d'une fumée qui monte de la cheminée sur le fond d'un ciel bleu, évoque d'abord le mot « travail », puis le mot « ciel »; avec ce dernier mot apparaît aussi l'image de « quelque chose de bleu ».

Chez Mme *Loj.*, la suggestion du mot « encrier » ne provoque aucune réponse; pendant la télépathie il y avait une sorte de somnolence, avec le sentiment « de s'abîmer », qui chez elle accompagne toujours le moment où elle s'endort: et c'est alors qu'est apparue une sorte de rêve : elle est devant une table, sur laquelle se trouve un *encrier*, et elle a peur de le renverser.

Chez M. *Troj.*, le mot suggéré « bleu » évoque l'image d'un champ bleu, mais le mot lui-même n'est pas dit; le mot suggéré « croix » accompagné chez moi de la représentation d'un cimetière, évoque chez lui les images d'arbres, d'une palissade et de monuments en pierre; mais aucun mot n'est donné en réponse.

Dans les réponses, qui se ressemblent par le contenu du mot, la dissociation de la suggestion n'est pas si visible pour l'observateur que dans les exemples précédents, car le contenu conceptuel, dissocié du mot, n'apparaît pas dans la conscience du récepteur sous l'aspect d'une image ou d'un symbole affectif, mais trouve immédiatement des mots nouveaux, des *synonymes* des mots suggérés; cela se rapporte presque exclusivement aux substantifs abstraits et aux adjectifs. Ainsi par exemple, la suggestion du mot « blanc » provoque la réponse « clair »; la suggestion du mot « espace » provoque la réponse « grandeur »; la suggestion « mou » — provoque la réponse « aimable[1] »; la suggestion « conscience » — la réponse « moralité », et ainsi de suite.

1. Ces deux mots en polonais, qui était la langue des expériences, se ressemblent aussi par les sons.

Dans les réponses qui ressemblaient aux suggestions par les *lettres* des mots, nous trouvons des cas, par lesquels cette forme de réponses se lie avec les précédentes, de sorte qu'on peut la considérer comme un des aspects seulement du processus de la dissociation télépathique, où le sentiment générique du mot, très distinct, ne fait pourtant retrouver que le premier son du mot ; c'est un phénomène tout à fait analogue à la remémoration du mot qui est « au bout de la langue », au sentiment de l'oublié qui est au seuil de la pensée sans pouvoir le passer. Ainsi par exemple, Mme *Slon.*, lors de la suggestion du mot « croix », me dit qu'il lui vient constamment un mot commençant par *k* (c'est par cette lettre que commence le mot « croix » en polonais), mais le mot lui-même échappe. Mlle *Lucie*, lors de la suggestion du mot « espace », accompagné de la représentation du paysage lointain qu'on voit par la fenêtre de la chambre où nous sommes, me dit le mot « plénitude » (qui en polonais se commence par les mêmes sons que le mot espace) et puis elle me raconte (sans savoir toujours quel était le mot suggéré), qu'en même temps que ce mot est apparue aussi l'image du paysage qu'on voit de la chambre. Une autre fois, le mot « fumée » étant suggéré, elle me dit le mot « maison » qui en polonais ressemble beaucoup au premier (*dym, dom*).

A M. *Ad.*, pendant la suggestion du mot « croix » (qui commence en polonais par *k*), ne viennent en tête que des mots commençant par *k* : « kawa », « kora », « korzen », des mots tout à fait étrangers à la direction de sa pensée et qui l'étonnent. Chez Mlle *Kraus*, la suggestion du mot « bottes » évoque une série des mots sans signification télépathique : Sophie, poêle, Stanislas, Bebel, pain ; mais c'est le mot « Bebel » qui apparaît avec le plus d'intensité et plusieurs fois ; avec la suggestion du mot « dym » (fumée) apparaissent les mots insignifiants : plancher, balle, l'homme, et en outre l'image visuelle d'une grande lettre *D*.

Nous voyons donc, que toutes ces quatre catégories de réponses télépathiques présentent au fond le même processus essentiel de la transmission du contenu seul du mot, du contenu réduit à sa propriété la plus caractéristique, à un certain ton affectif fondamental du mot. Ce contenu dissocié du mot, lorsqu'il apparaît dans la conscience du récepteur, peut y subir différents sorts : ou bien, il retrouve immédiatement le même mot qui est suggéré, comme dans la première catégorie des réponses; ou bien il ne le retrouve qu'après un intervalle de temps, comme dans les cas cités de Mlle Kraus, et de M. Troj; ou bien il ne retrouve pas du tout ce mot mais d'autres qui lui ressemblent par la signification ou par les images affectives, comme c'est le cas dans les deuxième et troisième catégories des réponses; ou bien encore il ne retrouve aucun mot en général, mais il se symbolise seulement dans certaines images affectives, comme par exemple chez Mlle Loj. et M. Troj.; ou enfin il ne retrouve aucun mot ni aucune image symbolique et n'apparaît que comme le *sentiment générique* d'un certain mot inconnu, avec une seule lettre intiale du mot suggéré, sentiment tout à fait analogue au sentiment de l'oublié, qui tend à ce remémorer.

En considérant ces diverses formes de l'action télépathique, nous sommes frappés par leur grande ressemblance avec le phénomène des *hallucinations de la mémoire*, aussi bien au point de vue de leur processus de formation, que dans leur aspect psychologique. En étudiant la mémoire des séries de mots, on rencontre souvent, dans des reproductions immédiates et ultérieures, des mots, qui ne figuraient pas du tout dans la série perçue, et qu'on peut considérer par conséquent comme des hallucinations de la mémoire; dans les séries qui furent perturbées, lors de la perception, par une distraction quelconque (comme par exemple par un calcul mental accompagnant la lecture des mots), ces hallucinations sont beaucoup plus fréquentes. Lorsqu'on analyse l'origine psychologique d'une telle hallucination, on peut se convaincre facilement qu'elle dissimule le plus souvent l'idée, l'image ou bien le caractère émotionnel d'un des mots oubliés, et qu'elle n'apparaît que lorsque ces mots étaient perçus dans une profonde distraction et présentaient pour le sujet un intérêt quelconque plus vif. L'oublié qui s'est formé dans ces conditions devient un sentiment générique intense, proche du seuil de la pensée, de sorte qu'au premier effort de la remémoration, il devait passer le seuil, mais ne pouvant pas retrouver son expression propre, que la perception du mot fut perturbée ou trop faible, il s'ajoute à d'autres mots, qui symbolisent la même idée, la même image ou le même caractère émotionnel, ou bien encore à des mots qui ne ressemblent que par les sons aux mot oubliés. En conséquence, nous retrouvons dans les hallucinations de la mémoire des mots qui ressemblent aux mots oubliés par leur caractère émotionnel, ou par l'image, ou par leur signification conceptuelle (synonymes), ou par les sons d'articulation. Si au contraire la perception du mot n'a pas été si profondément perturbée, le sentiment générique retrouve ce même mot, mais cette reproduction n'est pas immédiate : il apparaît d'abord une image affective, qui symbolise le contenu du mot oublié, et après seulement vient le mot lui-même.

Nous rencontrons donc ici les mêmes formes et le même processus que nous avons vu dans la télépathie. Le mot suggéré, aussi bien que le mot oublié, *se dissocie* en sa partie représentative intellectuelle, et en sa partie subconsciente, qui contient un certain ton émotionnel fondamental de son contenu, et quelquefois même ne contient que le sentiment du caractère du mot en tant que tel. Cette partie subsconsciente du mot se conserve dans la cryptomnésie comme un état qui survit psychiquement et qui agit; dans la télépathie, c'est elle qui *se transmet* à la conscience du récepteur, où elle devient l'agent d'un processus nouveau. Dans la cryptomnésie, la partie subconsciente du mot tend à *se remémorer*, c'est-à-dire à passer le seuil de la pensée;

elle produit alors les sentiments de manque, les sentiments génériques de l'oublié qui présentent une résistance aux substitutions fausses, les symboles des hallucinations de la mémoire, les paramnésies et les remémorations fidèles. Dans la télépathie, cette même réduction subconsciente, d'un caractère a-intellectuel et émotionnel, tend aussi à *se remémorer* dans la conscience du récepteur, en produisant des états tout à fait semblables : les sentiments génériques de l'objet suggéré, les images qui le symbolisent, les mots qui lui ressemblent, les reproductions des mots suggérés par l'intermédiaire des images, et enfin les reproductions exacte de ces mots. Ainsi donc, de même que le choix télépathique du mot présentait tous les caractères de la reconnaissance de l'oublié, de même aussi la télépathie de l'oublié présente tous les caractères de la remémoration.

Le processus télépathique, dans son essence psychologique, n'est donc qu'un processus de la cryptomnésie. Et la différence entre les deux consiste seulement dans les différentes manières *dont l'oublié se forme*. Dans la cryptomnésie ordinaire, l'oublié se forme parce que *l'objet sort* de la sphère de l'attention et de l'intellect. Dans la télépathie, par contre, l'oublié se forme parce que l'objet *ne peut pas entrer* dans la sphère de l'attention et de l'intellect du sujet, et il ne peut entrer parce qu'il n'agit sur aucune des voies sensorielles, les seules qui se sont adaptées aux besoins de notre intelligence.

V. — TÉLÉPATHIE DE L'INCONNU

Avant de passer à l'hypothèse qui pourrait nous expliquer plus ou moins le phénomène télépathique nous devons encore dire quelques mots d'une forme de télépathie, la plus rare et la plus difficile à reproduire expérimentalement. Dans les expériences concernant cette forme de télépathie, on ne dit pas au sujet quel genre du mot ou de chose on va suggérer, et on choisit n'importe quel objet de suggestion parmi les milliers d'objets possibles.

J'ai essayé avec 7 personnes des expériences de cette sorte, sans employer l'hypnose et sans avoir affaire à des sujets hystériques ou autrement anormaux. Sur 8 suggestions mentales d'objets inconnus il y eut 4 réponses qui concordaient d'une manière ou d'une autre avec la représentation suggérée. La méthode des expériences était la même que dans les expériences précédentes. Voici les cas de réussite : Mme *Nel.*, est une personne qui répond sans erreur dans les cinq expériences sur le choix télépathique des mots : elle se concentre facilement, elle est suggestionnable, et elle pense le plus souvent au moyen d'images symboliques et émotionnelles. Nous prenons pour objet de la suggestion mentale la représentation de la cathédrale bruxelloise de Sainte-Gudule, et en particulier la vue de ses tours gothiques se dessinant sur le bleu sombre du ciel ; je m'imagine cette vue d'une manière très intense ; la séance se passe à Bruxelles et l'église en question est bien connue de Mme N. Après quelques minutes de suggestion, (l'expérience ne dure jamais plus de deux ou trois minutes), Mme N. me raconte les images qui lui sont venues en tête pendant la télépathie : entre autres, il lui apparut très distinctement, l'image « d'un bleu foncé du ciel ou de la mer et sur le fond bleu se dessinaient de hautes colonnes ou bien les hauts mâts d'un vaisseau, avec des voiles pliées, et soudées ensemble » ; la ressemblance de cette image aux tours gothiques de l'église est bien visible.

Mlle *Bor.* est une personne dont l'imagination visuelle est très développée et aidée par « l'audition colorée » ; elle s'absorbe souvent dans des rêveries passives et semble être facilement hypnotisable. Nous lui devons deux cas très intéressants de la télépathie de l'inconnu. Dans la première suggestion je me représente d'une façon très concrète, une chambre qui m'est bien connue et un de ses amis, un écrivain, assis devant une table chargée de livres et de papiers ;

il est d'un âge mûr, maigre, avec un visage très intelligent de penseur ; courbé sur la table il écrit avec une plume caractéristique, une plume d'aluminium, qui imite une plume d'oie. Mlle B. ne connaît ni ce monsieur ni cette chambre. Après quelques minutes de séance, ayant les yeux fermés, elle sent une somnolence qui l'envahit et elle commence à voir toutes sortes d'images, qu'elle me raconte ainsi : « Un homme est assis devant une table où il y a beaucoup de papiers, il écrit avec une plume d'oie ; il est maigre ; c'est un écrivain ou un employé de bureau ; un moment avant il était différent. Maintenant je vois une femme nue, enveloppée seulement de sa grande chevelure, elle est en profil. L'homme n'est plus là. Maintenant c'est une voie couverte de neige, une grande perspective lointaine, une jeune fille reste assise sur la neige, dans une robe de couleur brune. Maintenant il n'y a plus que des faisceaux rouges, longs. Maintenant je vois quelqu'un qui apprête un appareil photographique. Des têtes de coqs, avec des plumes. Quelqu'un qui monte sur arbre — c'est un cyclope, il n'a qu'un œil. S'il faisait tout à fait sombre, peut-être que je pourrais encore reproduire le visage de cet homme qui écrivait. Le bureau de travail sous le mur, tout est blanc, une porte, une pendule. Cela a déjà disparu[1]. » Nous voyons ici non seulement une répétition très exacte de l'image suggérée, mais encore l'intervention de la suggestion mentale dans un flux de représentations imaginaires très vives et qui lui sont tout à fait étrangères ; cette intervention se manifeste deux fois : une fois dans l'apparition de « l'appareil photographique », que je pensais en rapport avec la personne de mon ami ; une seconde fois — dans le retour de la représentation suggérée principale.

Dans une autre expérience avec cette même personne, je prends pour objet de la suggestion l'image d'Isadora Duncan, dansant pieds nus, dans un costume grec, tout

1. Je cite textuellement sans rien omettre.

blanc. Pendant la télépathie il y a, comme l'autre fois, une certaine somnolence, et Mlle B. me raconte les images, à mesure qu'elles lui apparaissent. Parmi d'autres (trop nombreuses pour être citées), elle voit l'image d'un temple grec, puis une femme vêtue d'une robe blanche, puis plusieurs femmes nues, qui se baignent dans la mer.

Le dernier cas de cette forme de télépathie, se rapportant à Mlle *Ch.*, se distingue des autres par ce trait qu'au lieu de la somnolence, qui apparaît souvent pendant la télépathie, c'est un état d'hypnose qui est apparu et qui fut provoqué par nous au moyen de la suggestion. Il avait été dit à Mlle *Ch.* qu'elle devait deviner laquelle des six fleurs, posées devant elle sur la table, elle devait me présenter. Avant de commencer la télépathie je lui donne la suggestion du sommeil, qui se réalise très facilement; ses paupières deviennent lourdes, se ferment d'elles-mêmes et bientôt elle ne peut plus les ouvrir; un moment après, elle s'endort paisiblement. Après quelques minutes, je lui dis d'ouvrir les yeux, de me regarder sans se réveiller, et de tâcher de deviner l'objet que je désire. Mlle *Ch.* ouvre les yeux, me fixe un instant, puis retire sa main que je tenais pendant ce temps, et, après une courte pause, sans hésitation, elle prend la *boîte d'allumettes*, qui est sur la table pour me la donner. C'est justement à cet objet que je pensais. La suggestion mentale fut donc devinée malgré les obstacles que nous lui avons posés exprès, en disant au début de l'expérience que c'est sur le choix des fleurs que devait porter son attention.

Les expériences de ce genre, quoique d'un aspect plus impressionnant, ne diffèrent pas beaucoup de la télépathie de l'oublié. Car, dans les deux cas, la suggestion mentale agit sur un oublié, avec cette différence seulement, que, dans la divination de l'inconnu, cette influence, au lieu de se concentrer sur une certaine couche de l'oublié, fraîchement acquise, se disperse sur son ensemble, sur tout le subconscient du sujet, en y repêchant des éléments qui lui ressemblent. La suggestion de l'inconnu n'est pas pourtant la suggestion de quelque chose qui serait absolument nouveau pour le sujet, de quelque chose qui ne serait pour lui ni un souvenir quelconque, ni une idée, ni un concept aussi général que possible. Or, la condition principale pour qu'une transmission de pensée réussisse, ce n'est pas autant la limitation du champ de subconscience, sur lequel s'exerce l'action télépathique que *l'intensité et la vivacité de la réduction subconsciente de l'objet suggéré, le degré de force que présente son sentiment générique, son oublié.* Et c'est pourquoi les tentatives expérimentales de la transmission télépathique des nombres, des lettres, des cartes à jouer (comme par exemple dans les expériences de Richet) donnent le plus souvent des résultats très pauvres, un pourcentage de divinations très faible, parce que la réduction subconsciente de telles représentations est très peu intense. Par contre, plus un objet est intéressant, émotionnel et concret, d'autant plus facilement aussi et plus fréquemment réussit la télépathie de l'inconnu: de même que la télépathie de l'oublié réussit d'autant mieux que le mot suggéré est plus intéressant et plus riche en associations affectives; et de même aussi que le choix télépathique réussit plus facilement avec des mots concrets, dont l'oublié présente une résistance plus forte, qu'avec des mots abstraits, à résistance faible. On peut donc comprendre pourquoi les faits télépathiques spontanés de la vie apparaissent surtout en connexion avec des événements graves et fortement émotionnels pour le sujet. La réduction subconsciente d'un tel objet arrive alors à son maximum d'intensité, et le sentiment générique de l'oublié de cette nature attaque avec une grande force le seuil de la pensée, avec une force si grande, que la symbolisation que ce sentiment surgi dans la conscience du récepteur l'emporte sur celui de l'imagination ordinaire et produit ses conversions organiques — les hallucinations des sens et les expressions fonctionnelles des émotions.

Avant de terminer ce chapitre, je dois encore mentionner deux cas de transmission d'un état *cœnesthésique*, que j'ai observé aux cours des expériences ; une fois c'était la transmission de l'état d'une forte *somnolence*, d'origine naturelle et connue, qui m'envahissait pendant l'expérience ; le sujet, Mlle *Sar.*, après quelques minutes de télépathie, me dit, qu'elle craint de s'endormir, sentant une lourde somnolence qui l'accable de plus en plus. Une autre fois, c'était la transmission d'un état de *tristesse*, que je ressentais depuis quelque temps déjà avant et pendant les expériences avec Mlle *Bied*. Cet état était assez intense et je tàchais de le bien dissimuler ; après quelques expériences télépathiques sur le choix des mots, Mlle *B.* me dit constater en elle un drôle de changement d'humeur : elle était, comme d'habitude, assez gaie. et voilà, depuis quelques minutes qu'elle se sentait triste sans aucune raison.

VI. — LE MÉCANISME DE LA TRANSMISSION TÉLÉPATHIQUE

Nous arrivons maintenant à chercher l'hypothèse capable de nous expliquer la manière dont se fait la *transmission*. Jusqu'à présent. en considérant le problème psychologique de la télépathie, nous étions sur le terrain des études expérimentales pures ; ici, nous devons nous limiter à une déduction théorique ; néanmoins, certains résultats, que nous avons obtenus nous permettront aussi de nous représenter sous un aspect nouveau la télépathie, c'est-à-dire de poser une hypothèse concernant la *transmission*.

Devant le fait constaté, que l'objet de la suggestion mentale, en se transmettant à une autre conscience, *se dissocie* et qu'il n'agit que comme réduction subconsciente, en évoquant chez le récepteur un processus purement cryptomnésique, devant ce fait, l'hypothèse jusqu'à présent admise, d'un « rayonnement de l'énergie cérébrale » ne peut plus satisfaire, parce que dans ce « rayonnement » on doit admettre une certaine *électivité*, et que par conséquent, il se pose une question embarrassante : pourquoi les états représentatifs, intellectuels, du cerveau ne rayonnent-ils pas en tant que tels, mais seulement leur réduction a-intellectuelle. Au vrai, cette hypothèse du rayonnement n'expliquait jamais le fait télépathique et n'était que sa désignation en termes soi-disant physiologiques. Le « rayonnement de l'énergie » ne signifie dans ce cas rien d'autre que la « transmission de la pensée » et n'y introduit aucun élément conceptuel nouveau : il restait toujours à définir ce qu'est ce rayonnement et dans quelle catégorie de phénomènes énergétiques il devait être recherché.

La connaissance de la nature cryptomnésique de la télépathie nous peut suggérer une interprétation un peu différente.

Puisque la suggestion mentale apparaît chez le récepteur sous l'aspect d'un sentiment générique de l'oublié et puisqu'elle y est représentée de la même manière que la chose qu'on remémore, il en résulte que l'influence télépathique s'exerce avant tout sur ce côté de l'organisme du récepteur qui est le siège de l'oublié et dont le fonctionnement conditionne la survivance psychique de l'oublié.

Où est donc ce *siège de l'oublié ?* Nous tâcherons de répondre à cette question en quelques mots, en renvoyant le lecteur, pour l'explication plus exacte, à notre travail spécial qui va paraître bientôt sur ce sujet. — En se basant sur les nombreuses expériences que nous avons faites sur l'oublié, dans ses différents aspects, nous pouvons constater, que l'oublié *survit psychiquement* pendant une période de temps indéterminée. Puisque l'oublié se produit à tout moment, avec chaque impression, la question se pose donc nécessairement de savoir où et sous quel aspect de notre expérience interne se conserve toute cette masse de l'oublié qui s'accumule durant la vie du sujet, cette immense agglomération des états émotionnels a-intellectuels, des sentiments génériques de différentes origine et intensité, qui se dissimulent sous le seuil de la pensée, comme un état continu et constant. L'expérience interne, l'introspection, ne nous indique qu'un seul état subjectif qui corresponde à cette conception, notamment le *sentiment de soi-même*, non pas le sentiment de soi en tant que sujet actif, qui se manifeste dans les actes de la pensée et de la volonté, mais le sentiment du côté *passif* de notre moi, c'est-à-dire la *cœnesthésie*. La cœnesthésie, cette sensation de soi-même en même temps spirituelle et corporelle, constitue ce côté de l'âme humaine qui est toujours présent et qui ne perd jamais sa continuité, étant en même temps tout à fait indépendant de l'activité intellectuelle ; elle existe comme une réalité psychique qui n'a pas besoin de notre attention pour exister : et elle persiste aussi bien pendant le sommeil et les distractions profondes, que dans tous les autres processus de la vie et de la pensée, qu'elle colore par son individualité émotionnelle, laissant sa marque spéciale, sur toutes les perceptions, actions et jugements. La cœnesthésie, c'est le contenu fondamental, extra intellectuel, de notre moi, la souche biologique profonde de notre caractère et tempérament, de nos capacités vitales, aussi bien dans la sphère de la pensée que dans la sphère des sentiments et des actions.

La conception de la *cœnesthésie en tant que masse de l'oublié* peut trouver beaucoup de faits qui plaident en sa faveur, sans compter l'identité du caractère qu'elles présentent dans notre expérience interne, étant toutes les deux des choses psychiques non intellectuelles et anonymes. Nous trouvons d'abord une étroite coexistence entre la *cœnesthésie* et les *souvenirs*. Dans un certain ordre de faits nous pouvons constater, que tout ce qui agit immédiatement sur la cœnesthésie influence aussi le cours de nos souvenirs. Les changements cœnesthésiques produits par les agents chimiques ou mécaniques, par exemple certains médicaments, mouvements, douches, massages, etc., et aussi certaines perturbations pathologiques qui en

variant les fonctions circulatoires, sécrétoires et autres
modifient aussi notre sentiment de nous-mêmes dans le
sens de la joie ou de la tristesse, de la paix ou de l'inquiétude, de l'excitation ou de la dépression — ces changements cœnesthésiques, dis-je, provoquent aussi des changements caractéristiques dans la direction de nos souvenirs
et par conséquent dans la direction de nos pensées et de
nos dispositions affectives. — Nous connaissons aussi le
rapport qui existe entre les émotions et les associations
des idées, et même, on peut dire, que toute « constellation »
d'idées, tout groupe et complexus psychique systématisé,
provenant des expériences vécues, se forme surtout sur
la base d'une ressemblance émotionnelle; or, ce sont les
états cœnesthésiques et les fonctions intra-organiques qui
constituent les éléments principaux des émotions.

Il est aussi facile de constater le rapport inverse, c'est-
à-dire *l'influence des souvenirs sur la cœnesthésie de
l'individu, sur les principaux traits de son émotivité;*
c'est la formation du tempérament et du caractère de l'homme
sous l'influence des événements de la vie. Chaque période
de la vie, en commençant par les années de la plus tendre
enfance, laisse chez l'homme, comme acquisition durable,
un certain trait émotif de son individualité, lequel trait met
son cachet sur toute l'organisation psychique et corporelle,
depuis certains gestes et certaines expressions de visage,
certaines impulsions et inhibitions, jusqu'à la manière dont
on pense et dont on réagit activement. Une savante analyse
d'un individu pourrait toujours faire découvrir cette liaison qui existe entre son passé et son caractère. D'après la
manière dont l'individu réagit sur son milieu social, d'après
le caractère de ses désirs et de ses rêveries, nous pouvons
souvent deviner à quelle classe sociale il appartient, quels
étaient ses occupations, son milieu familial, son enfance,
et surtout nous pouvons reconnaître, d'une façon générale, quelles sont les émotions qu'il a vécues, les joies et
les douleurs de la vie qu'il a passée. Tous ces événements

du temps écoulé se conservent cependant dans le « passé actuel » de l'individu et survivent dans leur réduction subconsciente émotionnelle, qui reste l'agent créateur et gouvernant de la vie. — Les événements pathologiques révèlent d'une manière plus explicite encore cette influence de l'oublié ; l'oublié, qui, dans ce cas, est dissocié de la conscience et qui se trouve à l'abri des influences pernicieuses de la pensée et des associations, grâce à la distraction systématisée qu'il provoque, cet oublié agit sur l'individu comme une réduction émotionnelle très intense et provoque non seulement des conversions organiques qui lui correspondent, différentes perturbations fonctionnelles, mais aussi certains traits pathologiques du caractère et du tempérament de l'individu. Les divers cas de névroses d'une telle provenance ont pour origine le *souvenir* continu, inconscient d'un certain événement de la vie, qui appartient souvent à un passé très ancien. Mais ce ne sont que des cas plus intenses, d'un processus universel et fondamental, impliqué dans la vie de chacun : de même que les événements pathogéniques, de même aussi chaque autre événement, dont le souvenir est normal et non dissocié, tend à survivre dans l'organisme psychique et corporel de l'individu ; seulement, au lieu d'y créer les grandes perturbations cliniques, il y produit de petites variations fonctionnelles, et, au lieu de former des stigmates mentaux pathologiques et durables, il forme des stigmates mentaux normaux et adaptés, qui ne sont que des survivances du passé, fixées dans le caractère et le tempérament de l'individu.

En se fondant sur ces faits, nous pouvons déterminer le siège de l'oublié de la manière suivante : du côté *introspectif*, c'est le sentiment de soi-même, le *moi cœnesthésique*, qui s'accroît et qui change lentement à mesure des événements venus et à mesure que s'accumulent les différents souvenirs ; il s'élargit simultanément avec la cryptomnésie tout entière et il reflète émotionnellement toutes ses acquisitions ; en cas de perturbations émotionnelles de la cryptomnésie, c'est lui qui ressent ces perturbations et c'est lui qui se dissocie en personnalités différentes pathologiques, lorsque la cryptomnésie subit une dissociation. Du côté *physiologique* — le siège de l'oublié se trouve dans toutes les fonctions de l'organisme qui correspondent de très près à la cœnesthésie, et surtout dans les fonctions respiratoires, circulatoires et digestives, qui ne s'interrompent jamais, de même que le sentiment de soi-même et la conservation psychique de l'oublié ne cessent jamais d'exister. Chaque nouvelle acquisition de cryptomnésie apporte avec soi une certaine variation des éléments fonctionnels nerveux, moteurs et secrétoires, qui rentre dans le processus général de la *nutrition élémentaire* de l'organisme, variation, qui ne se laisse pas observer dans les conditions normales; ces variations, en s'accumulant, produisent le type physiologique de l'individu, *le type de la nutrition élémentaire*, qui se révèle dans les divers tempéraments désignés comme « lymphatiques », « sanguiniques », etc., et qui, en même temps, constitue un certain type cœnesthésique et émotivo-mnésique. Dans les cas pathologiques, ces variations fonctionnelles de la nutrition générale constituent des perturbations maladives, bien accentuées et faciles à observer : des stigmates hystériques de la respiration, de la circulation, de la secrétion: ces stigmates ainsi que leurs corrélatifs motifs et mentaux, ne sont que des cas plus marqués et plus intenses d'un processus universel et constant, processus qui consiste en ce que chaque acquisition de la cryptomnésie s'incorpore dans des variations petites et imperceptibles par elles-mêmes, variations des fonctions fondamentales de la vie.

Reprenant maintenant la question précédente — quel est le côté de l'organisme sur lequel s'exerce l'influence télépathique de la suggestion mentale (qui, chez le récepteur, prend presque toujours l'aspect d'une rémémoration de l'oublié) — nous pouvons répondre, en nous basant sur ce qui a été dit du « siège de l'oublié », que cette influence

s'exerce avant tout sur la *cœnesthésie* du récepteur, et physiologiquement parlant, sur le fonctionnement des systèmes
qui sont reliés avec le *processus nutritif* de l'organisme.
— Lors de la télépathie il se produit un certain changement
dans ce fonctionnement; certains des processus sécrétoires,
moteurs et osmotiques s'accentuent davantage, certains
autres sont paralysés; et corrélativement il apparaît un
certain ton cœnesthésique plus accentué et une certaine
couche du subconscient, un certain groupe de l'oublié est
par conséquent stimulé à revivre. Cette partie de la cryptomnésie, ravivée par un excitant nouveau s'approche plus
près du seuil de la pensée, comme un sentiment générique
plus individualisé, après quoi, il suit déjà le processus ordinaire des oubliés qui se remémorent, qui passe le seuil et
s'intellectualisent, sous les formes de la reconnaissance,
des symboles ou de la reproduction fidèle.

Reste maintenant l'autre partie du problème — le côté
actif de la télépathie : comment se fait-il que ce soit tel
corrélatif physiologique et pas tel autre qui est excité et
qui pousse vers le seuil de la pensée cette partie de la
cryptomnésie qui correspond justement à la suggestion
mentale ? C'est la question qui se rapporte à l'état organique de la personne qui suggère. La suggestion télépathique consiste seulement en une représentation intense
d'un certain objet, et cette représentation remplit, à l'exception des petits intervalles périodiques, toute la conscience
de la personne qui agit; il se crée donc un état de monoïdéisation, qui se répercute profondément sur l'organisme,
puisque l'objet de la suggestion n'est pas seulement pensé
mais ressenti aussi d'une manière assez intense, avec la
teinte émotive qui lui est propre. A cause d'un tel état, le
corrélatif organique ordinaire de l'idée devient plus fort,
plus intense. Ce corrélatif, comme j'ai essayé de le démontrer ailleurs [1], embrasse non seulement le fonctionnement

---

1. Voir mon *Analyse physiologique de la perception,* Paris, Bloud 1911.

de certains éléments cérébraux et nerveux, mais aussi tous les autres éléments histologiques de l'organisme qui sont en contact avec les neurones actifs, au moment donné, ou bien qui fonctionnent simultanément avec eux. Or, le fonctionnement d'un élément quelconque, nerveux ou autre, n'est autre chose que son activité nutritive, le processus d'assimilation et de désassimilation qui se déroule entre la cellule et son milieu nutritif. Le corrélatif organique d'une idée c'est donc l'acte de nutrition élémentaire d'une certaine partie de l'organisme, le passage de cette partie de la vie latente à la vie active et manifeste; et le résultat immédiat de cette activité est non seulement une certaine motricité nouvelle, un certain système de petites contractions et d'efforts musculaires, accentués surtout dans l'attention monoidéisée, mais aussi un *changement chimique* général de tout l'organisme, changement qui se révèle dans la composition du sang, de la lymphe, de l'urine, de la sueur, etc. — Puisque à chaque idée correspond le fonctionnement d'un autre groupe d'éléments histologiques, le résultat chimique de ce corrélatif doit aussi être différent, et la qualité et l'intensité de l'idée doivent s'exprimer non seulement dans un équivalent *moteur* qui lui est propre, mais aussi dans un *équivalent chimique*, qui lui correspond qualitativement et quantitativement.

L'existence de ces équivalents chimiques, déduite par la voie théorique, peut être constatée aussi expérimentalement dans les changements que subissent les liquides du corps humain sous l'influence des émotions fortes ou du travail mental intense, ou bien dans certains délires; et dans les conditions normales on peut la constater aussi pour les états ordinaires de conscience à l'aide de la *réaction psychogalvanométrique*. Cette réaction est la conséquence immédiate d'un changement chimique momentané qui a lieu dans les tissus de l'organisme, et elle accompagne toute impression ou pensée qui présente une certaine valeur émotive quelconque pour le sujet, même très faible; elle peut aussi se différencier infiniment quant à sa grandeur, mesurée par la grandeur de la déviation de la lumière sur l'échelle galvanométrique. On peut facilement admettre que ces changements quantitatifs de la réaction galvanométrique correspondent aux changements qualitatifs chimiques qui accompagnent les modifications de la conscience.

Nous avons donc maintenant les deux principaux foyers de l'action télépathique : chez le *récepteur* c'est le changement des fonctions, reliées au processus de la nutrition, qui est le point de départ de la réalisation d'une suggestion mentale, sous forme de remémoration ; chez la personne *qui agit* — c'est le changement chimique de son organisme, sous l'influence de la représentation mentale suggérée, changement qui correspond à la qualité de cette représentation.

Le passage d'un foyer à l'autre, situés dans deux organismes différents, peut se comprendre aussi sans l'aide de l'hypothèse d'une nouvelle énergie, qui rayonnerait entre les cerveaux humains. Dans la télépathie avec le contact de la main — le changement chimique, qui a lieu dans l'organisme de la personne active, changement corrélatif à l'idée suggérée, aussi bien que la motricité caractéristique de cette idée, constituent ensemble un stimulant externe complexe et qualitativement déterminé, qui se transmet par la main à l'organisme du récepteur, en y provoquant les changements qui lui ressemblent le plus. L'élément *moteur* de la suggestion se transmet donc, renforce et rapproche du seuil de la pensée certains éléments du subconscient du récepteur, qui lui correspondent ; et il se transmet aussi son équivalent *chimique*, qui influence la cœnesthésie du récepteur et renforce par là certains éléments émotifs, en les rapprochant du seuil de la pensée. Connaissant l'influence que peuvent exercer sur la cœnesthésie certaines substances chimiques, introduites par la voie de la peau ou du tube digestif, nous pouvons admettre cette dernière supposition comme assez probable.

Beaucoup plus difficile à comprendre est la télépathie à

distance, constatée seulement dans de rares cas de certains événements émotionnels. Le côté psychologique de la réception d'une telle influence télépathique ressemble ici, de même que dans le cas précédents, au processus de la cryptomnésie qui devient consciente; elle commence le plus souvent par les *pressentiments*, qui sont indéterminés encore, mais qui dissimulent déjà un certain genre d'objets; après quoi ces pressentiments symbolisent ou reproduisent fidèlement, dans les rêves ou hallucinations, l'événement même qui a joué le rôle de la suggestion. Les deux foyers de l'activité télépathique — chez la personne qui reçoit et chez la personne qui agit — restent donc les mêmes mais seulement beaucoup plus intenses. Par contre, dans la transmission, l'agent moteur ne peut évidemment plus jouer aucun rôle, et il ne reste que le changement chimique, équivalent du fait moral de la personne agissante qui peut agir ici. Nous pouvons nous représenter que ce changement organique « rayonne dans un milieu encore inconnu; ou bien nous pouvons imaginer qu'il se transmet dans le milieu de la matière connue, en y produisant une nouvelle série de potentiels et des formations qui lui correspondent. Cette supposition n'est pas si impossible à admettre, lorsqu'on se rappelle les faits constatés aujourd'hui par les chimistes, que la *présence* seule de certains corps peut influencer des réactions chimiques dans lesquelles ils n'entrent pas; ou bien encore lorsqu'on se rappelle les phénomènes de radioactivité. Le phénomène télépathique, envisagé à ce point de vue, en tant que transmission de l'excitant d'un point de l'espace à un autre, *de l'excitant contenant le genre psychique du fait qui se transmet*, ce phénomène se présente donc en tant qu'un phénomène physico-chimique, qui se produit entre les deux organismes. Il existe probablement beaucoup de ces liaisons, aussi bien dans le monde des êtres vivants que dans le monde inorganique; car, chaque organisme constitue le foyer et le point de départ de nombreuses séries de changements du milieu ambiant, lesquels changements conservent la caractéristique de la secousse primitive. Et quant aux liaisons télépathiques, elles ne se distinguent parmi les autres rayonnements énergétiques que par cette particularité, que provenant du corrélatif d'un état psychique elles le conservent et transmettent le caractère de cet état, grâce à cette circonstance, qu'elles aboutissent à la fin de la série des changements physico-chimiques à un système psychique qui ressemble au système psychique initial.

Les expériences faites récemment à l'Institut psychologique de Varsovie, par notre collaboratrice Mlle Jeanne Hirschberg, ont permis de découvrir les nouveaux traits caractéristiques du phénomène télépathique, concernant surtout son rapport avec la cryptomnésie. Le processus télépathique, en tant que la transmission du *sentiment générique* de la suggestion mentale, se révèle avec une grande clarté dans ces expériences, beaucoup plus nombreuses que les nôtres; et en outre, ce qui présente un intérêt tout à fait spécial au point de vue théorique, on constate une *corrélation entre la capacité télépathique du sujet et l'intensité de ses sentiments cryptomnésiques,* c'est-à-dire *vivacité de son subconscient.* Le degré de cette dernière est évalué par Mlle Hirschberg à l'aide du calcul qui détermine le pour-cent de la résistance positive des oubliés (dans les séries des mots présentés pour reproduire de la mémoire) ; le degré de la capacité télépathique est évalué en pour-cent des suggestions mentales reconnus par le sujet (suggestions qui furent prises dans les mêmes séries des présentations). Or, dans le tableau, qui présente la comparaison de ces deux quantités, selon les individus, nous voyons que les pour-cent les plus grands de la capacité télépathique, renfermés dans les limites 0,90 — 0,70, correspondent aux degrés les plus élevés de la résistance positive de l'oublié, variant entre 0,80 et 0,50; tandis que la partie de l'échelle, qui contient les pour-cent plus petits de la capacité télépathique (dans les limites 0,70 — 0), présente aussi des sujets, chez lesquels la résistance positive de l'oublié est beaucoup plus faible, variant entre 0,70 et 0,28. Cela veut dire, que *l'individu dont la capacité télépathique est plus grande présente aussi un degré plus élevé de la reconnaissance de l'oublié*, c'est-à-dire *que son subconscient est plus vivace et plus intense;* et inversement, les individus dont la capacité télépathique est faible ont un subconscient émoussé, une cryptomnésie peu sensible. — Une autre partie des expériences de Mlle Hirschberg nous montre aussi que la perturbation des états cryptomnésiques amoindrit notablement la faculté télépathique du sujet pour ces mêmes états. Ces résultats confirment d'une autre manière la théorie que nous avons exposée, d'autant plus que nous avons ici un nombre des expériences plus grand et les pour-cent des suggestions mentales reconnus plus élevés; dans la télépathie du choix il y a 0,60 des suggestions reconnues; dans la télépathie de l'oublié — 0,78; dans la télépathie *sans contact des mains* — 0,58; le pour-cent général des suggestions mentales reconnues est dans les expériences de Mlle Hirschberg : *0,62*, ce qui constitue un pour-cent très élevé. On doit remarquer ici surtout le fait curieux, que le contact des mains n'est pas la condition nécessaire de la réussite dans la télépathie expérimentale et même qu'il n'influe pas beaucoup sur le nombre des reconnaissances.

CHAPITRE IX

NOUVELLE THÉORIE DE LA MÉMOIRE
FONDÉE SUR L'EXPÉRIENCE

I. — PROBLÈME DE LA NOUVELLE THÉORIE DE LA MÉMOIRE

Toutes les expériences que nous avons faites pour étudier la cryptomnésie, les expériences concernant la reconnaissance, les hallucinations de la mémoire, les paramnésies, la transformation de l'image mentale et la résistance de l'oublié nous ont convaincus de ce fait, que *l'oublié persiste psychiquement en tant qu'état émotionnel*, et que cette survivance peut se prolonger indéfiniment.

La part de la survivance psychique de l'oublié est un fait *nouveau* dans la psychologie expérimentale et théorique. Les théories de la mémoire, que nous avons eues jusqu'à présent, sont construites sans lui et s'occupent exclusivement de la mémoire active et manifeste, laissant de côté la cryptomnésie. Ce défaut est même considéré comme une conséquence nécessaire du principe. La majorité des psychologues ont posé la thèse de la *non-existence psychique* des faits oubliés et affirment souvent que la cryptomnésie, ou mémoire latente, n'a aucune valeur psychologique et se réduit entièrement aux processus physiologiques. — « Que se passe-t-il, demande Ziehen, lorsqu'une sensation disparaît, laissant son vestige mnésique ? Sans parler de phénomène rare d'une image consécutive persistante, la sensation disparaît presque instantanément après la cessation de l'excitant externe. Mais l'excitation de l'écorce cérébrale ne disparaît pas complètement ; l'écorce ne revient pas tout à fait à son état précédent; il y reste une certaine modification physique, un certain vestige, un *semeion*, comme dit Platon. Mais c'est un processus entièrement inconscient; *le processus psychique correspondant à la conservation de l'image manque tout à fait...* Il faut se garder, dit-il plus loin, de cette notion erronée que l'image est conservée dans la cellule de la substance grise en tant que quelque chose de psychique, en tant qu'une sorte de représentation inconsciente. C'est tout le contraire qui a lieu. Après une excitation sensorielle ou mentale, à laquelle correspond une sensation, *il ne reste plus rien de psychique ;* il n'y a qu'une modification physique qui persiste. A l'excitation de l'écorce, provoquée par un stimulant, correspond psychiquement une sensation ; mais à la persistance psychique de cette excitation ne correspond aucun équivalent psychique. C'est seulement une nouvelle sensation semblable ou une association représentative qui peut changer ce vestige de l'excitation physique de telle façon qu'il s'y ajoute un processus psychique correspondant, une image mentale ou une représentation (Voir Ziehen, *Leitf. der physiolog. psychologie*, cap. VIII).

C'est dans ce sens que tous les traités de psychologie exposent le problème de la mémoire, de même que tous les auteurs de travaux spéciaux sur ce sujet. La différence des opinions consiste seulement dans la manière dont on comprend la conservation de la modification cellulaire. Pour les uns, cette modification persiste sous la forme kinétique, en tant qu'excitation de la substance cérébrale, indéfiniment prolongée, comme une sorte de phosphorescence élémentaire. (Voir Bain, Luys, Richet, etc.). Pour les autres, la modification persiste sous forme potentielle et ne constitue qu'une disposition nouvelle du système moléculaire des cellules (V. Maudsley, Ribot, Hering, Ziehen, Wundt, etc.).

Cette manière d'envisager le problème de la mémoire pouvait suffire pour la psychologie qui n'avait à considérer que les faits de la mémoire active, la reproduction, l'évocation des images et l'automatisme associatif des idées. Mais, du moment où l'on commence à s'occuper des phénomènes cryptomnésiques, la théorie de la mémoire doit changer aussi. Le fait que l'oublié survit psychiquement nous contraint à chercher une autre explication pour l'ensemble des phénomènes mnésiques et à émettre une autre théorie de la mémoire.

Puisque le vertige d'une perception passée se conserve non seulement en tant que processus physiologique (ou plutôt physico-chimique) mais aussi en tant que fait *psychique* de nature émotionnelle, il en résulterait le problème nouveau suivant :

Chaque fait, en passant par la conscience, laisse son équivalent émotionnel qui se conserve comme tel dans notre subconscient ; chaque souvenir n'est qu'une représentation intellectuelle de cet équivalent, qui ne cesse jamais d'exister sous le seuil de notre conscience. Nous sommes donc toujours en présence d'une « masse » émotionnelle, qui se produit dans notre subconscient par l'accumulation de ces équivalents ; et ces équivalents, quoiqu'ils coexistent psychiquement, ne perdent pourtant pas leur individualité, comme possibilité de devenir différents objets à la pensée, c'est-à-dire de la reproduction des souvenirs. Mais, d'un autre côté, une telle coexistence psychique d'états différents et multiples semble ne pas s'accorder avec la nature de notre conscience, qui ne connaît jamais une « pluralité » coexistante en tant que fait d'expérience ; ce que nous connaissons comme contenu de nos expériences internes n'est que des séries d'états *successifs*, pluralité successive, qui se développe indéfiniment dans une seule direction, conformément au caractère discursif de notre pensée. Chaque fait oublié laisse son équivalent dans notre émotivité ; et pourtant nous ne pouvons pas admettre une différenciation psychique *simultanée*, inconnue tout à fait pour notre introspection, et nous ne pouvons pas même nous représenter comment on peut sentir en même temps des milliers de ces équivalents, dont le nombre augmente à chaque instant de notre vie. Et pourtant, si nous ressentons chaque équivalent particulier, sous l'aspect du sentiment générique d'un oublié, fait qu'on a pu constater expérimentalement, nous devons aussi sentir d'une certaine manière toute l'accumulation de ces équivalents, c'est-à-dire toute la masse de l'oublié ; et nous devons la sentir *continuellement*, comme quelque chose qui ne nous quitte jamais et qui constitue la partie intégrale de notre moi. Cette masse émotionnelle de l'oublié, on pourrait la considérer comme notre second milieu ambiant par rapport au sujet, milieu intime psychique, dont on ne peut jamais se débarrasser, ainsi que du milieu externe physique. Et de même que ce dernier milieu, la nature ambiante, nous procure constamment la matière avec laquelle nous construisons nos perceptions externes, de même aussi la masse émotionnelle de l'oublié constitue la matière de nos perceptions internes, c'est-à-dire de nos souvenirs, le fond de toute notre activité représentative, association et imagination. Tout ce qui se perd dans le passé se conserve dans cette masse et survit en tant qu'actualité psychique d'un autre aspect, en nous montrant le côté inverse de la variation et de l'existence dans le temps ; mais pour être conservé et pour vivre, l'oublié doit être senti réellement et doit exister pour notre introspection. Le problème consiste donc à savoir ce qu'est pour notre introspection cette masse de l'oublié, dans quels faits concrets de notre vie intérieure elle se révèle, et comment l'on peut expliquer son infinie complexité simultanée, qui semble être en désaccord avec le caractère général de notre conscience, consistant en variabilité exclusivement successive.

II. — DIFFÉRENCIATION COEXISTANTE DE L'OUBLIÉ

En examinant le problème de la « différenciation coexistante » il faut avant tout rappeler que la différenciation,
qui nous intéresse, n'appartient pas au domaine de la pensée, mais au domaine de l'émotivité, et particulièrement
au domaine d'une émotivité a-intellectuelle, qui n'est adaptée ni à la raison ni aux systématisations quelconques des
idées. En outre, la nature de cette émotivité est spécifique, puisqu'elle est la substitution et l'équivalent des
représentations. La différenciation que nous connaissons
généralement, sous-entend un ensemble de parties hétérogènes et déterminées, un ensemble de différences et de
rapports; c'est sous cette forme que se présentent à nous
toutes nos perceptions et toutes nos pensées, conditionnées
par l'activité de notre intellect. Mais ce même concept de
différenciation perd toute sa signification si on le trans-
porte hors du seuil de la pensée et si l'on veut l'adapter à
la conscience a-intellectuelle. Ce domaine de la conscience
ne supporte aucune différenciation, de même que le domaine
de la pensée ne supporte l'amorphisme et transforme tout
en rapports déterminés et en objets définis. C'est pourquoi
nous ne pouvons voir introspectivement la différenciation
de la masse de l'oublié. Le discernement ne commence que
lorsque la pensée commence à agir, lorsque l'oublié se
transforme en séries associatives de souvenirs, c'est-à-
dire lorsque nous l'envisageons en tant que *potentiel des
différentes pensées ;* c'est dans ce sens aussi que nous
comprenons l'*unité* de la masse de l'oublié, en désignant
par ce terme son état contraire, c'est-à-dire, lorsqu'elle
n'est pas considérée par nous comme potentiels intellectuels, comme possibilité des souvenirs.

Mais cette manière de comprendre ne veut pas dire que
les équivalents émotionnels des souvenirs se perdent dans

la masse de l'oublié ; cela signifie seulement que la raison
suffisante de leur existence ne peut être trouvée dans le
concept de la « pluralité », tel que nous le connaissons dans
les données de la perception et de l'activité intellectuelle
en général. Mais rien ne nous oblige à admettre que c'est
seulement sous cette forme de différenciation que les équivalents peuvent se conserver. Puisque ces équivalents sont
de nature affective et innomée, en temps qu'états psychiques a-intellectuels, il suffit donc que leur accumulation sous le seuil de la pensée s'exprime en un état de
sentiment quelconque, pour qu'ils se retrouvent tous dans
ce sentiment. Cette même *pluralité* qui apparaît lorsque
l'oublié est soumis à l'action de la pensée, nous prouve
que dans le sentiment général de l'oublié les équivalents
ont conservé leur existence individuelle, puisque la pensée
peut les transformer immédiatement en souvenirs. On peut
dire alors que l'unité de sentiment est en même temps la
possibilité de la différenciation, mais il est évident que cette
possibilité doit être quelque chose de *psychique*, en tant
que possibilité par rapport à notre intellect, et, dans ce
cas, elle doit s'exprimer dans la *qualité* du sentiment,
qualité qu'on ne peut déterminer en termes représentatifs,
mais que l'on ressent intuitivement. Une telle qualité affective diffère essentiellement des qualités représentatives et
dénommées, que l'on considère comme « attributs » des
choses et qui exigent l'activité intellectuelle pour apparaître. La qualité du « blanc », par exemple, est une qualité représentative qui exclut toutes les autres qualités de
couleur ; on ne pourrait pas affirmer qu'elle recèle en elle
les autres couleurs, rouge, vert, violet, en tant qu'états
psychiques, quoique du côté physiologique on peut la considérer comme leur résultante. Mais si nous parlons du sentiment non représentatif, qui n'a aucune place dans l'ordre
des choses et des attributs, alors nous pouvons bien affirmer que la qualité d'un tel sentiment peut contenir une
pluralité latente psychique, une possibilité de différen-

ciation hétérogène. La différence consiste en ce que dans le premier cas nous avons affaire à des perceptions, dont l'individualité n'apparaît que dans l'ordre du temps, en tant que différents actes de l'attention qui s'excluent mutuellement: tandis que dans le second cas, ce qui s'exprime simultanément est de nature psychique a-intellectuelle et par conséquent ne peut être soumis aux lois de la succession aperceptive, conditionnée par l'attention, lois qui excluent toute simultanéité.

Pour résoudre ce problème, de quelle manière la pluralité des équivalents émotionnels peut-elle s'exprimer simultanément en un état psychique, examinons une expérience introspective, qui est un des plus intéressants cas de la mémoire, comme phénomène *affectif*. Chacun peut constater chez soi le fait suivant : nous lisons par exemple une poésie ; à mesure que nous lisons, une série d'images passe par notre conscience ; eh bien, si nous considérons attentivement ces images, nous verrons que chacune d'elles nous impressionne non seulement par elle-même mais aussi par celles qui la précèdent, que chacune présente une certaine atmosphère émotionnelle, provenant des images antécédentes. Ainsi, par exemple, supposons que dans le morceau lu il y ait l'image d'une « nuit au clair de lune, dans le jardin où on sent les parfums des roses et des jasmins ». Cette image présente une teinte émotionnelle caractéristique par elle-même. Mais si elle est accompagnée d'autres images, celles par exemple qui nous suggèrent les idées d'un crime, d'une attente angoissante ou d'un amour sentimental, chaque fois, suivant le contenu des images associées, changera aussi la teinte émotionnelle de l'image du jardin au clair de lune ; à son caractère affectif s'ajoute alors le facteur émotionnel des images précédentes, et il le pénètre de telle sorte qu'on ne retrouve plus la calme émotion primitive du « jardin embaumé », mais une émotion composée et différente, recélant, suivant le cas, le facteur de l'amour, du crime ou de l'an-

goisse. C'est le phénomène de la *fusion des émotions*, phénomène qui joue un grand rôle dans la création artistique.

Cette influence émotionnelle des images associées peut
se maintenir pendant des séries très longues, en accumulant de plus en plus les diverses teintes affectives : à
mesure que nous lisons une poésie, les vers et les strophes
changent de signification et de couleur émotive : l'influence
agit dans les deux directions : par les images antécédentes qui imprègnent de leur teinte émotionnelle les
images subséquentes, et par les images subséquentes qui
changent de la même manière le souvenir des antécédentes.
Il se produit donc une fusion émotionnelle générale, qui
constitue le type affectif du poème, créé par le lecteur.
On peut observer facilement ce phénomène de fusion en
lisant d'abord une strophe de la poésie isolément des autres
et, ensuite, en la relisant avec les autres strophes, dans
l'ordre où elle se trouve ; nous verrons alors que la strophe
isolée nous a procuré une autre émotion et nous a suggéré
des idées différentes que cette même strophe relue plus
tard avec son accompagnement d'ensemble. Le même phénomène peut être expérimenté sur les mots, qui, grâce à
ceux qui les précèdent ou les accompagnent, changent
tout à fait de caractère émotionnel, des mots indifférents
pouvant se transformer en mots affectifs. Les petits poèmes,
comme ceux de Victor Hugo ou de Baudelaire, où les
images concrètes se suivent, peuvent se prêter le mieux
pour cette expérience. Isolons une strophe du milieu ou de
la fin et observons ce que, lue seule, elle évoque dans notre
conscience ; ensuite, lisons le poème entier et observons
l'effet de la même strophe ; nous constaterons alors que
cette même image, contenue dans la strophe expérimentée,
sera différente, au point de vue émotionnel, dans les deux
cas ; la différence sera quelquefois si grande que l'image,
objectivement la même, évoquera chez nous non seulement
différentes émotions mais aussi différentes associations
d'idées et de souvenirs, en prouvant par là qu'elle s'était

transformée essentiellement et, qu'en réalité, nous avons reçu deux images différentes. Or, il est évident que cette transformation ne peut provenir que des vestiges émotionnels laissés par des strophes précédentes, vestiges qui survivent lors même que ces strophes sont déjà disparues de notre conscience, et qui se fusionnent avec les images de la strophe suivante. Les images et les idées antécédentes sont déjà oubliées et ont passé dans le subconscient, mais leur caractère émotionnel survit en se transmettant aux images et aux idées qui se succèdent. C'est de cette manière que se forment les agglomérations psychiques étendues, constituant non seulement la *somme* des divers états, mais aussi une certaine *unité* organique de l'ensemble, unité douée d'une vie cryptomnésique spontanée et tenace ; toutes les systématisations subconscientes, rattachées aux symboles affectifs qui jouent souvent un grand rôle dans les névroses, sont de la même provenance et représentent les produits normaux de la fusion des émotions. Étant donné le caractère discursif de notre pensée, qui exclut toute coexistence consciente, il ne pourrait se former aucune systématisation des perceptions, des images ou des idées, en tant qu'une certaine unité psychique essentielle, sans cette survivance actuelle des équivalents émotionnels des éléments associés ; ce ne seraient que des systématisations conventionnelles, automatiques et verbales, sans aucune réalité psychique comme base d'union et sans possibilité de créer ses vrais symboles, présentant la même valeur psychique que ce qu'ils représentent. Si, au contraire, notre vie intérieure au lieu de présenter une poussière d'états psychiques isolés et mécaniquement agglomérés, est une systématisation sans relâche avec plusieurs foyers organisateurs durables, cela résulte du fait fondamental dont nous parlons : du fait que les états psychiques, associés ou groupés par n'importe quelles causes, *se pénètrent mutuellement par leurs caractères émotionnels* ou autrement dit *que les images précédentes survi-*

vent dans la teinte émotionnelle de l'image qui les suit, de sorte qu'étant déjà disparus pour notre intellect, elles sont toujours encore actuelles et vivaces pour notre émotivité du moment présent.

Nous voyons donc que *l'ordre dans le temps, la succession, se transforme en qualité émotionnelle*. L'image *A*, considérée par son côté émotionnel, devient autre prise isolément que lorsqu'elle est précédée par les images *B*, *C*, etc. Lorsqu'une de ces images précédentes manque, la teinte émotionnelle de l'image *A* varie ; lorsqu'une nouvelle image *D* ou *E* se trouve parmi les antécédents, sa teinte varie aussi. Qu'est-ce que cela nous montre ? Il nous faut d'abord prendre en considération que l'influence des images précédentes sur une image actuelle ne provient nullement de ce que ces images sont en contact dans notre pensée ; nous n'avons jamais dans la conscience du moment tout le groupement de ces images et nous ne voyons pas les autres lorsque notre attention est occupée par l'une d'elles. Nous ne faisons non plus aucun effort de remémoration pour évoquer les images précédentes lorsque nous sentons leur influence émotionnelle dans l'image qui nous occupe à ce moment ; nous ne comparons pas non plus les différents éléments de la série, qui se développe dans notre conscience pendant la lecture d'une poésie, et l'effet artistique de la connexion des images que le poète voulait nous suggérer, se fait spontanément, sans aucun travail mental de notre part. Au moment où notre conscience est occupée par l'image *A*, toutes les autres images *B*, *C*, etc., qui y étaient précédemment, appartiennent déjà au passé et n'existent plus que dans la cryptomnésie. Si donc ces images précédentes influent la teinte affective de l'image présente et perçue, cela se fait sans que notre attention les évoque à nouveau ; et tout au contraire, nous sentons d'abord leur influence émotionnelle et c'est après seulement que nous pouvons rechercher de quels antécédents cette influence provient ; ce sont donc les *vestiges* mnésiques des états oubliés déjà, qui influencent émotionnellement l'état présent, ou, autrement dit, ce sont les équivalents émotionnels des oubliés, leurs réactions subconscientes, qui se retrouvent dans la teinte affective de l'état conscient actuel. La sensation de l'influence émotionnelle des antécédents dans une image présente, c'est donc le *sentiment des oubliés* et ce seul fait peut déjà nous prouver la survivance psychique de l'oublié. On peut formuler ces phénomènes en cette loi, que *les perceptions, en passant dans l'oubli, se transforment en teinte affective de celle qui les suit dans la conscience; chaque antécédent disparaît comme perception, mais subsiste dans le caractère émotionnel du conséquent.* C'est la loi de la *survivance émotionnelle de l'oublié.*

L'influence émotionnelle de la série sur chacun des états qui la composent est, comme nous l'avons dit, le processus fondamental dans la formation des systématisations psychiques, des nouvelles unités « composées ». Le sentiment qui s'accumule dans notre subconscient et sur le fond duquel nous percevons tout ce qui arrive dans notre vie, n'est rien d'autre que la fusion continuelle des équivalents émotionnels, des perceptions qui passent par notre conscience. La perception, en quittant le champ de notre attention, se dépouille de sa coque intellectuelle, et ce qui en reste est un état affectif non intellectuel et innomé, le « noyau » inconnu et intuitif de la perception. L'accumulation de ces « noyaux » s'exprime dans la teinte affective de la perception ou de l'image qui suit, puisque notre conscience intellectuelle doit toujours embrasser dans un seul acte de perception tout ce que l'intuition présente à ce moment, aussi bien toutes les excitations du milieu, que toutes les dispositions psychiques de la cryptomnésie; tous ces éléments, de deux domaines différents, fournissent la matière dont notre attention fait son objet. Évidemment que l'intellect tend à déterminer et à nommer tout ce qu'il embrasse dans son activité; il doit unir tous ces

éléments hétérogènes d'intuition en une seule perception ;
d'où il résulte aussi, que la réduction affective des oubliés,
qui, par elle-même, est tout à fait amorphe et anonyme,
devient la teinte émotionnelle de l'objet perçu. En outre,
puisque la teinte émotionnelle d'une image présente, varie
suivant la nature de ses antécédents, il en résulte, que tous
leurs vestiges mnésiques doivent s'exprimer dans la *qualité* de cette image, qu'aucun d'eux ne perd son individualité psychique, en tant qu'équivalent émotionnel de l'objet
qui a disparu. On peut voir par expérience, que chaque
changement dans les antécédents se répercute dans la
qualité émotionnelle du présent ; et par conséquent, on peut
affirmer, *que ce changement émotionnel d'un état présent, qui résulte d'un antécédent quelconque, constitue
la conservation psychique individuelle de cet antécédent
oublié dans la masse totale des équivalents, non différenciée de notre introspection*. Si par exemple nous avons
une série d'antécédents *a-b-c....*, dont le passage par notre
conscience s'exprime par la teinte émotionnelle *m* de
l'image E ; et si, dans un autre cas, cette teinte émotionnelle de l'image E se change en une teinte *n*, lorsque la
série des antécédents était *a-b-c-d...*, alors il est évident,
que la différence *m : n* est le résultat du passage par notre
conscience de l'antécédent *d*, c'est-à-dire, qu'elle constitue
son *équivalent cryptomnésique*.

De cette manière, un état affectif peut contenir à la fois
une multitude de différents équivalents des perceptions
passées, sans cesser d'être un état simple pour notre introspection. La nature a-intellectuelle de ces équivalents ne
leur permet pas de s'opposer l'un à l'autre, ni de former
des rapports quelconques différenciés. Mais en même
temps, en tant qu'états affectifs, ils s'expriment tous dans
un état de sentiment, sans perdre leurs individualités psychiques ; seulement cette « individualité » apparaît d'une
autre manière que dans la conscience intellectuelle, où elle
présente toujours le caractère d'un moment psychique dis-

tinct dans le temps et déterminé comme objet particulier
de la pensée ; ici, elle ne s'exprime que dans la qualité
affective de l'objet, laquelle par sa nature a-intellectuelle
ne peut connaitre aucune différenciation et fusionne toutes
individualités ensemble ; supposons qu'un équivalent quelconque soit distingué dans cette fusion affective, il se pro-
duirait alors un certain rapport entre lui et le reste de la
qualité affective, c'est-à-dire, qu'il serait perçu en tout
souvenir distinct et cesserait d'être pour ce moment une
partie de la masse de l'oublié, un élément cryptomnésique.

On pourrait croire que la théorie que nous présentons,
se base sur le concept des états psychiques inconscients
recélés dans un état *en apparence* simple, le concept, dont
se sert si souvent la psychologie moderne, pour expliquer
les sensations et les perceptions. Mais il suffit de considérer de plus près le sens de ce concept, pour voir qu'il
est tout à fait contraire à notre manière d'expliquer la
pluralité latente des équivalents. Nous posons comme
règle fondamentale pour la méthode psychologique, de ne
considérer comme réel que ce que nous présente l'introspection, c'est-à-dire notre expérience interne, immédiate.
Si donc notre introspection nous montre un état psychique *simple*, cela veut dire qu'il est réellement simple,
et ce serait substituer des concepts raisonnés à la place de
l'expérience que d'admettre que c'est une simplicité *apparente*, qui doit cacher une pluralité des états imperceptibles pour notre conscience. Une telle théorie d' « ato-
misme » psychologique ne pourrait jamais être conciliée
avec la psychologie considérée comme science naturelle,
puisqu'elle admet des réalités qui sont en dehors de l'expérience.

Notre concept de « pluralité latente » est tout à fait différent. Posons d'abord cette question : quel peut être le
critère introspectif pour savoir, si une quantité émotionnelle constitue un seul état ou un million d'états psychiques ? Lorsque nous avons à faire avec les parts de la con-

science intellectuelle, ces faits sont toujours déterminés en tant que différents objets de la pensée. ils possèdent leurs termes et leurs représentations qui s'opposent aux autres; le « blanc » n'est que blanc et il serait absurde de supposer qu'il recèle en lui, comme état *psychique*, les autres couleurs. Le caractère de notre pensée, essentiellement discursif, exclut toute possibilité, que deux états déterminés de la conscience puissent coexister, et ce n'est qu'un seul *jugement* qui peut se produire à un certain moment donné. Mais dans le domaine de l'émotivité pure, où aucune pensée n'existe encore, il n'y a aucune raison pour que les différents états simultanés s'excluent mutuellement. Toute une légion d'états émotifs peut exister sans subir aucune différenciation, pourvu que l'élément intellectuel soit absent car, dans ces états émotifs a-intellectuels eux-mêmes, il n'y a rien qui puisse former des rapports d'opposition et de distinction. Ces états a-intellectuels, en s'accumulant sous le seuil de la pensée, n'ont besoin ni de se synthétiser ni de se receler aucunement pour ne pas manifester leur pluralité devant notre introspection; ils restent la même chose pour l'introspection que ce qu'ils sont en réalité, c'est-à-dire, toujours un sentiment non intellectuel, amorphe par rapport à notre perception, un sentiment qui ne peut connaître ni contenir aucun attribut de la pensée, et par suite aucun rapport et aucune distinction. C'est pourquoi, en parlant de la « qualité émotionnelle » d'un objet, considérée indépendamment de l'élément représentatif qui la complète dans notre conscience, on ne peut jamais lui appliquer des termes et des notions telles que « éléments » et « synthèse », « pluralité » et « unité »; on ne peut non plus poser la question si c'est un état simple ou composé de la conscience. Car tous ces termes ne possèdent leur signification que lorsqu'on les applique au domaine de la conscience intellectuelle. Par contre, on peut dire que la qualité émotionnelle de l'objet est un état de conscience simple, parce que l'objet lui-même présente pour notre pensée ce caractère d'unité.

C'est dans ce sens seulement, que nous disons que l'accumulation émotionnelle des équivalents est un état simple; mais il n'est simple que par rapport à notre conscience intellectuelle, à notre perception du moment donné. Par contre, en dehors de cette conscience, et en dehors du sens de la perception, dans la sphère du subconscient, où cette accumulation émotionnelle se délivre de tout élément représentatif, elle perd aussi toute signification d'état déterminé, et on ne peut plus affirmer que c'est un *seul* état psychique, de même que l'on ne peut plus dire que c'est un état *composé*. L'accumulation des équivalents émotionnels, considérée en elle-même, reste pourtant réelle en tant que *sentie;* et le discernement si ce que nous sentons est unique ou multiple, n'appartient qu'à notre intellect et constitue les processus secondaires de la mémoire.

C'est ainsi que se présente le problème de la « pluralité » coexistante dans la masse de l'oublié. La complexité de cette masse provient de la transformation de la série des états passés en qualité émotionnelle d'un état présent; c'est une complexité inaperçue comme telle, mais réelle en tant que *sentie* par nous dans la qualité émotionnelle par laquelle elle s'exprime.

III. — INTROSPECTION DE LA MASSE DE L'OUBLIÉ

Passons maintenant au second problème concernant notre théorie des équivalents cryptomnésiques, notamment à la question : à quel fait de notre vie intérieure peut-on rapporter cette masse de l'oublié qui reste sur le seuil de la pensée, ce qu'est cette masse dans notre expérience interne ?

Pour répondre à cette question reprenons encore l'expérience précédente de la fusion des émotions. Le vestige émotionnel par lequel chacune des images antécédentes marque celle qui la suit, même dans les séries éloignées, n'est autre chose qu'une *survivance organique* de l'émotivité de l'image. Nous savons, que chaque émotion tend à s'exprimer dans une certaine perturbation organique, qui n'est souvent que momentanée, dans la perturbation des fonctions digestives, respiratoires, circulaires et secrétoires. Les ramifications du nerf sympathique, du nerf vague et des vaso-moteurs constituent ses voies privilégiées, par lesquelles l'émotion influence les glandes, le cœur, le diaphragme. le péristaltisme intestinal et les muscles constricteurs et dilatateurs des artérioles; en un mot, à chaque choc que notre conscience ressent comme une émotion, correspond une certaine perturbation des fonctions physiologiques, un changement dans la vie de l'organisme, et avec cela une certaine modification de la *cœnesthésie*. Ce changement physiologique présente un double caractère : ce n'est pas seulement une expression périphérique centrifuge de l'émotion, mais c'est aussi une nouvelle source organique d'excitations centripètes, lesquelles renforcent l'émotion par un ordre revenant de son action. Il y a ici un phénomène, que les anciens philosophes pourraient nommer une « transsubstantiation » mutuelle entre le psychique et le physique : le moment de la conscience s'incorpore dans l'organisme, en produisant certain changement physiologique de celui-ci, et simultanément ce même changement organique se spiritualise, en une certaine émotion de ce moment de la conscience. Lorsque l'individu est prédisposé à la « dissociation », ce qui est le cas surtout pour les hystériques, une émotion plus intense quelconque peut s'isoler de la conscience intellectuelle et survivre indéfiniment dans l'organisme et dans le subconscient en produisant une conversion organique distincte, des stigmates pathologiques de diverses sortes. La survivance émotionnelle d'une part est alors susceptible à l'observation et peut même servir comme objet d'expérience.

Cette double relation entre l'émotion et l'organisme, ainsi qu'avec la sensibilité générale « cœnesthésique », si manifeste lors de moments émotionnels forts, peut se constater aussi dans les cas d'émotions faibles et momentanées, car elle résulte de la nature même de l'émotion et non pas du degré de son intensité. Lors donc des cas, où les changements physiologiques sont très fugaces pour être observés, on peut pourtant supposer et admettre logiquement, que la relation entre l'organisme et l'émotion existe toujours ; car, si l'on supposait la plus petite lacune dans cette corrélation, cela signifierait qu'il y a une *indépendance essentielle* de l'émotion vis-à-vis l'organisme et la cœnesthésie. Outre cela, il faut admettre aussi, que l'émotion n'est pas une qualité accidentelle de notre vie psychique, mais au contraire. qu'elle constitue son élément constant, dont aucun état de conscience ne peut être libre. Un état d'indifférence absolue n'est qu'un moment idéal de transition, comme dit Fouillée, une sorte de limite entre le plaisir et la peine, qui ne peut jamais être réalisée dans la vie psychique. Nous éprouvons l'état d'indifférence dans certaines systématisations psychiques alors seulement que nous les comparons aux émotions très fortes ; mais l'indifférence réelle et absolue est presque inconnue pour nous en tant que part d'expérience interne. En considérant attentivement ces périodes d'indifférence normale, nous pouvons toujours retrouver certains éléments affectifs actuels ou passés. On peut donc dire, d'une manière générale, que la vie *organique* de l'homme se trouve toujours influencée par ses états psychiques, et qu'en somme, on peut considérer cette vie comme la *résultante* de deux forces différentes : de celle qui provient du système physico-chimique du milieu ambiant et de celle qui provient des systématisations des états de la conscience.

Or, si chaque état de conscience laisse son vestige fonctionnel dans l'organisme, et si ce vestige agit par soi-même sur la conscience, comme excitations centripètes nouvelles, il est évident, qu'*un objet de la pensée peut survivre dans l'organisme par son côté émotif*, lorsqu'il est déjà depuis longtemps oublié comme ~~fort~~ intellectuel.

Le vestige organique de l'oublié peut durer infiniment, puisqu'il se rapporte aux fonctions continues de la vie, de sorte que le fonctionnement lui-même, qui subit une certaine modification, aussi petite soit-elle, tend à la maintenir et à la répéter constamment ; le vestige de l'oublié s'émancipe ainsi des variations de la conscience et continue à vivre spontanément. C'est pourquoi nous sentons l'émotion dans l'intérieur de notre corps longtemps après que le fait émotionnel a eu lieu et que notre conscience a cessé de s'en occuper. Les « émotions emprisonnées » des hystériques constituent l'exemple le plus saillant. Mais le même phénomène de la survivance organique de l'émotion peut être observé aussi dans la vie ordinaire des personnes normales : non seulement l'émotion survit au fait qui l'a produit, mais elle influence encore longtemps tous les états de conscience subséquents, même les états tout à fait étrangers au fait émotionnel passé. Ainsi par exemple, la tristesse subsiste dans l'organisme lors même que notre pensée ne s'occupe plus des faits qui l'ont produite et elle marque de sa teinte tous les états ultérieurs, les objets du monde externe de même que les souvenirs et les idées. Souvent même nous ne pouvons pas comprendre d'où vient ce changement que nous ressentons dans le milieu ambiant, dans la nature et les personnes qui nous entourent, et ce n'est que plus tard que nous retrouvons la source du changement dans l'émotion antérieure, que nous avons déjà cru être tout à fait disparue. Les poètes expriment souvent dans leurs vers cette transformation émotionnelle du monde, qui se fait sous l'influence d'une émotion ancienne, recélée dans le fond de notre organisme[1].

C'est surtout la nature ambiante qui présente cette pro-

---

1. Heine décrit ainsi la nature qu'il voit : « Les roses sont pâles et tristes, les violettes pleurent des larmes chaudes dans le silence de la nuit bleue, le rossignol chante douloureusement au milieu de la vie de l'été tout en or, l'exhalaison des fleurs à l'odeur des tombes »... il se demande pourquoi il en est ainsi, et, à la fin du chant, il rappelle *celle* qui a trahi son amour.

priété d'absorber les émotions passées et de s'adapter au caractère affectif de notre subconscient; on pourrait la comparer à une sorte de miroir magique, qui nous montre extérieurement et objectivement ce qui se cache dans notre subconscient comme reliquat émotionnel du passé oublié, et qui nous force souvent à revivre les souvenirs par sa suggestion affective. Ce processus d'extériorisation de nos sentiments cachés dans le subconscient fut probablement une des causes, qui ont produit l'anthropomorphisme de la nature, si caractéristique pour la philosophie des hommes primitifs.

Les faits de ce genre, qu'on peut facilement observer dans la vie de tous les jours, nous prouvent que *l'orga-nisme peut influencer la conscience par l'émotivité de ses états antérieurs*, de sorte qu'un état de conscience présent est non seulement ce qu'il est par lui-même, mais il contient aussi quelque chose des états anciens, qui n'existent plus pour la conscience. La théorie des équivalents émotionnels qui survivent dans la cryptomnésie, et que nous avons pu mettre en évidence, au moyen des expériences du laboratoire, explique tout à fait ce phénomène, sans qu'il soit nécessaire de se rapporter au concept du l'inconscient; et il est facile de comprendre que l'émotivité des états oubliés, incorporée dans les petites modifications fonctionnelles de l'organisme, signifie la même chose que les équivalents cryptomnésiques dont nous avons parlé.

Cette émotivité conservée ne contient aucun élément représentatif; c'est l'émotion pure, que la conscience intellectuelle ne peut connaître. D'après l'analyse psychologique moderne (voir surtout les travaux de Fouillée et de Lewes), nous savons, que chaque état de conscience présente toujours une *triple* nature : représentative, émotionnelle et impulsive, et qu'une émotion qui apparaît dans notre conscience, tend toujours à se compléter par ses deux autres aspects, pour pouvoir exister comme un fait concret et accessible à notre pensée. Il s'ensuit donc, que l'émotion d'une part, lorsqu'elle se délivre de son côté représentatif, pour se conserver dans les profondeurs cœnesthésiques de l'organisme, que cette émotion *pure* ne peut présenter aucune valeur positive pour notre intellect, et que c'est seulement dans la conscience a-intellectuelle ou subconscience qu'elle peut exister comme une réalité psychique. C'est donc le même trait qui caractérise les « sentiments génériques » de l'oublié, les équivalents cryptomnésiques. Entre les émotions détachées de faits et conservées dans la cœnesthésie des fonctions organiques et les équivalents émotionnels des oubliés, il n'y a donc aucune différence ; c'est le même phénomène observé dans les expériences différentes : dans le premier cas on le considère en tant que survivance organique, sentie dans notre cœnesthésie ; dans le deuxième cas on le considère immédiatement comme sentiment de l'oublié, qui constitue la base de la mémoire active. Nous pouvons donc répondre à la question posée au commencement de ce chapitre, que la *masse de l'oublié* n'est autre chose dans notre expérience interne que la *cœnesthésie*, c'est-à-dire le *sentiment de soi-même*.

IV. — CŒNESTHÉSIE ET SOUVENIRS

La survivance émotionnelle des états de conscience se lie étroitement au problème de la *continuité* psychique de l'individu. Si notre conscience ne présente pas une mosaïque d'états isolés et si aucun de ces états n'est jamais enfermé en soi-même et séparé des autres, cela résulte de ce que tout le flux hétérogène de la conscience possède une base cœnesthésique commune, et que dans chaque moment nouveau revivent aussi, par leur émotivité, tous les moments anciens. Cette continuité s'oppose à la diversité des faits psychiques, constamment variables, et elle la complète, en tant que sentiment de soi-même, qui ne disparaît jamais. Les états les plus nouveaux qui naissent dans notre âme, sous l'influence des événements de la vie, sont tout de suite assimilés à la tradition conservée dans l'organisme et rencontrent le passé émotionnel actuel, avec lequel ils doivent se lier ; une *tabula rasa* n'existe jamais. Le vestige émotionnel du passé tend à se conserver indéfiniment dans l'organisme. Toute perturbation produite par un état de conscience dans les fonctions biologiques, laisse dans les éléments correspondants son empreinte ; et ces empreintes finissent par créer une nouvelle disposition des éléments nerveux, laquelle influence les fonctions organiques, gouvernées par ces éléments. Ces fonctions, étant la vie elle-même, s'accomplissent sans interruption, dans des conditions physico-chimiques adaptées, en raison de quoi, la nouvelle disposition acquise se confirme de plus en plus et devient l'élément biologique constant de la vie : elle s'infiltre comme agent coopérateur dans le type fonctionnel de la respiration, de la circulation et de la digestion. Cette influence biologique du passé consciemment vécu, nous la connaissons sous le terme du *tempérament* ; et nous connaissons aussi son influence réciproque sur les états de notre conscience.

Le siège cœnesthésique de l'oublié, de la mémoire latente, est mis en lumière par deux catégories de faits : d'un côté, ce sont les faits qui nous montrent l'influence des événements vécus sur la cœnesthésie, d'un autre côté, les faits de l'influence des modifications cœnesthésiques sur nos souvenirs. Car il est clair que si c'est la cœnesthésie qui est cette masse de l'oublié, qui reste sous le seuil de la pensée, si c'est dans la cœnesthésie que s'accumulent les équivalents émotionnels des états passés, dans ce cas, tout ce que notre conscience a éprouvé doit retrouver son expression dans la cœnesthésie, et inversement, toute excitation ou changement cœnesthésique doit ouvrir une nouvelle source de souvenirs. Rappelons quelques-uns de ces faits.

Ce qu'on nomme le *caractère* embrasse aussi la notion du *tempérament* et constitue un phénomène de nature organique et cœnesthésique. Depuis l'antiquité on associait toujours le tempérament aux différentes fonctions physiologiques, et la classification des tempéraments en lymphatique, sanguin, bilieux, etc., a persisté jusqu'à nos jours. Le caractère ou le tempérament est quelque chose d'intermédiaire entre la conscience et l'organisme ; il constitue la couche psychique la plus profonde, le substratum de l'âme consciente, que nous sentons constamment et d'une manière anonyme. Nous ne le pouvons jamais observer en nous-mêmes, en tant qu'état de conscience déterminé, puisque, de même que la cœnesthésie, il n'est que l'aspect *subjectif* de notre organisme, c'est-à-dire, cette partie de l'âme qui ne peut passer le seuil de la pensée. Nous pouvons seulement observer ses influences sur les mouvements de notre âme, sur nos pensées, sentiments et volition. C'est d'après ces influences et d'après les résultats que nous jugeons du caractère, mais ces résultats ne sont pas le caractère lui-même ; il est le mobile caché de nos actions, que l'observation ne peut jamais saisir immédiatement.

L'influence des événements passés de la vie sur le caractère est un fait universellement connu. Tout ce qui remue fréquemment l'âme de l'individu s'exprime aussi dans son caractère. Une période de la vie passée peut être retrouvée facilement dans les *dispositions* que l'individu présente, et les observateurs perspicaces peuvent souvent, d'après ces dispositions, reconstruire son passé. Ainsi, par exemple, les années vécues pendant le service militaire, l'éducation faite dans un séminaire religieux, les occupations d'un commis dans le commerce, etc., laissent toujours dans le caractère de l'individu des empreintes qui leur sont propres et qui proviennent des états psychiques les plus fréquemment éprouvés dans ces périodes passées ; c'est leur mémoire latente, leur *émotivité conservée dans leur organisme*. Car, c'est par leur côté émotionnel que les événements de la vie, petits ou grands, influent sur notre organisme et sur notre mentalité, et façonnent notre individualité psychique et physiologique. Un homme qui serait tout à fait indifférent à son entourage et aux événements ne subirait non plus aucune influence de leur part. Mais s'il s'unifie émotionnellement avec son milieu, s'il prend part à ses intérêts, à ses affections, il sera, sans le savoir, transformé intérieurement et dans son caractère. On pourra retrouver tous les traits psychiques principaux du milieu dans lequel il a vécu ; le passé se conservant en ses éléments affectifs, incorporés, dans les modifications organiques fonctionnelles, qui deviennent les éléments constituants du caractère et du tempérament de l'individu. C'est sur cette base psychologique que se fondent les rapports entre l'individu et la société, l'influence du milieu social sur la psychologie de l'homme et l'influence des conditions de la vie sur son caractère. Ce milieu et ces conditions, lorsqu'ils n'existent plus pour l'individu extérieurement, continuent néanmoins à subsister dans son intérieur, non seulement comme souvenirs, mais aussi comme dispositions émotionnelles, qui deviennent les facteurs dans la formation ultérieure de son type physiologique et moral. Le caractère inné de l'individu constitue la base primitive de ces transformations que produit la vie, et ces deux parties — innée et acquise — se complètent pour former l'individu et s'influencent mutuellement dans cette formation. Mais la partie innée, c'est aussi la disposition émotionnelle que nos ancêtres nous ont léguée et qui s'était développée durant leurs vies, en tant que survivance organique des événements qu'ils ont vécus. A ce point de vue l'hérédité n'est autre chose que la *mémoire de l'espèce*, et l'on peut formuler le problème en disant que dans le caractère de l'individu se conserve sous l'aspect affectif non seulement le contenu de sa propre existence, mais aussi la vie des générations précédentes, des ancêtres morts, quoique ce dernier contenu ne puisse jamais être accessible à la conscience intellectuelle et ne puisse jamais se développer en souvenirs ; l'émotivité, léguée par les ancêtres, reste toujours un oublié mystérieux, et ce n'est seulement que dans la création artistique ou dans les états religieux qu'elle se convertit partiellement en images et représentations et pénètre notre conscience sous forme de sentiments nouveaux et d'inspirations révélatrices, manifestant par là l'existence des « morts » dans notre propre individualité.

L'influence des *événements émotionnels* sur la cœnesthésie peut être constatée aussi dans les phénomènes d'une certaine espèce de mémoire affective. Il y a des souvenirs vagues et indéfinis où l'oublié ne se manifeste dans notre conscience que par un sentiment, qui représente pour nous une certaine période de notre vie ; les événements de cette période ne se reproduisent plus, mais nous revivons leur affectivité et en s'y absorbant nous pouvons retrouver quelques images depuis longtemps oubliées. Il arrive, par exemple, qu'une chanson, un certain paysage, une chambre éclairée d'une certaine manière, nous rappellent non pas les faits concrets du passé, mais ce qu'on pourrait nommer l' « âme » de certaines choses passées (la « Stimmung » des Allemands), le sentiment général d'une période de la vie, qui se symbolise dans une image quelconque. C'est pour ainsi dire un regard par les yeux du sentiment sur les choses passées, une connaissance sans pensée, qui condense toute la période vécue en une seule intuition affective. Si nous concentrons sur une telle intuition notre esprit, nous verrons souvent surgir des séries d'images concrètes ou leur débuts, des souvenirs anciens qui ne se laissent plus organiser et coordonner exactement. Eh bien, la même évocation émotionnelle d'un certain passé peut se faire aussi à l'aide des moyens qui influencent notre cœnesthésie.

Les changements cœnesthésiques sont des changements *évocateurs* par excellence de nos souvenirs anciens. On sait par des faits de l'expérience journalière qu'une excitation purement organique, comme, par exemple, celle

que produit l'hydrothérapie, le mouvement, l'air frais, etc.,
influence aussi nos souvenirs, le cours de nos idées. On
connaît aussi les changements qu'une affection gastrique,
ou cardiaque provoque dans la mentalité des malades ; la
cœnesthésie est alors changée d'une manière caractéristique,
le sentiment de soi-même est autre que d'habitude, sans
qu'on puisse dire en quoi consiste cette différence ; et en
même temps la manière d'envisager les choses et les faits
est modifiée, les idées noires ou inquiétantes, prévalent
dans la mentalité du malade et les souvenirs tendent à se
développer surtout dans une direction pénible. L'irruption
d'une nouvelle cœnesthésie, qui se fait lors de la puberté,
se manifeste aussi par un changement brusque de la vie
intérieure de l'individu ; les associations inconnues jusqu'à
présent bouleversent la mentalité et le subconscient, et
produisent même quelquefois une vraie démence passagère. De même, toute aliénation mentale commence
par un changement cœnesthésique, par l'altération du sentiment de soi-même ; cette altération n'agit pas d'une manière directe sur l'intellect ; le raisonnement peut être
conservé intact ; mais ce sont surtout les associations des
idées qui sont altérées par le choc cœnesthésique; il se
produit de nouveaux groupements, des systématisation
psychiques étranges et sans rapport avec l'ordre objectif
des faits, ce qui prouve que la cryptomnésie a été boule-
versée et que de nouvelles sources de souvenirs se sont
ouvertes. « Dans les cas pathologiques, dit Sollier [1], nous
saisissons sur le fait le rôle des impressions cœnesthésiques, et, d'une façon générale celui de la sensibilité
générale dans la reviviscence. C'est ainsi qu'en faisant
varier par des procédés quelconques l'état de la sensibilité des sujets hystériques et en provoquant des états
de sensibilité et de cœnesthésie ayant déjà existé antérieurement, on amène le retour de l'état de personnalité

---

1. SOLLIER, *Problème de la mémoire*, p. 123, Paris, F. Alcan, 1900.

qu'il avaient au moment où leur sensibilité présentait la
même répartition et la même intensité. Et toutes les impressions qui s'étaient produites alors, se reproduisent
avec une vivacité telle que le sujet croit y assister réellement et pour la première fois. » Dans les phénomènes de la
double conscience (comme ceux de Felida ou de Beauchamp) on peut retrouver aussi ce rapport entre la cœnesthésie et les souvenirs. Dans la période de la personnalité
normale le sujet perd la mémoire des faits de son état
changé ; lorsque cet état revient, les souvenirs de ces faits
se retrouvent aussi : il y a ici l'alternance de deux cœnes-
thésies, de deux sentiments différents de soi-même. La malade dont parle Mac Nish, ne présentait dans aucun état
la connaissance de ces deux personnalités ; elle était comme
deux personnes différentes dont les sentiments de soi-même
ne peuvent pas se pénétrer mutuellement ; dans l'état primaire
elle conserve toutes ces connaissances acquises pendant la
jeunesse et l'enfance ; dans l'état secondaire elle ne sait que
ce qu'elle a appris depuis sa première attaque. Les faits
pathologiques d'une telle alternance cœnesthésique et mnésique se rencontrent souvent. Le somnambule dont parle
Rouillard, étant dans son état primaire, ne se souvient de
rien de ce qui est arrivé lors de son état secondaire ; mais
lorsque cet état secondaire revient, il retrouve tous les souvenirs de ce même état antérieur. Gurney [1] a obtenu la
même alternance expérimentalement, à l'aide de l'hypnose.
Mettons, par exemple, le sujet dans un état de sommeil
hypnotique, état A, et parlons-lui de quelque chose. Si,
après cela, nous l'introduisons dans un état d'hypnose plus
profonde, état B, et si nous voulons continuer avec lui la
conversation commencée, nous verrons qu'il ne se rappelle
de rien de ce qui avait été dit. Nous changeons donc de
sujet de conversation en priant la personne de se bien souvenir de ce dont nous parlons, après quoi nous la mettons

1. Cité d'après Biervliet, *la Mémoire*, p. 221.

de nouveau dans l'état A. Eh bien, dans cet état elle ne sait plus rien de ce qu'on lui disait dans l'état B, mais elle continue la conversation de l'état précédent, A. Ramenée de nouveau à l'état B, elle se rappelle la conversation précédente de l'état B, mais ne se souvient plus de ce qui était dit pendant l'état A. Après le réveil tout est oublié.

Le phénomène analogue se rencontre dans les amnésies qui suivent l'état d'ivresse alcoolique : on ne se rappelle rien de ce qu'on a dit ou fait pendant cet état : mais la mémoire revient tout à fait exacte lorsqu'on se trouve de nouveau dans le même état d'ivresse.

Les narcotiques (comme l'opium et la morphine), qui influencent fortement les fonctions circulatoires et secrétoires, et qui changent brusquement la cœnesthésie du sujet (l'état de bien-être caractéristique), influencent aussi notre cryptomnésie et font surgir une grande richesse de souvenirs et d'images. De Quincey, dans ses *Confessions d'un opiumiste*, nous raconte que pendant une nuit il pouvait revivre mentalement des longues années et que les événements les plus insignifiants de sa jeunesse, les faits de l'enfance tout à fait oubliés lui apparaissaient alors [1].

L'influence que la cœnesthésie exerce sur les souvenirs se manifeste dans les différents genres des faits quotidiens. Tous les changements dans la mentalité de l'individu qui

---

1. D'après les descriptions de de Quincey on doit supposer que ces souvenirs apparaissaient plutôt sous l'aspect affectif que sous l'aspect représentatif, à la manière des pensées hypnoïques, ce qui lui permettait de revivre en peu de temps une quantité innombrable des évét nements oubliés et imaginatifs. Il dit, par exemple, qu'il ne pouvaipas reconnaître ces souvenirs pendant la veille, en tant que faits réels de son passé; mais lorsqu'il les voyait pendant son rêve, en tant qu'intuition, accompagnés de toutes les teintes émotives du passé, il les reconnaissait immédiatement (*Confessions*, p. 142). C'est pourquoi les rêves des fumeurs d'opium contiennent toujours cette illusion de temps, qu'il leur semble vivre des années et des siècles même en quelques minutes ou en quelques heures ; la richesse émotive des équivalents cryptomnésiques, qui arrivent jusqu'au seuil de la conscience, se rencontre chez eux avec l'habitude mentale de concevoir tout ce qui apparaît dans l'ordre du temps, de sorte qu'une simultanéité émotive du subconscient réveillé est jugée en tant que séries des faits consécutifs.

proviennent de causes physiologiques, soit de perturbations maladives, soit des conditions associées au climat, à la nourriture, aux exercices physiques, etc., tous ces changements ne sont autre chose que des dispositions mnésiques nouvelles, desquelles résultent de nouvelles associations d'idées et par conséquent une autre manière d'envisager les choses et de raisonner. Si on pouvait arriver à connaître exactement la physiologie des états cœnesthésiques, on pourrait aussi diriger volontairement le cours des souvenirs d'un individu, au moyen des agents physico-chimiques, qui changeraient ses fonctions respiratoires, digestives et circulatoires.

D'après la théorie que nous exposons, les états cœnesthésiques, classifiés d'une manière générale et très vague en états de bien-être et de malaise ne seraient donc que des fusions de certains groupes d'équivalents émotionnels des faits oubliés. A chaque période de notre vie correspondrait une fusion caractéristique de ces émotions, état non représentable, mais parfaitement bien déterminé en tant qu'état senti : si notre intellect s'absorbe par cet état cœnesthésique, il commence à le différencier en séries de souvenirs, de plus en plus concrets, qui correspondent à une certaine période du passé. De même que les sentiments génériques particuliers se transforment en tel ou tel objet oublié, lors de la remémoration, de même aussi les groupements ou les fusions de ces sentiments génériques, correspondants aux groupements et associations des faits de la vie passée et sentis en tant qu'états cœnesthésiques, servent de base réelle pour la reproduction spontanée des souvenirs de ces faits. Dans la masse de l'oublié il y a donc une systématisation affective, une différenciation a-intellectuelle de la cryptomnésie en éléments et en groupes de plus en plus étendus, qui est corrélative des systématisations intellectuelles des souvenirs et des groupements objectifs de faits. Cette différenciation commence par des sentiments génériques des oubliés particuliers, que les lacunes de la mémoire active nous font voir, et elle finit par une fusion émotionnelle générale de toute la masse de l'oublié qui est représentée dans notre expérience interne par le sentiment de soi-même, par notre « moi » toujours présent.

De cette manière, ce que nous appelons notre *individua- lité* pourrait être considérée à deux points de vue : du côté intellectuel ce n'est qu'une série de souvenirs, reliés entre eux par une contiguïté dans le temps ; du côté intuitif, c'est le sentiment continuel et innomé de notre cœnesthésie organique, le sentiment le plus réel de notre existence. Le terme « individualité » ne signifie donc que la *mémoire* sous ses deux aspects différents : sous l'aspect *passif*, qui est l' « oublié » de toute la vie conservé dans la cœnesthé- sie, et sous l'aspect *actif* qui est la reproduction spontanée ou volontaire des souvenirs. Lorsque nous développons intellectuellement le *sentiment* de notre individualité, de notre moi toujours présent, nous n'obtenons rien d'autre que les souvenirs de notre passé, que la remémoration de notre vie ; notre « moi » n'est donc que la transformation affective de notre passé, qu'un accumulateur de tous les oubliés.

Tous les attributs du sentiment de « soi-même » sont tout à fait les mêmes que les attributs de la mémoire latente, ou, autrement dit, du *subconscient*. La mémoire latente, avant d'être différenciée en souvenirs, est un état psy- chique inaccessible pour notre pensée ; ce n'est qu'un état affectif vague où la pensée ne peut retrouver aucun objet précis ; notre cœnesthésie présente le même caractère orga- nique dans les conditions normales ; dans son ensemble elle n'est jamais un objet pour notre introspection, elle présente plutôt un caractère négatif du sujet. En second lieu, la cœnesthésie est *continue*, de même que l' « oublié » ; elle ne peut jamais s'interrompre ou disparaître. En troisième lieu, elle est *innomée* et *non représentable* par rapport à l'intellect, de même que les équivalents cryptomnésiques du passé. En quatrième lieu, la cœnesthésie est sentie en tant qu'un tout *non différencié*, ce qui correspond aussi à la nature de l'oublié, qui ne peut connaître non plus aucune différenciation avant d'être pensé. En cinquième lieu, enfin, la cœnesthésie est *simultanée* avec tous les changements de notre conscience et elle accompagne tous les états physiques différents qui se succèdent, de même aussi que l' « oublié », en tant que conservé psychiquement, doit accompagner tout ce qui apparaît dans la conscience.

C'est ainsi que le fait expérimental de la *survivance psychique de l'oublié* nous contraint à changer les autres notions aussi de notre vie intérieure. Nous sommes forcés d'admettre que tout notre passé subsiste dans notre for intérieur, comme une réalité psychique toujours actuelle et qu'il se retrouve tout entier dans le sentiment de notre « moi ». Si nous remémorons, par exemple, un certain jour de notre vie, nous le possédons entièrement en tant que sentiment, puisque nous pouvons reconnaître les lacunes qui apparaissent dans notre reproduction et les erreurs ou les substitutions fausses. On peut dire la même chose sur l'oublié de la vie entière. Nous le possédons *entièrement*, quoiqu'il y ait beaucoup des faits oubliés qui ne peuvent jamais être reproduits, et les lacunes que laissent ces faits nous font souvent voir qu'elles ne sont pas identiques aux zéros psychiques, mais au contraire qu'elles présentent une résistance à toutes les substitutions fausses qu'on tenterait de faire. Dans les autres cas, nous pouvons voir aussi qu'il suffit de certaines conditions d'inhibition intellectuelle ou de stimulation cryptomnésique pour que ces lacunes soient remplies de souvenirs tout à fait réels et exacts ; un automatisme quelconque, un état d'hypnose, un rêve ou un narcotique, font souvent remémorer aux sujets des événements très anciens et depuis longtemps effacés; la mort totale et complète de l'oublié ne peut jamais être constatée d'une façon tout à fait sûre.

La conservation psychique de l'oublié constitue la base

28.

naturelle de toute notre vie interne. C'est grâce à elle que nous ne sommes jamais devant l'abime d'un vide psychique et qu'excepté les cas pathologiques, nous retrouvons toujours notre individualité et notre contiguïté avec le passé ; c'est pourquoi aussi la succession des états de conscience se transforme en réalité en systématisation et en évolution d'une vie toujours plus riche, ce qui ne pourrait jamais avoir lieu, si chaque nouvel état psychique ne rencontrait que des dispositions physiologiques, au lieu d'une cryptomnésie psychique, toujours vibrante des émotions réelles. génésiques et vivaces. Pour constater introspectivement la masse de l'oublié ou le sentiment de soi-même, il ne faut pas chercher des conditions extraordinaires ; elle est toujours présente et prête à l'observation. Il suffit par exemple de s'observer pendant les moments de repos lorsque toutes les impressions externes cessent et toutes nos pensées commencent à s'enfuir et à s'effacer dans un état vague ; ce que nous sentons alors comme un point de repère pour notre sujet pensant et en tant que notre identité conservée, sans évocation d'aucun souvenir, c'est cette masse de l'oublié qui est conservée dans notre cœnesthésie et qui reste toujours sur le seuil de notre intellect.

Le sujet, considéré comme une négation des phénomènes. le « sujet pensant » ne peut se souvenir, parce qu'il ne peut jamais être, par rapport à soi-même, dans le caractère d'un objet psychique à percevoir. Le sujet pensant, c'est le présent éternel, qui ne peut ni se rappeler ni s'anticiper. Notre continuité psychique ne peut donc provenir de l'unité du sujet pensant, dont le caractère est transcendantal, négatif et opposé à tous les phénomènes. L'unité du sujet ne présente même aucune signification réelle, lorsque nous la considérons dans les catégories de temps ou d'espace, par opposition à la diversité et variabilité des phénomènes, en tant que *substance* métaphysique ; cette « unité » n'est que la négation de l'unité réelle, phénoménale, de même qu'elle est la négation de la diversité, et elle ne peut trouver aucune place dans les catégories de faits. Si donc nous voulons expliquer notre continuité morale, personnelle, qui s'oppose aux changements du contenu de notre conscience et qui se retrouve réellement dans tous ces changements, nous ne pouvons chercher sa base dans le concept métaphysique du sujet. Nous devons même constater une différence essentielle entre le sujet pensant et l'individualité psychique. Le premier est le côté purement aperceptif et social de notre âme ; la seconde est son côté purement intuitif. Notre « moi » psychologique, que nous retrouvons dans tous les faits du passé, et dans tous les faits de l'avenir imaginés et anticipés, ne provient que de la mémoire, et constitue le synonyme de la cryptomnésie ou de la subconscience. Tous les faits de la vie passent dans la cryptomnésie et s'y transforment en équivalents émotionnels, dont l'accumulation ne présente dans notre introspection qu'un seul état de sentiment, une sorte de fusion non différenciée ; lors de la remémoration ou de tout autre processus intellectuel, c'est le mouvement inverse qui a lieu ; la masse émotive de l'oublié, le sentiment de soi-même se différencie chaque fois qu'il est en contact avec notre intellect, et les équivalents cryptomnésiques affectifs reviennent à leur forme primitive de représentation, en passant par le seuil de la conscience intellectuelle. Ces deux mouvements fondamentaux, transformation d'un état actuel représentatif en état potentiel affectif et transformation inverse du potentiel affectif en son équivalent représentatif actuel — ces deux mouvements constituent toute l'essence de notre vie interne, le grand mystère de l'union qui existe entre l'univers actuel, l'individu et le passé.

Que serait en vérité la continuité de notre âme sans le sentiment présent du passé ? Le passé exclu du domaine psychique, déposé entièrement dans les modifications physiologiques potentielles et qui n'est appelé que partiellement à l'existence psychique, un tel passé ne pourrait pas nous préserver contre l'isolement dans lequel nous nous

trouverions à chaque moment nouveau de la vie. Le fait
que, se trouvant même dans des conditions tout à fait nouvelles et étrangères, nous sentons pourtant sans aucune
incertitude que nous sommes la même personne qui était
antérieurement, — ce fait serait impossible sans la présence continuelle du passé, renfermée dans le sentiment
cœnesthésique. La reproduction constante du passé ne pourrait suffire pour maintenir la continuité morale de notre personne, car elle est toujours partielle, accidentelle et très
imparfaite; la personnalité construite de ces souvenirs
conscients serait un agglomérat de « monades » souvent
très lâche et disparate; elle ne serait jamais le « moi »
vrai, que nous connaissons.

V. — Sommaire de la théorie

Le problème de la mémoire, considéré au point de vue
des nouvelles expériences cryptomnésiques, nous fait donc
voir les trois différentes phases, dans lesquelles la mémoire
se manifeste : 1º l'état ordinaire du passé total, excepté
le souvenir d'un moment donné, représente le sentiment
indéfini de la masse entière des oubliés, qui est le sentiment de notre *individualité*; c'est la mémoire latente, la
cryptomnésie ou le subconscient, qui accompagnent constamment tous les faits de la conscience; 2º Le sentiment
générique de certains groupes de faits oubliés, organisés
autour d'un événement ou d'un symbole quelconque; il
apparaît dans les souvenirs affectifs vagues qui forment
le contenu de nos rêveries et souvent aussi de nos produc-
tions artistiques; mais on le retrouve aussi dans les souvenirs ordinaires, en tant que base pour la reproduction
d'une certaine période de notre vie. Ces sentiments génériques *collectifs*, fusion des équivalents cryptomnésiques
des faits, objectivement coordonnés, constituent de grands
potentiels de notre subconscient, qui jouent un rôle impor-

tant dans la psycho-pathologie, et en même temps ils forment la base naturelle des associations d'idées normales lesquelles ne sont que l'intellectualisation et la différenciation en séries représentatives de ces sentiments collectifs des oubliés. 3° Enfin, le fait cryptomnésique le plus simple, c'est le sentiment générique d'un oublié particulier, qui se manifeste dans la remémoration par les sentiments de manque et dans la reconnaissance par la résistance envers les suggestions fausses ou par le sentiment du « déjà vu » : il constitue aussi la source des hallucinations de la mémoire et des paramnésies. C'est le degré le plus haut de la différenciation de la conscience a-intellectuelle.

Ces trois aspects de la mémoire *affective* forment tout le domaine de la partie subconsciente de notre âme, laquelle est bien loin d'être, ce que les psychologues lui accréditaient, notamment une « cérébration » sans qualité subjective, psychique et introspective. Le « psychisme inconscient » des cliniciens et des psychologues modernes, dont on a tant abusé ces derniers temps, n'a ni valeur de fait ni valeur de concept logique; c'est une imitation des anciennes entités métaphysiques, une conscience en dehors de la conscience personnelle et de l'expérience interne, qui ne peut s'accorder ni avec la théorie de la connaissance, ni avec la psychologie en tant que science naturelle, science descriptive des faits. La « subconscience » par contre, peut être démontrée toujours sous ses différents aspects vivants et réels, et aussi bien dans ses phénomènes les plus élémentaires, que dans ses faits les plus compliqués, normaux ou pathologiques, elle est toujours un domaine de l'expérience interne, la forme *affective* et *a-intellectuelle* de la conscience.

Le quatrième aspect des faits mnésiques en général est présenté par la *mémoire active* et *manifeste*, celle qui nous est la mieux connue. Si on considère l'ensemble des phénomènes de la mémoire, alors la mémoire active se présente comme *perception* des sentiments génériques simples ou collectifs, qui constituent la cryptomnésie, et cette perception mnésique est tout à fait analogue à la perception des choses extérieures. Dans les deux cas de la perception il y a une activité de l'attention, de l'intellect, dirigée sur une sensation, et il y a une sensation ou un sentiment qui existe indépendamment de cette activité et qui constitue le côté passif de la perception : dans les deux cas aussi, l'objet de l'attention, avant d'être perçu, ne présente aucune valeur déterminée et est un état innomé de la conscience du caractère affectif; dans la perception externe, c'est l'impression pure, dont le caractère, aussi bien dans l'introspection que dans les réactions organiques, s'approche le plus des états émotionnels; dans la perception interne, c'est-à-dire le souvenir, c'est le sentiment générique du passé, dont le caractère émotionnel se manifeste clairement dans les expériences normales et dans les cas pathologiques de « dissociation ». Les deux faces de la perception externe, intellectuelle et affective (ou autrement dit : aperceptive et intuitive) se retrouvent aussi dans le souvenir : la partie intellectuelle du souvenir, variable, partielle et évolutive, qui est l'image mentale ou le mot; et la partie affective, primitive et stable, qui est le symbolisme de l'image mentale ou du mot, et sur laquelle repose toute la valeur mnésique du souvenir, en tant que représentant réel du passé.

C'est ainsi que se présente la nouvelle théorie de la mémoire, adaptée aux expériences qui nous ont montré la survivance psychique de l'oublié, théorie qui embrasse tout le domaine des faits mnésiques, la mémoire active et la mémoire passive latente. Comme on le voit, d'après cette esquisse, elle diffère de fond en comble de la théorie jusqu'à présent admise; c'est pourquoi je la soumets, en toute franchise, à la savante critique de mes collègues.

FIN

TOURS

IMPRIMERIE E. ARRAULT ET Cie.

3846

www.ingramcontent.com/pod-product-compliance
Lightning Source LLC
Chambersburg PA
CBHW060957280326
41935CB00009B/744